现代服务业的价值网络新范式

雷李楠　吴晓波　尹建伟　沈思祎　著

科学出版社
北　京

内 容 简 介

完善发展服务业体制机制是加快建设现代化产业体系、培育发展新质生产力的必然要求。本书在总结全球经济宏观发展规律及重点国家或地区服务业发展特点横向比较结果的基础上，明晰新发展格局下我国服务业的发展现状、需求和痛点。基于当前新服务消费需求、新服务角色定位及服务业高质量发展内涵，本书凝练了现代服务业高质量发展的路径及模式，阐明了价值网络视角下探究现代服务业跨组织边界的服务价值生成机理，提出了原创性服务价值评估模型与评价指标体系。从基于核心竞争力的价值链到互补共享的价值网络视角转变，本书为数字化、网络化情境下现代服务业发展新范式提供了理论拓展。

本书可供现代服务业的政府管理部门及企业管理人员参考，也可供高等学校工商管理及相关专业的师生参考使用。

图书在版编目（CIP）数据

现代服务业的价值网络新范式 / 雷李楠等著. -- 北京：科学出版社, 2025. 7. -- ISBN 978-7-03-082100-3

Ⅰ. F726.9

中国国家版本馆 CIP 数据核字第 2025WP2794 号

责任编辑：郝　悦 / 责任校对：姜丽策
责任印制：张　伟 / 封面设计：有道设计

科　学　出　版　社 出版
北京东黄城根北街 16 号
邮政编码：100717
http://www.sciencep.com

中煤（北京）印务有限公司印刷
科学出版社发行　各地新华书店经销
*

2025 年 7 月第　一　版　　开本：720×1000　1/16
2025 年 7 月第一次印刷　　印张：16 3/4
字数：338 000
定价：186.00 元
（如有印装质量问题，我社负责调换）

序

从工业文明的大门被开启,人类的脚步就在匆匆追赶技术的变化,不断追求创新和进步。从过去以珍妮纺织机为代表的机器代替手工到第三次工业革命中以原子能、电子计算机为代表的数字化生产,制造业往往被视为一个独立的生产环节,然而随着技术发展带动的需求结构改变,服务业的崛起似乎与制造业形成了"此消彼长"的替代关系,如何把握数字经济发展的新机遇,推动制造业向数字化、智能化、高端化方向发展,成为当前亟待破解的关键问题。

跨界融合作为产业变革的重要特征,正打破制造业与服务业之间的界限,二者的相互渗透与协同创新,已然成为新一轮产业革命的核心动力。在全球经济逐步迈向数字化与智能化的今天,如何发挥现代服务业在专业化要素供给和客户导向下的价值增值,进而推动现代服务业与先进制造业深度融合,是当今社会发展中必须建立的意识,也是支撑制造业高质量发展的必由之路。其中,芯片制造是当今科技产业的核心支柱之一,它不仅是信息技术、通信、智能硬件等领域的基础构件,更在推动全球经济发展、提升国家科技竞争力方面发挥着至关重要的作用,技术的产生不能仅仅局限于结果,更要重现过程,而服务则贯穿于这一创造、应用、再创造动态循环过程。这也是芯片技术的"使能"特征。我在过去研究中曾指出,中国集成电路产业正在面临两大壁垒——政策壁垒和产业性壁垒,前者包括巴黎统筹委员会和《瓦森纳协定》,后者则体现在世界的半导体龙头所积累的丰富知识产权。这些"卡脖子"环节使得中国在先进制造业领域常处于被动局面。要突破这一困境,不能仅仅依赖"技术",更应注重"服务"。例如,云计算平台所提供的强大计算能力能够加速芯片设计与仿真测试,大数据服务则能帮助企业更好地预测市场需求、优化供应链管理,从而助力"中国芯"走向纳米时代。

如何推动制造业与现代服务业的融合,尤其是在知识密集型的先进制造业中,如何借助现代服务业实现产业的价值跃迁和协同发展?在后摩尔时代,先进制造业企业如何追赶国际先进水平?《现代服务业的价值网络新范式》一书为这一系列问题提供了深刻的启示与指导,其对工业 4.0 情境下产业结构变革及现代服务业发展、制造业转型等做了系统全面的深入探讨,从价值网络的角度提出,信息科技的普及与跨产业价值网络的形成促使了"无边界生态竞争"模式的生成,推动企业从"生产制造者"向"生产性服务提供者"转型。此外,书中还实证分析了企业与政府亟须突破的困境及推动高质量发展的路径。该书不仅拓展了相关研究领域，而且其研究成果对于如何实现先进制造业与现代服务业融合，促进在 AI 时代我国的制造业数字化、智能化、服务化转型具有重要的实际参考价值。全书研究视角新颖、体系完整、结构合理、逻辑严密，相信读者在读了此书后可以更系统了解现代服务业和先进制造相互促进和依托关系，特向广大读者推荐。

是为序。

中国工程院院士　吴汉明

2024 年 11 月

前　言

21 世纪以来，全球产业结构进入由"工业经济主导"向"服务经济主导"转变的新阶段。服务业作为国民经济的重要组成部分以及与人民生活密切相关的行业，已成为一个国家经济发展的重要支柱和增长引擎。伴随产业变革和国际分工的不断细化，计算机、互联网等信息技术发展所引发的社会生产力巨大变革随处可见。一方面，人工智能、工业互联网、物联网、工业 4.0 等概念在诸多领域得以高频使用，无论其着重强调的是工业发展还是新兴业态，它们在各自领域上的应用均与服务业息息相关。另一方面，伴随过剩经济时代的到来，短时间内工业总量作为供给生产方将会维持相对稳定的数量，而若要实现经济总量的持续增长，必须依靠服务业发展所带来的新动能。因此，服务业的高质量发展已成为各国政府优化产业结构、促进经济增长，进而加强国际竞争力的必然选择。

从我国发展历程来看，从中华人民共和国成立初期所采用的计划经济体制，到改革开放的大胆尝试，70 多年以来的发展取得了举世瞩目的成就。尤其自 1997 年党的十五大报告首次提出现代服务业概念以来，我国服务业发展持续加速，成为三次产业中增加值占比最高、吸纳就业最多、利用外资最大的行业。服务业对我国经济增长、社会发展、保障就业、参与全球竞争的作用日益突出，同时现代服务业逐渐成为我国的主导产业和支柱产业。党的二十大报告进一步明确要求"构建优质高效的服务业新体系，推动现代服务业同先进制造业、现代农业深度融合"①。在高质量发展目标的驱动下，我国现代服务业发展正处于向高端化、专业化、品质化、多样化发展的重要阶段。

随着信息数字技术的发展与产业变革浪潮下企业生态的演进，当前社会价值系统内各生产构成要素权重发生转变，尤其在现代服务业情境下，传统的以企业生产产品为中心的价值创造已经转变为以服务生产为基础、网络化为结构的多主体共同参与的价值创造系统。同时，新服务价值网络中价值基本载体、价值创造参与主体、价值生成机制等都发生了相应的变化，原基于传统产业特征、价值链创造模式的理论不再适用，当前迫切需要构建适配于新环境下的服务价值网络，探究新形势下现代服务业服务价值生成机理。以此为基础，本书围绕现代服务业的价值网络新范式，在总结全球产业发展宏观规律及先进国家/地区服务业发展横向比较结果的基础上，通过梳理中国服务业发展脉络及国情特色，明晰新发展

---

① 《习近平：高举中国特色社会主义伟大旗帜　为全面建设社会主义现代化国家而团结奋斗——在中国共产党第二十次全国代表大会上的报告》，http://www.qstheory.cn/yaowen/2022-10/25/c_1129079926.htm，2024 年 11 月 12 日。

格局下我国服务业发展现状、需求和短板，进而基于当前新服务消费需求、新服务角色定位及服务业高质量发展内涵提出现代服务业发展路径及模式。同时，通过参考过往价值理论及服务价值相关研究，结合现代服务业产业特征，本书创新性采用价值网络视角探究现代服务业跨组织边界下"组织内"和"组织间"的服务价值生成机理，并据此提出原创性服务价值评估理论模型与现代服务业企业评价指标体系，以期为我国现代服务业发展提供理论指导。

本书共分为8章。第1章以全球价值链下的产业变革为题，从产业演进的宏观表现、发展特征、内部逻辑等维度阐述了三大产业结构演变过程及当前第三产业的主导化趋势。而后聚焦服务业梳理了其发展历程及发展潜力。第2章以现代服务业的缘起为题，在总结美国、英国、日本、新加坡及中国香港服务业发展横向比较结果的基础上，通过梳理我国服务业发展脉络及产业政策，明晰新发展格局下我国服务业发展现状、需求和短板，进而提出服务业高质量发展重要内涵。第3章以现代服务业为研究对象，在传统服务业产业特征基础上结合科学技术发展及分工细化的内在要求，进一步凝练现代服务业产业特征，并从现代服务业宏观发展趋势及行业企业等微观层面的模式创新入手，简要介绍现代服务业未来发展路径，帮助建立现代服务业系统理论框架。第4章现代服务业企业高质量发展的组态路径研究在前3章奠定的基础上，通过对企业发展实证文献的深入梳理，运用贡献度比较筛选关键影响因素，并采用fsQCA（fuzzy set qualitative comparative analysis，模糊集定性比较分析）方法，系统研究现代服务业实现高质量发展的多元组合路径，为构建高效、可持续的现代服务业发展模式提供理论支撑与实践指导。第5章在回顾数百年来主流的价值和价值链理论发展历程的基础上，讨论和研究了现代服务业情境下的价值理论发展需求，并简要阐述了现代服务业企业服务价值内涵及价值网络构成。第6章先阐述在信息数字技术的发展与产业变革浪潮推动下价值创造的范式转变，并基于前文价值网络理论及国内外有关"价值共创""价值生态系统"等运行机制的研究成果，构建了从价值链到价值网络的现代服务业服务价值生成分析框架，系统性揭示了现代服务业在创造、传递和获取价值过程中的关键环节和作用机制。第7章围绕理论框架的应用，关注现代服务业企业的发展战略。企业是创新发展的主体，企业竞争力作为企业实现自身价值的综合能力，其边界很大程度上受到内部价值网络的局限。这对呈现出跨界融合、数智虚拟、强异质性、高附加值特征的现代服务业尤为显著。基于此，本书以"价值主张–价值创造–价值传递–价值获取"的价值生成机制框架为基础，构建现代服务业企业竞争力水平评价指标体系，从基于核心竞争力的价值链到互补共享的价值网络的视角转变，突破多元主体互动的复杂情境下服务价值分析局限，对数字化、网络化情境现代服务企业竞争力的评价研究进行拓展。第8章对全书简要总结，并对现代服务业的未来展望进行深入的探讨。

服务业发展水平是衡量一个国家和地区现代化水平的重要标志,但其理论体系的建设相对滞后。本书所提出的现代服务业产业特征及服务价值的网络化应用可以较好地适应目前社会经济形态、生产关系及生产模式,并进一步地从机制、机理和方法层面丰富现代服务业服务价值理论体系,敬请各位读者批评指正。

目　录

第1章　全球价值链下的产业变革 ... 1
　1.1　全球价值链下三大产业的结构演变 ... 1
　1.2　工业文明与服务业文明 ... 12

第2章　现代服务业的缘起 ... 23
　2.1　全球服务业发展与演化 ... 24
　2.2　中国服务业的发展需要 ... 49
　2.3　现代服务业的提出及内涵 ... 88

第3章　现代服务业的发展与特征 ... 96
　3.1　现代服务业的分类及特征 ... 97
　3.2　现代服务业的主要场景 ... 112
　3.3　现代服务业的发展路径 ... 113

第4章　现代服务业企业高质量发展的组态路径研究 ... 124
　4.1　现代服务业企业高质量发展影响因素分析 ... 125
　4.2　现代服务业企业高质量发展组态分析 ... 137
　4.3　现代服务业企业高质量发展路径分析 ... 148

第5章　服务创新：从价值链到价值网络 ... 152
　5.1　价值理论基础及其发展 ... 152
　5.2　现代服务业情境下的价值理论发展需求 ... 167

第6章　现代服务业服务价值生成机制 ... 177
　6.1　现代服务业服务价值主张 ... 180
　6.2　价值创造——各网络节点的价值生成 ... 187
　6.3　价值传递——网络系统中的价值整合 ... 196
　6.4　价值获取——服务业企业的价值获利 ... 201

第7章　价值生成视角下现代服务业企业竞争力评价 ... 205
　7.1　现代服务业企业竞争力 ... 206
　7.2　现代服务业企业竞争力评价指标构建 ... 208
　7.3　现代服务业企业竞争力评价方法研究 ... 218
　7.4　现代服务业企业竞争力评价实证分析 ... 226

第 8 章 现代服务业的未来 ………………………………………… 254
8.1 现代服务业总体发展趋势 ………………………………… 254
8.2 现代服务业发展战略思考及建议 ………………………… 256

第 1 章　全球价值链下的产业变革

现代产业体系作为一个有意义的结构性分析概念，在具体研究中既要能够准确承接传统产业结构研究中的合理成分，也要充分认识到既有的产业结构研究与已经发生了深刻转变的经济现实之间日益严重的冲突。其中，作为经济发展的主要研究视角之一，产业结构基于产出与要素使用视角，精准刻画各部门在经济总体中的相对地位与相互关联，进而揭示产业内部及产业间在时间、空间、层次上的复杂互动与长期演变趋势。正如经济学者 Syrquin 在《结构转换的模式》中所阐述的，经济发展本质上是一系列紧密联系、持续进行的结构转换过程，这些转换不仅塑造了经济的面貌，更推动了社会的进步[①]。其中，工业化（或产业化）作为产业结构变迁的核心驱动力，其进程深刻影响了全球经济格局的演变。

以此为基础，本章以全球经济一体化为背景，不仅从宏观视角揭示了主导产业随市场趋势变迁而更迭的规律表现，更强调了这一过程中资源配置方式的根本性转化，展现了经济体系动态调整与优化的内在逻辑。同时，为更好地承接传统服务业发展，本章深入聚焦于服务业在历次工业革命中的演进历程，通过详尽分析服务业结构占比的提升及服务业在经济社会中角色的转换，明确指出服务业的蓬勃发展不仅是经济结构优化的自然结果，更是全球经济迈向更高发展阶段不可逆转的必然趋势。

综上所述，本章将以（现代）产业体系的演进与服务业的崛起为主线，探讨在全球经济一体化背景下，产业结构如何随市场趋势变迁而调整，以及服务业如何在这一过程中实现自身的发展与超越，为理解当前及未来经济发展提供新的视角与洞见。

1.1　全球价值链下三大产业的结构演变

随着第四次产业革命驱动的人工智能、工业互联网、物联网、工业 4.0 等概念不断兴起，世界正处于创新与变革时代。基于大数据驱动的信息传递及积累功能，搭载在全球价值网络范围内的生产者、中间商及消费者均被纳入变革浪潮，而其中最显著的是产业结构的演变及各层级间"跨界"现象的出现。因此，不断发展的科学技术带来了生产效率的提高，同时带来了全球供需结构、产业结构的调整。

---

① Syrquin M. 1988. Patterns of structural change//Chenery H, Srinivsan T N. Handbook of Development Economics. New York: Elsever: 203-273.

1.1.1 产业的本质

众所周知,"产业"是社会分工的产物,并伴随社会分工的发展而发展。尤其随着社会生产效率的提高和供需领域的细化,生产参与的主体、生产所需的要素、生产采用的方式及所产出的产品或服务都逐步呈现出更为多样化的特征,人们开始进行产业界定并以某种合理的方式进行划分,以便进行针对性政策引导及资源配置。在过去有关产业内涵的研究中,学者们有着不同的定义,但大体均是采用"同类归纳"的思路,即在某一方面有着相似特点并依据一定标准进行划分的企业集合。自 20 世纪 50 年代以来,国内外学者普遍采用 Fisher(费雪)所提出的三次产业划分法,他于 1935 年出版的《安全与进步的冲突》一书中提出[①]:"纵观世界经济史可以发现,人类生产活动有三个阶段。在初级生产阶段上,生产活动主要以农业和畜牧业为主……迄今世界许多地区还停留在这个阶段上。第二阶段是以工业生产大规模的迅速发展为标志的。纺织、钢铁和其他制造商品生产为就业和投资提供了广泛的机会。显然,确定这个阶段开始的确切时间是困难的。但是很明确,英国是在 18 世纪末进入这个阶段的……第三阶段开始于 20 世纪初。大量的劳动和资本不是继续流入初级生产和第二级生产中,而是流入旅游、娱乐服务、文化艺术、保健、教育和科学、政治等活动中。"

总体来看,如表 1.1 所示,Fisher 以社会发展阶段差异为基础,以资金流向为主要标准,将经济中的所有产业分为三个部分:第一产业是开发和利用自然资源的农业与畜牧业;第二产业则是以生产和加工自然资源为主要内容及特征的工业、制造业;第三产业为与物质产品生产完全无关的提供各种服务的产业。20 世纪 40 年代,英国经济学家克拉克(Clark)逐步完善了第三产业的分类方法[②]。而后诺贝尔经济学奖获得者库兹涅茨(Kuznets)改造了克拉克分类法[③],将第一、第二、第三产业分为农业部门、工业部门和服务业部门,这也是目前大多数国家产业分类的基本思路。

表 1.1 三次产业划分部分历程

产业	Fisher 三次产业分类法		克拉克大分类法		库兹涅茨产业分类	
	名称	特征	名称	特征	名称	行业
第一产业	农林、畜牧业	劳动对象是对自然界的耕作,也包括对天然物品的采掘业	农业、畜牧业、渔业、林业、采矿业(采矿业在后续被划分为第二产业)	劳动对象基本上直接作用于自然界	农业部门	农业、渔业、林业、狩猎业

---

① Fisher A G B. 1935. The Clash of Progress and Security. London: Macmillan and Co.
② Clark C. 1940. The Conditions of Economic Progress. London: Macmillan and Co.
③ Kuznets S, Epstein L, Jenks E. 1941. National Income and Its Composition, 1919-1938. New York: National Bureau of Economic Research.

续表

产业	Fisher 三次产业分类法		克拉克大分类法		库兹涅茨产业分类	
	名称	特征	名称	特征	名称	行业
第二产业	工业、制造业	劳动对象是对原材料进行加工,并提供物质资料的生产部门	制造业、建筑业、电力、煤气的制造和供给等公用事业	劳动对象基本上是对原材料进行加工	工业部门	采掘业、电力业、煤气业、自来水业、运输业、通信业、制造业
第三产业	服务业	以资本和劳动力大量注入服务领域为特征,为满足人类除物质资料以外的更高级需求服务的产业	运输通信业、批发零售业、金融业、房地产业、国家机关等公共服务业	在无形的非物质生产领域进行的服务等活动	服务业部门	金融业、保险业、旅店服务业、商业、房地产业、其他各种服务、政府和军队

1.1.2 市场发展趋势：主导产业的转变

产业结构是在产业研究基础上进一步发展演化而来的。简单来说，产业结构是在一定的发展时期和条件下，区域内各种经济组织进行组合的结构，它所反映的是当时各个产业之间的关系及各产业在其经济活动过程中所形成的技术经济联系和联系方式。通常一个国家的经济发展过程即可简化为其产业结构转变的过程，也可表现为本国三次产业在经济发展中所处地位的变化。

当前，全球范围内的产业结构变革带来的产业结构升级、产业布局变迁等逐步成为各国及各地区的关键发展问题。尽管不同国家当前的产业结构各异，但整体发展方向趋于相同。回顾世界经济发展历程，全球范围内三次产业结构均有由"一、二、三"产业向"三、二、一"产业转变的趋势，而这种趋势在多种统计数据上均有所体现。

1. 三次产业在 GDP 中占比

通常来说，在全球各国及地区工业化初期或社会发展的更早期，由于经济水平及生产效率的限制，以传统农业为主导的第一产业在国内生产总值（gross domestic product，GDP）中往往占有较大份额，从而形成"一、二、三"的产业占比结构。而随着经济发展水平的提高，科学技术的不断发展，社会消费需求升迁，以机械制造工业为主导的第二产业在 GDP 中的份额迅速上升，产业结构比重随之变化为"二、一、三"或"二、三、一"的格局。而进入服务经济时代，以金融、保险、医疗、教育为主导的第三产业迅猛发展，占比逐年攀升，产业结构迅速软化，部分国家的 GDP 三次产业比重随之演化为"三、二、一"的格局。本书对全球范围内三次产业产值占比变化的研究，先从全球 GDP 的动态变化开始，具体如表 1.2 所示。

表 1.2　1961～2022 年全球 GDP 动态变化　（单位：百亿美元）

年份	GDP	年份	GDP
1961	144.92	1992	2 548.40
1962	155.08	1993	2 590.59
1963	167.14	1994	2 789.96
1964	183.05	1995	3 105.15
1965	199.41	1996	3 174.57
1966	216.41	1997	3 162.97
1967	230.26	1998	3 155.29
1968	248.47	1999	3 275.20
1969	274.05	2000	3 384.56
1970	299.73	2001	3 363.10
1971	331.05	2002	3 492.51
1972	381.68	2003	3 916.16
1973	465.74	2004	4 413.36
1974	536.68	2005	4 779.36
1975	597.80	2006	5 179.11
1976	649.87	2007	5 836.11
1977	734.97	2008	6 413.52
1978	869.05	2009	6 081.79
1979	1 005.38	2010	6 661.98
1980	1 133.71	2011	7 388.17
1981	1 172.84	2012	7 552.59
1982	1 161.02	2013	7 763.52
1983	1 184.05	2014	7 975.65
1984	1 231.16	2015	7 521.51
1985	1 289.72	2016	7 648.65
1986	1 525.25	2017	8 144.20
1987	1 737.30	2018	8 650.22
1988	1 939.40	2019	8 772.81
1989	2 026.67	2020	8 521.52
1990	2 286.17	2021	9 730.72
1991	2 383.45	2022	10 100.30

资料来源：世界银行

表 1.2 列出了 1961～2022 年全球 GDP 动态变化，图 1.1 则是根据表 1.2 所绘制的统计期间内全球 GDP 的变化轨迹。据此可以直观地看到 20 世纪 60 年代以来全球 GDP 的变化趋势。具体而言，1961 年全球 GDP 约为 1.4 万亿美元，首次实现翻番经历了约 10 年，而第二次翻番仅用时 5 年，1978 年 GDP 约为 8.7 万亿美元。在这约 20 年的时间内，全球 GDP 相对以较缓的速度增长，但同比增速逐步

加快。1979年全球GDP首次突破十万亿美元，自此其开始进入高速发展阶段，1989年突破20万亿美元关卡，1995年进入30万亿美元的阶段。尤其是2000年开始，全球GDP增速进入了一个更高的阶段，突破40万亿美元、50万亿美元、60万亿美元的年份分别为2004年、2006年、2008年。2022年，全球GDP较2000年增长了198.42%，正式迈入百万亿级别，开启了全球经济发展的新时代。

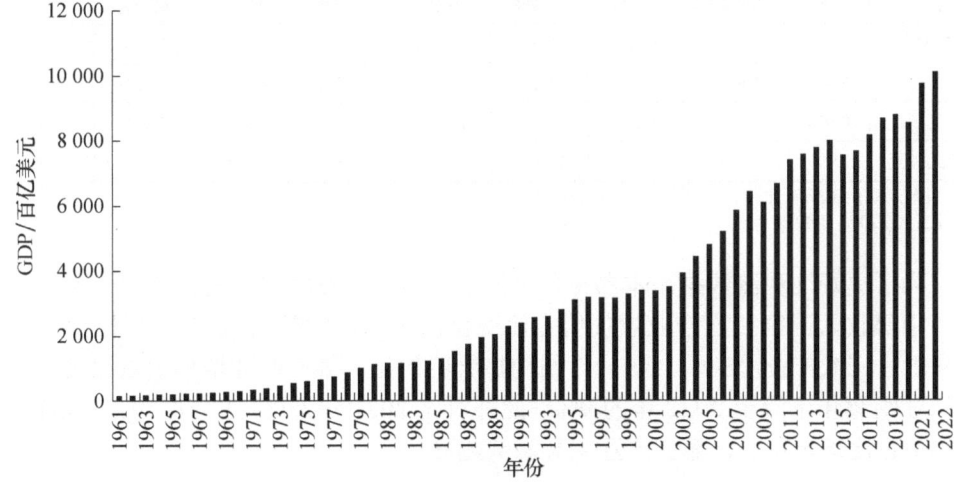

图1.1 1961～2022年全球GDP的动态变化
资料来源：世界银行

在飞速发展的时代背景下，全球各国及地区三次产业分类的增加值占比结构也逐步发生变化。如表1.3所示，主要国家多数随着经济发展顺次演变为以第三产业为主导的产业结构。对美国、英国等现代化进程处于领先地位的国家，2021年其服务业增加值占比均达70%以上；其余国家也大多呈现农业、工业占比逐步让渡于服务业的发展态势。

表1.3 主要国家GDP产业构成

国家	农业增加值占GDP比重			工业增加值占GDP比重			服务业增加值占GDP比重		
	2000年	2021年	差值	2000年	2021年	差值	2000年	2021年	差值
中国	14.7%	7.3%	-7.4%	45.5%	39.4%	-6.1%	39.8%	53.3%	13.5%
印度	21.6%	16.8%	-4.8%	27.3%	25.9%	-1.4%	42.7%	47.7%	5.0%
日本	1.5%	1.0%①	-0.5%	32.5%	29.0%①	-3.5%	66.0%	69.5%①	3.5%
韩国	3.9%	1.8%	-2.1%	34.8%	32.5%	-2.3%	51.6%	57.3%	5.7%
新加坡	0.1%			32.5%	24.9%	-7.6%	60.7%	69.4%	8.7%
美国	1.2%	1.1%①	-0.1%	22.5%	18.4%①	-4.1%	72.8%	80.1%①	7.3%

续表

国家	农业增加值占GDP比重			工业增加值占GDP比重			服务业增加值占GDP比重		
	2000年	2021年	差值	2000年	2021年	差值	2000年	2021年	差值
阿根廷	4.7%	6.9%	2.2%	26.0%	24.9%	−1.1%	63.5%	52.0%	−11.5%
巴西	4.8%	6.9%	2.1%	23.0%	18.9%	−4.1%	58.3%	59.4%	1.1%
德国	1.0%	0.8%	−0.2%	27.7%	26.6%	−1.1%	61.5%	63.0%	1.5%
意大利	2.6%	2.0%	−0.6%	24.3%	22.6%	−1.7%	62.7%	65.1%	2.4%
荷兰	2.3%	1.6%	−0.7%	21.7%	18.0%	−3.7%	65.7%	69.5%	3.8%
英国	0.9%	0.6%	−0.3%	22.8%	17.7%	−5.1%	66.1%	71.6%	5.5%
澳大利亚	3.1%	2.3%	−0.8%	24.6%	25.5%	0.9%	64.4%	65.7%	1.3%

资料来源：国家统计局、《中国统计年鉴2022》
注：① 2020年数据

为了更好地观测数据，本书将各个国家及地区以发展水平进行分类，图1.2呈现了中等收入国家三次产业增加值占比变化情况。从中等收入整个统计区间的头尾来看，三次产业"三、二、一"结构趋势明朗化，第一产业增加值占比自1961年的32%逐年下滑至2021年的9%。此外对比2021年及1961年结构，三次产业增加值占比逐步拉大，第三产业主导态势趋显。

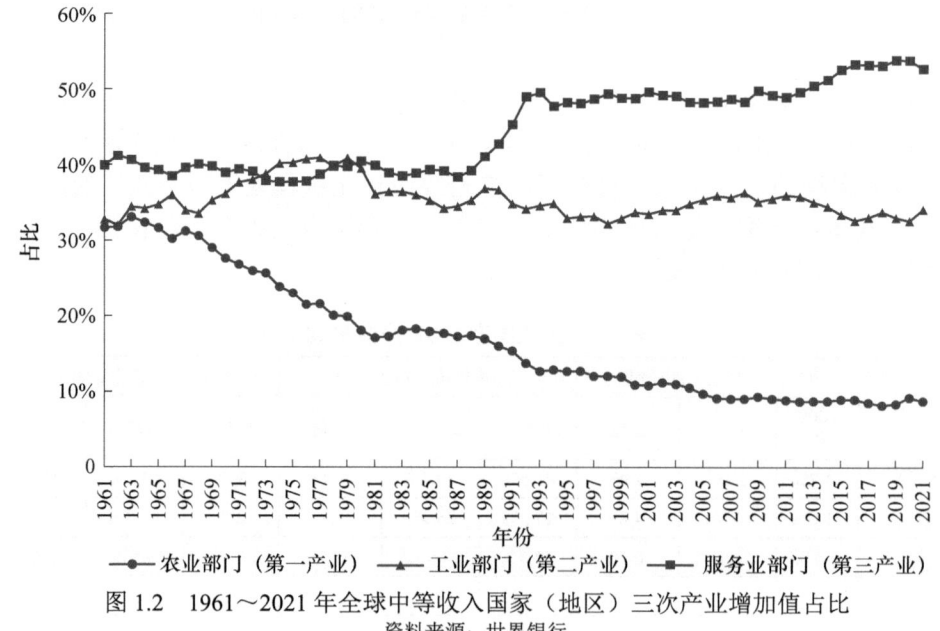

图1.2 1961~2021年全球中等收入国家（地区）三次产业增加值占比
资料来源：世界银行

通过同一时期不同发展水平国家的横向对比可发现，"三、二、一"结构演变趋势同样存在于收入从低到高的发展过程中。如图 1.3 所示,在 1997~2021 年共计 25 年的发展区间内,低收入国家(地区)三次结构差距相对较小,第一产业与第二产业占比相近,但整体趋势下行;中等收入与高收入国家(地区)结构大体相似,但高收入国家(地区)结构更为明晰。

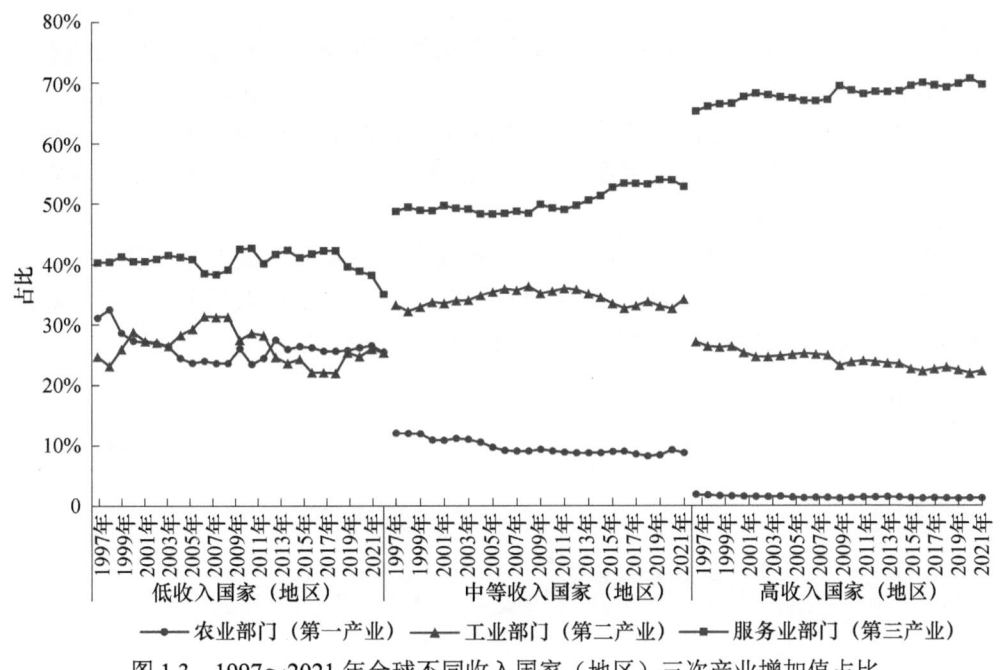

图 1.3　1997~2021 年全球不同收入国家(地区)三次产业增加值占比
资料来源:世界银行

此外,由 1997 年及 2021 年两个时间点横向比较可以发现,一国经济从低收入向高收入迈进的过程中,第一产业整体占比势必将持续下降,第二产业占比则往往先升后降,前两者的降幅最终大多让位于第三产业。该现象与之前学界所提出的"随着经济的发展,第一、第二、第三产业的发展中心后移,产业结构具有从低水平均衡向高水平均衡演化的特征"相符,而其演变重心也与"农业—轻工业—基础工业—轻重结合的高技术加工业—现代服务业"路径相吻合。尤其在发达国家,包括服务业在内的第三产业占整体国民经济比重越来越高,对经济的贡献也越来越大。毫无疑问,当前全球主体经济已经转为(其中部分低收入区域开始转向)第三产业主导,第三产业的发展程度在很大程度上反映了区域经济发展的水平。

2. 三次产业劳动力比重

由于三次产业的劳动力结构有较为系统和准确的统计数据,同时又与产业结构变化的基本趋势相一致,国际上通常将其与产值结构并列,作为观察及预测产业结构变化的重要数据。为了更好地理解,我们对该数据的分析需要从"配第-

克拉克定律"展开。17 世纪，英国著名经济学家威廉·配第（William Petty）在所观察到的不同产业间收入相对差异规律的基础上，通过对英格兰及其他欧洲各国（地区）经济发展不同阶段的研究，在《政治算术》一书中指出"制造业比农业、进而商业比制造业能够得到更多的收入"[①]。而后英国经济学家克拉克延续了上述研究，将不断提高的人均国民收入水平置于时间序列下，由多年来对美国、日本、法国等国家劳动力在各产业间变化的过程分析，其进一步指出随着一国（地区）人均国民收入水平的提高，劳动力比重表现出由第一产业向第二产业，再逐渐向第三产业转移的趋势，这种规律后来也被称为"配第-克拉克定律"[②]。该劳动力变迁的现象也在《世界发展报告》1960~1980 年的统计资料中得到了再次证实。

从图 1.4 世界整体情况来看，各产业就业人员占就业总数百分比呈现第三产业上升、第一产业下降的趋势。其中第三产业 2021 年就业人员占比过半，高达50.47%，全球劳动力整体呈现向第三产业转移的趋势。

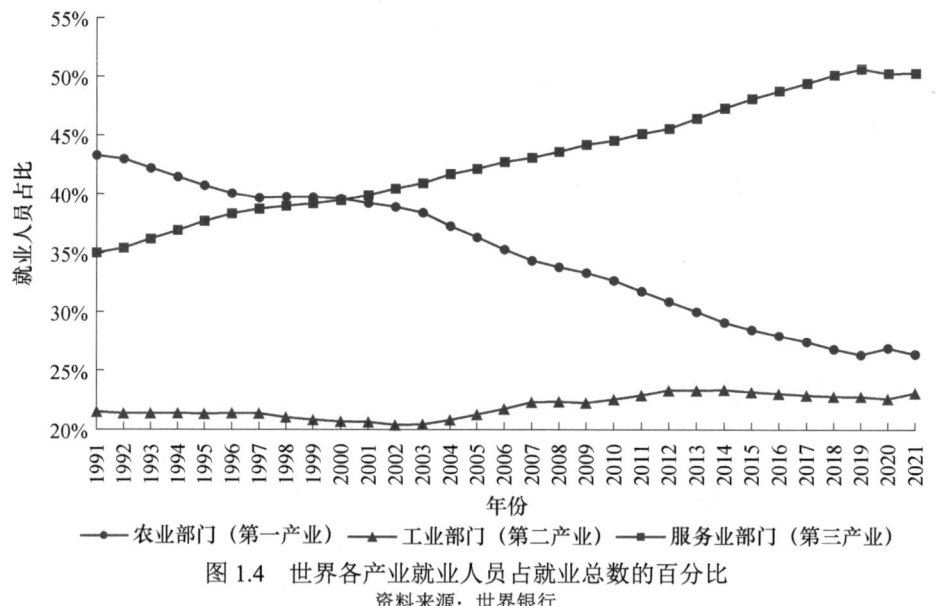

图 1.4　世界各产业就业人员占就业总数的百分比
资料来源：世界银行

对比发展水平不同的各个国家或地区可以发现，其三次产业劳动力结构的"三、二、一"转变趋势也更加明显。如图 1.5 所示，一方面在数据统计期间，各不同发展水平的国家或地区的第一产业劳动力均有所下降。具体而言，低收入

---

① McCormick T. 2009. William Petty and the Ambitions of Political Arithmetic. Cambridge: Oxford University Press.
② Clark C. 1940. The Conditions of Economic Progress. London: Macmillan and Co.

国家或地区下降了 11%，中收入国家或地区下降了 23%，高收入国家或地区则下降了 5%；第三产业劳动力均呈上升态势，低收入国家或地区上升了 10%，中收入国家或地区上升了 18%，高收入国家或地区上升了 13%。相关变化中，中等收入国家或地区幅度尤为明显，高收入国家则主要受限于原始基数影响。

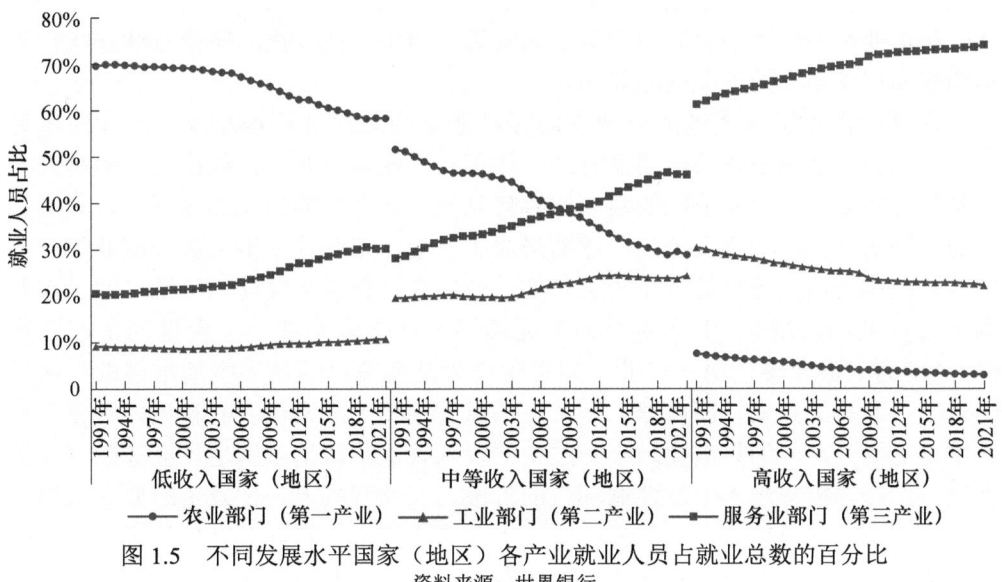

图 1.5　不同发展水平国家（地区）各产业就业人员占就业总数的百分比
资料来源：世界银行

另一方面，在同一时间点对不同发展水平的国家或地区类别进行横向比较发现，三次产业的劳动力分布比重也存在着向"三、二、一"演变的趋势。通过比较 1991 年与 2021 年的数据发现，当一国经济处在低收入阶段时，第一产业的劳动力比重相对占据绝对地位，而当其处于高收入阶段时，第三产业的劳动力比重则跃居第一。如 2021 年低收入国家或地区三次产业就业人数占比依次为 59%、11%、30%，第一产业仍占有过半劳动力；高收入国家及地区则为 3%、22%、75%，第三产业较其他产业幅度进一步拉大。此外，即使同在中等收入水平，第一产业占比也退居第二，并呈进一步下降趋势。以上数据均充分证明，随着经济发展及国民收入水平提高，第三产业对劳动力转移的吸引力增大，劳动力产业分布的"三、二、一"格局逐渐显著。

1.1.3　产业演进实质上是资源配置转化的过程

前文已经阐述了克拉克等对产业结构变化规律及内涵逻辑的研究及解释，全球及各类别的产业结构数据也验证了相关观点。若要以更简单的方式去看待产业结构的变化，我们可以认为产业结构的演进实质上是由人类社会供需改变主导的资源配置结构转化过程,或者所有产业结构转型(升级)的最终目标都是实现特定条件下产业结构的最优结果,即实现资源的最优配置。

一般而言,人类的需要是由低层次向高层次发展的,在低层次的需要得到满足后才会转向追求更高层次的满足。当然这并不意味着同一时期人类社会或者个人仅存在一个需要,它通常是多种需求共存,但某种需要占支配地位。此外任何一种需要都不会因为更高层次需要的发展而消失,低层次的需要持续存在,只是随着高层次需要的支配而相对弱化。

在这种需求层次递进的思想下回顾产业结构的演进不难发现,产业的更替在某个层面上来说是随着供需调整的,如第一产业即农业部门往往对应的是人类最基础的需要。从原始公社的新石器时代到奴隶社会晚期的发展过程中,人类社会前后经历了三次社会大分工,逐渐形成了农业、畜牧业、手工业和商业等产业部门,但在之后相当长的一个历史时期,或者在社会经济发展的早期(即以农业为主导产业的阶段),由于生产力发展缓慢,社会效率低下,大量的生产要素(如劳动力)被聚集于第一产业,用以生产生活所需以满足人类基本需求。而后随着工业革命的到来,新机器、新工厂和以大规模生产为代表的新模式等使生产效率迅猛提升,人们只需要远小于过去的投入就能获得足以满足社会基础需求的产出,生产与需求步入"良性循环"的阶段。在此背景下,大量生产要素从第一产业生产中被释放出来,人们开始有余力去考虑基本生存诉求以外的更高层次的生活需要,第二产业及第三产业也因此获得了快速发展的可能性。

如果说这类社会整体供需改变所给予的是产业结构调整的外推力,那么以劳动力为代表的生产要素资源的跨区配置则可认为是产业结构转化的实质,它通常从要素流动开始,进而是企业迁移,再到产业转移。其中,要素流动是产业空间结构转换的积累条件,企业迁移是它的实体载体,产业转移则是其表现形式。因此,在某种意义上,比起产业结构调整下外显的主导产业变化,生产要素及企业等微观层面的实时动态可能更能反映产业间及产业内的发展趋势。

总体而言,无论是 GDP 的呈现还是劳动力的分布,第三产业均逐步取代其他产业开始发挥主导作用,知识经济已成为世界经济发展的主流。从更广义的角度上讲,现代经济增长和各国的发展都是在科技进步加速、产业结构变动的过程中实现的,主动进行产业结构调整的前提就是要加强对第三产业的重视,而这也是在全球结构进入由"服务经济主导"转变阶段实现弯道超车的关键。

1.1.4 产业发展特征:跨界融合

20 世纪 90 年代以来,随着信息技术和交通运输行业的发展,全球多数国家及地区(尤其发达国家)都出现了产业融合发展的趋势,相关产业体系逐渐演化为一个多元、多面且彼此相互交织重叠的多节点复杂网络立体结构。其中多元主要指的是基于过去细分行业基础上诞生的新行业、新业态及新模式；多面则是指产业本身与其他产业界限开始模糊，部分行业（或企业）出现多产业属性的现象；多节点指的则是全球价值网络结构中所囊括的大量"玩家"数量。尤其进入 21 世纪以来，随着人工智能、大数据、云计算等现代科学技术的深化发展，跨界融合成为继第三产业主导趋势之外的又一重要产业发展趋势。学者们认为，跨界融合的基础是国际分工的细化。早在 1776 年及 1890 年，亚当·斯密（Adam Smith）[1]和马歇尔（Marshall）[2]两位学者就先后对分工进行了较为系统的论述，他们指出分工之所以能够提升劳动生产率，是因为分工带来专业化程度的提高。分工越细，对操作者技能要求就越是单一，设备也更具有针对性和专业性，由此人与机器的配合则能更高效稳定。值得注意的是，分工的确能够带来生产效率的提升，但影响企业进行分工与否或分工程度选择的背后逻辑同样需要我们予以关注。

简单来说，既然分工能够提升效率，且理想状态下，分工越细效率越高，那为什么企业在设立之初并没有以细化分工的形态出现？（实际上，从企业发展历程来看，其运营业务是逐渐细化和聚焦的）同时，为什么在过去乃至当前，仍有相当一部分行业选择传统的生产模式。新制度经济学中有关"交易费用"的概念可能能帮助我们解释该现象的出现。20 世纪 30 年代，科斯（Coase）在《企业的性质》一文中，在解释企业出现原因时创新性采取了"交易费用"视角，其指出[3]"市场和企业都是两种不同的组织劳动分工的方式，企业产生的原因是企业组织劳动分工的交易费用低于市场组织劳动分工的费用……由此可见，无论是企业内部交易，还是市场交易，都存在着不同的交易费用。而企业替代市场，是因为通过企业交易而形成的交易费用比通过市场交易而形成的交易费用低……在边际上，企业内部组织交易的成本等于外部获取的成本……"

从该视角出发，企业本身进行产业分工的驱动力就是出于资源的合理配置和利润最大化的考虑，过去促使企业选择内部分工的最大原因是企业的组织成本小于社会的交易成本，当企业从外界获取资源所耗费的成本低于其内部生产时，那么企业会自发去选择外部资源，而仅保留企业本身核心业务开展日常运营。尤其进入现代化以来，以信息技术为代表的科技发展使得产业链上各厂商之间的联系变得紧密，资源要素等的流通变得高频迅速，这就使得分布在不同产业及行业间的资源要素协作生产具备了可能性。

更准确地说，过去单一产品的生产受制于时间和空间的限制，因此选择的时候会更倾向选择生产中心周边区域，或使生产主体本身具备主要生产要素。但

---

[1] Smith A. 1776. An Inquiry into the Nature and Causes of the Wealth of Nations. London: W. Strahan and T. Cadell.
[2] Marshall A. 1890. Principles of Economics. London: Macmillan and Co.
[3] Coase R H. 1937. The nature of the firm. Economica, 4(16): 386-405.

信息技术和交通运输业甚至智慧物流的发展打破了原先制约的时空壁垒，企业之间交易成本大幅下滑，出于利润最大化的考虑，企业更倾向选择外部的资源，以代替自身资源的储备。这就带来了行业分类的不断精细化，而这种分工的细化也促使产业间密切合作的产生。

1.1.5 "产品内分工"的内部逻辑

回顾国际分工的发展历程，其大体可分为三个时期，即产业间分工时期、产业内分工时期和产品内分工时期，其中产业间分工典型表现为不同经济体在初级产品、制造业产品、技术和高端产品等不同产业部门间的分工活动；产业内分工是在同一产业部门内部供应链上的分工；产品内分工是同一产品的不同工序或组件的跨国供应。

20世纪90年代以来，经济全球化和全球产业链的发展促进了产业内分工和产品内分工现象的出现，分工开始从经济体之间延伸到产业之间、企业之间乃至产品层面。其中，不少研究发现分工的依据开始从国家间比较优势、资源禀赋等因素转变为基于知识和技术的创新，即后者愈来愈多地决定分工走向，这也与第三产业的兴起相辅相成。此外，随着当代国际分工不断深化，产品生产按照技术复杂程度、生产过程所包含的工序和区段差异、资源要素分布的地理特征等被拆分为多个独立的节点在全球范围内布局，形成以工序、环节、资源等为对象的分工体系。其中发达国家普遍将重点放在研发设计等高附加值环节，而将劳动密集型环节或部件的加工组装布局于发展中国家，至此，过去由发展中国家提供初级产品、进口来自发达国家制成品的产业之间分工，已转变为制成品内部不同要素密集的部件或生产环节之间的分工。

如果将前期的三大产业视为彼此平行发展的层级，那么这种跨产业的合作即导致了基于三次产业的大价值网络的形成，即彼此合作、彼此融合。单一产品从需求提出到生产到最终消费横跨三大产业，甚至在产品整个生命周期中可能涉及不同时空维度下的要素流动。同时，前文所提到的跨界融合现象也使得产业间界限模糊化，实际运营中出现了物质产品与信息和服务的融合以及农业、工业和服务业之间的融合（包括行业、企业和产品等维度），产品生产过程中的附加价值来源也由制造环节逐步转向了研发和营销服务两端，这一过程同样凸显了全球价值生产过程中以服务业为代表的第三产业主导化趋势。

1.2 工业文明与服务业文明

服务业是第三产业中的主体产业，更有地区（如中国）直接将第三产业与服务业视为同义词，故前文所提到的第三产业发展趋势及特征均能在服务业中得以细化体现。值得注意的是，服务业的发展不仅仅是时代浪潮推动下的必然结果，还是社会利益驱动下的未来经济发展新增长极。

1.2.1 服务业在三次工业革命中的演进

当今世界，全球产业结构由"工业经济主导"向"服务经济主导"转变，服务业已成为各国及地区推动经济发展的主要力量。回顾服务业的发展，其最初诞生于人类非物质的需求，并随着人类社会生产力的不断提升，服务业逐步实现单体层面的成长及总量上的扩充，并通过集聚发展，最终形成行业及产业。这是一段漫长到几乎与人类社会发展等长的过程。如果说工业革命是贯穿人类社会经济发展的"巨变"，那么服务业的发展也同样隐含在这场持续性变革中。

工业革命是以创造性技术突破为基础、以基础性技术变革为标志，通过广泛应用新技术于社会生产的各个部门，从而引发国家产业结构、经济发展方式、国际分工体系等深刻变革的过程。工业革命，或者更准确地说是目前发生的各次工业革命均先出现在工业领域，其通过推动工业发展进而实现对其他产业的带动作用。

工业革命对服务业发展的促进作用大体如图 1.6 所示，一方面，工业革命的发生使得原先分布于各产业/部门的要素生产率差异增大，而各市场对相应产品的"消化能力"都是有上限的。如在工业革命推进的过程中，工业部门的相对劳动生产率增幅往往显著高于农业及服务业，这就使得当工业部门对应的市场总量几乎不变或增幅小于其单体生产率时，以劳动力为代表的生产要素就溢出到了其他部门，从而实现农业及服务业的发展。另一方面，工业革命推动社会产业升级，社会整体财富得以增长，人们的消费结构也发生了变化。当人均收入水平处于低位时，消费结构中的饮食等基础占比较高，而当居民人均收入水平不断提高时，居民的消费需求也从基本的物质生存需要转向了更高层次的非物质需求，即表现为对食品的消费比重下降，对其他货品及服务（尤其后者）的消费占比上升。具体来看，服务业在三次工业革命中的发展如下。

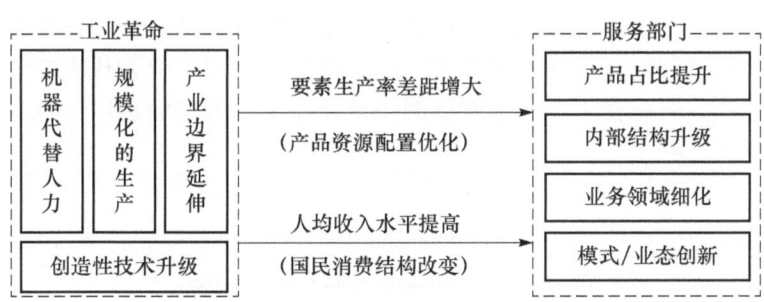

图 1.6 工业革命对服务业发展影响机理

1. 第一次工业革命:"蛰伏发育"的服务业

第一次工业革命始于 18 世纪 60 年代,织布工哈格里夫斯发明了珍妮纺织机,揭开了工业革命的序幕。如果用一个词概括本次工业革命的主题,那或许应该是"机械化",即机器大生产取代了手工劳动,机械化的生产方式逐步兴起。对于首次工业革命的动因,马克思、恩格斯在其《共产党宣言》中阐述道①:"市场总是在扩大,需求总是在增加。工厂手工业也不能满足这种需求了,于是蒸汽和机器就引起了工业中的革命。"

代替了手工并得到普及的机器大工业生产方式使得生产力有了惊人的发展。以英国为例,据经济学家卡梅伦(Cameron)的记载,1688 年至 1801 年,英国农业占国民收入的比重从 40%下降至 32.5%,采矿、制造及建筑产业的比重从 21%上升到 23.6%,而贸易与运输的比重则从 12%上升到了 17.5%。如表 1.4 所示,相关学者所整理的 1700 年与 1841 年部门占比也能反映工业的强势发展②。

表 1.4　1700 年与 1841 年英国各部门占比

项目	1700 年	1841 年
农业	37%	28%
工业	20%	44%
服务业	43%	28%
GDP	100%	100%

资料来源:Crafts N F R. 1985. British Economic Growth during the Industrial Revolution. New York: Oxford University Press.
Horrell S, Humphries J, Weale M. 1994. An input-output table for 1841. Economic History Review, 47(3):545-566.

在这个时期,由于工业发展带来的超额经济增量,人们开始尝试将经济活动分为生产性和非生产性,并将服务业归于后者。当时观点认为,经济产出中只有用于投资工业的部分才能产生利润,而用于服务的支出反而消耗了所产出的利润,不利于社会财富的积累。因此,出于扩大资本积累的目的,尽管服务活动公认有其存在的必要性,但其发展也受到了严格的人为限制。然而,随着工业革命的推进,正如前文所述,城镇化与居民收入水平持续提高,居民消费结构逐步发生了改变。在这种需求市场的诱导下,以家庭服务、通信等为代表的消费服务业规模不断上升。可见在工业飞速发展的光芒掩盖下,服务业也以其自身的节奏处在蛰伏发育的过程中。

---

① Marx K, Engels F. 1967. The Communist Manifesto. London: Penguin Press.
② Broadberry S, Campbell B, Klein A, et al. 2009. British economic growth, 1300-1850: some preliminary estimates. https://www.academia.edu/52406859/british_economic_growth_1300_1850_some_preliminary_estimates [2024-12-20].

与此同时，除了工业化生产的出现，1814年斯蒂芬森发明的"蒸汽机车"也使得人类交通运输业进入了一个飞速发展的时期。以英国为例，随着蒸汽机在火车研制上的应用，其铁道总长于1850年底达6500英里（1英里=1.609 344千米），正式进入铁路交通时代，而蒸汽机在轮船研制上的应用又迅速推动了英国海运事业的发展。诸如此类的应用推动了市场规模的扩大，人们开展的贸易活动（尤其服务市场的交易）不再受到时空的严格限制，不仅打破了城市边界，更跨越了国别与洲际。

2. 第二次工业革命："初露头角"的服务业

在对服务业发展影响方面，第二次工业革命与第一次工业革命大致趋同，有观点也认为第二次工业革命在某种程度上是第一次工业革命的延续。如果要对这段时期予以主题命名，那更合适的应该是"电气化"。19世纪中期，欧洲国家和美国、日本的资产阶级革命（或改革）的完成，促进了当时经济的发展。同时以发电机为代表的各种新技术、新发明层出不穷，并被广泛应用于各种工业生产领域，此阶段电力取代蒸汽成为主要的动力能源，内燃机的发明与应用又进一步推动了交通运输业的发展及市场规模的扩大，人们由"蒸汽时代"宣告进入"电气时代"。

在工业规模迅速增长和结构不断升级的基础上，服务业延续了此前的发展，并逐步显现出了对社会经济发展的重要作用。人们对服务业能够创造价值的这一观点达成了共识，并不再对服务业的发展予以人为限制。同时，随着技术的不断进步及生产要素交换便捷性的提升，社会生产日渐表现出了产品多样化、工艺复杂化、流程烦琐化及社会分工细化等特点。特别是服务产业中作为生产辅助部分的内容不断增加，且形成由"内部化"向"外部化"演进的趋势，大量专业性服务企业得以发展。随后，在重化工业逐渐占主导地位的条件下，辅助生产的服务部门（即后续所称的生产性服务业）所面临的市场需求规模与日俱增，新型的服务内容涌现，如交通运输业进一步分化出了现代物流业，并出现了商务服务、现代化金融保险等新型服务业态。格鲁伯和沃克在1993年出版的《服务业的增长：原因与影响》一书中指出，服务业的增长主要来自生产性服务业，同时他们利用奥地利学派的"迂回生产学说"进一步解释了生产性服务业的产生①。即制造业在发展过程中将出现纵向及横向分工，其中纵向分工的专业化会导致迂回生产程度的增加，从而使得企业内部管理费用的增长。而一旦纵向分工的费用超过了横向分工，企业便会将原本在"一体化生产组织形式"中不具有核心竞争力的环节如销售、设计或者制造外包出去，从而推动了生产性服务业与制造业的分离。

另外，居民收入水平在第一次工业革命的基础上得到了新阶段的提升，居民的消费需求也更倾向高层次的非物质需求。此时商贸、住宿、文旅、娱乐等用

---

① 格鲁伯, 沃克. 1993. 服务业的增长：原因与影响. 陈彪如, 译. 上海：三联书店上海分店.

以满足个人精神需要的服务产业（即后续所称的生活性服务业）得到快速发展。此外，部分发达国家所推动的福利国家建设也带动了公共服务业的兴起。以美国为例，1900~1950年公共服务业占国民经济比重由5%上升至20.8%。至此，服务业组成结构格局初显。

除了上述所提到的分工细化及消费结构调整对服务业发展的推动作用外，第二次工业革命不能忽视的另一重要贡献是电讯事业的发展。该技术及电车、汽车等新型交通的出现极大地降低了通信、运输的成本，促进了全球交通运输、电讯、金融保险等行业的发展。而这些行业的出现又进一步降低了企业间的交易费用，提高了交易效率，给国际分工的细化和深化提供了有利条件。尤其对于服务业而言，其服务产品的无形性、易逝性等造成了早期服务商品小服务圈的特点，而此类技术的出现是服务业破局进化的关键。

3. 第三次工业革命："迅猛发展"的服务业

以原子能、电子计算机、分子生物学及空间技术等的重大突破为标志的第三次工业革命始于20世纪40年代，它产生了一大批新型工业，第三产业也得以在此时期迅速发展。其中，最具划时代意义的是电子计算机的诞生与广泛运用，因此，"自动化"也成为第三次工业革命的主题。

从全球整体来看，在各种技术的推动下，工业发展呈现高级化、服务化、复杂化趋势。大量关键性技术突破及生产应用成为新时期产业发展的基础，数字化生产逐步演变为主导性生产方式。与亚当·斯密市场规模限制劳动分工的原理相一致，产业规模的迅速扩张带来了分工和专业化的发展。在此阶段，生产性服务业面临的需求市场不断扩大，其内部专业化水平和细分程度不断提升，研发设计、信息服务等知识密集型服务业逐步形成规模。再者，居民收入水平显著提升，其消费需求结构也呈现出更为多样化和高质化的趋势。市场上也表现为由此演化出的生活性服务业所提供的产品数量激增、分类细化，如教育医疗、文旅服务、卫生保健、影视娱乐等行业快速增长。如果说第二次工业革命是使服务业内部结构显化（即明晰了生产性服务业、生活性服务业等分类），那么第三次工业革命则是促使各部分蓬勃发展，实现服务生产与贸易的分离，进而推动服务业整体的进阶。

第三次工业革命所开辟的"信息时代"进一步推动了全球一体化的进程，跨国公司等主体借由全球市场规模的扩大、通信及交通技术的进步，实现了产品及要素在全球范围的跨时空流通。聚焦到服务业发展上，国家之间的分工出现了"制造及服务分离"的趋势，部分发达国家企业将生产加工环节外包给了发展中国家的制造公司，同时加强对图1.7中微笑曲线所提到的高附加值环节的控制（如研发设计、销售管理），将自身从生产制造者转变为了生产性服务提供者，实现企业功能聚焦和收益提升。如全球的体育品牌公司耐克采用虚拟经营模式，企业总部以产品设计研发、营销管理为主，将商品制造及零售业务外包给发展中家厂商，以降低生产成本。

本次工业革命的生产方式也出现相应的重大转变，既突破福特模式下低成本的大规模生产，也区别于高成本的个性化定制，生产企业在差异化产品和生产成本之间寻求有效平衡。具体来看，原有的大规模生产方式旨在通过细化的劳动分工和规范化的工艺流程实现规模效益，并通过对客户多元化需求满足的舍弃，以实现生产成本的最低化。但此类运营模式势必会失去一部分的市场，也达不到社会总剩余的最大化。以此为背景，大规模定制应运而生，其基本思路是在生产过程中强化产品内部结构的标准化，增加顾客可感知的外部结构多样性，是一种以低成本满足个性化需求的生产方式。与大规模生产和个性化定制相比，大规模定制在生产环节和业务单元的模块化及外包化趋势更强，而其内部的服务属性也得到了相当大程度的体现。

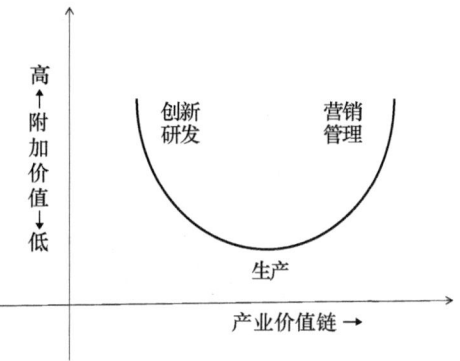

图 1.7 微笑曲线示意图

总而言之，如表 1.5 所示，服务业在三次工业革命中得到了不同程度的发展。尤其是近代以来，服务业开始呈现规模经济特征，服务的技术含量和产业关联不断提高，新兴的服务内容层出不穷，服务业已经做好了登台主演的准备。

表 1.5 三次工业革命中的服务业演进

项目	第一次工业革命	第二次工业革命	第三次工业革命
工业发展形态	轻纺工业发展为主	重化工发展为主	高新技术产业发展为主
服务业形态	服务业为非生产活动，逐步出现明确的三次产业划分	企业服务外包业务兴起，服务业快速发展	信息技术推动服务经济到来
服务业类别	消费性服务包括家庭服务、通信等 公共服务包括教育、医疗等	生产性服务包括金融、保险、物流等 消费性服务包括住宿、旅游等 公共服务包括教育、医疗等	新兴服务包括生产管理服务、信息服务、电子商务等 生产性服务包括研发服务、咨询调查服务、工程总包服务、营销服务 消费性服务包括房地产、文化娱乐等 公共服务包括远程教育、健康服务等

资料来源：杜传忠，杜新建. 2018. 工业革命与服务业发展：兼论第四次工业革命条件下我国服务业发展的趋向. 江淮论坛，(2)：43-49.

1.2.2 工业 4.0：服务业文明的开始

由计算机、互联网等信息技术发展所引发的社会生产力、经济生活的巨大变革随处可见，但对互联网信息技术革命的界定却不尽相同。部分学者将计算机的发明作为第一次信息革命的标志，也有学者将其视为工业革命的再现（即工业 4.0），认为其本质是通过技术的应用进一步解放劳动力、提高生产效率。但无论以何种方式解读，该阶段的发展特征及趋向都是显而易见的。

尽管工业互联网、物联网、智慧生态、工业 4.0 等概念在诸多领域得以高频使用，但无论其着重强调的是工业发展或者是新兴的行业生态模式，其在各自领域上的改进均与服务业息息相关。具体来看，如果说工业互联网是设备联网后通过对售后服务体系的改善进而提升效率，那么物联网及智慧生态则是借由互联网以实现信息共享和高效管理。同时工业 4.0 作为第四次工业革命，其关键词也从"自动化"转向"智能化"，即更为强调个性化定制。从这个角度出发，可以说在当下及未来的发展中，服务业均一改过去在三次工业革命中扮演的"配角"，成为本次革命的主力军，故有观点提出"不要用工业的眼光看工业 4.0，这是一场服务业革命"，许永硕在其著作《中国制造新起点：服务业革命开启服务业文明》一书中也提到[①]，现在社会普遍对产业分工是分为第一产业（农业）、第二产业（工业）、第三产业（服务业）。我们现在处于工业社会，如果随着历史的发展，人类社会未来会不会进入服务业社会？如果人类进入服务业社会，促成人类向服务业社会发展的技术革命，其地位将是与工业社会等同的……这一轮工业 4.0 的革命可能叫服务业革命更适合，这次革命的重要性与工业革命的地位相当，而不是与工业 2.0、工业 3.0 的地位相当……

一旦认可工业 4.0 中服务业的重要地位，随之需要关注的则是前后时期的发展特点。此外，考虑到前文使用的"革命"表述，将前后时期特点描述为"文明"可能更加契合。纵观社会发展史，过去人类先后经历了农耕文明、工业文明。如果以三次产业划分的视角来看，农耕文明是第一产业的文明，该阶段生产以人力为主；工业文明是第二产业的文明，此时机器设备解放人类体力劳动；而在未来可预见的发展中，第三产业文明即服务业文明兴起，科技进步旨在解放人类脑力劳动，提升整体生产效率和社会效益。

如表 1.6 所示，与此前两大文明不同，服务业文明诞生于后工业时代，由于此前工业革命的推动，人类生产力已经达到了一个相对"饱和"的阶段（即生产力足以应对当前社会需求，尽管在技术支撑下，生产力并不存在上限，但现阶段一味提高生产力的行为已经是个非经济性行为），全产业发展的主基调已经从"大刀阔斧"逐步演进为"精雕细琢"，促使这种发展思维改变的是资源的有限性

---

① 许永硕. 2018. 中国制造新起点：服务业革命开启服务业文明. 北京：电子工业出版社.

与人类需求无限性之间的矛盾。可能以生态环境保护为例更容易理解,包括中国在内的诸多国家在过去发展的一段时间内都采用了牺牲环境换取经济效益的发展策略,而随着生产力及社会发展水平的提高,环境又反过来成为制约进一步发展的"卡脖子"的手,各主体开始寻求"人与自然和谐共生"的发展之道,强调"全面提高资源利用效率",而这也与服务业文明时期的主旨不谋而合。

表1.6 农耕文明、工业文明和服务业文明的要点对比

项目	农耕文明	工业文明	服务业文明
主要难题	解决生存问题	解决发展问题	解决优化问题
瓶颈	生产力不足,处于竞争劣势的群体生存困难	生产力已取得进步,竞争力处于劣势的群体需要将大部分时间用在工作上才能生产	资源不足,在生产力得到极大发展后,人类面临的是地球资源对人类发展的限制,需要提高资源的利用效率
经济特征	短缺经济	短缺经济	过剩经济
主要特点	①人类被土地劳作束缚,绝大多数人依赖土地生存;②手工劳动,没有实现规模化;③娱乐少	①工业化、城市化、法治化、民主化,人类被工作时间和组织架构束缚;②机械化、电气化,娱乐增多(以人提供的服务为主);③生产规模化	①信息化、智能化、平台化、生态化、服务化,人类被地球资源束缚;②机器人和人工智能代替人工,大数据创造智能,娱乐多(以机器提供的服务业为主);③服务规模化

资料来源:许永硕. 2018. 物联网技术引发服务业革命:《中国制造新起点:服务业革命开启服务业文明》解读. 中国机械工程, 29(6): 748-755.

另外,当规模化所带来的边际效益不再具有优势时,提高资源利用效率进而获得更高收益的战略成为企业的首选。各类需求市场的规模在短时间内都是有限的,同时行业内新企业层出不穷、竞争激烈,加上政策行规等的限制,企业很难有垄断市场的行为,这就导致企业在提高市场份额的基础上,仍需思考如何降低成本以获得最佳竞争力。如酒店、银行等采用机器人和人工智能代替人工,降低人力投入;制造业提高单位原材料对应的产出(提高资源的利用效率);大型企业将内部法律、财务等环节剥离,减少管理费用;共享经济模式及新零售模式的诞生等,而此类举动又进一步推动了生产性服务业及生活性服务业的发展。

1.2.3 服务业是未来经济的增长点

在此前提到的各类文明经济特征中,服务业文明一改过去的短缺经济,已经进入了过剩经济时代,也就是说当前生产的供给完全可以满足基本的需求,供给与需求在总量上将接近平衡。同时由于短时间内需求市场的规模并不会发生量级变化,工业总量作为供给生产方也将会维持一个相对稳定的数量。在这种社会供需的背景下,未来如果经济要继续实现总量的增长,必须依靠新的增长点。

以英国为例，由其 1955 年以来的工业生产指数变化可知，作为第一次工业革命的起始地，英国工业生产指数在 20 世纪仍增长显著，但进入 21 世纪以来，其整体偏离顶峰，出现下滑趋势（图 1.8）。

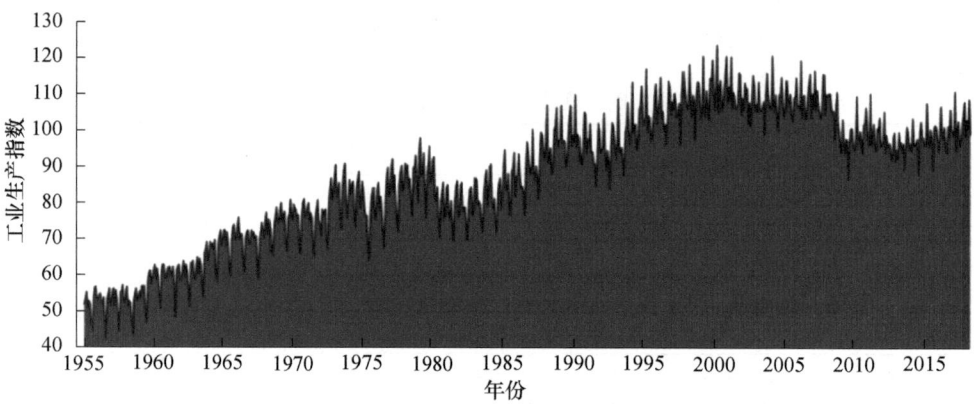

图 1.8　1955~2018 年英国工业生产指数
资料来源：China Entrepreneur Investment Club

简单来说，以英国为代表的诸多国家及地区原依托于第二产业即工业、制造业等的经济增长点已经接近顶峰，经济社会急需新的增长点予以动力支撑。在此背景下，尽管我们不能绝对地说服务业是唯一可行的发展方向，但服务业毫无疑问是目前可预见的未来经济最佳增长点。随着科学技术的发展，人工智能、大数据、物联网的使用使得原农业及工业部门的部分劳动力逐步被机器取代，除了规模扩增可以弥补此类岗位减少外，服务业对人力的需求可以填补溢出的劳动力，成为缓解就业的最佳渠道。如过去一台机器的正常生产需要 5 名工人，当引入新技术后，单台设备仅需 2 名工人即能完成日常工作，除了工厂为满足市场需求的增加而新增一台设备外，仍有多余的一名工人失去了对应的工作岗位。在此情况下，由于市场规模有限，农业及工业并无足够的新增就业需求以覆盖效率增加下所溢出的劳动力，此时文旅、餐饮、物流等服务业行业兴起所带来的就业机会即发挥了其重要作用。

回顾国内最近十余年的发展，我们对服务业的感触可能更深。汽车修理、服装售卖、美容美发、餐饮娱乐、中介机构等随处可见。虽然它们大多都是区域性小规模经营单位，但从全国范围来看，其数量繁多，极大程度地缓解了就业压力。此外，虽然大体量的服务业均像上述所提的属于琐碎的小机构，并不能像制造业等进行单体大规模投资获益，但其涉及面广、整体营收规模可观，且市场长期呈现供不应求的发展趋势。总体而言，服务业不仅在就业层面发挥了独特作用，同时有效实现了人均收入的提高，对经济增长的贡献和拉动作用在三次产业中均居首位。

正是如同需求理论中所提到的任何一种需要都不会因为更高层次需要的发展而消失，低层次的需要持续存在，只是随着高层次需要的支配而相对弱化，社会发展趋向体现为"服务经济主导"而不是"服务经济独导"。服务业的兴起并不意味着其他产业的衰退。相反，原有其他产业也需要注入新的活力以适应社会供需的调整，从而实现经济增长目标。在当前新一轮科技革命和产业变革下，新产业、新业态、新模式成为三次产业融合的重要实现形式，其实质是新技术在三次产业之间的同步渗透。具体来看，新业态产生路径有两个：一是分工不断细化从原有产业中分离出的新产业；二是与原有产业之间相互融合产生出新产业或新的组织形态。此过程中相对显化的即服务业与三次产业的融合发展，具体表现为以下内容。

一是与制造业高水平融合深化。该部分更多的是指生产性服务业，即在过去发展中作为生产辅助部分从生产制造环节"剥离分化"出来的。一方面，生产性服务业在制造业产品创新、生产技术创新、制造系统集成创新和产业模式创新等环节都发挥了带动作用，如研发、设计、创意对新产品、新设备的支持，信息技术服务、专业咨询服务对生产环节和系统集成的支撑，电子商务、商务服务对产业模式的重塑等。另一方面，商贸、物流、信息、金融、咨询、人力等生产服务业也有效整合了分布在不同空间的专业化生产环节，促进了制造业中生产要素的高效流通。尤其是云计算、大数据等新技术的应用，使得以消费者为中心，以个性化定制、柔性化生产和社会化协同为主要特征的智能服务网络发展迅速，具有代表性的如现代医学远程诊疗技术即医疗设备制造业与信息网络服务（利用高速网络进行数字、图像、语言的储存和综合运输）融合[①]。

二是与农业多方式融合。与制造业有所不同的是，服务业与农业的融合更多的是体现在农业生产过程中对现代科学技术的管理及对农产品营销经营环节的把控。具体来看，以我国为例，服务业与农业具有代表性的融合方式有利用农业景观和生产活动，开发休闲旅游观光业务；引入物联网、大数据、人工智能等现代信息技术，实现农业信息共享及生产高效管理；利用互联网优势，与电商直播相结合，打通农产品线上线下经营渠道等。现代农业已不再像过去局限于一亩三分地，人才支撑、电商服务等现代要素的注入正在使农业加速驶入高质高效发展的快车道。如河南省汝阳县靳村乡即利用现代网络技术，采取"公司+合作社+电商+农户"联合经营的合作模式，通过标准化种植、品牌化经营、直播式推

---

① 洪群联，周鑫. 2018. 新一轮科技革命和产业变革下服务业发展的趋势与对策. 宏观经济管理，(4): 38-41.

广,成功打响了地区农产品品牌。

三是服务业内部跨界融合。在当前产业变革过程中,不能忽视的另一大跨界主体即服务业内部细分行业的融合。服务企业所面对的消费者大多趋同(如生产性服务业面向企业的辅助生产,生活性服务业面向个人的衣食住行等),其所提供的服务产品构成要素也趋于一致。基于此,推动服务业内部生产要素优化配置,促进现代物流、信息经济、文化创意、休闲旅游、健康养老等服务系统集成,推动"设计+""物流+""旅游+""养老+"等业态和模式创新是新时代服务业产业升级主流趋势之一。一方面,互联网、人工智能等对服务领域的渗透加深,尤其在数字金融行业,人工智能的使用帮助企业及个人更高效地进行风险管理及业务处理。如以支付宝为基础,利用人工智能技术,蚂蚁集团为用户提供包括消费金融(消费贷款)、货币基金、理财平台、保险平台、信用评级等多元化服务。同时根据其披露信息,仅 2018 年"双十一"当天,支付宝自助服务系统即承接服务需求量达 95.1%,解放了 22 461 个人力。另一方面,新媒体行业在为客户提供影视娱乐的基础上,通过将原先积累的庞大用户基础与大数据相结合,为其进一步拓展业务边界(如发展电商、加码自营等)提供了良好的发展条件,也有助于企业实现跨行业经营的战略布局。

第 2 章　现代服务业的缘起

从中华人民共和国成立初期所采用的计划经济体制，到改革开放的大胆尝试，多年以来我国发展取得了举世瞩目的伟大成就，尤其是服务业产业发展迅速，其在推动增长、吸纳就业、促进投资、激发消费、扩大开放中的作用日渐凸显，已然成为我国经济发展的主动力。然而随着全球第四次产业革命驱动的人工智能、平台经济、工业互联网、新零售等产业概念不断兴起，全球新一轮科技革命和产业变革加速发展，叠加人口老龄化和生育率的下滑，靠廉价劳动力参与全球产业链、全球产业分工对当前经济水平下的中国已不可取。我国服务产业亟须摆脱旧的运营模式，采取区域合作、业态创新等方式，打破天然垄断，寻求更为适宜的现代化发展道路。

一方面，现代服务业作为未来经济增长的新高地，其发展潜力巨大。我国需深入挖掘服务市场潜能，构建促进产业持续稳定发展的长效机制，以应对全球经济格局的深刻变化。另一方面，我国服务业在国际竞争力、发展结构等方面仍存在明显短板，与发达国家的差距显著。因此，推动传统服务业向现代服务业转型升级，不仅是顺应全球经济发展与结构调整的必然趋势，更是我国实现产业跨越发展、解决民生问题、促进社会和谐、全面建成小康社会的关键。

鉴于中国独特的国情和社会历史背景，如图 2.1 所示，本章将立足中国式现代化的深刻内涵，以前文对产业发展的深入分析为基础，通过与国际先进国家/地区的横向比较，明确现阶段我国服务业的发展需求，并总结不同发展模式的成功经验与教训。随后，结合我国服务业发展的历史脉络和现状特征，深入剖析存在的问题与不足，旨在揭示实施"现代服务业战略"的必然性和紧迫性，为推动我国服务业高质量发展提供战略指引和实践路径。

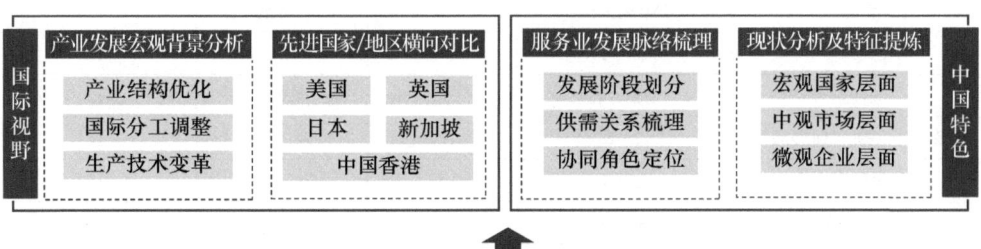

图 2.1　新形势下我国服务业发展现状、需求及短板分析

2.1 全球服务业发展与演化

根据此前梳理，服务产业涵盖的范围边界广，不仅包括咨询、金融、物流等生产性服务业，还包括餐饮、住宿、家政等生活性服务业。值得一提的是，服务业在西方发达国家已经成为经济的重要主导力量，提供了大量的就业岗位。数据显示，2021年全球范围内服务业吸纳的就业人口占总就业百分比约为50.47%，其中，高收入国家为74.59%、中等收入国家为46.41%、低收入国家为30.47%。

具体来看，截至2021年发达国家经济普遍现象是服务业增加值占GDP的比重超过70%。世界银行相关数据显示，2021年各国家及地区服务业增加值占GDP比重排名前30的如表2.1所示，其中，中国澳门以94.18%位居第一。

表2.1 2021年世界各国家/地区服务业增加值及占GDP比重排名前30

国家/地区	服务业增加值		服务业占GDP比重	
	数值/亿美元	排名	占比	排名
中国澳门	283.69	82	94.18%	1
黎巴嫩	217.78	91	94.15%	2
马恩岛	68.72	129	93.93%	3
百慕大	65.94	132	90.50%	4
中国香港	3 307.56	24	89.59%	5
开曼群岛	48.75	142	86.92%	6
摩纳哥	68.84	127	80.09%	7
卢森堡	678.27	60	79.32%	8
巴哈马	88.07	115	78.58%	9
马耳他	134.9	105	77.69%	10
美国	180 923.18	1	77.60%	11
吉布提	24.58	155	77.27%	12
古巴	789.14	56	74.96%	13
特克斯和凯科斯群岛	7.02	176	74.37%	14
库拉索	20.03	157	74.20%	15
马尔代夫	39.59	147	73.25%	16
帕劳	1.60	186	73.23%	17
塞浦路斯	208.02	93	73.22%	18
以色列	3 539.30	23	72.45%	19

续表

国家/地区	服务业增加值		服务业占 GDP 比重	
	数值/亿美元	排名	占比	排名
圣多美和普林西比	3.80	181	72.25%	20
圣卢西亚	12.20	165	72.16%	21
瑞士	5 758.47	16	71.92%	22
英国	22 378.25	5	71.46%	23
法国	20 806.94	6	70.34%	24
日本	34 509.74	3	69.89%	25
萨摩亚	5.89	178	69.79%	26
新加坡	2 757.03	28	69.45%	27
荷兰	7 033.35	15	69.44%	28
科威特	731.74	58	69.06%	29
比利时	4 086.28	20	68.78%	30

资料来源：世界银行

为更好探究全球各国及地区服务业发展的异同，本章将综合考虑服务业占比及整体规模，选取美国、英国、日本、新加坡、中国香港市场进一步分析，具体如图 2.2 所示，其中美国服务业增加值常年处于领先地位。

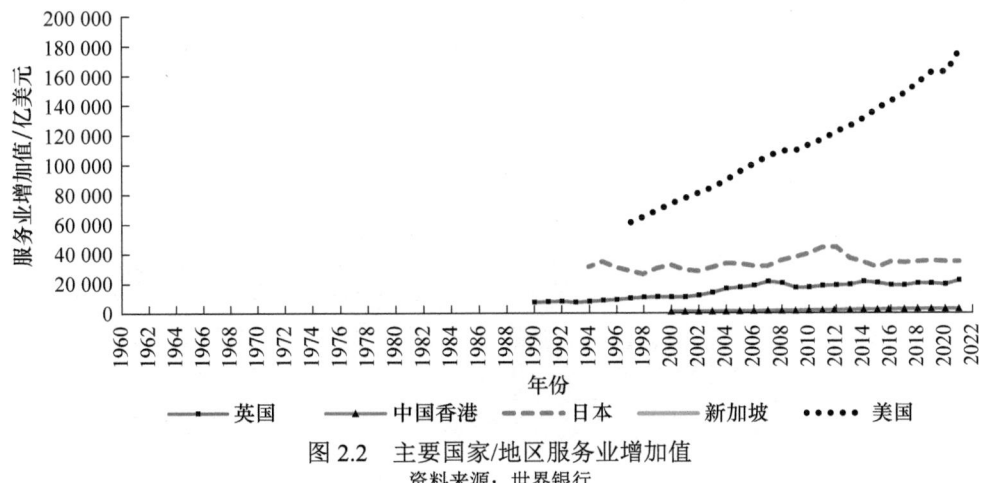

图 2.2　主要国家/地区服务业增加值
资料来源：世界银行

由于规模上的差异，主要国家/地区趋势可视性减弱。本节进一步将五个研究对象分别进行增加值及占比统计，如图 2.3～图 2.7 所示，可见尽管同属于服务业发展领先区域，但各国及地区表现仍有较大差异。

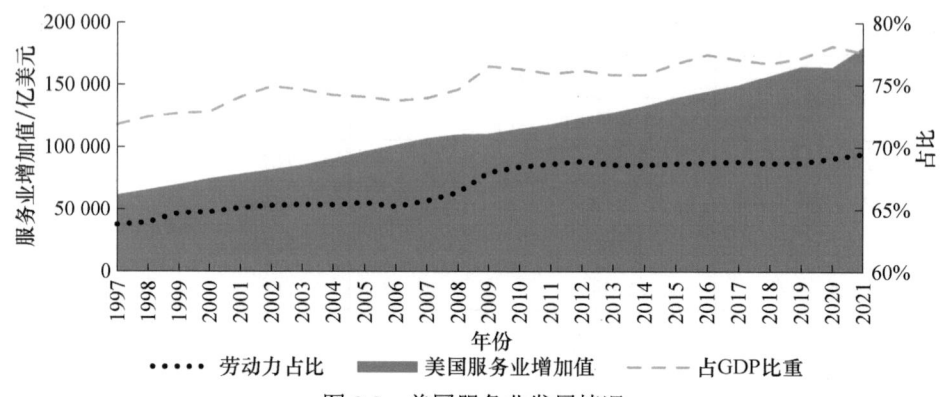

图 2.3　美国服务业发展情况

资料来源：世界银行

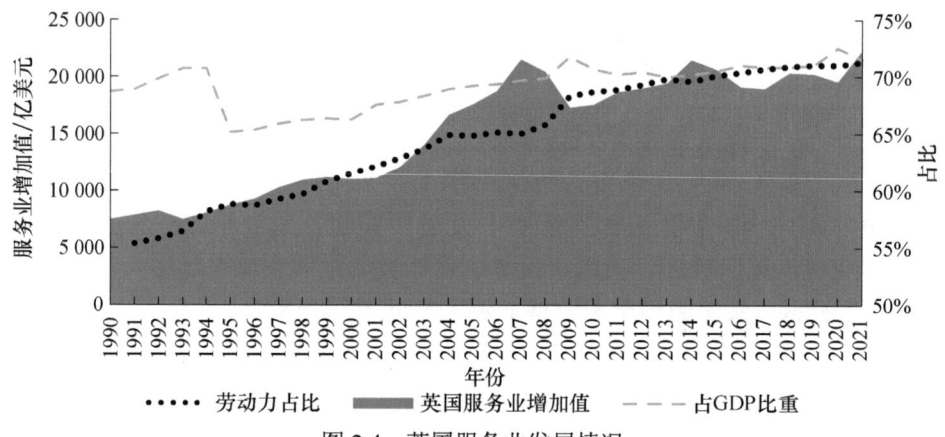

图 2.4　英国服务业发展情况

资料来源：世界银行

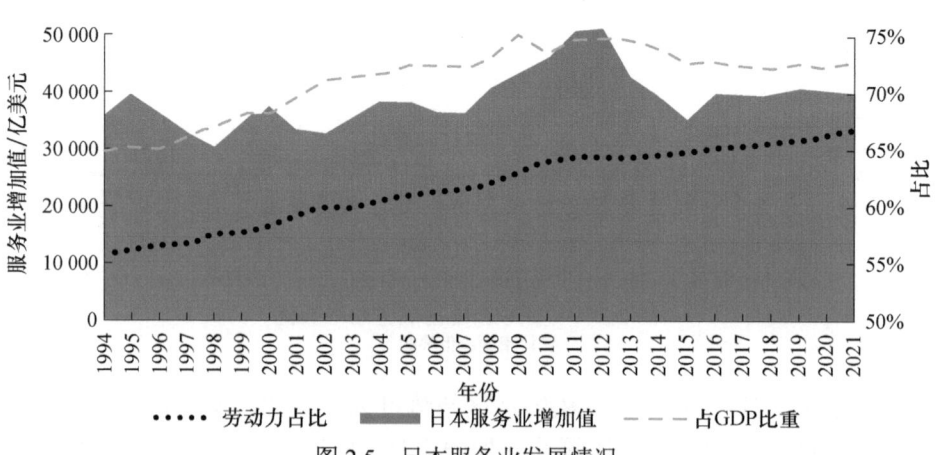

图 2.5　日本服务业发展情况

资料来源：世界银行

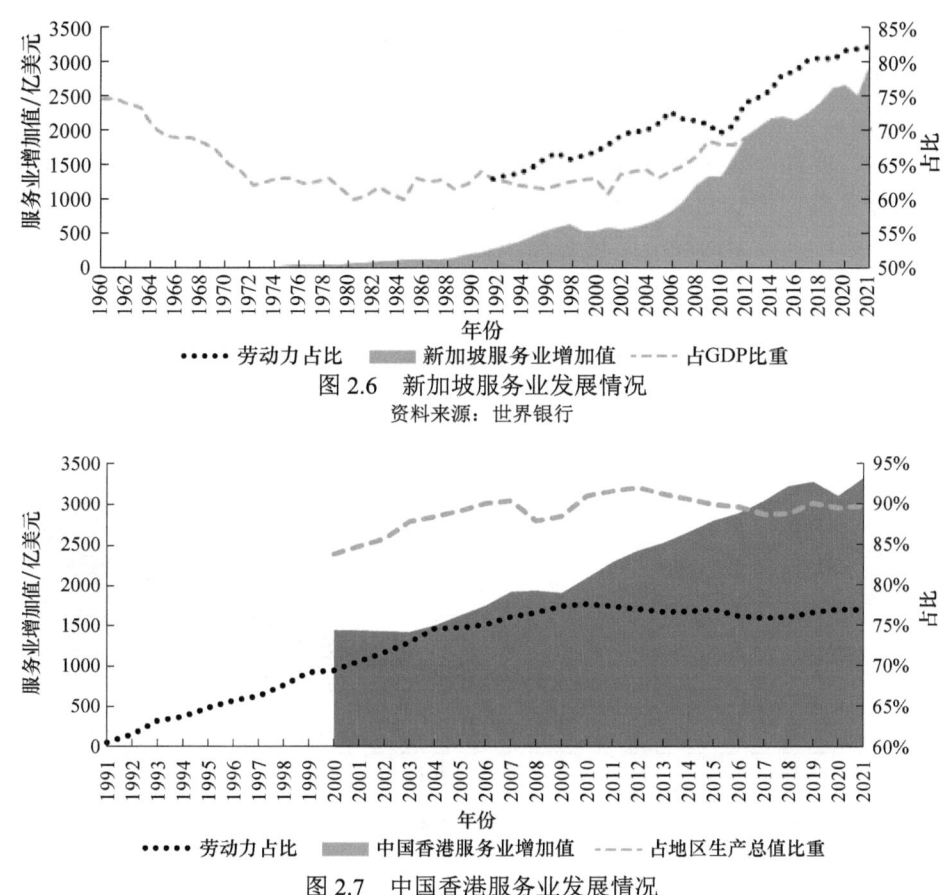

图 2.6 新加坡服务业发展情况
资料来源：世界银行

图 2.7 中国香港服务业发展情况
资料来源：世界银行

2.1.1 美国：政策先行，政府领导

当前，美国无论是产业进程或者是服务业经济体量都属于世界领先地位。尤其在服务贸易中占据绝对优势，根据世界贸易组织总干事伊维拉提供的数据，2023 年美国服务出口额突破 1 万亿美元，占全球服务贸易总额的 13%。

1. 发展概况

回顾其服务业整体发展，美国在殖民时期的主要经济活动即农业和商业，而后 1789 年生效的《美国宪法》更是助推了美国建立统一的国内市场与稳定的经济秩序。可以说，美国在独立战争前就是一个相对高度商业化的社会，而服务业在此过程中就已经得到了较好发展。在美国工业化早期，其服务业所占比重就为 40% 以上。尽管后续随着工业革命的推进，服务业的发展一度受到人为限制，但也正得益于美国在这段时期所积累的金融基础及形成的政府牵头模式，美国成为全球服务业成长与变革的领先者。

由美国商务部经济分析局（Bureau of Economic Analysis，BEA）统计数据可知（图2.8），自第二次世界大战以来，美国产业结构发生了巨大变化，服务部门（包括交通、金融、保险、私人服务等）增加值所占比重逐年提升，其中以文旅、卫生、教育、法律等传统延续行业所构成的服务子项及金融、保险、房地产构成的行业部门增长最为显著。1997年，两者行业增加值已超制造业，分别位列第一、第二，美国的经济结构也逐步形成了以服务业为经济主体的产业模式。

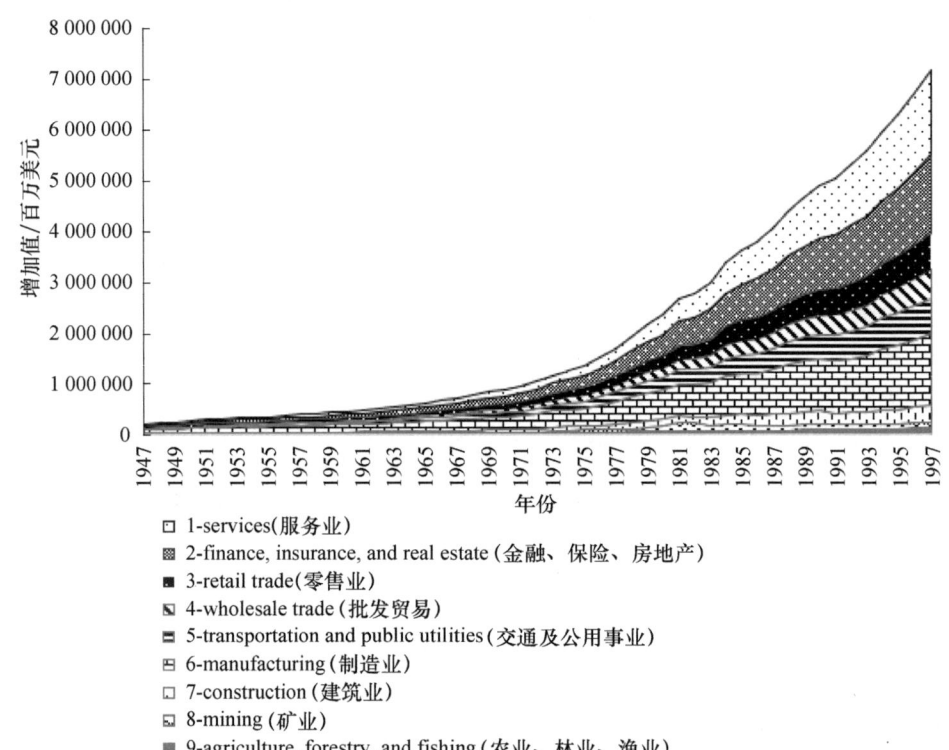

图 2.8　1947～1997年美国私营产业分部门增加值
资料来源：BEA
图中图例由上至下按 1～9 排列

此外，由图2.8及图2.9的图例可知，除服务业整体规模攀升外，其产业内部也逐步呈现行业分工精细化趋势。截至2021年，美国的服务业已基本构成了由批发贸易、零售业、信息业、专业和商业服务业、公用事业等组成的细分业态。其中，金融、保险、房地产、租赁和租赁业是美国服务业中产值规模最大领域，占GDP比重达20.95%。相比之下，传统的批发贸易、零售业、交通运输和仓储等基础服务领域占GDP的比例处于下降态势。而美国过往引以为傲的信息产业，其占比也相对处于稳定的状态。

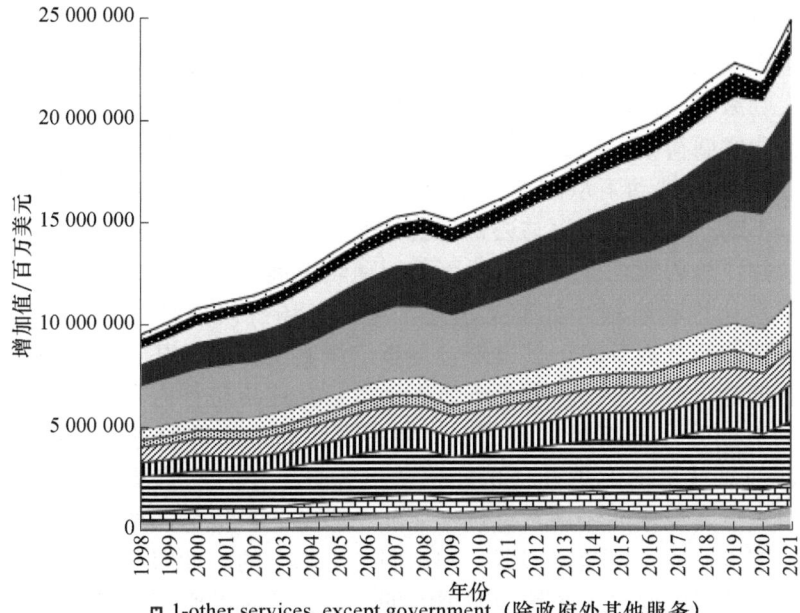

图 2.9 1998～2021 年美国私营产业分部门增加值
资料来源：BEA
图中图例由上至下按 1～14 排列

2. 发展历程

整体来看，美国服务业经历了相当长时间的发展及演化才形成了当前的产业优势地位。若仅聚焦于服务业本身，其发展过程从以下三个阶段进行解读可能更为清晰。一是贸易需求推动阶段（该阶段又可称为个体需求主导）。在北美大陆英国殖民地建立的早期，人口规模的增长及地域的扩大产生了实物交换的需求，同时借助当时英国盛行的重商主义思想及造船业所带动的交通运输行业的发展，殖民地贸易逐步兴起并在频繁互通的过程中形成了地区层面的统一市场，但贯穿整个阶段的发展推动力仍是小个体和小群体的服务需求。

二是生产辅助推动阶段。来源于1861年南方黑奴制度引发的美国南北战争的需求大大刺激了美国制造业的发展，而后历经西进运动、工业革命，美国科技水平及制造业发展得到了质的飞跃。其中，显著代表是原属于制造业的生产辅助环节在分工细化的推动下从制造业中剥离，大量专业性服务业企业如银行、保险、金融、不动产、科技研发与咨询、会计服务、法律服务、建筑与工程服务等行业兴起，并伴随后续工业化的推进而得以蓬勃发展。

三是信息化推动阶段。如前文所述，整体市场规模短时间有限，当工业发展速度超越整体经济提升时，其发展会逐步趋缓甚至停滞。基于此，美国借助全球化浪潮的推动，在其经济发展处于领先地位后，逐步进行内部产业结构优化，将中低端制造业转移至新兴市场国家，使得国内高附加值服务环节比重得以提升。另外，信息技术的诞生及使用加快了传统服务业的变革及新兴服务业的出现，而美国凭借其积累的经济及市场（尤其是服务业）优势，率先入局并获得了先发优势，逐步形成了以信息服务、知识服务等为主的产业服务结构。如果说在前一阶段，美国服务业进入了快速发展时期，那么此时期则可认为进入了飞跃发展期，内部引领行业更替迅速。

3. 发展特点

从发展特点来看，美国在过去服务业发展历程中最为显著的特征即政府推动。相较于其他国家，美国服务业发展的有力助推器之一是政府的各项措施。其通过拟定服务贸易法规、强化国内基础建设、建立服务社会发展环境等，提升整体服务业效率、打造服务业竞争优势。如其先后拟定"贸易法""综合贸易和竞争法""服务贸易总协定"等政策文件，并通过美国商务部、进出口银行等公私部门的跨界合作推动国内服务业的发展。此外其凭借强大的政治和经济实力，促成双边、多边和区域服务业贸易自由化，以开放外国服务业市场，并拉拢发展中国家进入其多边贸易体系，以实现服务业贸易自由化的目标，并为美国服务业出口提供动力和保障。另外，美国持续加强对产业价值链中研发设计、销售管理等高附加值环节的控制，并初步形成高技术服务主导的产业发展格局，其中信息服务业、金融服务业、专业服务业等科技含量高的行业规模已经超过4万亿美元，占美国经济总量的32%，接近服务业总体规模的一半。

2.1.2 英国：金融主导，以点带面

英国是全球重要的贸易实体、经济强国以及金融中心，也是全球最富裕、经济最发达和生活水准最高的国家之一。作为第一次工业革命的发源地，英国的服务贸易发展十分迅速。尤其随着科学技术的发展，全球顺利进入互联网时代，高新技术产业取得巨大突破，而拥有发达工业体系的英国也率先完成了产业升

级，其服务业日益成为经济增长的主要动力源泉。

1. 发展概况

从英国服务发展情况来看，世界银行数据显示 2021 年英国服务业增加值达 22 357.88 亿美元，占 GDP 比重约为 71.6%，在吸纳就业方面表现也十分出色。同时，英国常年保持服务贸易顺差，是主要的服务贸易出口国之一。2005～2022 年英国服务贸易整体进出口总额如图 2.10 所示。

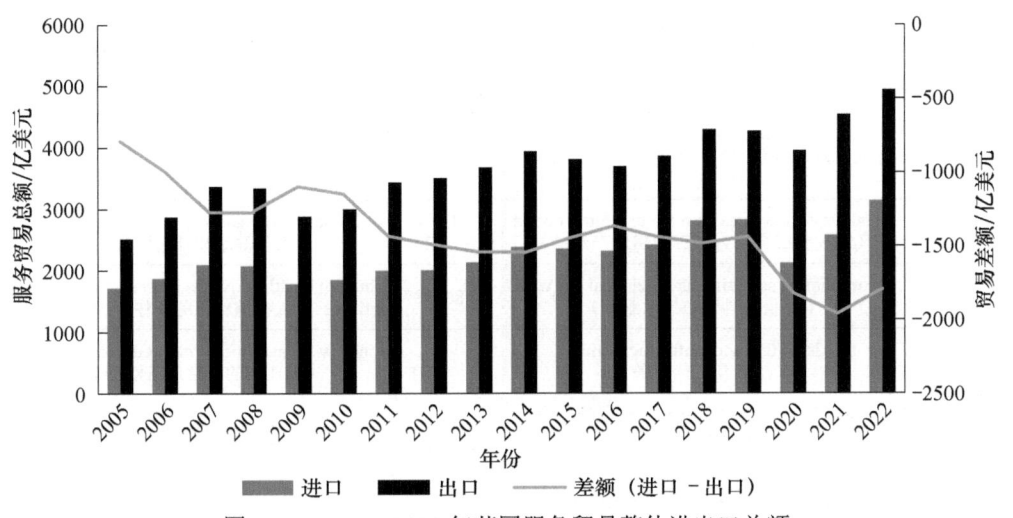

图 2.10　2005～2022 年英国服务贸易整体进出口总额
资料来源：世界贸易组织

根据英国国家统计局所使用标准工业分类（standard industrial classification，SIC）2007（以下简称 SIC 07），其服务业类属 G～T 序列，主要包括批发和零售贸易、运输仓储、住宿和餐饮服务、信息通信等，具体如表 2.2 所示。

表 2.2　SIC 07 服务业分类及描述

序列	SIC 07 描述	序列	SIC 07 描述
G （45～47）	wholesale and retail trade; repair of motor vehicles and motorcycles （批发和零售贸易；汽车和摩托车修理）	H （49～53）	transportation and storage（运输仓储）
45	wholesale and retail trade and repair of motor vehicles and motorcycles （汽车、摩托车的批发、零售贸易和修理）	49～51	land transport and transport via pipelines; water transport; air transport （陆路运输和管道运输；水运；空运）
46	wholesale trade, except of motor vehicles and motorcycles （批发贸易，除汽车和摩托车外）	52～53	warehousing and support activities for transportation; postal and courier activities （仓储和运输辅助活动；邮政和快递活动）
47	retail trade, except of motor vehicles and motorcycles （零售贸易，除汽车和摩托车外）	I （55～56）	accommodation and food service activities （住宿和餐饮服务）

续表

序列	SIC 07 描述	序列	SIC 07 描述
J（58~63）	information and communication（信息通信）	81	services to buildings and landscape activities（建筑及景观服务）
K（64~66）	financial and insurance activities（金融保险）	82	office administrative, office support and other business support activities（办公室行政、办公室支持和其他业务支持活动）
L（68）	real estate activities（房地产）	O（84）	public administration and defence；compulsory social security（公共行政和国防；强制性社会保障）
68.1~68.2	buying and selling of own real estate；renting and operating of own or leased real estate（买卖自有房地产；出租及经营自有或出租房地产）	P（85）	education（教育）
68.3	real estate activities on a fee or contract basis（以收费或合同为基础的房地产活动）	Q（86~88）	human health and social work activities（人类健康和社会服务）
M（69~75）	professional, scientific and technical activities（专业、科学和技术服务）	86~87	human health activities and residential care activities（人类健康服务和住宿护理服务）
69	legal and accounting activities（法律及会计业务）	88	social work activities without accommodation（无住宿的社会服务活动）
70	activities of head offices；management consultancy activities（总部活动；管理顾问活动）	R（90~93）	arts, entertainment and recreation（艺术、娱乐和休闲）
71	architectural and engineering activities；technical testing and analysis（建筑和工程活动；技术测试与分析）	S（94~96）	other service activities（其他服务活动）
72	scientific research and development（科学研究与开发）	94	activities of membership organisations（会员机构活动）
73	advertising and market research（广告及市场调查）	95	repair of computers and personal and household goods（修理电脑和个人及家庭用品）
74~75	other professional, scientific and technical activities；veterinary activities（其他专业、科学技术服务；兽医服务）	96	other personal service activities（其他个人服务活动）
N（77~82）	administrative and support service activities（行政和辅助服务）	T（97~98）	activities of households as employers；undifferentiated goods-and services-producing activities of households for own use（家庭服务）
77	rental and leasing activities（租赁服务）	97	activities of households as employers of domestic personnel（家庭作为家庭人员的雇主的活动）
78~80	employment activities；travel agency, tour operator and other reservation service and related activities；security and investigation activities（就业服务业；旅游和安保服务）	98	undifferentiated goods-and services-producing activities of private households for own use（私人家庭为自用而进行的无差别商品和服务生产活动）

资料来源：英国国家统计局

从细分行业来看，2018~2022 年英国服务业分类指数显示，受疫情影响，英国整体服务业指数在 2020 年出现大幅下滑后逐步回升，其中商业服务和金融业作为英国服务业主导产业之一表现依旧出色，同时疫情前处于末位的运输仓储和通信业在 5 年内实现了反超，分销、酒店和餐饮业领域的负面影响则仍未消退，具体如图 2.11 所示。

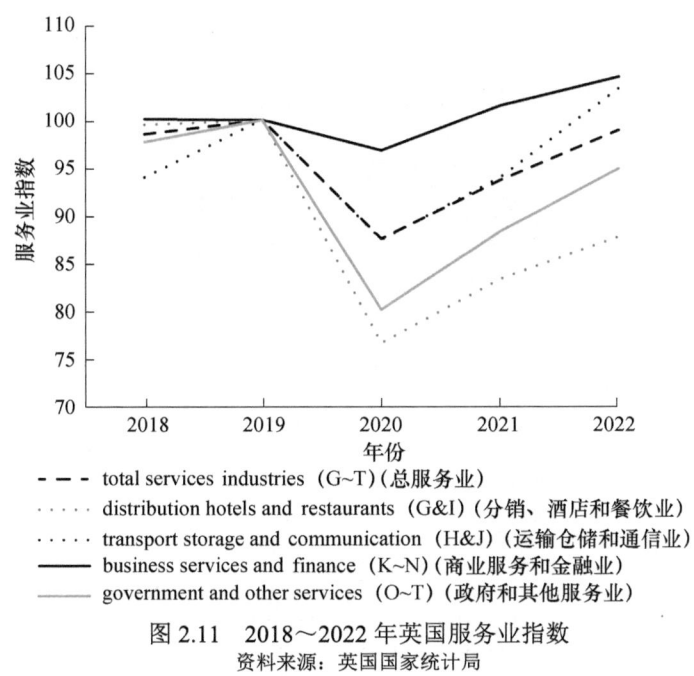

图 2.11 2018~2022 年英国服务业指数
资料来源：英国国家统计局
以经季节调整后的 2019 年为基数

进一步对比 1978~2022 年英国服务业各行业劳动力结构，如图 2.12 所示，"批发和零售贸易；汽车和摩托车修理"类别依旧位居首位，但呈下滑态势，自 1978 年的 23.4%下降至 2022 年的 15.7%，同样出现下滑的还有"金融保险""运输仓储""公共行政和国防；强制性社会保障""其他服务活动"等。相比之下，信息通信，房地产，专业、科学和技术服务，人类健康和社会工作服务等现代信息技术含量较高或附加价值较大的服务行业占比逐年攀升。此外从三次产业结构整体来看，服务业劳动力占比由 1978 年的 63.58%上升至 2022 年的 84.48%。综上，英国服务业整体同样呈现向服务业（尤其内部高增长行业）流向的趋势。

2. 发展历程

回顾英国服务业发展历程，得益于工业革命的先入者优势，英国早期搭建了以棉纺、煤炭、钢铁和造船为主的产业结构，并维持了长时间的经济优势地位。但随着第二次工业革命的推动，德国、美国等加快发展新兴产业，先一步进行了产业结

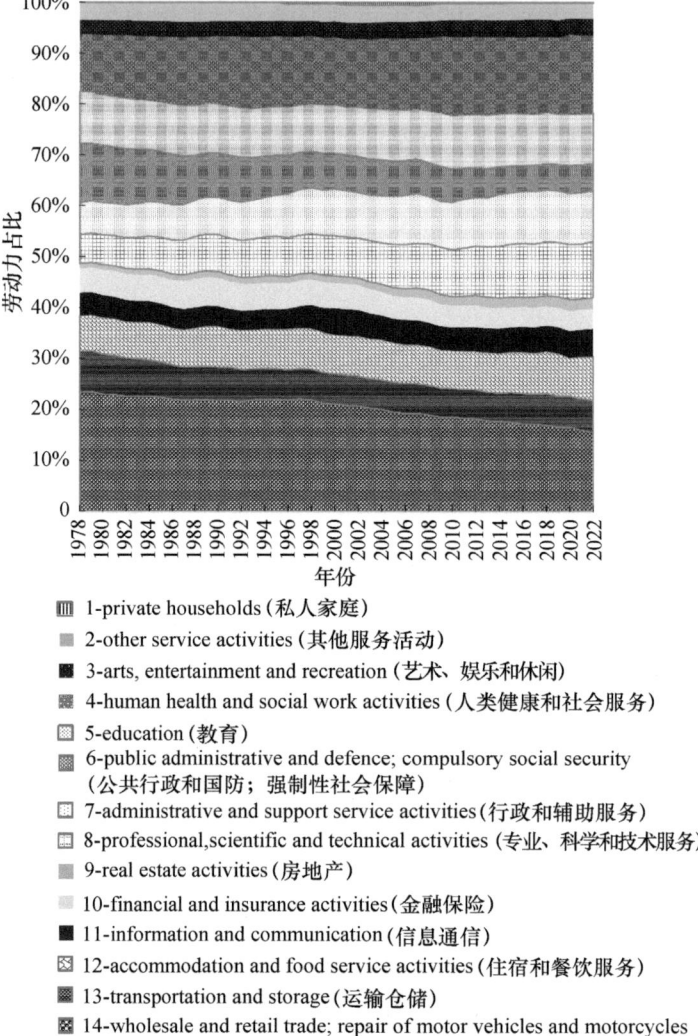

图 2.12　1978～2022 年英国服务业各行业劳动力占比
资料来源：英国国家统计局
图中图例由上至下按 1～14 排列

构调整，而英国仍固守传统工业优势，经济发展逐步趋缓。尽管第二次世界大战后，特别是 20 世纪 30 年代世界性经济危机对英国传统工业部门带来了沉重打击，英国政府被迫开始了工业结构调整，但整体进程缓慢。随着英国工业竞争力在此消彼长的过程中不断削弱，加上第二次世界大战后帝国殖民体系土崩瓦解，英国丧失了在殖民地享有的特权和有利市场，特别是"帝国特惠制"取消后，与英联邦各国的贸易额占对外贸易总额的比重由 1960 年的 40%降至 14.5%，经济发展受到严重影响①。这段旧优势加速逝去而新优势怠于建立的时期使得英国发展快速衰落。1950~1973 年，英国 GDP 年均增长仅为 3.0%，远低于美国、德国、日本等工业化国家。同时，其在世界工业生产中的比例由 1880 年的 22.9%下降到了 4.1%，英国加快经济结构调整的要求日益迫切。

1973 年，石油危机的爆发使得英国政府终于正视结构调整的急迫性，其开始将调整重心由工业内部转向服务业，并将加快服务业发展视为当时的重要战略举措。其一方面于第二次世界大战后实行"福利国家"制度，扩大卫生教育、公共行政等非物质生产部门，另一方面大规模进行工商业企业合并整顿，迫使大量工业企业职工转到交通运输、商业服务、财政金融社会服务等第三产业，推动了服务业加快发展。在种种措施下，尽管英国经济仍持续低迷，但服务业蓬勃的生命力却逐渐显露。

1979~1990 年，撒切尔夫人执政的近 12 年成为英国服务业发展的高速时期，政府在此前获得一定发展的服务业基础上，将经济政策转向强调增加经济供应。其通过补贴调整，降低对传统制造业的扶持并大力鼓励工业部门积极采用新技术和新材料，实质驱动了服务业（包括内部信息及技术密集型服务业）的发展。1989 年，英国三次产业结构由 1980 年的 2.2：40.2：57.6 调整为 1：31：68，基本完成了由制造业为主向服务业为主的转变。而后，英国服务业继续维持高速增长，并逐步形成了如前文所述的金融、旅游、商务为支柱产业的经济体系，尤其是金融成为英国第一经济产业。

3. 发展特点

与美国有所不同，在英国服务业的发展过程中，其最显著的特征即金融服务业。具体来看，如果把金融服务业发展的地理布局模式分为集群式和分散式两种，那么英国金融服务业无疑采用的是前者，其基本形成了以大伦敦区、南苏格兰区以及西南区为中心的金融产业集群，并借由产业集群带来的良性反馈机制，促进资本、劳动力等资源的集聚，加快集群内部要素的高效流通，提升区域内部"玩家"数量，并以此为基础形成了较为完善的银行、证券市场体系，满足了各类中小型高科技企业的融资需求。如伦敦在此发展模式下已成为欧盟最大的资本主义市场发源地及全球最大的国际保险中心、场外金融衍生品交易市场、基金管理中心和外汇交易市场，不仅在英国经济中，在国际金融领域伦敦金融城也占据着举足轻重的地位。

伴随金融业快速发展带来的是对相关产业的带动，首先是会计、法律、管理咨询、广告、人力资源等支持产业。在成本和规模效益的驱动下，金融业的集聚促进了周边支持产业的产生与发展，反过来这些支持产业在竞争中获得的配套水平提升又促使金融业迈入新阶段；其次，英国这种以金融中心为基础向外辐射发展的基本框架，最大化发挥了金融业对周边区域经济的带动作用，而整个区域

---

① 沈建明，刘晓清. 2008. 英国生产性服务业考察报告. 政策瞭望，(6)：12-16.

基础设施配套的普及、居民收入水平的提高又进一步激发了生活性服务业的生命力；最后，英国良好的金融市场及金融政策又在英国旅游企业扩大规模、吸引客流等提供了多方面的助力，如通过"标签打造""金融支持"等塑造全球形象，带动关联的餐饮、酒店、交通和相关制造业发展，促进地区各类资源要素的快速流动，实现以点带面、多层次发展。

2.1.3 日本：服务与制造双轮驱动

不同于欧美国家经济复苏过程中呈现出的明显服务业提速加码而制造业短腿拖后的结构性特征，日本服务业发展似乎走出了一条融合发展的新道路。当前，日本基本形成了以服务业为主导的三次产业结构（图 2.13），日式服务精神也成为日本服务业持续高质量发展的重要保障之一。

1. 发展概况

随着社会经济的不断发展，第三产业主导和经济结构服务化是各国经济发展的必然结果。纵观第二次世界大战后日本经济发展过程，尤其在完成工业化进程后，日本的经济结构表现出服务化特征，服务业在其中所占比重逐渐上升。根据日本内阁府数据，1970~2021 年日本服务业 GDP 飞速增长，占 GDP 比重由 1970 年的 50.9%上升至 2021 年的 72.9%（1970~2021 年数据分属 2 份报告，时间跨度较大，数据口径存在差异），具体如图 2.14 及图 2.15 所示。

从占比走势来看，1970~2009 年日本服务业整体占 GDP 比重快速上涨，在 2009 年达到顶峰 74.8%后基本维稳，在 73%~75%小幅波动。同时对比 1998 年（图 2.14）及 2021 年（图 2.15）两份报告，在半个世纪的发展过程中，日本服务业与全球整体走势相一致，服务业细分行业增多、分工细化，如取消了工业、政府及家庭提供私人非营利服务的分类方式，将不同服务主体提供的电力、燃气及水供应与工业生产合并计算。此外公共行政活动等从原政府服务生产中剥离出来，同时诞生了诸如信息通信，专业、科学和技术服务，人类健康和社会活动等新兴行业。

从图 2.16 和图 2.17 就业结构变化来看，与世界各国大致相同，日本 1970~2021 年服务业雇员总数占三次产业雇员整体比例持续上升，但不同时期内部结构调整略有不同。如 1970~1993 年，产业或者说市场提供的服务占整体服务业雇员比例显著增加，由 1970 年的 30.4%上升至 38.3%，而同属于服务分类下由政府提供的部分则占比相对恒定。此外，批发零售及交通运输和通信业比例有所下降，但综合考虑雇员总人数及服务业整体占比的提升，各行业雇员绝对数均处于增加状态。

另外，根据图 2.17 所示的内阁府 2021 年国民经济计算数据，1994~2021 年批发零售占比继续保持下滑，专业、科学和技术服务，人类健康和社会服务雇员人数大幅增长。同时，房地产、信息通信等行业对应的雇员比例占比较小，与高价值附加行业的特征相一致。

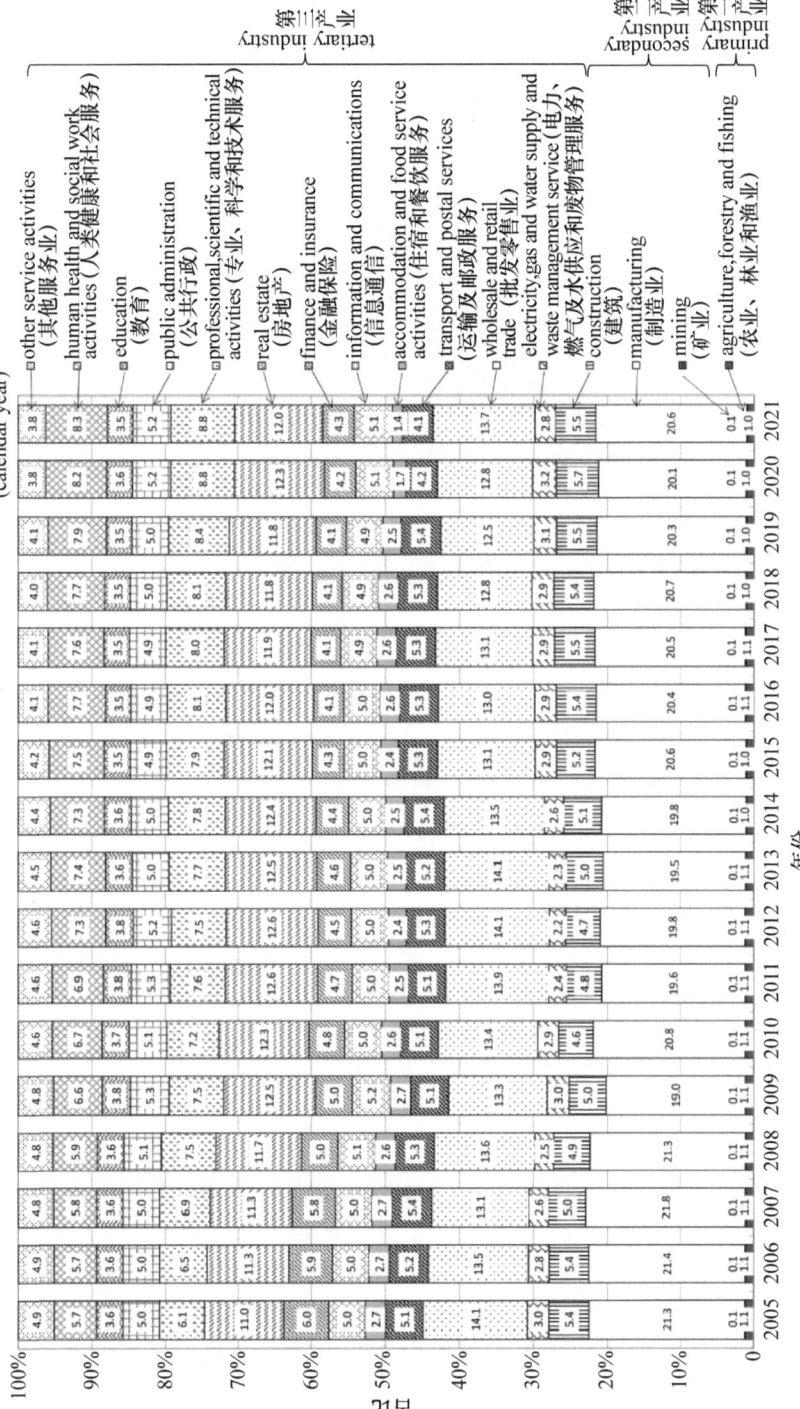

图 2.13　日本按经济活动划分的名义GDP分布

资料来源：https://www.esri.cao.go.jp/en/sna/data/kakuhou/files/2021/2021annual_reference_e.html网址页面中文件 Annual Report on National Accounts for 2021 (Flow Accounts)，第10页

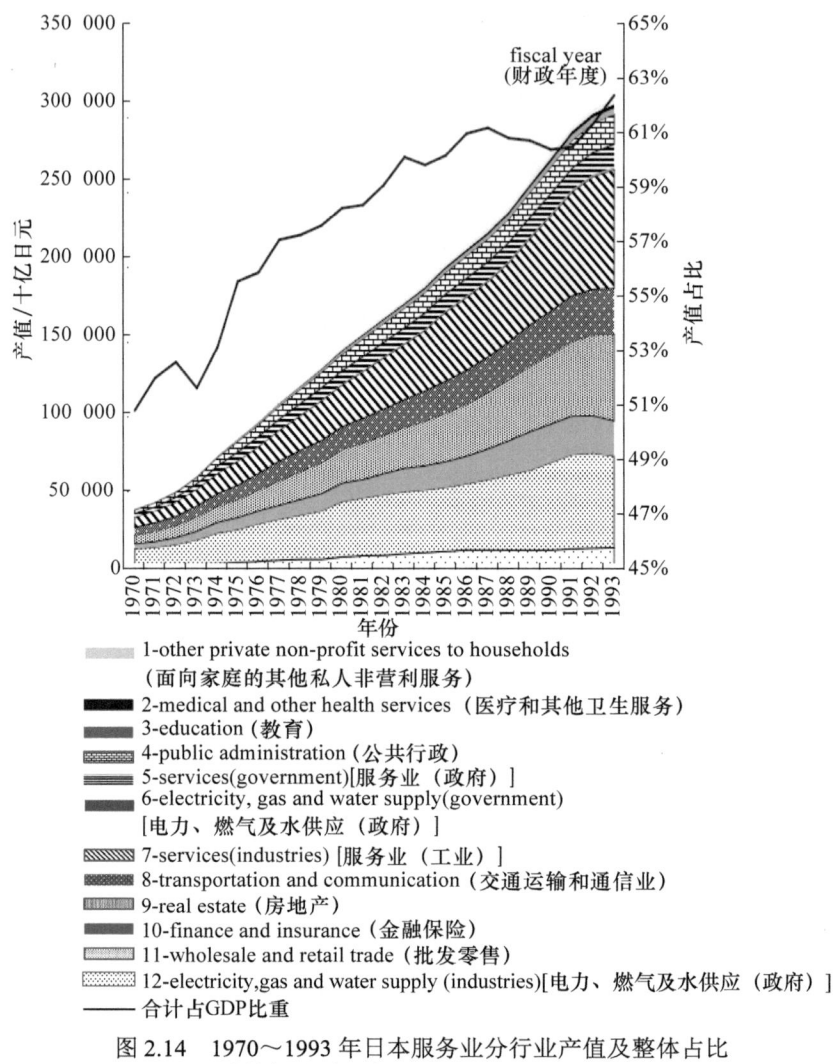

图 2.14　1970～1993 年日本服务业分行业产值及整体占比
资料来源：内阁府 National Accounts for 1998
图中图例由上至下按 1～12 排列

2. 发展历程

具体来看，日本近代经济成长始于 19 世纪 80 年代后半期，其服务业的比重从 20 世纪 20 年代到 20 世纪 30 年代初迅速扩大，服务业占 GDP 占比从 1919 年触底的 34.2% 增长到 1931 年的 51.2%。然而服务业的发展很快戛然而止，由于第二次世界大战时经济政策的调整，日本对重工业的强制性资源分配制度使得服务业发展受限，叠加服务业被认为是"不要不急产业"的普遍共识，服务业比重急速下降至 1940 年的 33.8%，几乎回到了 1919 年的发展初期。1945 年第二次世界大战结束后,服务业面临的危机仍未消失,由于战争时期延续的经济统治强化、在社会整体"奢侈即敌人"的风潮之下,服务业尤其是零售业、个人服务业发展陷入停滞,日本经济也处在崩溃的边缘。在社会经济极度困难的这一时期,日本大胆实行结构政策(即产业结构高度化,大力发展重工业),使得日本经济进入了高速增长阶段。值得注意的是,虽然同属于侧重重工业,但与第二次世界大战时军需驱动不同,这一时期的经济发展主要依靠相对旺盛而持续的民间设备投资。

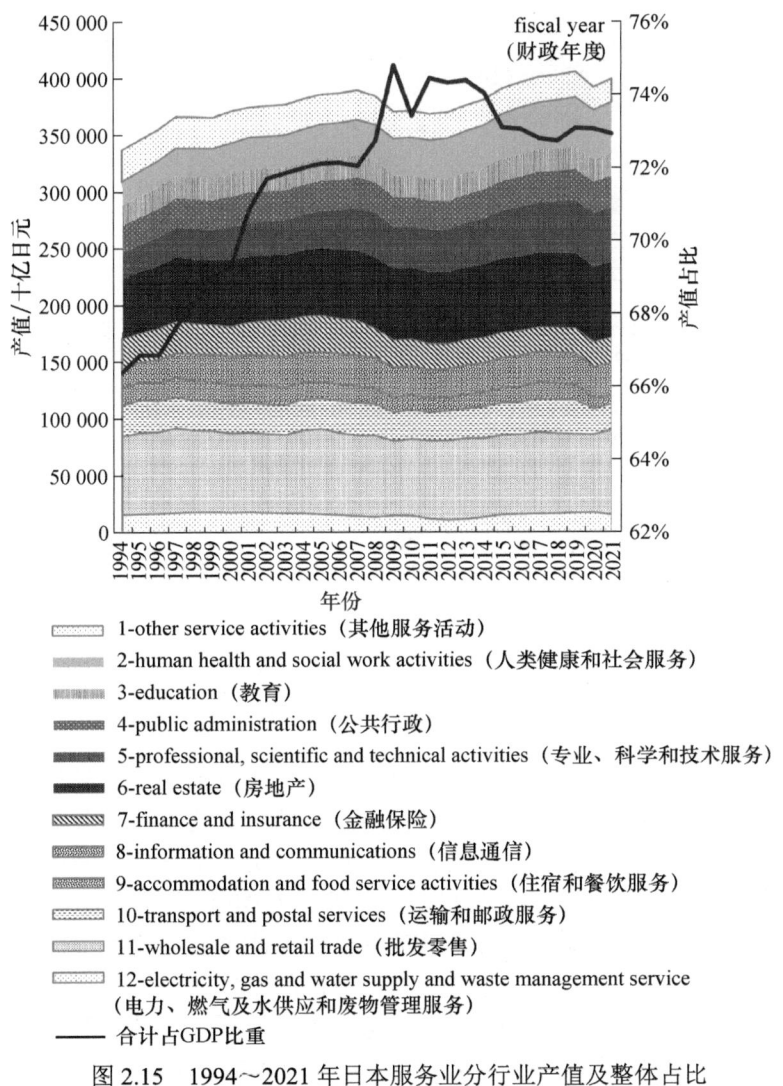

图 2.15 1994~2021 年日本服务业分行业产值及整体占比

资料来源:内阁府 National Accounts for 2021

图中图例由上至下按 1~12 排列

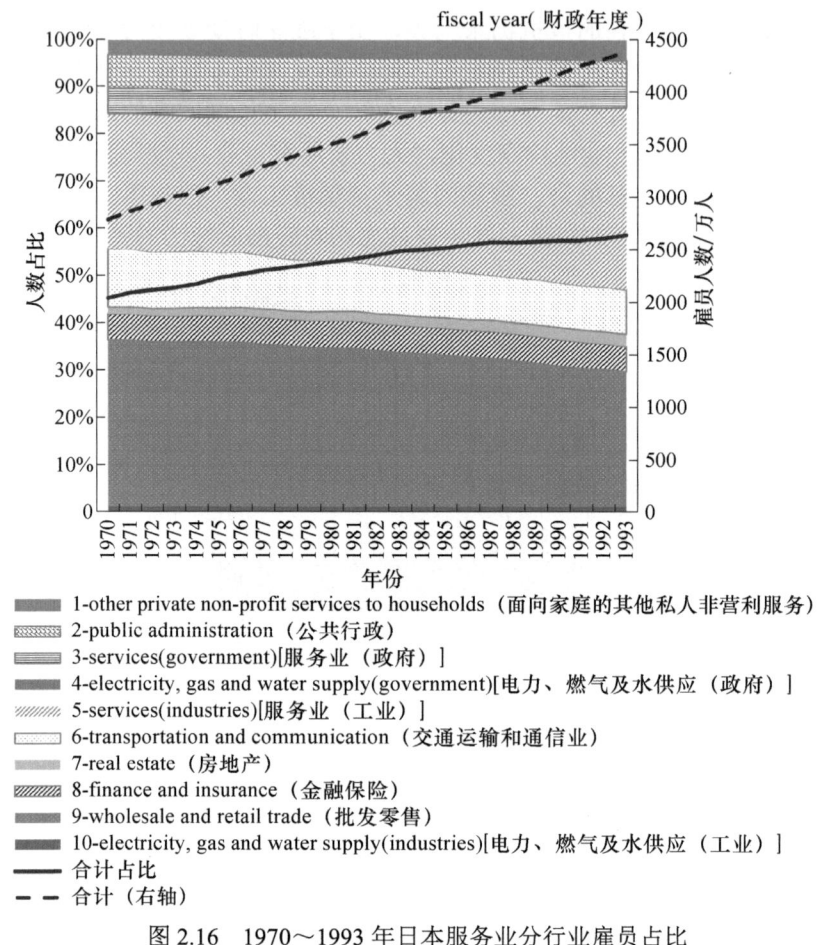

图 2.16　1970～1993 年日本服务业分行业雇员占比
资料来源：内阁府 National Accounts for 1998
图中图例由上至下按 1～10 排列

20 世纪 70 年代至 90 年代，如图 2.16 及图 2.17 所示，日本服务业发展进入了加速时期。整体来看，由于前一阶段日本爆发性资本的累积，日本宏观经济发展大体趋好，日本整个社会在大消费升级背景下从卖方市场转变为买方市场。同时以浮动汇率转变和石油危机为契机，制造业占 GDP 比重达到历史顶峰，日本企业开始重视生产能力的柔性化和运营的精益化，此外服务业本身也开始向细分化和专业化方向演变，如超市、便利店等新业态的零售业、休闲旅游业、信息服务业等行业的出现，使得社会开始关注服务业市场的新生力量。而后从 20 世纪 90 年代至今，作为发展的主导产业，服务业在日本的发展也由外部产业调整更多地转为内部结构的优化。具有代表性的如这一时期以信息服务业为代表的生产性服务业的成长以及生活性服务业中医疗、健康和社会保障相关的服务行业发展的凸显。除了技术发展对服务业的推动外，日本的人口老龄化问题也使得当前日本部分服务行业细分领域面临增长瓶颈甚至出现萎缩趋势。

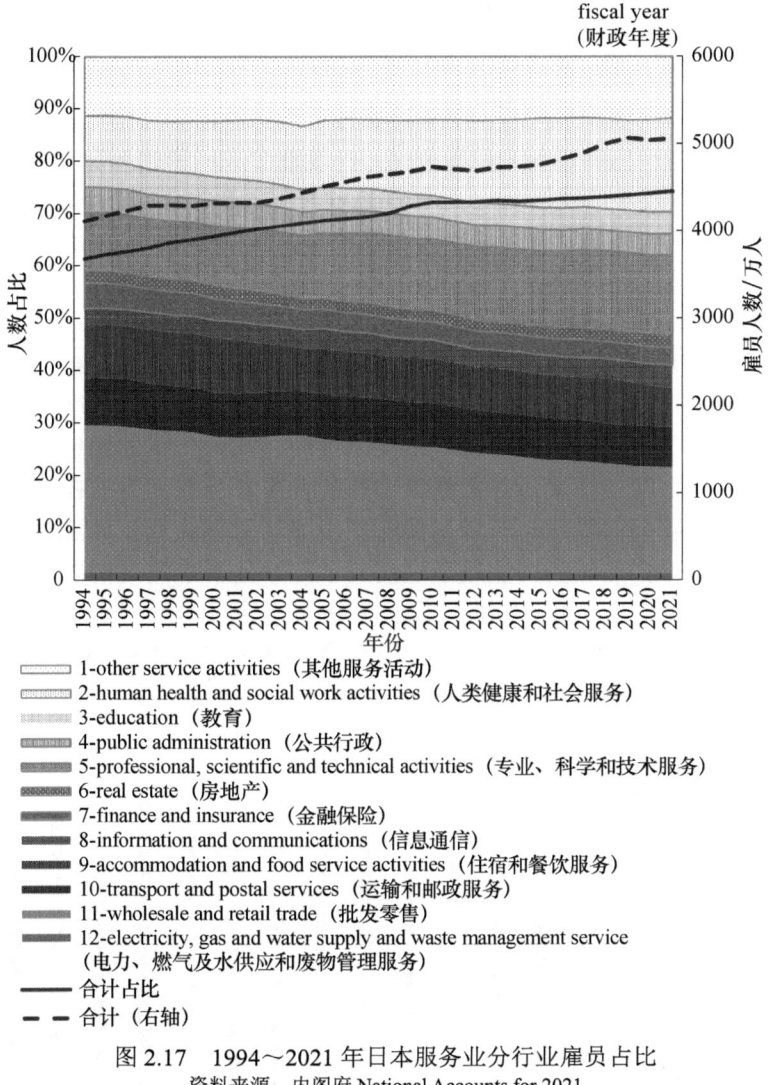

图 2.17　1994～2021 年日本服务业分行业雇员占比
资料来源：内阁府 National Accounts for 2021
图中图例由上至下按 1～12 排列

3. 发展特点

日本服务业发展过程中的显著特点是服务与制造的融合发展，即其以扩大消费者需求与产业需求为主轴，先通过消费市场带动相关制造业的投资与产业发展；而后基于产业规模增加带来的对专业性服务形态的需求增量，进而发展支援性服务业，以提供各产业之需。

具体来看，一方面伴随着科学进步及经济社会快速发展，有形产品的工艺日趋复杂，产品供需过程所覆盖的地域市场也更为广阔。基于此，制造业生产与经营活动越来越依赖于金融、租赁、信息、售后等服务产业的支持，服务作为中间产品的比重逐日增加，对制造业环节的渗透也不断增强。日本学者松崎和久认为，日本的服务业和制造业表现出相互融合的趋势，服务业的生产内容逐渐向制造业靠拢，与此同时制造业的生产内容也越来越服务化，制造业企业向销售环节发展，服务业企业则向着设计和开发环节发展[①]。在这种制造业与服务业融合的总体趋势之下，日本的服务业与制造业表现出了融合互动、相互依存的共生态势，尤其是日本完成工业化后，其生产性服务业取得了快速发展，不仅吸收了大量的就业人口，还使得人口、资本等要素集聚，推动了日本城市化进程及制造业发展。

另一方面，融合发展不只局限于产业间，日本还通过政府部门和行业协会的协调，促进了行业层面的交融，如日本发达的通信业带动信息产业发展，而信息服务业又带动了相关的信息设备制造业的发展。此外日本的通信业作为连接检索中心库和用户之间的桥梁，对数据库产业的发展及当前大数据在各行业的应用上都做出了十分重要的贡献。再者，如前文所述，日本企业在经济发展中对生产能力柔性化和运营精益化的关注逐渐过渡到了对个人需求满足的服务业供给上，即生活性服务业。"极致关怀"的日式服务精神成为日本生活性服务业的"优质标签"之一，也有助于日本服务业在国际竞争中获得优势地位。如图2.18所示，除2020年受新冠疫情影响，此前日本服务贸易逆差持续缩窄。

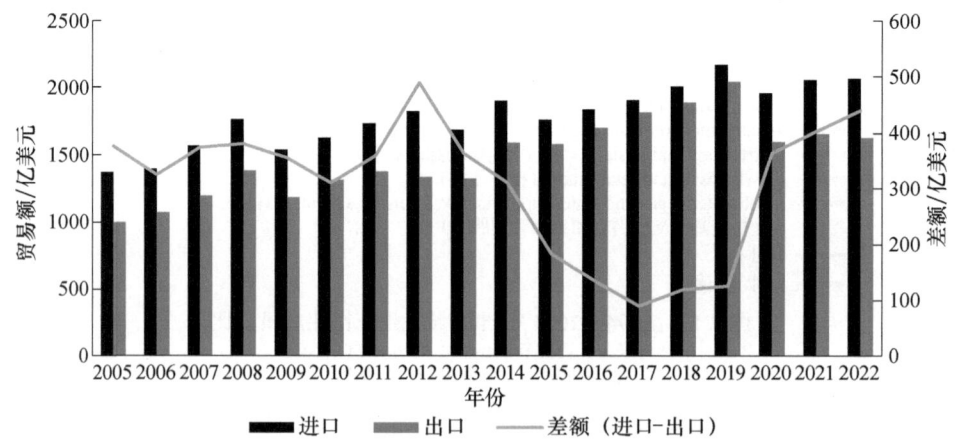

图 2.18　2005～2022 年日本服务贸易整体进出口总额
资料来源：世界贸易组织

---

① 田正. 2017. 日本服务业的发展与困境：基于生产性服务业的实证检验. 日本学刊，(3) 109-128.

2.1.4 新加坡：扬长避短，打造服务业竞争优势

如此前图表所示，新加坡服务业是本节所选取的五大国家及地区中唯一服务业劳动力占比持续超过服务业占 GDP 比重的。实际上，相较其他代表性研究对象，新加坡作为一个国土面积相对较小、人口密集、资源稀缺的岛国，其服务业发展并不占优势。但自 1965 年独立以来，尤其从 20 世纪 80 年代正式将现代服务业确立为经济发展的重要引擎以来，新加坡社会经济上取得了举世瞩目的成就，从一个转口贸易港口城市快速发展成为一个现代化的城市国家，并成为全球著名的国际航运中心、国际金融中心、国际贸易中心及国际旅游中心，服务经济更是成为新加坡国民经济的主体。

1. 发展概况

新加坡由于土地资源的限制，农业即第一产业所占比重极低，产业结构调整主要体现在工业（制造业）和交通运输、商业服务以及其他非生产部门间的关系变化上。根据新加坡统计数据，新加坡按现行价格划分的各行业 GDP 主要可分为商品生产、服务生产及住宅拥有权等大类，具体如图 2.19 所示。其中 1960 年新加坡服务产品行业所占 GDP 整体比重即达 75.4%，已达到当前发达国家服务业占比水平。尽管由于东南亚各国加大了直接进出口贸易等国际经济模式的改变，致使新加坡经济遭受到了一定的负面影响，同时在国家整体经济发展较缓、内部结构调整下，新加坡服务业占比出现了超 10 个百分点的下滑，但其占比持续过半，维持了服务业主导产业的地位。

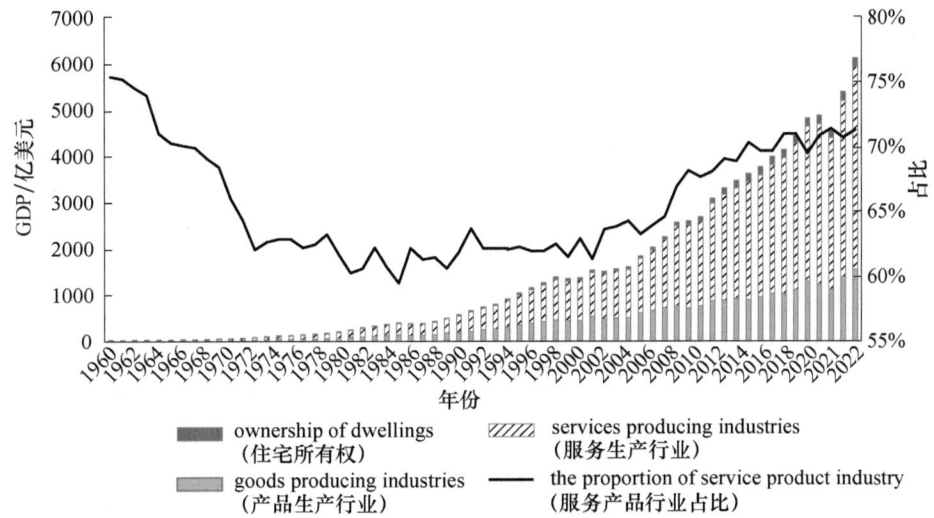

图 2.19　1960~2022 年新加坡按现行价格划分的各行业 GDP
资料来源：新加坡统计局

具体到服务业内部，新加坡统计局在进行数据整合时将服务生产行业进一步划分为图2.20所示七大细分类别。其中对比1960年及2022年两个时点各行业占比，金融保险行业，房地产、专业服务以及行政和辅助服务业，信息和通信行业等均有所增长，相比之下，批发零售业及运输仓储业等趋减。但截至2022年，批发零售仍为新加坡服务业内第一大行业，也是占比唯一突破27%的细分行业。

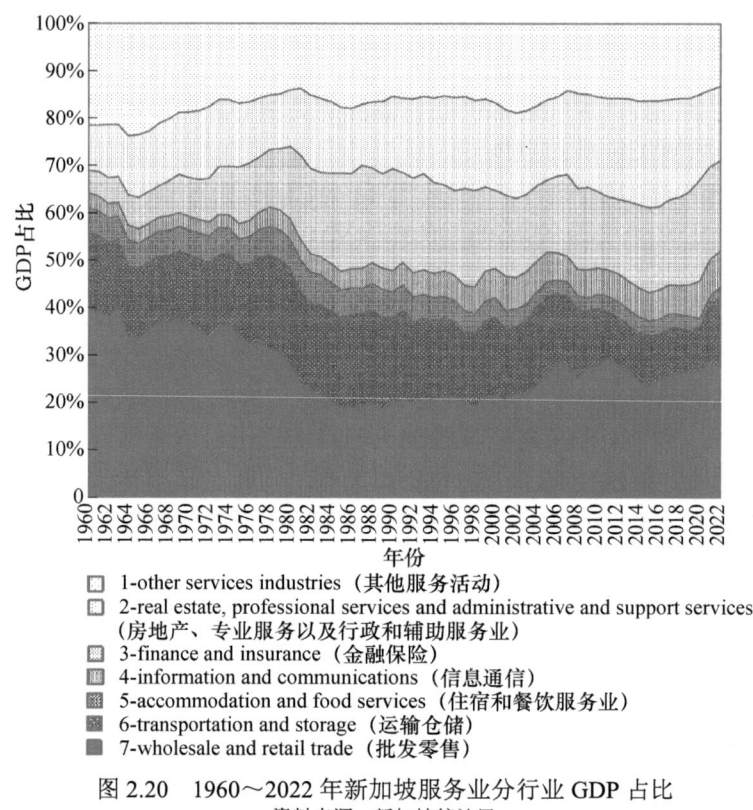

图2.20　1960～2022年新加坡服务业分行业GDP占比
资料来源：新加坡统计局
图中图例由上至下按1～7排列

2. 发展历程

整体来看，新加坡现代服务业的发展与其特殊的地理位置及国际经济形势的变化息息相关。同时从发展概况来看，无论是服务业整体占比变化或者是产业内细分行业结构变化，都大体呈现出三阶段的趋势，如前者的"下滑—波动—上升"及后者的"显著变动—相对持稳—波动调整"。基于此，新加坡服务业的发展即可大致分为如下三个阶段。

首先是20世纪60年代至80年代中期。如果把时间线继续往前推移，新加坡独立前的经济主要是以贸易和商业为主，其居民主体大多为商人、小贩和手工业者。尤其自1819年任职于英国东印度公司的莱佛士Raffles爵士与柔佛苏丹签订条约，获准在新加坡建立交易站和殖民地后，新加坡逐渐发展成为欧洲与亚洲间重要的转口港[①]。但随着后续东南亚各国纷纷加大直接进出口贸易，新加坡转口贸易经济开始衰退，经济增长趋缓，叠加独立后地缘政治的危机及英国宣布撤离后带来的经济压力，新加坡陷入发展困境。在这种急迫的形势驱动下，新加坡自治邦政府迎合当时跨国公司逐利行为的创业之路，抓住了这一时期西方将劳动密集型制造业向发展中国家转移的国际机遇，开始实施出口导向的工业化经济发展战略，以改变单纯依赖转口贸易的单一殖民经济结构。其重点发展造船、炼油和电子等出口制造业，而航运贸易等生产性服务业则作为辅助围绕出口制造业进行。

其次是20世纪80年代至90年代末，随着中国及其他东南亚国家劳动密集型出口制造业的快速发展，新加坡失去了其优势地位。同时由于产业基础相比于其他国家存在的"先天缺陷"（如缺乏第一产业、土地人口等资源不足），新加坡不得不寻求新的发展道路。尤其1985年，新加坡出现了20年来最严重的经济衰退，GDP增长率下降至-1.7%，失业率更是在1986年6月达到了6.5%。突然降临的经济衰退使得新加坡意识到过度依赖几个出口工业的弊端，开启了其经济发展方向和治理方式的转变，如降低转口贸易在国民经济中的比重；淘汰本国传统工业，大力发展资本密集及技术密集型产业，提高制造业生产率；重点关注物流、金融、商贸等服务业发展，逐步向服务型经济转型。

1997年，东南亚金融风暴打破了亚洲经济快速发展的景象，泰国、印尼、韩国等的货币大幅贬值，新加坡同样受到了一定的波及。加之当时世界贸易组织测算的显著高于全球多数地区的新加坡贸易依存度使得新加坡政府提前关注到了其经济发展模式的脆弱性，确立了重点发展现代服务业的经济战略。具体来看，基于对相比于以有限自然资源为基础的工业经济发展的不可持续性，知识经济是可再生持续的这一认知，新加坡通过知识化和信息化彻底改造和重新定位贸易、物流、咨询等服务业，同时利用语言等优势高标准建设教育、法律服务、健康保健等新兴服务业，促使了新加坡在进入21世纪后向现代服务经济为主的产业形态转变。

3. 发展特点

与英国、美国、日本等相比，虽同属于服务业领先单位，但新加坡的发展却可谓"奇迹"，其受限于先天地理环境条件不足、国内自身需求市场较小、产业基础薄弱甚至并不满足产业结构"一、二、三"到"三、二、一"转变的规律。但在整个发展过程中，明显可见新加坡针对不同时期国际形势特点，面向全球，借力打力，积极发展各类服务产业，满足当时及可预见未来的客户需求，逐渐发展成全球供应链的关键节点。此外，由于国内本身的强贸易结构基础，新加坡无论在独立前

---

① 厦门大学南洋研究所《新加坡简史》编写组. 1978. 新加坡简史. 北京：商务印书馆.

后,一直将服务业视为国内生产的重要组成部分,并在发展过程中一直致力于打造有利于服务业的发展环境。同时,由于其主要面对国际贸易,加上国家规模较小,官方管制措施相对于其他地区也较为宽松,对资本自由流动的许可空间较大,更利于服务产业的发展。尽管新加坡的发展历程及模式与其自身特点紧密联系,并不存在面向其他国家及地区的普适性,但这种依托自身优势、发展扬长避短、转型措施果断等的战略特点对多数国家尤其是发展中国家而言具有极大的参考价值。

2.1.5 中国香港:背靠内地,前店后厂

作为中国对接世界经济的重要窗口和支点,香港在跨产业、跨国别、跨时空等多个维度内的要素交流中均发挥着重要作用。据世界银行统计数据,2021年香港服务业增加值为3308.68亿美元,占地区生产总值比重达89.69%,服务业劳动力占比约为76.89%,位居世界前列。此外依据国际机场理事会发布的2022年全球最繁忙货运机场排名,香港国际机场以419.89万吨位列世界第一。同时其更是与纽约、伦敦并称为"纽伦港",被誉为全球第三大金融中心,重要的国际金融、贸易、航运中心和国际创新科技中心。作为香港支柱产业的服务业发展一直被予以重点关注,当前,多个服务行业居于全球领先地位,且彼此紧密配合,为全球各行业及地区提供完善的一条龙服务。香港也正是以此类相对统一的服务系统,形成了全球领先的服务型经济体系。

1. 发展概况

自改革开放以来,香港历经多年发展所形成的以贸易及物流业、金融服务业、专业服务及其他工商支援服务业与旅游业为四大支柱的服务业体系,也成为多年来香港经济增长的主要原动力。如表2.3所示,香港三次产业结构调整趋向显著,根据1998年6月发布的《香港本地生产总值概览》数据,在香港各个主要经济活动中,批发、零售、进出口贸易、饮食与酒店业对香港本地生产总值贡献最大,所占百分比由1980年的21.4%增加至1995年的26.6%。同时制造业相对重要性则下降,贡献由1980年的23.7%下滑至1995年的8.3%,这反映了香港在这一时期内经济活动的转移方向,也与当时香港厂商在内地蓬勃发展加工活动有关。

表2.3 1980~1995年香港按经济活动划分以要素成本计算的本地生产总值

经济活动		1980年	1985年	1990年	1995年
农业及渔业		0.8%	0.5%	0.3%	0.1%
工业		31.7%	29.9%	25.3%	16.1%
类别	采矿及采石业	0.2%	0.1%	<0.05%	<0.05%
	制造业	23.7%	22.1%	17.6%	8.3%

续表

类别					
类别	电力、燃气及水务业	1.3%	2.6%	2.3%	2.3%
	建造业	6.6%	5.0%	5.4%	5.4%
	服务业	67.5%	69.6%	74.5%	83.8%
类别	批发、零售、进出口贸易、饮食及酒店业	21.4%	22.8%	25.2%	26.6%
	运输、仓库及通信业	7.4%	8.1%	9.5%	10.1%
	金融、保险、地产及商用服务业	23.0%	16.0%	20.2%	24.4%
	社区、社会及个人服务业	12.1%	16.7%	14.5%	17.3%
以要素成本计算的本地生产总值		100.0%	100.0%	100.0%	100.0%

资料来源：香港统计局《香港本地生产总值概览》

进一步聚焦到香港四大主要产业，从图 2.21 的合计占比来看，产业在 2020～2021 年整体变化幅度较小，但内部结构有所调整。除去新冠疫情影响下 2020 年及 2021 年旅游服务增加值占比大幅下滑外，金融服务整体趋向增长，贸易及物流则稍显不佳。

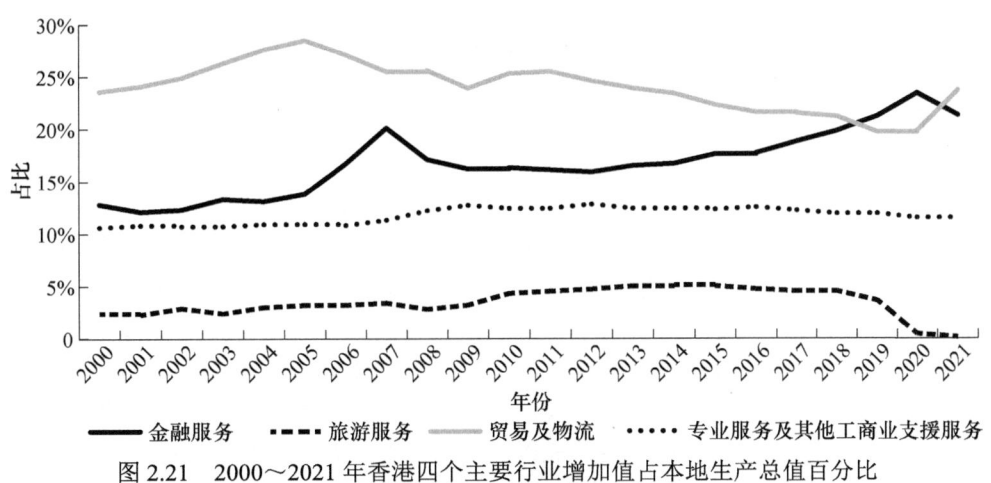

图 2.21 2000～2021 年香港四个主要行业增加值占本地生产总值百分比
资料来源：香港统计局

进一步地，如图 2.22 所示，金融服务、贸易及物流行业就业趋势与增加值相一致，专业服务及其他工商业支援服务虽增加值相对恒定，但就业人数占比显著增长。

2. 发展历程

从香港服务业整体发展历程来看，自第二次世界大战以来，香港的经济发展大体形成了自"转口型→加工型→服务型→知识型"的提升转变。1840 年 6

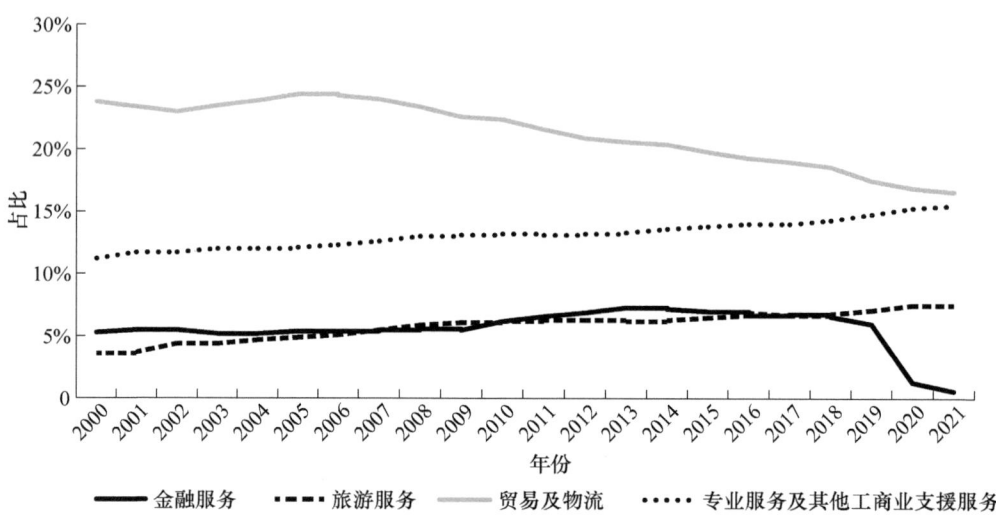

图 2.22　2000~2021 年香港四个主要行业就业人数占整体就业人数百分比
资料来源：香港统计局

月，英国发动第一次鸦片战争，战败的清廷被迫接受城下之盟，于 1842 年 8 月签订《南京条约》，割让香港岛给英国，香港在相当长时间内处于英国占领之下。当时，香港依据其优越的地理位置，主要作为从事转口贸易的自由港。但随着 1950 年起中国受到西方国家的经济封锁和禁运，香港失去了与内地开展贸易的条件，被迫寻求工业发展的道路。恰逢当时东亚地区仍处于动荡状态，相比之下局势稳定而又实施自由港经济政策的香港成为西方工业国劳动密集型产业转移的良好场所。1970 年，制造业增加值占本地生产总值比重达 30.9%，香港本地产品出口占比达 80%，香港已由单纯的转口港转变为出口导向的工业化城市[1]。

随着 1978 年中国改革开放政策的实施，香港作为内地与世界各国及地区交流的重要"中介人"，引导着国内外资源要素的交流。同时由于香港在急速发展中逐渐暴露出的劳动力短缺及成本增长的限制等问题，香港开始将制造业转移至内地，而仅在当地保留部分服务业务，实现生产要素和发展空间的释放。随着这种地域分工与合作方式日渐成熟，我国也形成了珠江三角洲地区与港澳地区"前店后厂"的独特模式，推动香港形成以服务经济为主导的经济体系。

1997 年，成功回归祖国的香港恰逢亚洲金融风暴，出现了严重的经济衰退和财政问题，香港开始转而探索更适宜在全球经济发展环境下实行的产业结构。在 1997 年发布的第一份香港《施政报告》中不难看出，香港就未来发展问题的考虑上，更侧重在加强香港金融服务业基础上，将香港打造成创新导向和技术密集的经济体系，时任行政长官的董建华在发展思路中提出，我们认识到包括工业

---

[1] 眭海霞. 2012. 香港服务业发展的优势及其启示. 中共成都市委党校学报，(1)：60-62, 87.

和服务业在内的低收入生产模式,已经不再适应香港的长远发展……香港工业北移反映出市场竞争的无形之手,已经向我们指出必须行走的路线。无论是工业还是服务业,只能向高增值发展……此外,在具体工作计划中,其强调加强香港的主要金融地位……设立工业支援基金和应用研究基金,以鼓励创新和发展新兴工业……支持商界将资讯和其他高科技研究成果转化为商品……

3. 发展特点

回顾香港服务业整体发展历程,一方面其在最初与新加坡相似,均以单一转口贸易为主。但与新加坡被迫选择的发展道路不同的是,香港依托内地提供的资源及市场优势实现了本地生产结构的调整及优化,逐步形成了当前这种多元化、现代化的发展格局。即使随着我国对外开放程度加深、全球经济贸易转型和国际分工细化,香港与内地"前店后厂"模式发生了一定的"逆转",从过去的"香港下单/设计+内地制造"模式打通中国对外贸易市场,到当前及未来的"香港为厂,粤港澳大湾区等地为店"共同开拓内地市场,无论角色是否互换,其两地资源互通、取长补短,实现协同发展的本质并未发生改变。

另一方面,在香港经济结构转型过程,尤其是服务业发展过程中,香港以第二次世界大战后所吸引的大量移民和国际资金为基础形成的优质金融业,成为其后续服务业发展的主要带动力量。这与此前提及的英国服务业发展过程中的金融主导有一定的相似性。香港金融业的发展也有着其历史必然性,在过去,香港曾是中国唯一对外贸易窗口,其背后有着中国庞大的消费市场和金融储备。长时间频繁往来的海内外贸易和资本流通催生并加速发展了本地的金融业态,进而促使了香港与内地在金融业、服务业、高科技等领域的交融与联系。即使抛开作为人民币及其他金融业务最理想离岸基地的功能,香港在当前仍旧是中国高质量发展的重要部分。英国经济问题专家、前伦敦经济与商业政策署署长、中国人民大学重阳金融研究院高级研究员罗思义(John Ross)在接受大公报访问时指出,香港既能与内地密切相连,得到国家的支持,又能享有不同的经济制度,这对跨国公司设立基地,无疑非常有吸引力,因此其在整个地区的劳动分工中起着关键又特殊的作用。

2.2 中国服务业的发展需要

2.2.1 我国服务业发展历程回顾

与全球领先的国家及地区相比,中国服务业发展较晚,直到1985年统计年鉴才出现第三产业的统计数据[①]。随着改革开放以来对服务业重视的增加,中国

---

① 庄惠明,黄建忠. 2012. 中国服务业发展的结构、产业关联和动因. 国际商务(对外经济贸易大学学报),(6):13-24.

产业结构调整加速，服务业在国民经济中的重要作用也逐日凸显。尤其近年来创新驱动发展战略的深入实施，人工智能、云计算、大数据等新技术产业化快速发展，进一步催生了数字金融、智慧医疗、在线教育等新行业、新业态的出现。如图 2.23 所示，根据《中国统计年鉴 2022》数据，2021 年我国第三产业占 GDP 比例达 53.3%，较 1978 年的 24.6%增长 28.7 个百分点；第三产业就业数量总计 35 868 万人，占比约为 48.0%，较 1978 年占比提升约三倍，服务业已成为支撑我国国民经济增长第一大产业。

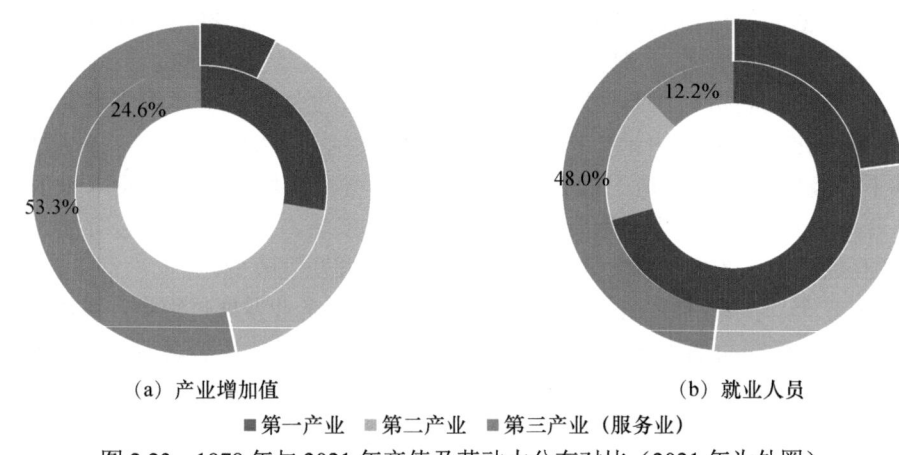

(a) 产业增加值　　　　　　　　(b) 就业人员

■第一产业　■第二产业　■第三产业（服务业）

图 2.23　1978 年与 2021 年产值及劳动力分布对比（2021 年为外圈）

尽管中国服务业发展迅速，但其发展仍存在许多亟须解决的问题。一方面，中国服务业发展与发达国家相比仍然滞后。如表 2.4 所示，世界银行统计数据显示 2021 年中国服务业增加值占 GDP 比重为 53.47%，较美国、日本等发达国家相差超 15 个百分点。此外中国服务业发展与人均收入呈现不匹配状态，2021 年中国人均国民总收入达 11 122.50 美元，约为中等收入国家的 2 倍，且显著高于中高等收入国家，但其服务业增加值比重却仅略高于中等收入国家。

表 2.4　发达国家和地区与中国服务业对比

国家和地区	服务业增加值占 GDP 比重			人均国民收入/美元
	2000 年	2020 年	2021 年	2021 年
世界	63.57%	65.30%	63.96%	11 056.20
低收入国家	40.70%	38.37%	35.20%	782.19
中低等收入国家	45.41%	49.68%	48.93%	2 202.90
中等收入国家	49.07%	54.11%	52.98%	5 546.96
中高等收入国家	50.19%	55.33%	54.05%	9 345.77
高等收入国家	66.83%	71.02%	69.97%	43 210.74

续表

国家和地区	服务业增加值占GDP比重			人均国民收入/美元
	2000年	2020年	2021年	2021年
美国	72.82%	78.14%	77.60%	63 253.45
英国	66.31%	72.60%	71.60%	45 133.16
日本	66.02%	69.48%	69.89%	36 964.97
新加坡	60.66%	72.02%	70.28%	
中国	39.79%	54.46%	53.47%	11 122.50

资料来源：世界银行

注：人均国民总收入采用2015年不变价美元

为借鉴先进国家发展服务业的成功经验，更好地探讨中国服务业发展战略及实践措施，本书拟先回顾中华人民共和国成立以来服务业的发展。如图2.24所示，根据《中国国内生产总值核算历史资料：1952—2004》及《中国统计年鉴2022》的相关数据，中国服务业发展大致可分为三个阶段。

1. 调整蓄势阶段（1949~1978年）

中华人民共和国成立后，中国结束了长期的战争，实现了真正的民族独立，但由于经历连年战乱，我国生产力水平相对低下、民不聊生、物资匮乏，经济严重落后于世界其他国家及地区。此外，当时朝鲜战争的爆发，时刻威胁着中国的国家安全。在"落后就要挨打"的全民认知下，发展经济、提高国家实力成为中国主要目标之一。1956年底，中共八大指出"我们国内的主要矛盾，已经是人民对于建立先进的工业国的要求同落后的农业国的现实之间的矛盾，已经是人民对于经济文化迅速发展的需要同当前经济文化不能满足人民需要的状况之间的矛盾。这一矛盾的实质，在我国社会主义制度已经建立的情况下，也就是先进的社会主义制度同落后的社会生产力之间的矛盾。党和全国人民的当前的主要任务，就是要集中力量来解决这个矛盾，把我国尽快地从落后的农业国变为先进的工业国"[①]。

在此背景下，一方面受苏联政治经济学制的影响，另一方面也是出于历史必然，我国在中华人民共和国成立初期选择了全面实施计划经济体制，即由政府统筹规划，将重工业放在了优先发展的战略地位，集中全国必要的人力、物力和财力进行了大规模工业化建设，实现"赶英超美"。

---

① 《中国共产党第八次全国代表大会关于政治报告的决议》，https://www.gov.cn/test/2008-06/04/content_1005260.htm，2024年11月18日。

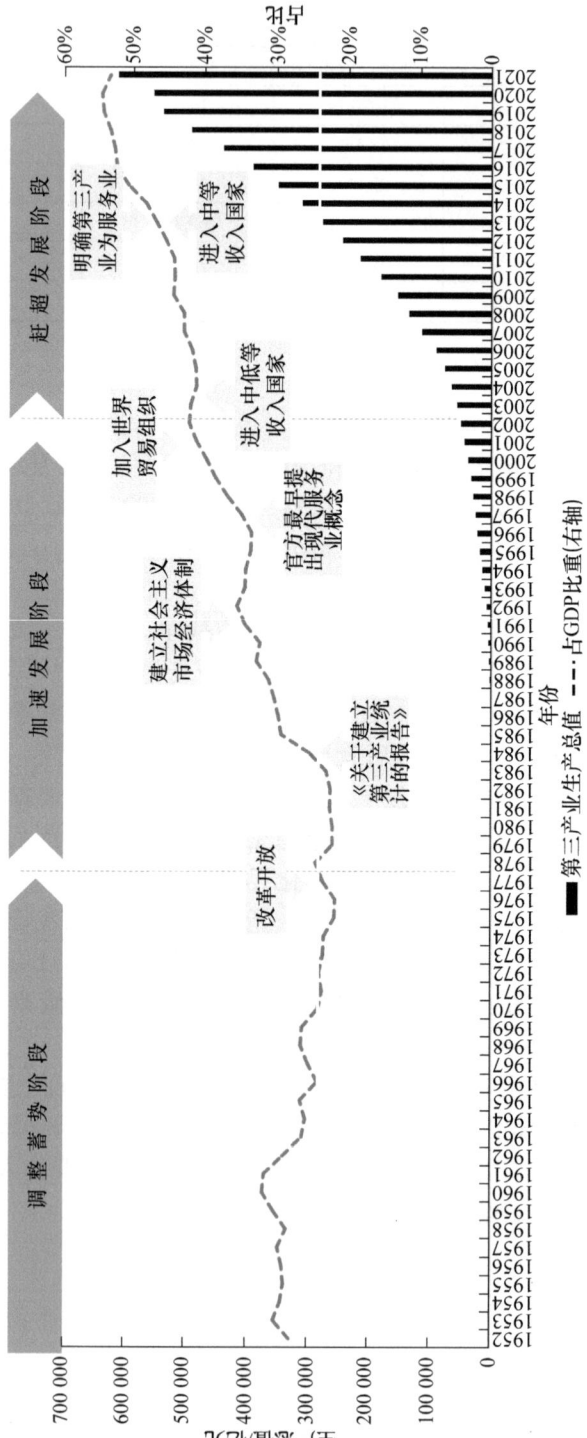

图 2.24 中国服务业发展阶段划分

资料来源：1952~1977 年数据源自《中国国内生产总值核算历史资料：1952~2004》，1978~2021 年数据源自《中国统计年鉴2022》，均按当年价格计算

与"大步迈进"的工业产业及作为"生存所需"的农业有所不同的是,当时服务业被看作不创造社会财富的非生产部门,在国民经济发展中处于从属地位,发展受到各种约束乃至排斥。甚至在过分强调优先发展重工业而带来的一系列问题显化后,社会对国民经济问题的探讨也是集中在"农业、轻工业、重工业"的比例调整上,服务业始终均未引起关注。

相似的情形也发生在该时期政府的实际工作部署中。以改革开放前的四个五年计划的重点为例,"一五"计划是建立社会主义工业化的初步基础;"二五"计划是继续进行以重工业为中心的工业建设;"三五"计划是以农业为基础、以工业为主导;"四五"计划主要在粮食、棉花、发电量、原油、铁路货运量等方面做出了规定。总体看,四个五年计划重点都是发展工业特别是重工业,服务业中只有作为发展工业所必需的运输和商业在个别时期得到体现①。具体如图 2.25 所示,在这种思想及实践都予以忽视的社会背景下,中华人民共和国成立后的首个三十年内服务业发展近乎停滞,甚至在多种因素的影响下,1952~1978 年服务业增加值占 GDP 的比重不升反降,由 1952 年的 28.2%上升到 1960 年的 31.9%峰值后下滑到 1978 年的 23.9%。

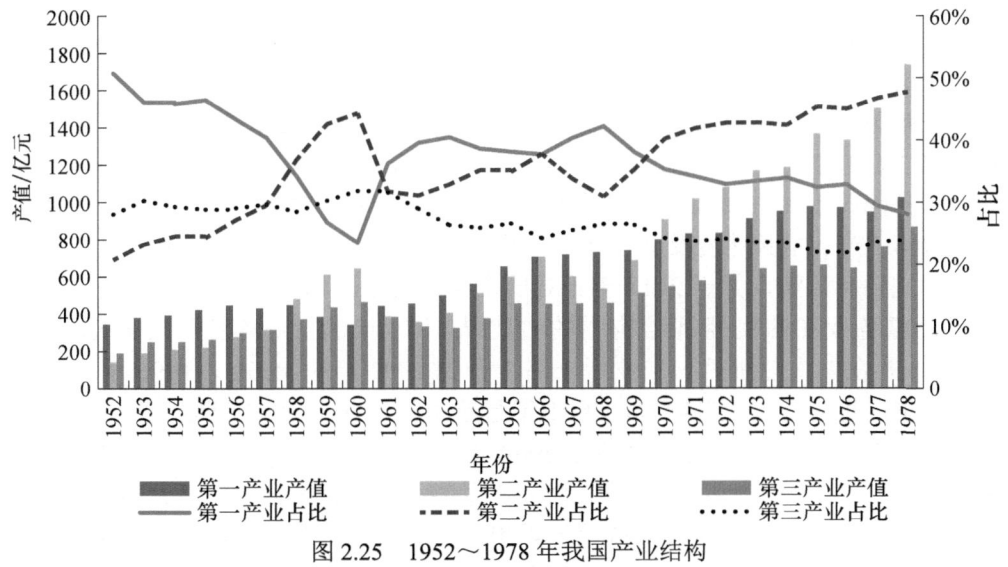

图 2.25　1952~1978 年我国产业结构
资料来源:《中国国内生产总值核算历史资料:1952—2004》

2. 加速增长阶段(1979~2002 年)

中华人民共和国成立初期的计划经济体制在恢复国民经济、保证重点建设及保障人们生活等方面发挥了重要作用。它在短期内医治了中华人民共和国成

---

① 江小涓,等. 2018. 网络时代的服务型经济:中国迈进发展新阶段. 北京:中国社会科学出版社.

立前遗留下来的经济恶性波动，使中国在物质极其匮乏的情况下，有效地进行了大规模的经济建设，在较短的时间内就建立起了社会主义赖以巩固和发展的物质基础。但伴随经济运行进入轨道，计划经济体制僵化、低效的缺陷逐渐暴露，特别是 20 世纪 70 年代世界范围内蓬勃兴起的新科技革命推动世界加速发展，我国在各方面与国际先进水平的差距进一步拉大。同时社会运行中生产力和生产关系的不协调，又逐步加剧了计划经济体制与中国国情的不适配性，中国社会渴求改变的愿望日趋强烈。

1978 年，中国 GDP 达到了 3645 亿元，并成功建立起了一个独立的、门类齐全的工业体系。但人民生活贫苦、技术落后的局面并未改变。在此背景下，党的十一届三中全会做出把党和国家工作重心转移到经济建设上来、实行改革开放的历史性决策，市场开始恢复活力。一方面，改革开放前服务业过于落后的状态对人民群众的日常生活造成了极其不利的影响，因此伴随着市场自由贸易的展开，人们对服务的需求也催生了服务产业内众多行业的兴起。另一方面，改革的锋芒也突破了思维局限及对不同体制的看法壁垒，当时西方产业经济学中的一些观点引起关注，学者们开始质疑此前认为服务业部门不创造价值的判断，并认为服务业应计入 GDP。1985 年，国家统计局向国务院提出了《关于建立第三产业统计的报告》，首次规定了我国三次产业的划分范围，并将第三产业进一步划分为四个层次，中国服务业发展开始步入大力发展阶段中。

在政策及思想放宽后，原先极度抑制的服务业被迅速激活，其间虽有争议和反复，但中央仍然坚持发展服务业的大方向。1992 年，中央颁布《中共中央、国务院关于加快发展第三产业的决定》，决定要加快发展第三产业，并且明确要求第三产业增长速度要高于第一、第二产业，此后国家多次制定促进服务业发展的文件和政策，并于 2012 年正式明确第三产业即服务业。回顾这段时期的发展，服务业在国民经济结构中的占比从 1979 年的 22.3%上升到 1985 年的 29.4%，并在首次超过第一产业后一路上升到 1992 年的 35.6%。1996 年，服务业占比再度进入持续上升阶段，2001 年起超 40%，并于 2002 年达 42.2%，创时期新高。此外在这一时期，服务业 2002 年产值达 51 423.1 亿元，较 1979 年增长了约 41.36%，在拉动整体经济方面做出了显著贡献，具体如图 2.26 所示。

在就业方面，该时期的服务业表现也十分亮眼。1979～2002 年，第一产业就业人员占整体比例下滑了 19.8 个百分点至 50%，服务业则增长了 16 个百分点至 28.6%，并于 1994 年反超第二产业成为非农产业吸纳就业的主渠道。此外对比图 2.26 及图 2.27，尽管相比之下服务业增加值比重提升更为显著，但截至 2002 年，第二产业增加值占比仍居首位，这与发展中国家产值结构转化先于就业结构的现象相一致。

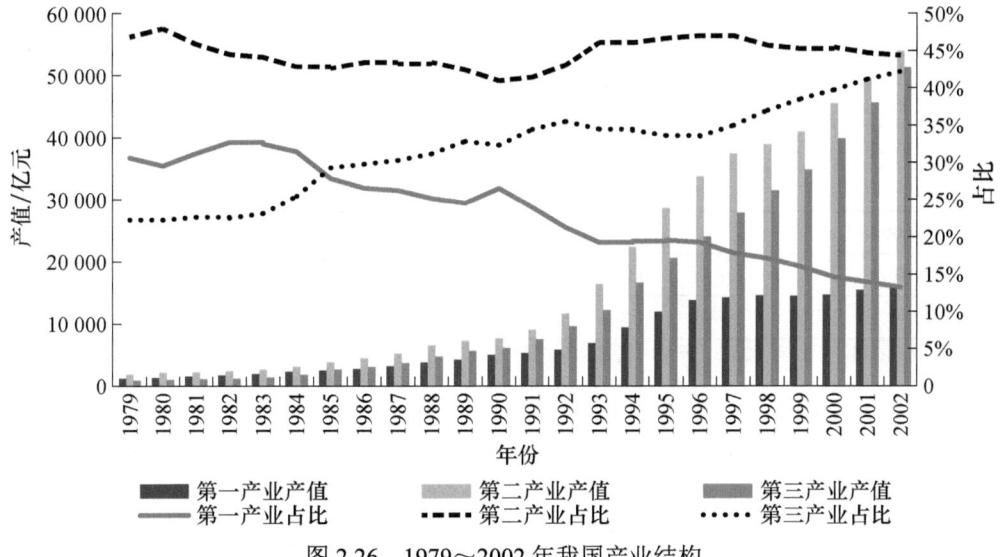

图 2.26　1979～2002 年我国产业结构
资料来源：《中国统计年鉴 2022》

另外，该期间内第二产业及服务业就业弹性数据显示（表 2.5），1990 年后服务业就业增长弹性已远超第二产业。尤其 2002 年第二产业就业增长弹性转负，相比之下服务业的就业增长弹性高达 0.32。

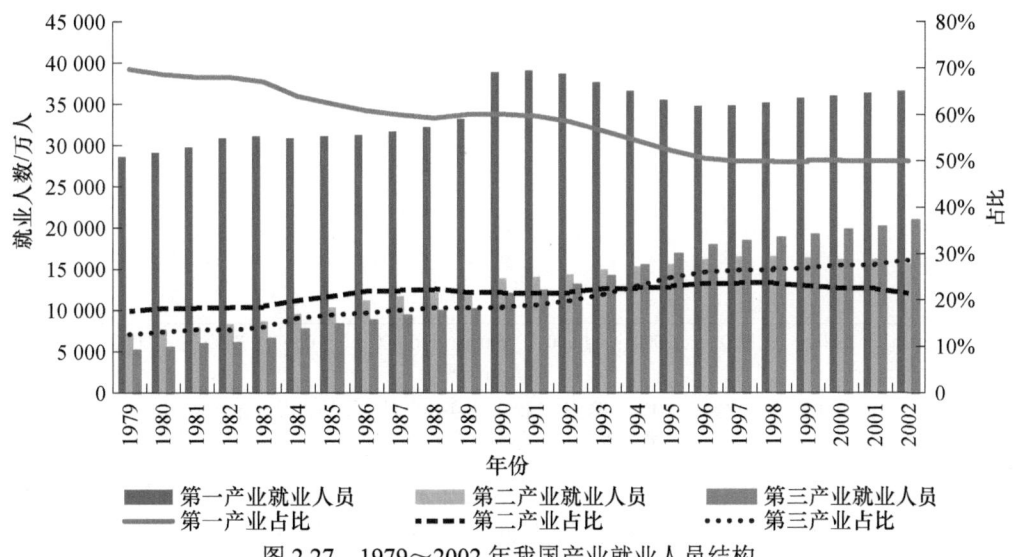

图 2.27　1979～2002 年我国产业就业人员结构
资料来源：《中国统计年鉴 2022》

表 2.5　第二产业与服务业就业增长弹性

项目	第二产业就业增长弹性	第三产业（服务业）就业增长弹性
1980～1985 年	0.51	0.40
1985～1990 年	0.40	0.42
1990～1995 年	0.08	0.26
1995～2000 年	0.07	0.23
2001 年	0.01	0.12
2002 年	-0.38	0.32

资料来源：江小涓，等. 2018. 网络时代的服务型经济：中国迈进发展新阶段. 北京：中国社会科学出版社.

在服务业欣欣向荣的复苏增长局面下，服务业发展所暴露出的问题却依旧十分严峻。一方面，尽管改革开放以来服务业取得了很大的进展，从绝对值来看 2002 年服务业增加值为 49 898.9 亿元，较 1979 年的 878.9 亿元约增长了 55.77 倍。但我国服务业增加值占 GDP 的比重却并未随着人均 GDP 的增长而显著提升，甚至某些阶段出现了下降趋势，这有悖于世界经济整体服务化的趋势（图 2.28）。同时，如图 2.26 所示，尤其在 1986～1996 年，虽然我国第三产业（服务业）整体有所增长，但几乎处于停滞阶段，整个时期仅增长 3.7 个百分点，1992～1996 年第三产业占比更是出现连续下滑现象，服务业发展落后于整个国民经济的发展。

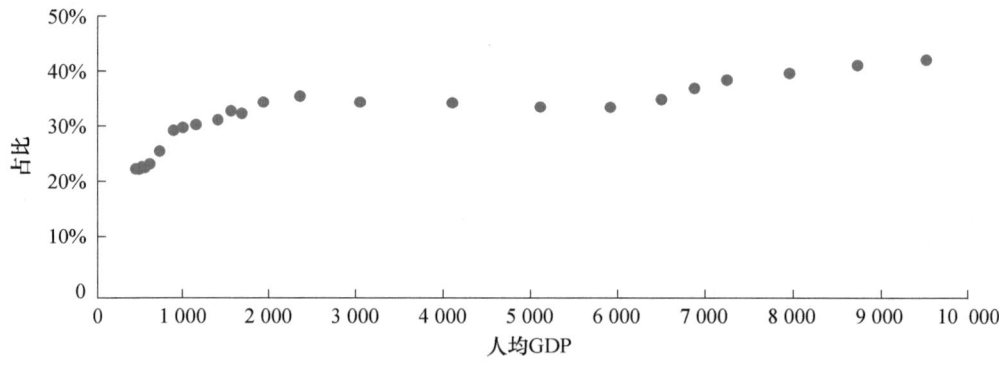

图 2.28　1979～2002 年第三产业（服务业）比重与人均 GDP 关系
资料来源：《中国统计年鉴 2022》

从服务业内部发展结构来看，具体如图 2.29 所示，1991～2000 年服务业内部各行业增加值均有所提升，但传统服务业部分大体呈现比重下降态势。如对比表 2.6 中 1991 年及 2000 年各行业增加值占比，增幅最大的为社会服务业及邮电通信业，均增长 4.7 个百分点；教育、文化艺术和广播电影电视业则增长 1.7 个百分点，位列第三；交通运输和仓储业降幅最大为 6.1 个百分点。

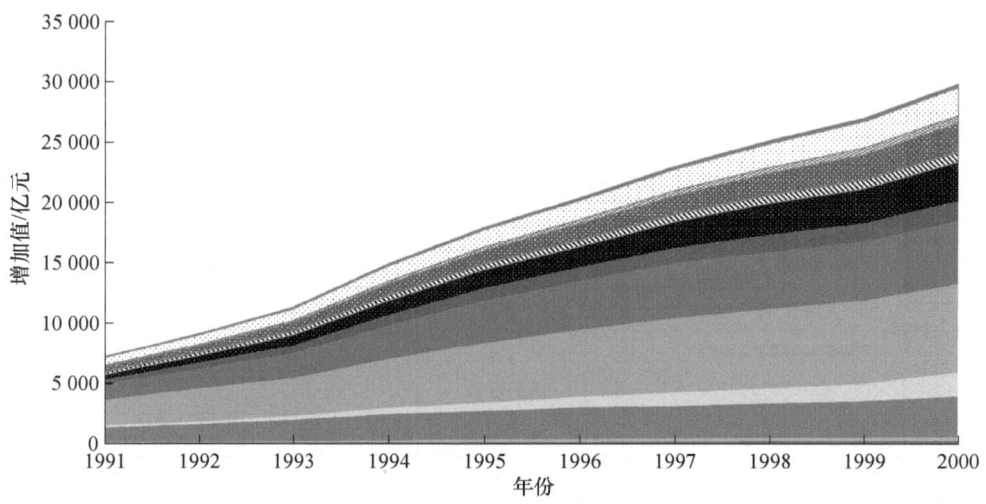

图 2.29 1991~2000 年中国服务业各行业增加值
资料来源：《中国统计年鉴 1999》《中国统计年鉴 2002》
图中图例由上至下按 1~13 排列

表 2.6 1991~2000 年中国服务业各行业增加值比重变化

行业	1991 年	1995 年	2000 年	1991~2000 年
农、林、牧、渔服务业	0.7%	0.6%	0.8%	0.1%
地质勘查业水利管理业	1.1%	1.4%	1.1%	0
交通运输和仓储业	17.5%	13.2%	11.4%	-6.1%
邮电通信业	2.0%	3.8%	6.7%	4.7%
批发和零售贸易餐饮业	28.9%	27.5%	24.5%	-4.4%
金融、保险业	17.8%	19.4%	17.5%	-0.3%
房地产业	5.1%	5.9%	5.6%	0.5%
社会服务业	6.2%	8.6%	10.9%	4.7%
卫生体育和社会福利业	3.0%	2.7%	2.8%	-0.2%
教育、文化艺术和广播电影电视业	6.3%	6.3%	8.0%	1.7%
科学研究和综合技术服务业	1.3%	1.5%	2.1%	0.8%
国家机关、政党机关和社会团体	9.2%	8.0%	7.9%	-1.3%
其他行业	0.9%	1.0%	0.9%	0

资料来源：《中国统计年鉴 1999》《中国统计年鉴 2002》

从就业整体表现来看，如表2.7所示，与全球其他国家及地区相比，中国服务业就业人数占比远低于发达国家，且显著低于世界水平。这固然与中国此前大力发展工业化有关，但也在一定程度上反映了当时中国服务业发展仍旧落后的现实。

表2.7 发达国家与中国服务业就业结构对比

国家和地区	服务业就业人数占比		
	1991年	2001年	2002年
世界	35.08%	40.02%	40.59%
低收入国家	20.71%	21.74%	21.93%
中低等收入国家	27.02%	30.56%	31.21%
中等收入国家	28.39%	34.06%	34.73%
中高等收入国家	29.20%	36.44%	37.14%
高等收入国家	61.68%	67.66%	68.37%
美国	72.72%	75.48%	75.77%
英国	67.25%	73.97%	74.70%
日本	58.67%	64.54%	65.49%
新加坡	63.95%	72.80%	73.42%
中国	18.90%	27.69%	28.59%

资料来源：世界银行

进一步分析该时期内服务业各行业就业人数比重，表2.8中相关数据显示，就业人数变化与服务业增加值存在明显不同。具体来看，增幅最大的为未包括在一般分类中的其他服务业，总计提高了16.36个百分点；其余除房地产业及批发零售贸易和餐饮业分别提高了0.19个百分点及0.07个百分点外，均出现不同程度的下降。从占比绝对值来看，传统服务业代表行业如批发零售贸易和餐饮业对吸收劳动力就业贡献较大，占比超服务业总数的1/4，且长期处于较为稳定状态。金融、保险业，房地产业等所占比重体量小，吸收劳动力的增长速度较慢。

表2.8 1990~2001年中国服务业各行业年底就业人员比重变化

行业	1990年	1995年	2000年	2001年	1990~2001年
地质勘查业水利管理业	1.88%	0.90%	0.64%	0.60%	-1.28%
交通运输和仓储业以及邮电通信业	14.91%	12.90%	11.83%	11.66%	-3.26%
批发零售贸易和餐饮业	27.04%	28.51%	27.33%	27.10%	0.07%
金融、保险业	2.08%	1.83%	1.91%	1.92%	-0.15%

续表

行业	1990年	1995年	2000年	2001年	1990~2001年
房地产业	0.42%	0.53%	0.58%	0.61%	0.19%
社会服务业	5.66%	4.67%	5.37%	5.58%	-0.07%
卫生体育和社会福利业	5.10%	2.95%	2.85%	2.82%	-2.28%
教育、文化艺术和广播电影电视业	13.87%	9.80%	9.13%	8.97%	-4.90%
科学研究和综合技术服务业	1.65%	1.21%	1.01%	0.94%	-0.70%
国家机关、政党机关和社会团体	10.28%	6.92%	6.44%	6.30%	-3.98%
其他服务业	17.12%	29.78%	32.91%	33.48%	16.36%

资料来源：《中国统计年鉴2002》

综上，在中国服务业加速增长阶段，除了要认识到此时期部分新兴部门表现较传统服务业更为活跃的现象特征外，还应明晰服务业内部代表工业化进程方向和市场发育程度的新兴部门发展速度较缓。尤其在劳动力表现领域，传统部门仍旧是吸收劳动力的主要部门。这种劳动力结构与产值结构表现相悖的原因主要为该时期大量的新生劳动力来源于第一产业，该群体自身技能储备及个人素质能力往往较低，难以跨越工业部门和服务业中新兴部门的"高门槛"，因此，大多数只能在传统部门中谋求岗位。从推动中国产业结构变革及服务业发展的整体目标来看，一方面这种劳动力的流向有利于农村剩余劳动力向城市的转移，进而加速城市化的进程；另一方面，此类情况下驱动发展的服务业实质上是一种低端化或者是发展失衡的服务业结构，即传统服务业部门要素溢出，新兴部门推动力不足，服务业内部就业结构稳定性极弱，难以在全球化市场竞争中获益。

3. 赶超发展阶段（2003年至今）

将中国服务业发展的第二阶段、三阶段界线定为2003年的最主要原因是我国人均GDP在当年首次突破1000美元，达到1090美元，成功进入中低等收入国家行列。当时国家统计局局长李德水在国务院新闻办公室举行的记者招待会上也表示人均GDP突破1000美元，标志着我国已经站在一个新的发展阶段，社会消费结构将向着发展型、享受型升级，汽车、电脑、高档电器加速进入家庭，人们对于住房条件改善的需求也将不断增长……当前我国经济不仅进入重化工业阶段，而且高新技术产业发展加快和产业结构调整加速，正迎来一个新的发展起点。而后在加入世界贸易组织的第十个年头，我国于2010年再度实现阶段跨越，人均GDP超过4000美元，达到4382美元，真正进入了国际公认的"中等收入"发展阶段，并先后于2011年、2012年、2014年分别超过5000美元、6000美元和7000美元（图2.30）。此种巨大规模经济体的长期高速增长，在经济史上罕见。

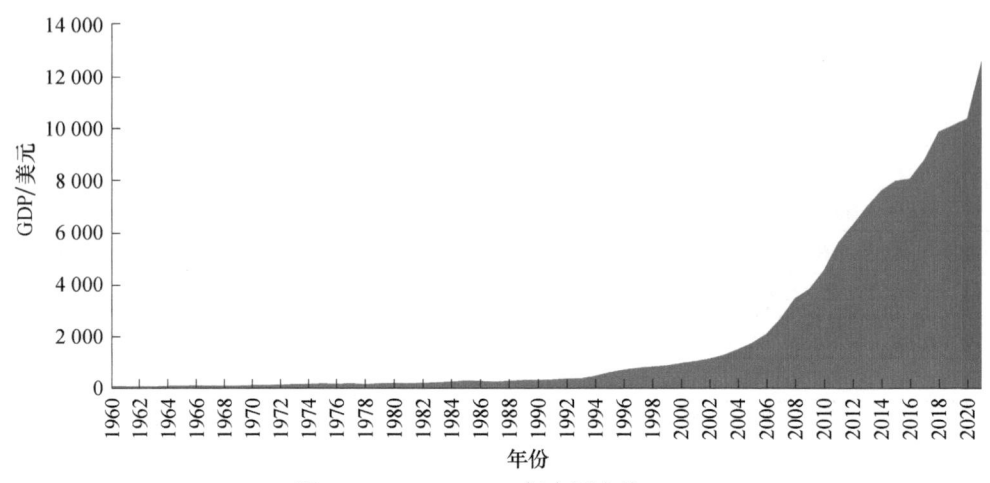

图 2.30　1960~2021 年中国人均 GDP
数据为世界银行当前价，与上文数据存在一定的偏差
资料来源：世界银行

随着迈入更高水平的发展阶段，与发达国家在生产经济乃至人民消费生活等方面的表现相一致的是，我国居民消费的恩格尔系数和支出结构也发生了相应的改变。具有代表性的如老百姓把更多的钱花在居住、文化、娱乐上，而食品开支的比重相应降低，居民消费已经逐步由以物质消费为主转向了以精神消费为主。此外，基于前一阶段服务业在经济增长及就业方面的突出表现，人们更多开始关注服务业在吸纳就业、降低资源消耗、保护环境，乃至在转变经济发展方式等方面的重要意义。中央和地方政府也先后制定出台了多个促进服务业发展的政策文件，如 2007 年，国务院出台了《关于加快发展服务业的若干意见》；2008 年国务院办公厅出台了《关于加快发展服务业若干政策措施的实施意见》等。在政策驱动下，服务业发展速度进一步加快，比重整体呈上升态势，第三产业产值占比于 2012 年超过第二产业（图 2.31），就业人员占比也从 2011 年超过第一产业（图 2.32），正式成为三次产业结构中的主导产业。

如果说第二阶段是改革开放带来的传统服务业复苏并伴随部分新兴行业的起步，那么第三阶段最具代表性的则是国际分工细化下服务领域新业态模式的涌现。尤其随着互联网、云计算、大数据等新技术的深入应用，以消费者为中心，以个性化定制、柔性化生产和社会化协同为主要特征的智能服务网络发展迅速。一方面催生了创意设计、远程诊断、设备生命周期管理服务等新业态，在辅助生产及加速产业融合等领域提供了有力支撑；另一方面，基于消费者更高层次需求而诞生的生态旅游、休闲养老、智慧社区等新模式的快速增长，又进一步拓展了消费渠道，带来了服务市场规模的新增量。

根据国家统计局发布的历年统计年鉴分行业增加值数据计算可得该时期服

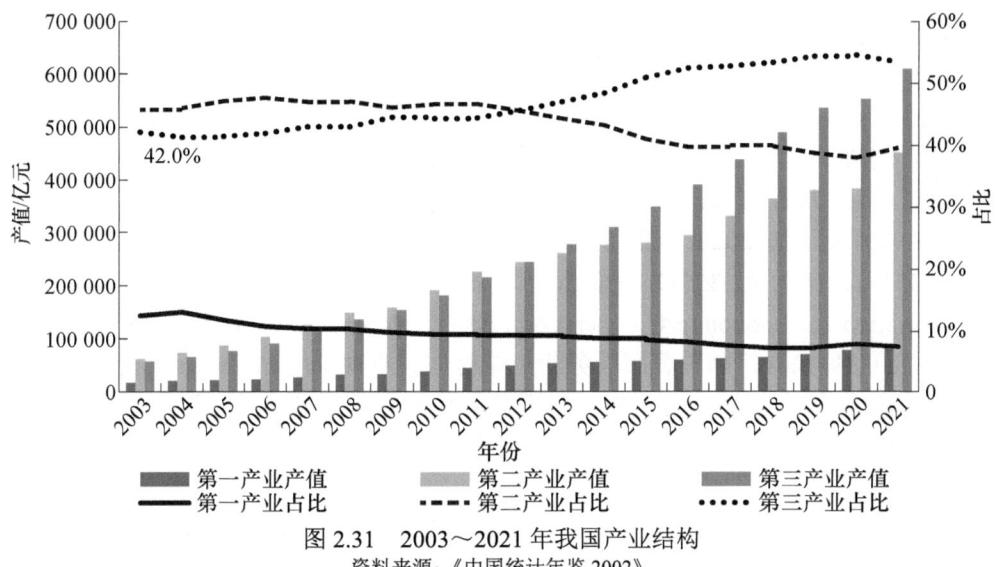

图 2.31　2003～2021 年我国产业结构
资料来源：《中国统计年鉴 2002》

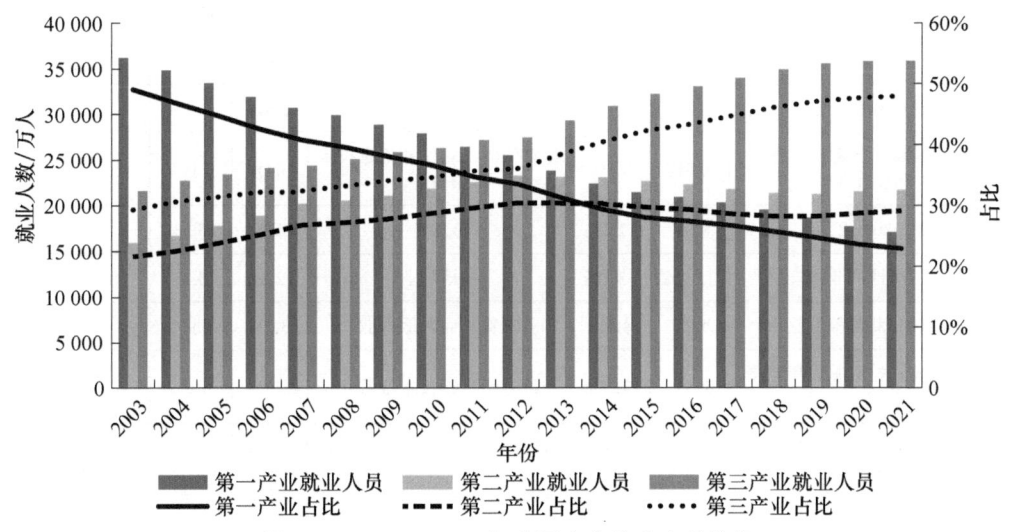

图 2.32　2003～2021 年我国产业就业人员结构
资料来源：《中国统计年鉴 2022》

务业内各行业比重变化，具体如表 2.9 所示。其中相对属于传统服务业类别的交通运输、仓储和邮政业比重降幅最大，超 7 个百分点；同样的情况也在典型传统服务业代表即住宿和餐饮业中得以表现，虽然降幅绝对值低于前者，但主要受限于本身的低基数影响。相比之下，金融业、房地产业、租赁和商务服务业占比增量较大。更需引起关注的是部分新兴服务业（又称现代服务业）一改过去服务业被普遍认为研发投入少、创新产出低的刻板印象，呈现出科技创新力度大、创新活跃度高的特征。如以先进互联网技术支撑的信息传输、软件和信息技术服务业占比增长至 7.0%,其中 2022 年全国软件和信息技术服务业规模以上企业超 3.5 万家,累计完成软件业务收入 108 126 亿元,同比增长 11.2%。同时尽管在 2015 年及 2020 年剔除了地质勘查业,但科学研究和技术服务业也取得了显著增长。国家统计局相关数据显示,我国研发投入强度从 2012 年的 1.97%上升到 2022 年的 2.55%,在世界主要国家中排名第 12 位,超过法国(2.35%)、荷兰(2.32%)等创新型国家,并进一步接近经济合作与发展组织(Organisation for Economic Co-operation and Development,OECD)国家平均水平(2.67%)。总体来看,随着我国服务业企业对创新重视程度加深,创新投入和产出也随之增多,综合创新能力正在不断提升,相关变化反映了第三阶段时期的特点之一,即信息/技术密集行业兴起,服务业研发投入和创新持续加强。

表 2.9　2005~2020 年中国服务业各行业增加值比重变化

行业	2005 年	2010 年	行业	2015 年	2020 年	2005~2020 年
批发和零售业	18.4%	20.5%	批发和零售业	19.3%	17.6%	-0.9%
交通运输、仓储和邮政业	14.8%	11.0%	交通运输、仓储和邮政业	8.9%	7.4%	-7.3%
住宿和餐饮业	5.7%	4.7%	住宿和餐饮业	3.5%	2.8%	-2.9%
信息传输、计算机服务和软件业*	6.5%	5.1%	信息传输、软件和信息技术服务业	5.4%	7.0%	0.5%
金融业	8.6%	12.1%	金融业	16.9%	15.3%	6.7%
房地产业	11.2%	13.1%	房地产业	12.2%	13.4%	2.2%
租赁和商务服务业	4.0%	4.5%	租赁和商务服务业	5.0%	5.9%	2.0%
科学研究、技术服务和地质勘查业*	2.8%	3.3%	科学研究和技术服务业	3.9%	4.4%	
水利、环境和公共设施管理业	1.2%	1.0%	水利、环境和公共设施管理业	1.1%	1.1%	-0.1%
居民服务和其他服务业*	4.3%	3.5%	居民服务、修理和其他服务业	3.2%	3.0%	-1.3%
教育	7.7%	6.9%	教育	7.1%	7.3%	-0.4%
卫生、社会保障和社会福利业*	4.0%	3.5%	卫生和社会工作	4.4%	4.5%	
文化、体育和娱乐业	1.6%	1.4%	文化、体育和娱乐业	1.4%	1.3%	-0.3%
公共管理和社会组织*	9.3%	9.4%	公共管理、社会保障和社会组织	7.8%	9.0%	

资料来源:《中国统计年鉴2007》《中国统计年鉴2012》《中国统计年鉴2017》《中国统计年鉴2022》
注:比重为依据统计年鉴数据计算所得
*表示不同统计年鉴中分类有所调整的行业

表 2.9 中另一值得关注的数据为批发和零售业的变化，尽管此处只选取了 4 个时间点的行业比重，但批发和零售业出现了明显的先增长后下降的趋势，进一步对比国家统计局披露的 2017~2020 年行业具体增加值，四年数据分别为 8.12 万亿元、8.89 万亿元、9.57 万亿元及 9.61 万亿元，可见行业规模均维持增长，但增速小于服务业整体扩张规模，这或与传统批发和零售业在互联网时代下出现的模式变革有关。根据商务部电子商务和信息化司在杭州发布的《中国电子商务报告（2022）》数据，2011~2022 年，我国电子商务交易总额从 6.09 万亿元增长到 43.83 万亿元；网上零售交易额从 0.78 万亿元增长至 13.79 万亿元，增幅显著。此外截至 2022 年 12 月，我国网络购物用户规模达 8.45 亿，较 2021 年 12 月增长了 319 万，占网民整体的 79.2%，毫无疑问网络零售已成为扩大内需、拓展消费的重要力量，但从图 2.33 交易的动态变化来看，其在第三阶段前期增量更为显著，2015 年后交易额增长趋缓。

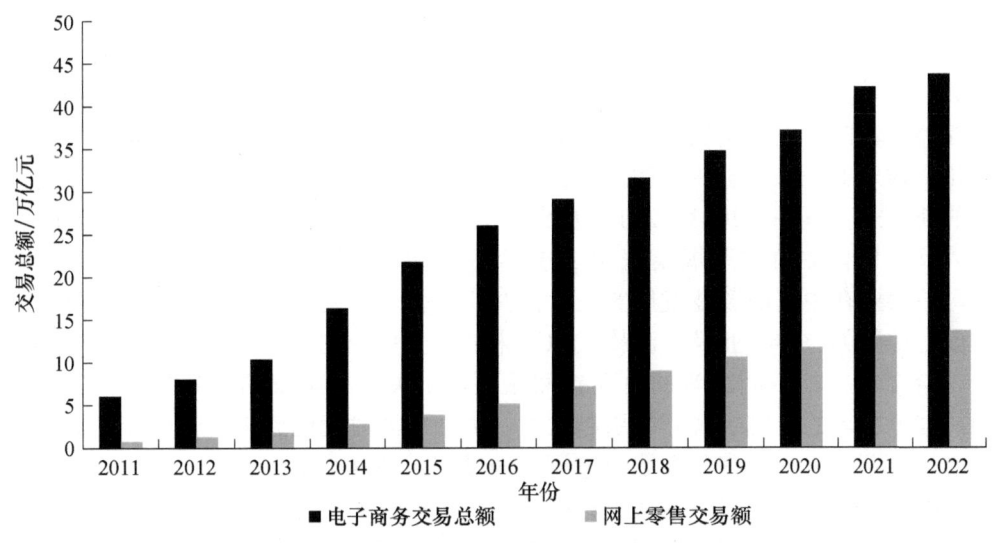

图 2.33　2011~2022 年全国电子商务交易总额

资料来源：《中国电子商务报告（2022）》

如图 2.34 所示，2020 年全国电子商务服务业营收规模达到 5.45 万亿元，同比增长 21.9%。其中，电子商务交易平台服务营收达 1.15 万亿元，同比增长 36.3%；支撑服务领域中的电子支付、物流、信息技术服务等市场营收规模达 2.09 万亿元，同比增长 16.7%；衍生服务领域业务规模达 2.21 万亿元，同比增长 20.3%。总体来看，以上可概括为第三阶段的特点之二，即电子商务模式在阶段前期主导零售业态改革，后期以其为中心带动衍生服务业市场发展。

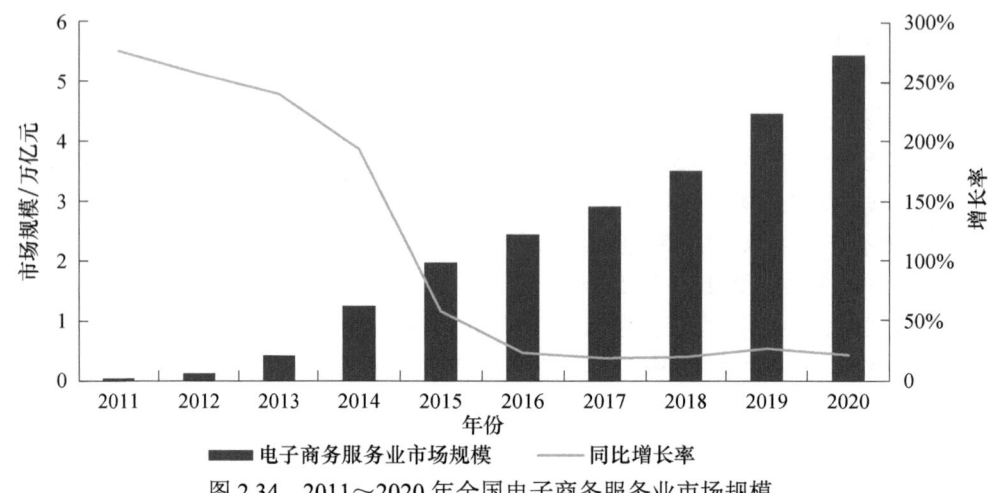

图 2.34　2011～2020 年全国电子商务服务业市场规模
资料来源：《中国电子商务报告（2022）》

第三阶段的第三大特点即精神消费主导下的生活性服务业高端化及多样化趋势。如前文所述，当人均收入水平不断提高时，个人的消费需求从基本的物质生存需要转向了更高层次的非物质需求，即表现为老百姓把更多的钱花在居住、文化、娱乐上。以旅游业为例，如图 2.35 所示，除 2020～2022 年受新冠疫情影响的断崖式下跌外，2003～2019 年国内旅游人次由 870 百万人次增长至 6006 百万人次，国内旅游收入规模达 57 251 亿元，增幅显著。但相比于规模体量的增长，旅游业在中国服务业发展第三阶段其实显化出了更为专业化的业态创新。一方面，传统的旅游行业及旅游模式似乎未能充分享受到服务业快速发展的带动作用，甚至旅行社、团游等的负面新闻频频带出关于其未来的悲观预期。另一方面，细分市场的优越表现开始引起关注。大众旅游时代的到来，恰恰伴随着大众品市场被不断蚕食、细分市场快速崛起的过程。在这个时期内，每个游客的画像都被贴上更细分的标签，每次出行的动机都可能更加具体，这些个性、细分、专业化的市场需求都需要旅行服务商以更创新更专业化的服务去满足[①]。

值得注意的是，此类细分市场取代大众品市场的趋势不仅仅出现在旅游业，在家政服务、美容美发、休闲健身、宠物护理等诸多生活性服务业态中也有所表现。再者，生活性服务业企业本身就具有"小散多"的特点，彼此存在差异竞争的同时又重叠了一定的目标客户。特别是近年来随着消费者需求的细化，在生活性服务业整体发展提速的同时，其产业内部品类近乎"指数增长"，诸多新型业态在竞争中不断地诞生、消融、合并。

---

① 中国旅游研究院. 2021. 中国旅行服务业发展报告 2020：契约引领·人际分发·供应链变革. 北京：中国旅游出版社.

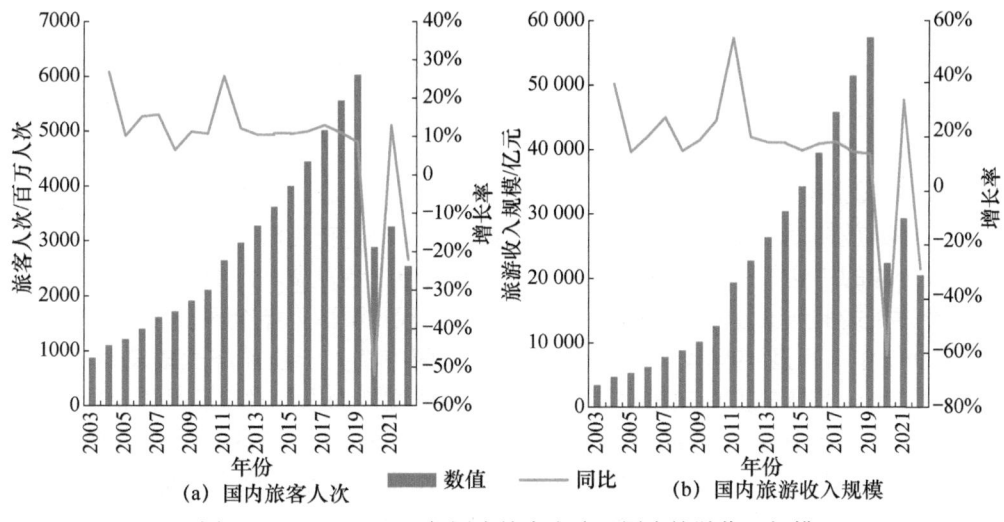

图 2.35　2003~2022 年国内旅客人次及国内旅游收入规模
资料来源：国家统计局

2.2.2　我国服务业发展政策与导向分析

产业政策是一个国家的中央或地区政府为了其全局和长远利益而主动干预产业活动的各种政策的总和①。党的十八大以来，党中央、国务院高度重视服务业发展，先后出台一系列政策措施鼓励、支持和培育服务业经济，服务业呈现稳步扩张的良好态势，逐步擎起国民经济的"半壁江山"，成为支撑和拉动经济发展的主动力。国家统计局相关数据显示，2012~2021 年，我国服务业增加值从 244 856 亿元增长至 609 680 亿元，按不变价计算，2013~2021 年年均增长 7.4%，分别高于 GDP 和第二产业增加值年均增速 0.8 个和 1.4 个百分点。2012 年服务业增加值占 GDP 比重达 45.5%，首次超过第二产业，2015 年起保持在 50% 以上，2021 年达 53.3%，高于第二产业 13.9 个百分点。2012~2019 年，服务业对 GDP 的贡献率从 45.0% 增长到 63.5%，提高了 18.5 个百分点。2020 年受新冠疫情冲击，聚集性、接触性服务业受到较大影响，服务业对经济增长的贡献率降至 46.3%，但仍稳居三次产业之首。此后服务业在新冠疫情期间呈现出强大的发展韧性，2021 年贡献率增长至 54.9%，为我国经济持续稳定恢复提供了重要支撑。

在全球产业结构进入由"工业经济主导"向"服务经济主导"转变的新阶段，服务业作为各国国民经济的重要组成部分，其发展程度直接影响到一国经济发展水平。如前文所述，尽管我国服务业发展态势良好，阶段性成绩优异，但相较于全球领先国家仍存在一定的差距。此外由于中国基本国情与社会历史发展具

---

① 苏东水. 2006. 产业经济学（第二版）. 北京：高等教育出版社.

有其独特色彩,其现代服务业出现了有别于其他国家的发展趋向。基于此,考虑到新兴产业的孕育和成长与一个国家或地区的政策支持和引导密不可分,因此为了更好地了解我国服务业的发展及预测其未来导向,本部分拟对改革开放以来我国出台的服务业发展政策进行系统分析。

1. 政策整体发展导向

改革开放初期,我国计划经济管理体制面临变革,在当时"东亚奇迹"及东亚模式在全球的广泛关注下,以选择性产业政策主导产业发展、产业结构调整乃至经济发展的模式得到了各方的认可[①]。20 世纪 80 年代,我国开始全面推行产业政策,并于 1989 年 3 月及 1994 年 3 月分别出台了《国务院关于当前产业政策要点的决定》和《90 年代国家产业政策纲要》,但当时两份文件均未针对涉及服务业[②]。

进一步从我国服务业的政策发展来看,为直观地感受我国服务业整体政策的演变,本节先以"服务业"为关键字在北大法宝法律数据库进行标题检索,并根据政策年度发布数量分类别绘制曲线。如图 2.36 所示,与中国服务业发展历程相关联,我国在早期并未重视服务业发展,直至 1981 年中国报刊首次宣传要发展第三产业,揭开了第三产业的神秘面纱[③]。而后 1985 年为了适应建立国民生产总值统计的需要,国家统计局向国务院提出了《关于建立第三产业统计的报告》,首次规定了我国三次产业的划分范围,正式肯定了第三产业在国民经济中的地位,中国服务业发展开始步入正轨。之后以 1992 年中共中央、国务院出台的《关于加快发展第三产业的决定》及 2001 年出台的《"十五"期间加快发展服务业若干政策措施的意见》等政策为代表,历年政策助推并构成了我国服务业的整体发展历程。基于此,结合政策发布数量及相关变迁特点,我国服务业发展政策可大致划分为科学探索阶段(1985~2001 年)、加速发展阶段(2002~2012 年)、深化推进阶段(2013 年至今)3 个阶段,具体如图 2.36 所示。

1)我国服务业发展政策文本初筛

由于我国服务业政策文本数量较大、涉及范围较广,为了研究的客观性和科学性,本部分聚焦研究问题,对相关政策文本进行采集,其流程包括初步收集、政策筛选和政策分析三个阶段,其中全过程采取以下方式及原则进行检索和遴选。① 以"服务业"为关键字在北大法宝法律数据库进行检索,并通过国务院及下属各部门政策文件库进行补充,所选取的政策均与"推进我国服务产业发展"密切相关;② 自 1985 年起,我国国民经济核算中第三产业一直都是服务业的同义语,但直到 2012 年修订《三次产业划分规定》时才正式明确第三产业即服务业,因此尽管某些政策文件

---

① 江飞涛,李晓萍. 2018. 改革开放四十年中国产业政策演进与发展:兼论中国产业政策体系的转型. 管理世界,34(10):73-85.
② 潘海岚. 2009. 中国服务业发展的政策变迁及效应评析. 北京工商大学学报(社会科学版),24(5):78-83.
③ 李江帆. 2005. 中国第三产业发展研究. 北京:人民出版社.

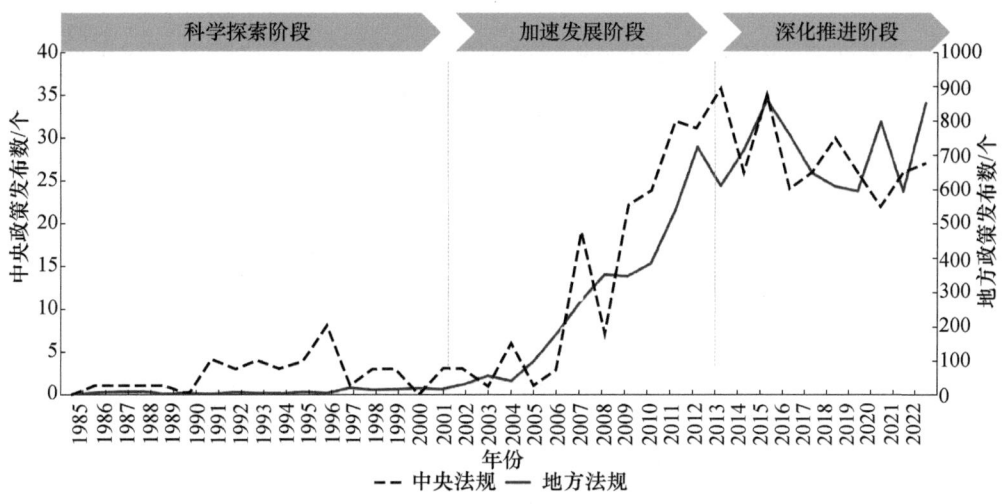

图 2.36　1985～2022 年政策年度发布数量曲线
资料来源：北大法宝法律数据库

名称并没有"服务业"字样，但其实质内容与服务业发展高度相关，因此也被纳入研究范围；③ 由于服务业涵盖面广、涉及的政府部门众多，因此在政策文本筛选过程中，人工剔除重复以及与服务业发展关联不大的国家政策；④ 为使样本反映国家服务业发展的全貌，政策样本时间跨度拟定为 1992～2022 年，以尽可能完整覆盖我国服务业发展历程。基于上述原则，本部分共初筛中央政策 102 份，详见表 2.10。

表 2.10　国家层面服务业发展相关政策汇总

序号	发文时间	发布单位	发文字号	政策标题	分类
1	1992 年 6 月	中共中央、国务院	中发〔1992〕5 号	《关于加快发展第三产业的决定》	产业发展
2	1992 年 8 月	国家科学技术委员会	国科发策字〔1992〕566 号	《关于加快发展科技咨询、科技信息和技术服务业的意见》	产业发展
3	1992 年 11 月	财政部、原国家国有资产管理局	国资法规发〔1992〕71 号	《关于全民所有制单位用国有资产支持发展第三产业有关问题的通知》	产业发展
4	1993 年 6 月	国家经济贸易委员会等	国经贸〔1993〕115 号	《关于统配煤矿发展第三产业有关问题的通知》	行业发展
5	1993 年 8 月	民政部等	民福发〔1993〕11 号	《关于加快发展社区服务业的意见》	行业发展
6	1993 年 8 月	民政部	民福发〔1993〕202 号	《民政部办公厅关于印发〈社会福利业发展规划〉和〈殡仪服务业发展规划〉的通知》	行业发展
7	1995 年 6 月	煤炭工业部等	煤办字〔1995〕第 351 号	《国家扶持煤炭企业发展第三产业和多种经营贴息贷款项目管理办法》	行业发展
8	1996 年 9 月	民政部	民事发〔1996〕19 号	《关于加快发展民政婚姻服务业的意见》	行业发展

续表

序号	发文时间	发布单位	发文字号	政策标题	分类
9	1998年7月	国家发展计划委员会		《关于发展第三产业扩大就业的指导意见》	产业发展
10	2001年12月	国务院办公厅	国办发〔2001〕98号	《国务院办公厅转发国家计委关于"十五"期间加快发展服务业若干政策措施意见的通知》	产业发展
⋮					
19	2009年4月	国务院	国发〔2009〕19号	《关于推进上海加快发展现代服务业和先进制造业建设国际金融中心和国际航运中心的意见》	区域发展
20	2009年5月	财政部	财建〔2009〕227号	《财政部关于印发〈中央财政促进服务业发展专项资金管理办法〉的通知》	产业发展
21	2009年11月	商务部	商商贸发〔2009〕540号	《关于加快流通领域电子商务发展的意见》	行业发展
22	2009年12月	国务院	国发〔2009〕41号	《关于加快发展旅游业的若干意见》	行业发展
23	2010年5月	国家发展和改革委员会办公厅	发改办高技〔2010〕1093号	《关于当前推进高技术服务业发展有关工作的通知》	产业发展
⋮					
32	2012年2月	科学技术部	国科发计〔2012〕70号	《关于印发现代服务业科技发展"十二五"专项规划的通知》	产业发展
33	2012年3月	工业和信息化部	工信部规〔2011〕556号	《电子商务"十二五"发展规划》	行业发展
34	2011年11月	工业和信息化部		《软件和信息技术服务业"十二五"发展规划》	
35	2012年6月	人力资源和社会保障部等	人社部函〔2012〕196号	《关于加强中心城市家庭服务体系建设的通知》	行业发展
36	2012年11月	国家知识产权局等	国知发规字〔2012〕110号	《关于加快培育和发展知识产权服务业的指导意见》	行业发展
⋮					
65	2016年12月	商务部	商服贸发〔2016〕488号	《商务部关于印发〈居民生活服务业发展"十三五"规划〉的通知》	产业发展
66	2016年12月	司法部等	司发通〔2016〕136号	《关于发展涉外法律服务业的意见》	行业发展
67	2017年1月	民政部等	民发〔2017〕25号	《关于加快推进养老服务业放管服改革的通知》	行业发展
68	2017年4月	科学技术部	国科发高〔2017〕91号	《科技部关于印发"十三五"现代服务业科技创新专项规划〉的通知》	产业发展
69	2017年6月	国家发展和改革委员会	发改规划〔2017〕1116号	《国家发展改革委关于印发〈服务业创新发展大纲(2017—2025年)〉的通知》	产业发展
⋮					

第 2 章　现代服务业的缘起

续表

序号	发文时间	发布单位	发文字号	政策标题	分类
87	2021年3月	国家发展和改革委员会等	发改产业〔2021〕372号	《关于加快推动制造服务业高质量发展的意见》	产业发展
88	2021年4月	国务院	国函〔2021〕37号	《关于同意在天津、上海、海南、重庆开展服务业扩大开放综合试点的批复》	区域发展
89	2021年7月	农业农村部	农经发〔2021〕2号	《关于加快发展农业社会化服务的指导意见》	产业发展
90	2021年10月	商务部等		《"十四五"电子商务发展规划》	行业发展
91	2021年11月	国务院办公厅	国办函〔2021〕103号	《国务院办公厅转发国家发展改革委关于推动生活性服务业补短板上水平提高人民生活品质若干意见的通知》	产业发展
⋮					
100	2022年12月	国务院	国函〔2022〕135号	《关于同意在沈阳等6个城市开展服务业扩大开放综合试点的批复》	区域发展
101	2022年12月	人力资源社会保障部	人社部发〔2022〕83号	《关于实施人力资源服务业创新发展行动计划（2023—2025年）的通知》	行业发展
102	2022年12月	国家知识产权局等	国知发运字〔2022〕47号	《关于加快推动知识产权服务业高质量发展的意见》	行业发展

注：该表是根据所收集到的中央服务业发展相关政策的简化呈现

如表 2.10 右列所示，根据政策实施对象及核心主旨，本部分将政策分别划分为产业发展、区域发展、行业发展三大类，其中产业发展包括服务业/第三产业整体政策及按大类划分的产业政策；区域发展为历年实施的各城市/区域试点政策；行业发展则包括对细分行业发展有关的政府意见、发展规划、实施方案、实施办法等。依据此分类，本次收集到的国家政策文本结构分别为产业发展 38 份，占 37.25%；区域发展 8 份，占 7.84%；行业发展 56 份，占 54.90%。

2）我国服务业发展政策变迁特点

1992 年 6 月，中共中央、国务院做出《关于加快发展第三产业的决定》，指出第三产业的加快发展是生产力提高和社会进步的必然结果，我国加快发展第三产业的目标是争取用 10 年左右或更长一些时间，逐步建立起适合我国国情的社会主义统一市场体系、城乡社会化综合服务体系和社会保障体系。此后，国家多次制定促进服务业发展的文件和政策，包括行业规划文件、配套政策扶持、对口人才储备、区域创新试点等，并于 2012 年正式明确第三产业即服务业。将 102 份 1992~2022 年国家层面服务业发展政策文本导入文本库，依次做分词、词频统计，过滤掉无意义的词语后提取高频词，高频词标准为 1000，统计结果如图 2.37 所示，服务、发展、电子商务、创新、平台等词位列前列。此外，从政策初筛样本的年度发布趋势、类别数量走势、政策主体等方面,可反映出 30 多年间我国服务业发展的几大变迁特点。

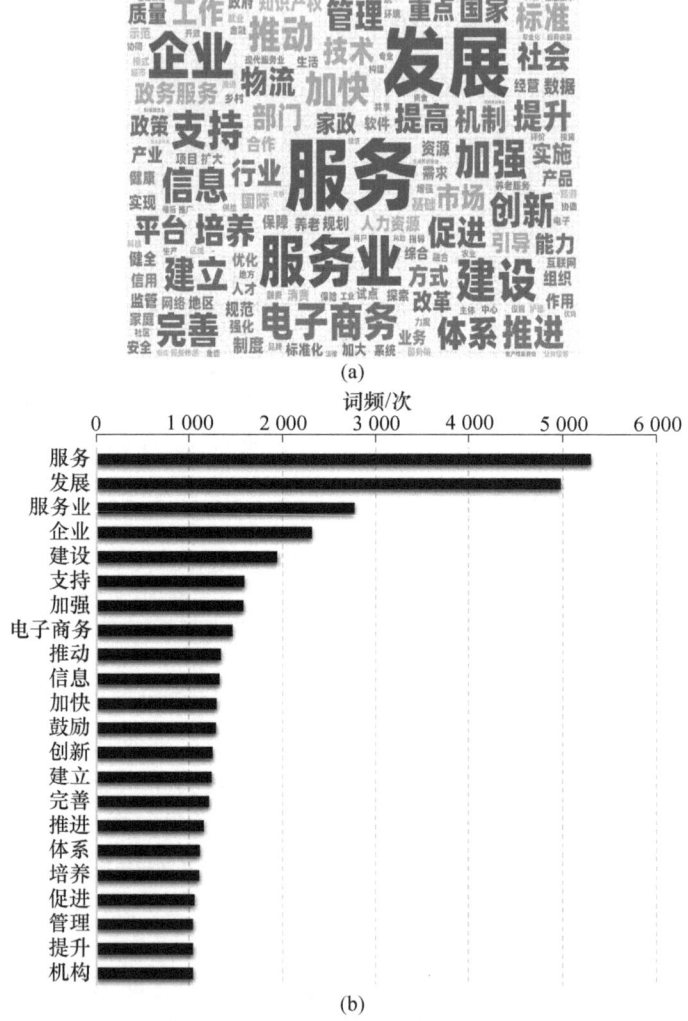

图 2.37 国家层面服务业发展政策词频统计结果

(1)政策主体:多部门联合行文增长。从发文机构来看,本次政策涉及中共中央委员会、国务院、商务部、交通运输部、国家发展和改革委员会等多个政府部门。深入分析来看,随着社会复杂程度的提高,传统科层制下的单一政府部门已难以完成组织目标,因此急需提升政府部门的协作能力[①]。而国家发展各领域社会实践

---

① 黄萃,任弢,李江,等. 责任与利益:基于政策文献量化分析的中国科技创新政策府际合作关系演进研究. 管理世界,(12):68-81.

也证明，多部门、跨部门的协作治理有利于构建科学系统的产业发展体系，推动我国产业现代化高质量发展。尤其服务业作为我国支柱性产业，其涉及面广、社会影响大，更需要多个不同的部门参与以实现资源的整合与协调。基于此，本部分将初筛的 102 份政策文件按发文部门数进行统计绘制，具体如图 2.38 所示（为直观展示政策趋势，对政策初筛数量为 0 的年份予以剔除，即 1994 年、1997 年、1999 年、2000 年、2002～2004 年）。可见自 1992 年起，伴随着服务业发展相关政策数量的增长，各部门间联合发文数比例也得到了提升，这反映出政府部门在服务业发展中的协作网络由简单到复杂，合作紧密程度逐渐增强。

（2）区域发展：试点先行，逐步推广。如前文所述，我国服务业发展起步较晚，且国情有别于西方资本主义国家，因此在服务业发展过程中并不能贸然照搬西方的成熟发展模式，而是基于历史经验及社会特点逐步摸索尝试。尤其在推动各区域服务业发展的过程中，我国延续了改革开放的"试点"思想，于 2009 年印发《国务院关于推进上海加快发展现代服务业和先进制造业建设国际金融中心和国际航运中心的意见》，文件指出采取有力措施，加快推进上海国际金融中心和国际航运中心建设，大力发展金融业、航运业等现代服务业和先进制造业，率先转变经济发展方式，可以使上海更好地发挥综合优势，更好地发挥带动示范作用，更好地服务长三角地区、服务长江流域、服务全国。而后 2010 年及 2015 年，我国先后出台了《前海深港现代服务业合作区总体发展规划》及《北京市服务业扩大开放综合试点总体方案》，进一步扩大服务业试点范围，并分别指出充分发挥经济特区先行先试作用，利用粤港两地比较优势，进一步深化粤港紧密合作，在前海合作发展现代服务业，以现代服务业的发展

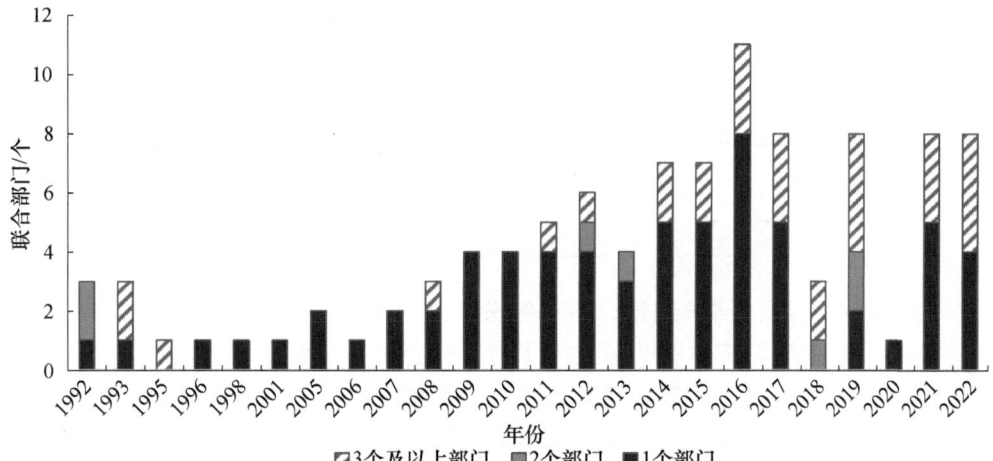

图 2.38　国家层面各部门联合出台服务业政策情况

1994 年、1999 年、2002～2004 年等多个年份初筛数量为 0，为直观展示，图中剔除数据为 0 的年份

促进产业结构优化升级,为我国构建对外开放新格局、建立更加开放经济体系做出有益的探索,为全国转变发展方式、实现科学发展发挥示范带动作用;强化首都全国科技创新中心的核心功能,聚焦中关村建设具有全球影响力的科技创新中心,大力发展基于信息技术的新兴服务业、科技服务业、电子商务、现代物流和节能环保等产业。

2021~2022年,基于此前的试点成功经验,国务院"大步迈进",先后出台了《关于同意在天津、上海、海南、重庆开展服务业扩大开放综合试点的批复》及《关于同意在沈阳等6个城市开展服务业扩大开放综合试点的批复》,并要求各省市在风险可控的前提下,精心组织,大胆实践,服务国家重大战略,开展差异化探索,在加快发展现代产业体系、建设更高水平开放型经济新体制等方面取得更多可复制可推广的经验,为全国服务业的开放发展、创新发展发挥示范带动作用。综上,基于2009~2022年国家层面先后出台的8份有关服务业区域发展政策文件,可大致勾勒出我国服务业区域发展的概况,具体如图2.39所示。

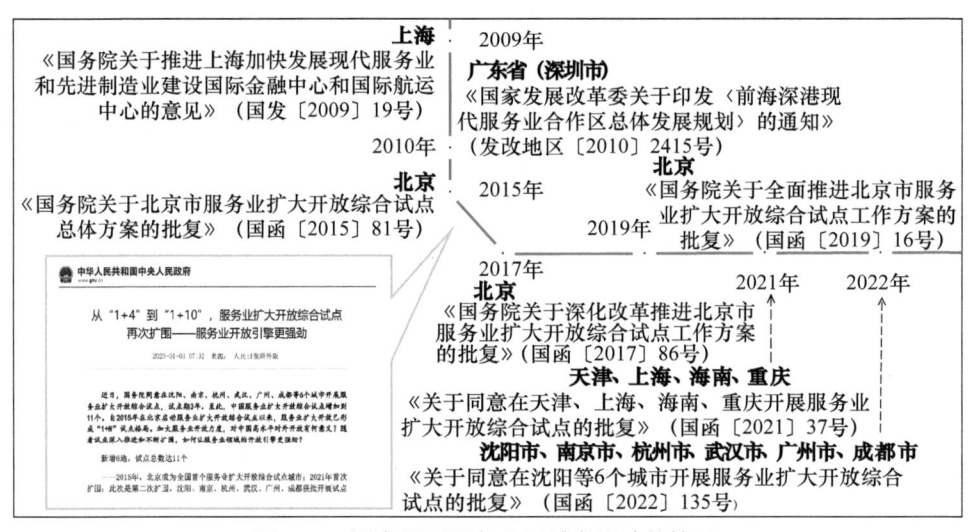

图2.39 国家层面服务业区域发展政策情况

(3)行业发展:需求细化、市场细分。从政策进程来看,自1992年邓小平南方谈话后,中国经济体制改革进入了建立社会主义市场经济体制的新阶段。这一时期,在中共中央、国务院颁布的《关于加快发展第三产业的决定》推动下,服务业对外开放步伐进一步加快,进入加速发展的快车道,产业结构调整成效凸显。将1992~2022年出台的针对细分行业发展相关政策置于时间轴下(图2.40),不难发现早期服务业发展大多基于传统服务业,如1993年出台《关于统配煤矿发展第三产业有关问题的通知》，逐步减少对煤矿的财政补贴，并从减亏指标中取出 1.77 亿元用于三产项目贷款贴息；此外同年社区服务业、社会福利业、殡葬服务业及 1995 年政策涉及的婚姻服务业等都与当时人民需求息息相关。

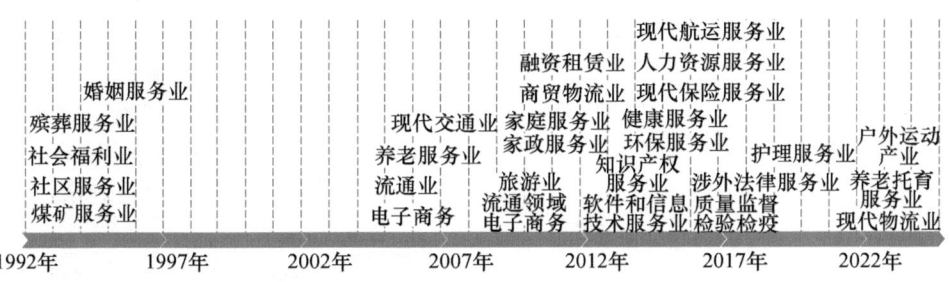

图 2.40　国家层面服务业行业发展政策情况
以服务业各行业首次出现针对性发展政策年份标注

1996 年后，服务业行业发展政策"停滞"，结合时间段内发布的其他产业相关政策，这一时期服务业发展多集中于前期压制的需求释放、市场复苏及产业结构调整。2001 年，《国务院办公厅转发国家计委关于"十五"期间加快发展服务业若干政策措施意见的通知》指出，改革开放以来，特别是 1992 年中共中央、国务院《关于加快发展第三产业的决定》下发以来，我国服务业稳定发展，结构不断改善，就业岗位大幅度增加。但从总体上看，服务业供给不足、比重偏低、结构落后、质量不高、竞争力差等问题仍很突出……服务业的兴旺发达是现代化的一个重要特征，加快发展服务业，对于推进社会主义现代化具有深远的战略意义。

以该政策为基础，2005 年起，国家陆续出台了多项行业发展政策，涵盖基于新需求诞生及原服务业升级发展的养老服务业、旅游业、流通业、融资租赁业、知识产权服务业等，此外也囊括了互联网信息科技等技术普及而带动发展的电子商务、现代交通业、现代航运服务业、软件和信息技术服务业、现代物流业等。

2. 产业发展政策分析

进一步聚焦产业发展，由于我国服务业内部各行业发展进程不一，现有政策文本具有一定的行业数量倾向（如 102 份初筛政策中共有 12 份政策涉及养老，7 份围绕电子商务等），基于原样本进行文本分析易导致信息含量带来的结果偏差。基于此，为了更为客观地反映服务业整体的发展趋势，在后续国家层面产业发展政策分析部分排除各区域/行业具体发展规划、实施方案等文件，仅关注产业整体及配套设施实施政策，二次剔除后共保留政策 38 份。进一步将相关政策从时间维度进行梳理，如图 2.41 所示，尤其自 2008 年以来，我国服务业发展整体呈现现代化进程加快趋势，横向对比来看，其中服务业知识含量、服务业技术含量、产业跨界融合度均持续提升。

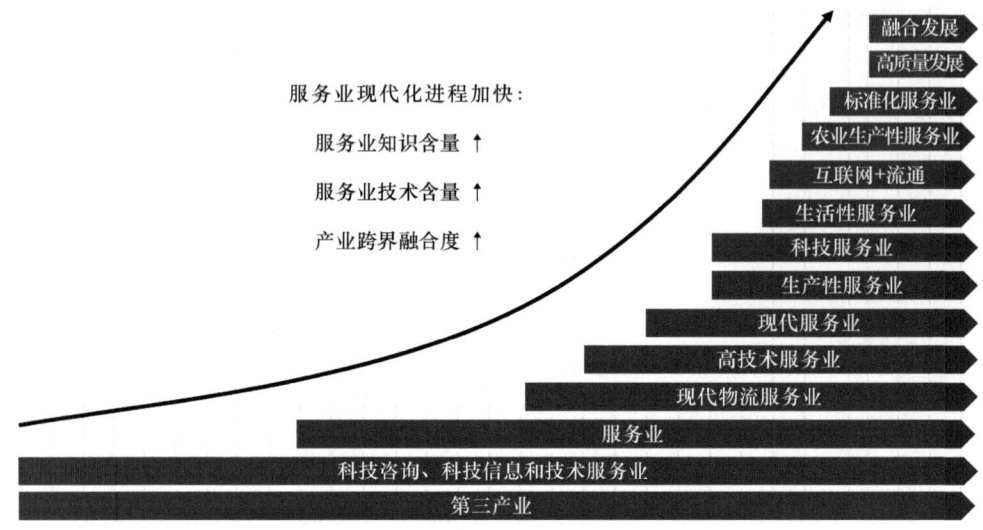

图 2.41　国家层面服务业产业发展政策情况
依据服务业/第三产业整体政策及按大类划分的产业政策首次出现年份绘图

1）政策分析视角的选择

政策由理念变为现实必须依靠各种政策工具，又或者说政策是政府通过对各种政策工具的设计、组织搭配及运用而形成的[1]，这些工具就是实现产业政策目标的手段。具体来看，政策分析框架的选择大多基于工具性视角，而在众多工具视角中，最具经典性及操作性的则是 Rothwell 和 Zegveld（1981）的分类方法，他们将政策工具分为供给面、环境面和需求面三大类[2]。具体如图 2.42 所示，其中供给面政策工具主要是指对政策目标起直接促进作用的政策，通常为政府直接投入资金、人才、设施、技术、信息等方面的有效支持；需求面政策工具则是旨在拉动市场形成和产品消费，其通过政策减少外部干扰等措施，释放对政策目标需求，如政府采购、国际交流与贸易等；环境面政策工具则是通过创设相关环境条件和配套设施来支撑、保障产业发展，从而对政策目标起到间接促进作用的政策，包括规范条例、金融服务、税收优惠、知识产权保障等法规管制以及相关策略性措施等。

值得注意的是，尽管政策工具能够反映政策发挥作用所采用的手段，但并不能很好地揭示服务业规律特征，因此单独使用政策工具来进行政策分析还不够全面[3]。

---

[1] Flanagan K, Uyarra E, Laranja M. 2011. Reconceptualising the 'policy mix' for innovation. Research Policy, 40(5): 702-713.
[2] Rothwell R, Zegveld W. 1981. Industrial Innovation and Public Policy: Preparing for the 1980s and 1990s. Westport: Greenwood Press.
[3] 谢青，田志龙. 2015. 创新政策如何推动我国新能源汽车产业的发展：基于政策工具与创新价值链的政策文本分析. 科学学与科学技术管理，36（6）：3-14.

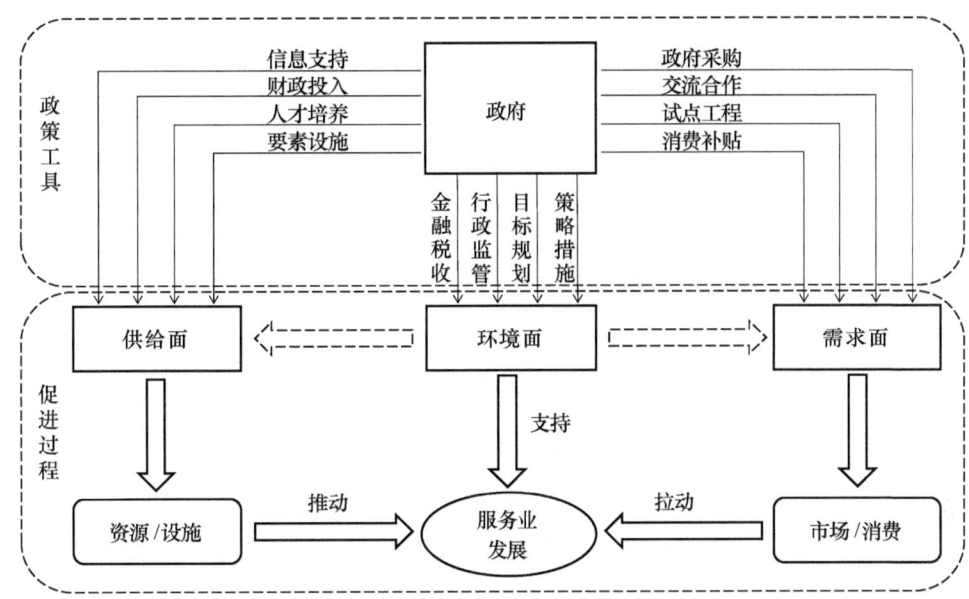

图 2.42 服务业发展的政策工具

因此,在进行服务业发展的产业政策分析时,有必要增加一个涉及服务业发展本身的维度进行多维透视,即需要同时考虑政策所使用的政策工具以及政策工具所针对的实施目的。基于此,本节回顾了我国各个阶段的《中华人民共和国国民经济和社会发展五年规划》,如图2.43所示,1996年出台的《中共中央关于制定国民经济和社会发展"九五"计划和2010年远景目标的建议》提出积极发展第三产业,而后自我国"十五"规划起,国家持续将"发展服务业"作为战略任务提出。

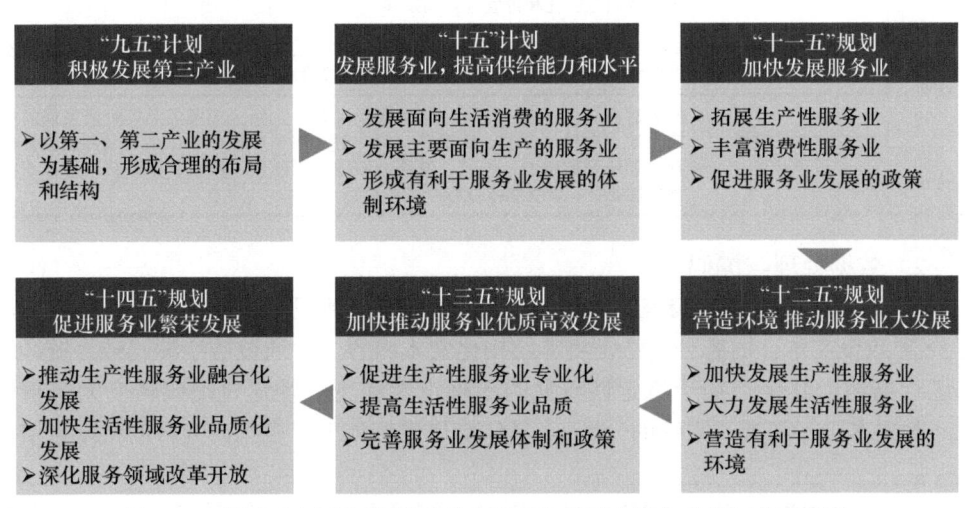

图 2.43 我国"九五"计划至"十四五"规划中服务业发展相关条款

综上，结合我国服务业发展战略目标及产业阶段特征，并参考相关文献的现有维度，构建了服务业产业政策分析维度，具体如表 2.11 所述。

表 2.11 服务业发展政策分析维度说明

维度	类别	细则	定义
政策工具	供给型	信息支持	通过建设信息网络、数字资源平台等信息基础设施及使用各类新技术为服务业发展提供相关信息服务
		财政投入	政府直接为服务业发展提供资金支持，如各类专项资金
		人才培养	相关条款中有利于服务业人才培育的各种政策，如教育培训、技术指导等
		要素设施	政府通过建立和完善设施与组织建设，为服务业发展提供必要的资源和服务
	环境型	金融税收	政府通过提供贷款、债券等金融工具以及投融资等制度保障来支持服务发展，并对相关企业和个人给予各项税费上的减免
		行政监管	推进服务业发展，规范市场秩序而出台的一系列相关法律法规、管理制度、市场标准等
		目标规划	基于服务业发展的现状与预期，对要达成的目标做总体规划与描述
		策略措施	政府制定的有关服务业发展具体措施，如技术引进、鼓励创新、观念引导等
	需求型	政府采购	中央及地方政府的各项涉及服务业采购规定，如政府采购、公营事业采购及政府外包等
		交流合作	政府与多样化的组织主体开展合作（含加强地区之间的联动发展），协调统筹推动服务业发展，包括国际服务外包业务
		试点工程	政府为探索服务业高质量发展模式而进行的试点示范工作
		消费补贴	政府出台的消费端政策，拉动市场终端需求，促进产业活动
政策方向		推动生产性服务业发展	政策以服务制造业高质量发展为导向，引导生产企业加快服务环节专业化分离和外包、提高服务产品和服务模式创新，促进产业跨界融合，推动生产性服务业向专业化和价值链高端延伸
		加快生活性服务业发展	以提升便利度和改善服务体验为导向，推动生活性服务业内外融合，鼓励发展针对个性化需求的定制服务，鼓励商贸流通业态与模式创新
		深化服务领域改革开放	扩大对内对外开放，进一步放宽市场准入，创新适应服务业各阶段发展需要的土地、财税、金融、价格等政策，健全服务质量标准体系及服务业监管体系，加快开放电力、民航、铁路、石油、天然气、邮政、市政公用等行业的竞争性业务，开展服务业综合改革试点

2）数据处理与编码

本节主要运用内容分析法并辅以相关文献资料与新闻报道分析我国服务业发展的 38 项政策文本。内容分析法是将非结构化文本内容文件通过数字编码转为统计数字进行描述，其优点在于将定性研究的不确定性和主观性通过编码转变为定量研究，对文本进行客观、系统的分析[①]。具体操作过程如下，根据研究目的将国家层面

---

① 俞立平，冉嘉睿，张运梅. 2023. 政策工具视角下科技创新质量相关政策演化特征研究：基于 2000-2022 年政策文本分析. 宏观质量研究，11（3）：18-31.

38项政策文本依据构建好的研究框架进行编号。如果同一政策条款中使用了多种政策工具，则对使用的政策工具都予以记录，并对该条款中每项政策工具所涉及的政策方向进行标注。政策工具与政策方向耦合分析结果如图2.44所示。

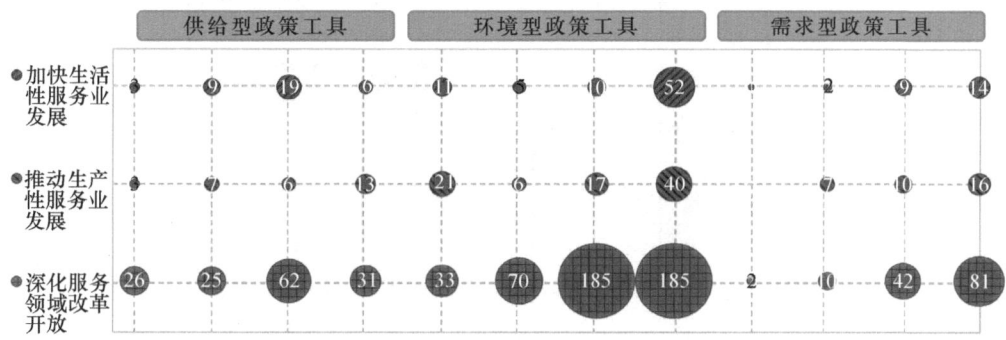

图2.44 政策工具与政策方向耦合分析结果

3）编码结果统计分析

从全阶段的各类型政策工具使用比例来看，见图2.45（a），政策工具维度供给型政策工具、环境型政策工具、需求型政策工具占比分别为20.38%、60.96%及18.66%，由此可知需求型政策工具在服务业发展过程中的拉动作用相对偏弱，且其中需求端的消费补贴类政策数量最少，仅在3个政策文本中有所体现。如2021年国务院办公厅转发国家发展改革委《关于推动生活性服务业补短板上水平提高人民生活品质若干意见的通知》中提及推动各地区有针对性地推出一批务实管用的促消费措施。相比之下，环境型政策工具则发挥了主要推动力，尤其以观念引导、结构优化等为代表的策略措施类及以保障市场公平为出发点的制度改革、规范化管理等的行政监管类政策最佳。

从分阶段的各类型政策工具使用比例来看图2.45（b），在科学探索阶段环境型政策占比较高，此阶段政府在目标规划、法律法规等方面进行了服务业发展的策略引导，制定了具有前瞻性的发展目标，并通过《中共中央、国务院关于加快发展第三产业的决定》《关于发展第三产业扩大就业的指导意见》等文件自上而下地进行政策宣贯执行，旨在改变全社会原有"忽视服务业"的旧观念，并试图建立服务业发展的理论框架及探索适合中国国情的服务业发展模式；在加速发展阶段，供给型政策工具及需求型政策工具占比提升，此阶段我国服务业从原先受抑制的状态被激活后，进入飞速发展模式，各行业领域边界显现分化，全产业进入"多点开花"的发展状态，其存在的问题也逐步暴露。在此时期，政府有针对性地通过《关于金融支持服务业加快发展的若干意见》等政策在财政投入、金融税收、交流合作等方面推动服务业夯实基础，并通过《国务院办公厅关于加快发展高技术服务业的指导意

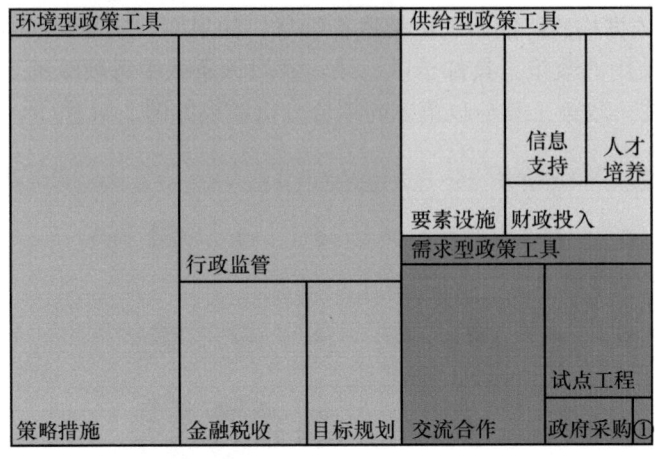

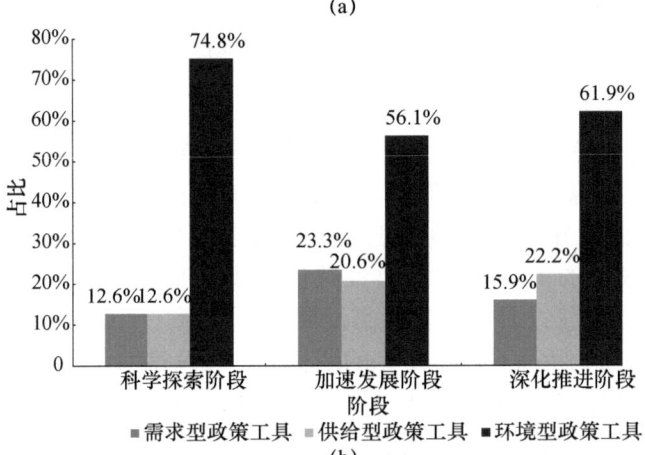

图 2.45 政策工具使用比例统计图
① 为消费补贴

见》《关于印发现代服务业科技发展"十二五"专项规划的通知》等政策为新兴产业提供直接推动力;在深化推进阶段,我国对于服务业发展方向、产业模式、建设策略等已形成了一定的共识,因此在持续提供环境保障的同时,加大了供给型政策工具投入,以匹配社会对服务业需求规模的增加。此外,政府统筹国内服务业发展和对外开放,加快推动我国服务行业/企业"走出去"进程,扩大市场需求,进而实现对服务业发展的拉动作用。

从政策方向维度出发,如图 2.46 所示,推动生产性服务业发展、加快生活性服务业发展及深化服务领域改革开放的比例分别为 14.20%,13.14% 及 72.66%,可见以保障服务业发展环境、创新适应各阶段发展需求的政策等为代表的深化服务领域改革开放贯穿了我国至今的服务业发展全过程。

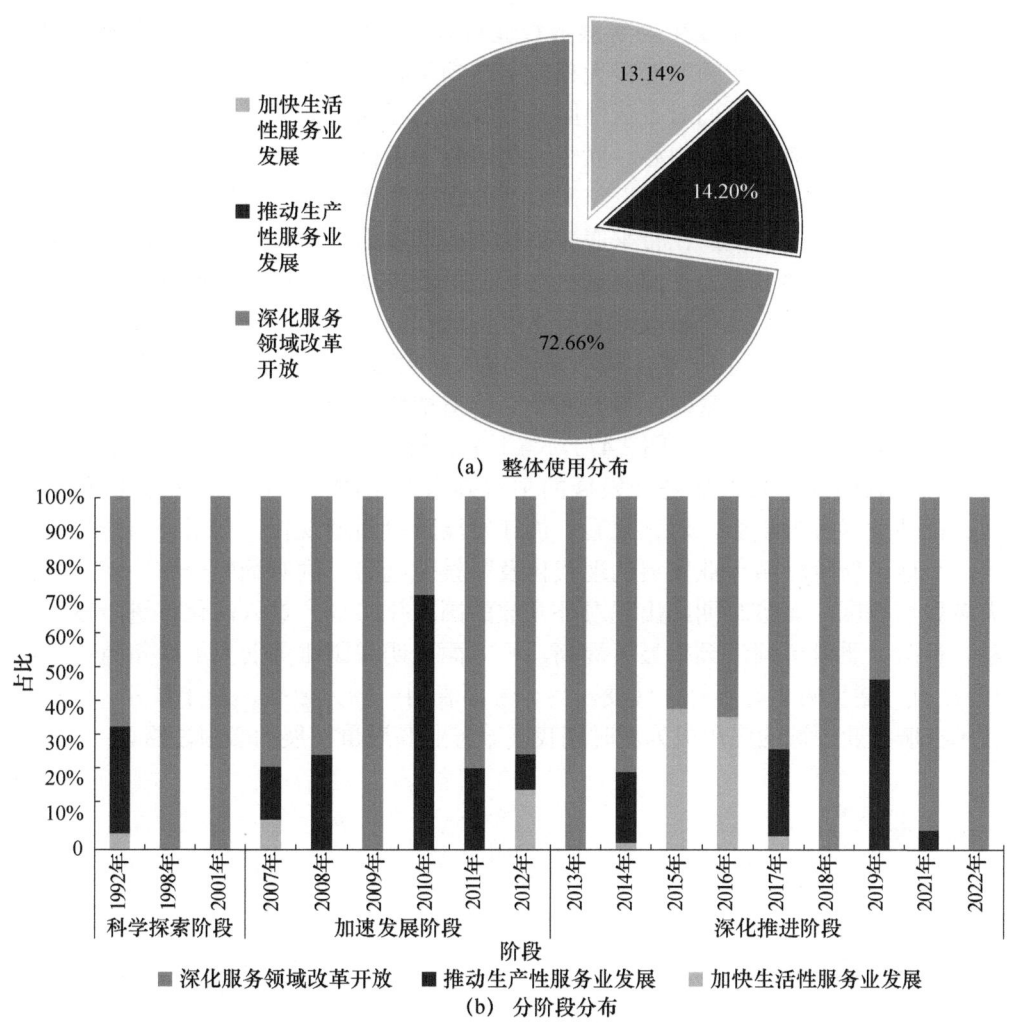

图 2.46 政策方向使用比例统计图
为直观展示，图中剔除数据为 0 年份

分时期来看，与政策工具结果相一致，在科学探索阶段，我国政策更多地倾向服务业基础发展框架的搭建及观念的改变，如该时期政策文本中提及的"积极进行多种形式的改革和试点……推进集团化经营，打破部门、地区、行业和所有制界限，组建全国性和区域性第三产业企业集团，加快发展第三产业"等；而后进入加速发展阶段，针对性促进生活性服务业及生产性服务业发展的政策文本陆续出台。但从政策年份分布来看，早期文件多集中于推动生产性服务业发展及深化服务领域改革开放，在生活性服务业方面倾向较弱，这与我国服务业发展历程相吻合（早期我国重点发展工业，而从 1985 年开始，服务业进入加速发展阶段,这种变化首先在辅助生产等服务行业得到了体现)。在深化推进阶段,如前文所述,生产性服务业的发展极大程度上带动了我国整体经济水平的提升,而随着人均收入的提高,人们对生活性服务业发展的需求也促使了相关政策的出台。同时,伴随着以消费者为中心、以个性化定制、柔性化生产和社会化协同为主要特征的智能服务网络的发展,近年来服务业现代化属性的含量增加,新产业、新业态、新模式持续出现,在带来服务市场规模增量的同时,对辅助生产及加速产业融合等领域提供了有力支撑。这也与第三阶段推动生产性服务业发展政策比重提升相吻合,有别于此前阶段对基础生产辅助行业的推动,近年来该领域政策更多地关注推动先进制造业和现代服务业深入融合发展、加强生产性服务业标准化、支撑性服务业高质量发展等归属于高价值增值行业的发展。

综合从词云分布来看(图2.47),与上述分析相一致,发展、管理、加快等共性高频词表明三个阶段服务业发展的主旨并未发生改变,国家政策仍以科学管理、推动发展等为重心。对比来看,加速发展阶段新增现代、创新、科技等高频词,呈现出新阶段服务业发展的现代化及科技化趋势,同时词频分布中前一阶段大多聚焦我国,而该时期则出现对外开放的国际化特征。进入深化推进阶段,信息、标准、质量等词汇频率显著提高,一方面表明我国服务业发展政策重心已由"有没有"逐步向"好不好"转变,另一方面表明鼓励大数据、云计算等"信息"技术在服务业领域的应用成为新时期我国服务业高质量发展的必由之路。

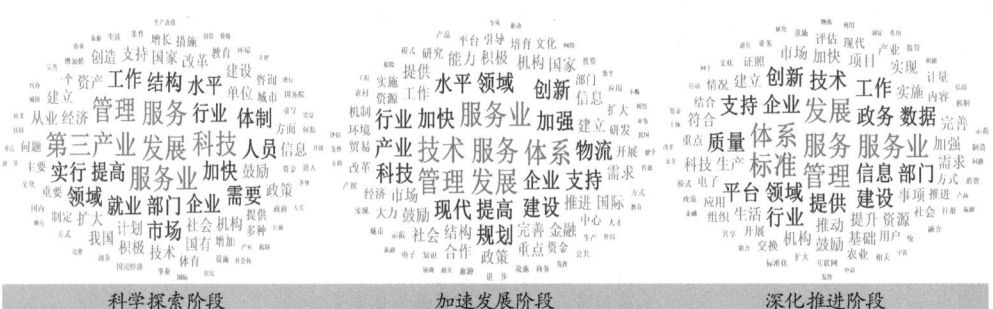

图 2.47　我国服务业政策分阶段词频图

2.2.3　中国式现代化与服务业高质量发展重要内涵

作为社会主义的本质要求,共同富裕一直是我国现代化的奋斗目标,其基础是生产力的高度发达和经济的可持续增长以及现代产业体系的不断完善,此外还须通过制度、政策和发展环境对诸多不均衡发展的相关因素进行修正,以保证全体人民公平参与经济社会发展进程并共享发展成果。习近平在中央财经委员会第十次会议上发表重要讲话时强调,"共同富裕是社会主义的本质要求,是中式现代化的重要特征，要坚持以人民为中心的发展思想，在高质量发展中促进共同富裕"①。在追求共同富裕的道路上，服务业的高质量发展毫无疑问是实现美好目标的强有力推手。改革开放以来，尤其是党的十八大以来，我国服务业发展迅速，成为我国三次产业中增加值占比最高、吸纳就业最多、利用外资最大的行业，对经济增长、社会发展、保障就业、参与全球竞争的作用日益突出。2022年党的二十大报告也明确指出"构建优质高效的服务业新体系，推动现代服务业同先进制造业、现代农业深度融合"②。

在有关高质量发展的内涵讨论中，从理论角度看有着多种视角的不同认识。具有代表性的观点有高质量发展是全面体现创新、协调、绿色、开放、共享的新发展理念的发展，不仅要重视量的增长，更要重视结构优化；高质量发展体现在微观、中观、宏观三个层面上，微观层面的高质量发展主要是指产品和服务的质量提升，中观层面的高质量发展主要指产业和区域发展质量的协调协同，宏观层面的高质量发展主要指国民经济整体质量和效率提升③；高质量发展水平可以用全要素生产率来衡量，体现为三次产业结构的高端化、技术结构的升级化、资源能耗使用的递减性和劳动力结构的适应性等④。本书结合中国服务业发展的历史背景及政策导向，拟从内涵式发展视角予以解读。

具体来看，在围绕经济或产业发展方式的讨论中，马克思和恩格斯曾将其概括为两种类型，即将各类生产要素禀赋投入的简单增加视为经济的外延式增长的主要特征，而将要素禀赋使用效率的提升视为内涵式增长的主要特征。可以认为，上述观点构成内涵式发展概念提出的重要依据，其更明确指出效率增进是内涵式发展的主要方面。随着社会发展以及学界研究的不断深入，经济或产业内涵式发展概念变得更加丰富。结合我国发展实践来看，任何产业部门的内涵式发展都体现为动态变迁过程。在我国处于大多数产品尤其工业品短缺的年代，"有没有"和"有多少"是经济社会的发展重点，即强调从"无"到"有"的数量转变，而随着服务业在国民经济中占比的不断提升，当前服务业高质量发展的重点已经由数量转为了质量。习近平指出，"我国长期所处的短缺经济和供给不足的状况已经发生根本性改变，人民对美好生活的向往总体上已经从'有没有'转向'好不好'，呈现多样化、多层次、多方面的特点"⑤。

---

① 《习近平主持召开中央财经委员会第十次会议》，https://www.gov.cn/xinwen/2021-08/17/content_5631780.htm?jump=true，2024年11月12日。
② 《习近平：高举中国特色社会主义伟大旗帜 为全面建设社会主义现代化国家而团结奋斗——在中国共产党第二十次全国代表大会上的报告》，https://www.gov.cn/xinwen/2022-10/25/content_5721685.htm，2024年11月12日。
③ 王一鸣. 2018. 高质量发展十策. 政策，(4) 43-44.
④ 洪群联. 2021. 中国服务业高质量发展评价和"十四五"着力点. 经济纵横，(8)：61-73，137.
⑤ 《习近平：新发展阶段贯彻新发展理念必然要求构建新发展格局》，https://www.gov.cn/xinwen/2022-08/31/content_5707604.htm，2024年11月12日。

当前，高质量发展作为全面建设社会主义现代化国家的首要任务，已成为政府的工作重心，李强在回答未来政府工作重点时，进一步强调到"我国经济社会发展已经取得了巨大成就，经济总量稳居世界第二，但发展还不平衡、不充分。任何一个总量指标，分摊到 14 亿多的人口基数上，人均水平都比较有限。现在，我们的发展更多的只是解决'有没有'的问题，下一步需要更加重视解决'好不好'的问题，特别是提高科技创新能力、建设现代化产业体系、推动发展方式绿色转型等"[①]。综上，具体来看，服务业高质量发展可以归纳为如下（表 2.12）方面。

表 2.12 服务业高质量发展的重要内涵与特征表现

内涵要求	核心内涵	特征表现		
		宏观（国民经济整体）	中观（产业和区域发展）	微观（产品和服务）
有效性	有效性是产业内涵式发展的本源，即任何产业发展所产出的物质产品和服务产品都必须符合社会需要（有效供给）	服务产品具有符合社会正常需要的使用价值总量及使用价值	服务产品具有符合产业或一定区域内需要的使用价值总量及使用价值	服务供给量、可及性、便利性等明显提高，标准化、品牌化建设取得重大突破，重点领域消费者满意度达到较高水平（服务有效供给持续扩大、质量效益显著改善）
经济性	经济性是商品生产活动的本质性要求，主要体现在生产价值效率及区域经济带动上	服务业增加值规模不断扩大，占 GDP 比重稳步提升，达到发达国家水平	服务业对区域经济发展的贡献占比提升，起带动作用	服务产品生产向价值链高端延伸，投入-产出效率提升
创新性	创新是引领发展的第一动力，坚持创新在我国现代化建设全局中的核心地位，强调服务产业创新驱动	贯彻创新驱动发展战略，把发展基点放在创新上，营造激励服务业创新发展的宽松环境，增强服务经济发展新动能	创新服务业产业新业态、新模式，如共享经济、平台经济、智慧生活等	在服务产品的目标及功能设计上，持续推动创新或加强技术创新和应用，推动人工智能、大数据等新一代信息技术在服务产品生产中的应用
协调性	协调是持续健康发展的内在要求，坚持协调发展，增强服务业发展过程中的要素匹配性及发展整体性	提升全球服务市场资源配置能力；发挥"中国服务+中国制造"组合效应，鼓励产业融合发展，形成交叉渗透、交互作用、跨界融合的产业生态系统	推进城乡基本公共服务标准统一，促进城乡服务业融合发展，优化区域资源配置	实现无形服务与有形产品的有机结合，优化科技、知识等资源在服务产品投入结构中的占比

1. 服务业高质量发展的有效性

有效性是产业内涵式发展的本源，即任何产业发展所产出的物质产品和服务产

---

① 《李强总理出席记者会并回答中外记者提问》，https://www.gov.cn/zongli/2023-03/13/content_5746555.htm#2，2024 年 11 月 12 日。

品都必须符合社会需要,且这种需要同时体现在量和质两个方面。从量来看,所产出的物质产品和服务产品必须具有符合社会正常需要的使用价值总量;从质来看,所产出的物质产品和服务产品必须具有符合社会所需要的使用价值。经典贸易理论认为,不同国家间要素禀赋差异是形成各自比较优势的根源,其中产品质量就是比较优势的一个重要方面,而相对量的直观性,质的层面不易进行一般化描述。

结合我国服务业发展来看,改革开放以来,随着我国经济社会不断发展,居民收入持续较快增长,居民消费水平不断提高,消费质量也稳步提升。如图2.48所示,国家统计局数据显示2022年我国城镇居民恩格尔系数为29.5%,较1980年的56.9%下降了27.4个百分点;农村居民恩格尔系数为33.0%,较1980年的61.8%下降了28.8个百分点。此外从消费形式看,我国实物型消费比重下降、服务型消费比重上升,花钱"买轻松、买享受"的服务需求持续增加。

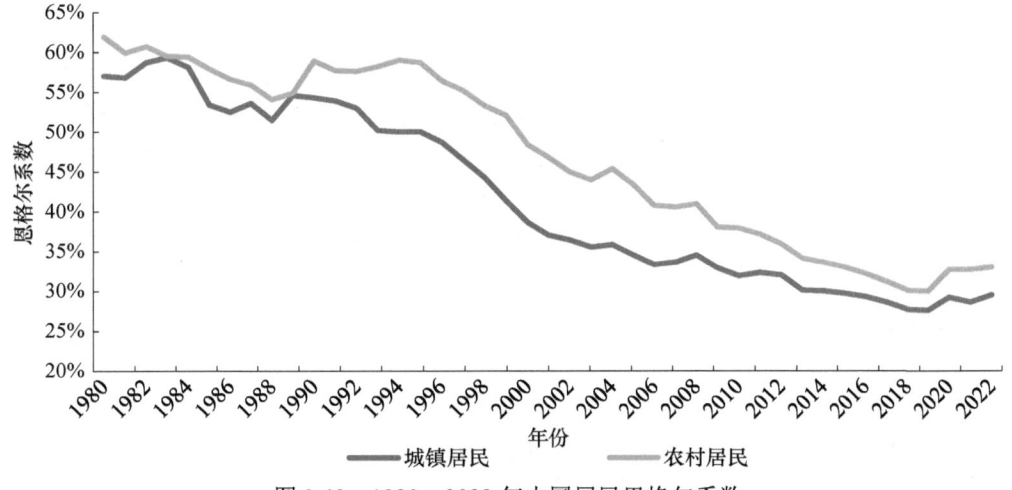

图2.48　1980~2022年中国居民恩格尔系数
资料来源:国家统计局

可以说在过去的发展阶段中,我国服务业实现了极速发展,2012~2021年,我国服务业增加值从244 856亿元增长至609 680亿元。此外,中国的人类发展指数从1990年的0.499跃升至2019年的0.761,2022年进一步提升至0.788,成功迈入高人类发展指数国家。但从高质量发展的有效性内涵要求来看,发达国家普遍存在"两个70%"现象,即服务业产值占GDP比重的70%,制造服务业占整个服务业比重的70%,而中国目前距离两者均有差距。进一步细化到"量+质",中国服务业存在极为严重的结构性短缺现象,一方面诸如家政行业、养老服务业等市场供给缺口大,房地产行业却陷入了需求市场相对饱和的境地;另一方面定制化需求主导下细分市场活跃,但国内服务供给质量堪忧,服务满意度不佳，低端供给过剩，中端和高端供给却不足，并未实现高质量发展要求下内涵式发展的有效性目标。

值得注意的是有效性所要求的任何产业发展所产出的物质产品和服务产品都必须符合社会需要，这更多的是时点要求（即强调产品或服务在特定时间段内必须满足社会的需求，具有时间的紧迫性和有效性），而隐含在发展过程中的速度要求同样不容忽视。因此即使我国所面临的服务市场结构性短缺问题最终会通过价格机制完成市场调节，但其无法满足高质量发展的时效性，必须由政府干预。

2. 服务产业高质量发展的经济性

经济性是商品生产活动的本质性要求，它主要体现在生产过程中投入-产出效率方面。此外在服务业产业内涵式发展要求中，其同样指代服务业产业对区域经济发展的带动作用。

首先从投入-产出效率视角出发，我国自改革开放以来在全球价值链分工中的地位一直较低，且国内产业链发展不全面、高价值增值环节缺失。根据前文所提到的"微笑曲线"，一种产品的价值增值全过程，即研发、生产和销售过程可以分解为一系列互不相同但又互相关联的经济活动，其总和构成产品的价值链。由于每个国家在不同时期都存在着相异的比较优势，不同国家在国际分工合作中按价值链的不同环节进行分工。在发展的早期，我国凭借着劳动力资源优势成功加入国际分工体系，但长期处于装配加工等低端环节。即使后续随着居民收入水平的提高，国家自身服务市场规模不断扩大，但国内供给仍大多处在价值链低位。

从市场表现来看，国内当前服务业结构偏向低端化。如图2.49及图2.50所示，2020年我国服务业内各行业增加值占比超10%的仅有批发和零售业、金融业及房地产业，而以高新技术为支撑的信息传输、软件和信息技术服务业，科学研究和技术服务业等行业占比依旧处于低位。相同时间点下尽管美国服务业行业分类有所不同，但其内部传统服务业比例占比更小且行业内部结构也更趋向信息化。此外我国服务业物化消耗指数相对较高，即服务业构成更多的是资本密集型产业及劳动密集型产业。尽管对知识密集型产业关注力度在近年加大，尤其随着服务可贸易性的提升以及数字贸易的兴起，中国在某些服务贸易领域内具备了同等技能水平下的成本优势，但相较发达国家仍存在一定差距。

其次，在推动区域经济发展方面，服务业在此前高速发展转为现阶段高质量发展的过程中，也肩负了对服务业所处区域乃至其他产业的带动作用。根据前文对服务业产业发展阶段的梳理，早期服务业更多的是起到生产辅助及个人生活需求满足的作用。但随着产业经济的发展，服务业在国民经济中的地位不断上升，已不再是"边缘化或奢侈的经济活动"。其中生产性服务业从工业制造业等

第 2 章　现代服务业的缘起

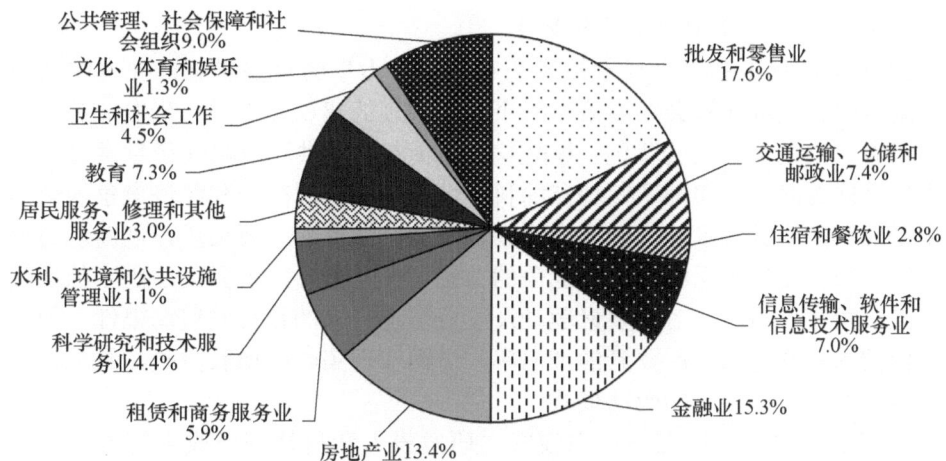

图 2.49　2020 年中国服务业内各行业增加值占比
资料来源：国家统计局

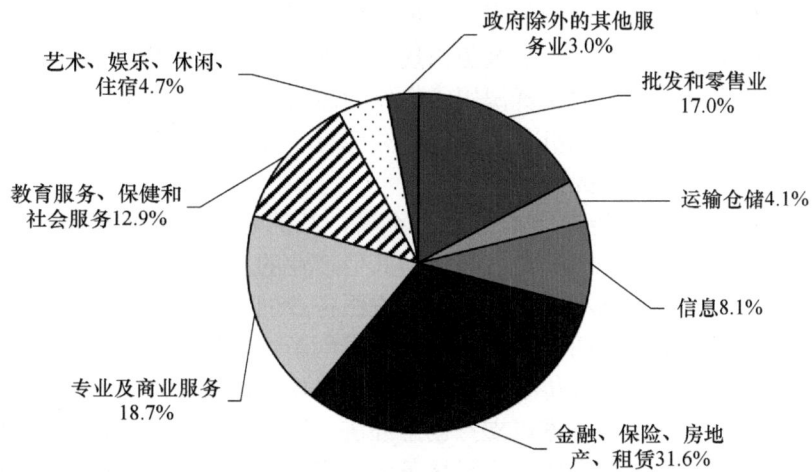

图 2.50　2020 年美国服务业内各行业增加值占比
各国间行业分类方式有所不同，为方便比较，美国批发和零售业手动加总
资料来源：BEA

生产环节剥离，由"边缘附加环节"逐步成长为"主要价值模块"；同时生活性服务业在庞大市场需求规模的支持下集聚发展为大型产业。服务业已凭借其当前独特的"黏合剂"作用成为经济增长和效率提高的助推器，也是经济竞争力提升的牵引力、经济变革与经济全球化的催化剂。基于此，我国在推动服务业高质量发展的过程中，必须同步强调服务业对区域经济增长的重要性，或者说应该将服务业战略与区域经济发展相结合，以便获得"1+1>2"的收益。

3. 服务产业高质量发展的创新性

2015年，我国基于"科学技术是第一生产力"的重要思想，在《中共中央关于制定国民经济和社会发展第十三个五年规划的建议》中进一步发展提出"创新是引领发展的第一动力"[①]，为我国的发展方向提供了战略性指导意见。而后近十年全球的演变也印证了该观点的科学性，当前全球产业和经济竞争的赛场已发生了转换，科学技术越来越成为推动经济社会发展的主要力量，创新能力愈发成为国际经济竞争甚至综合国力竞争的关键所在。另外，世界发达国家的现代化建设经验同样表明，相对于要素驱动及投资驱动带来的社会发展局限性，创新驱动借由技术变革提高生产要素的产出率，进而实现集约的增长方式，是最符合全球可持续发展目标要求的驱动模式。

创新发展主要表现在新业态模式、研发投入和科技创新成果等方面。近年来，我国服务业贯彻创新发展理念，创新能力稳步提升[②]。如前文所述，我国在服务业发展第三阶段出现了国际分工细化下服务领域新业态模式的涌现，创新带来的经济效益增长显著。但由于服务业所提供的服务产品本身具有无形性及易逝性，行业乃至企业在发展过程中难免出现对创新性偏差理解及追求。如部分企业一味追求科技成果产出，大量资源用于研发而忽视了企业正常运营，得不偿失；也有部分酒店跟风引入智能机器人或其他智能电子设备，但在使用过程中的形象塑造意图反而替代了效率提升。

当然服务产业的创新导向本身并无不妥，其的确是服务业高质量发展的重点要求之一，我们需要关注的是服务业与其他产业的属性差异所带来的对创新要求的不同解读。结合我国不同省份对于推进服务业创新发展出台的政策文件，服务业的创新可聚焦于以下四个方面：一是思维创新，坚持包容创新、鼓励探索、积极培育的发展导向，打破传统思维局限，推进现代新技术、新工艺、新业态、新模式在服务业中的应用，重点支持创意经济、平台经济、分享经济、体验经济发展；二是产业创新，结合现阶段科技革命和产业变革机遇，创新发展并应用人工智能、虚拟现实等战略新兴技术，积极发展新兴服务业，推动服务业向产业链高端价值环节跨越；三是技术创新，促进人工智能、生命科学、物联网、区块链、量子通信等新技术研发及其在服务领域的转化应用，强化企业创新主体地位，支持龙头企业建立技术创新战略联盟，激发中小微服务企业创新活力，在若干个专业细分领域培育一批创新"隐形冠军"企业；四是消费创新，促进以消费新热点、新模式、新业态为主要内容的消费升级，推动数字化、互联网等的支持作用，打造"互联网+"服务生态模式，满足人民群众个性化、时尚化、品牌化

---

① 《中共中央关于制定国民经济和社会发展第十三个五年规划的建议》，https://www.gov.cn/xinwen/2015-11/03/content_2959432.htm，2024年11月12日。

② 洪群联. 2021. 中国服务业高质量发展评价和"十四五"着力点. 经济纵横，（8）：61-73，137.

消费需求。

4. 服务产业高质量发展的协调性

党的十八届五中全会中提出的"五大发展理念"之一包括协调发展，《中共中央关于制定国民经济和社会发展第十三个五年规划的建议》中也明确指出"协调是持续健康发展的内在要求"①。改革开放以来，我国经济社会发展取得了巨大成就，各项事业开创了新局面，服务业发展水平也得到了快速提升。但阶段高速发展也暴露了诸多"发展中的问题"，如服务业区域发展水平差距大、产业发展不协调、物质文明和精神文明发展不同步等。此类问题的出现既阻碍了服务业向更高水平的演化发展，又影响人民群众的满意度和获得感，成为国民经济持续健康发展的瓶颈。基于此，面对新时期、新情况、新问题下服务业高质量发展的内涵要求，我国必须坚持协调发展，增强服务业发展过程中的要素匹配性及发展整体性，具体来看包括以下内容。

一是产业内部结构间的协调。在此前内涵式发展的经济性要求中，本书提及服务业作为当前主导性产业，必须发挥产业带头作用，做好国民经济发展结构中的"黏合剂"，助推区域乃至整体经济增长。毫无疑问，服务业的高速发展能够带动周边区域或者与其交融的相关产业发展，但这并不意味着各地区应毫无节制地加大服务业资源要素投入。或者说，比起资源单方面的"倾倒"，合理的产业结构才是实现高质量发展必由之路。在过去，工业及农业发展所带来的资本及要素积累为服务业发展奠定了良好基础，而现在，即使全球进入了"服务经济时代"，服务业与其他产业也始终存续着互利共生的关系。部分发达国家的历史发展经验已经证明，过分忽视第一、第二产业的发展可能会导致国内物质与非物质生产之间的比例关系出现失衡，进而面临产业空心化带来的负面影响。

二是传统产业与先进产业间的协调。同样地，在此前有效性及经济性部分的阐述中，关于当前服务业发展低端供给过剩、处于附加价值低环节的问题需要我们引起关注。但从高质量发展的整个系统出发，任何产业的发展都不是孤立存在的，而是牵一发而动全身的。如在我国服务业发展第二阶段所提及的从第一产业中溢出的"劳动力"难以跨越服务业中新兴部门的"高门槛"问题至今并未消失。一些以劳动密集或者资本密集为特点的传统服务业仍然是就业的主要渠道之一。在这种情况下，如果仅考虑传统服务业的低附加值而予以压制，并"猛推"知识密集或科技密集型的高端服务业为替代，那么极有可能出现大量失业人员危及社会经济稳定，而高端服务业发展却受制于资源不足而难以为继，反而不利于整体经济的持续健康发展。基于此，我国服务业发展必须坚持协调性，即坚持传

---

① 《中共中央关于制定国民经济和社会发展第十三个五年规划的建议》，https://www.gov.cn/xinwen/2015-11/03/content_2959432.htm，2024 年 11 月 12 日。

统服务业稳步转型与新兴服务业培育发展双轮驱动，共同开创服务业高质量发展新格局。

除上述产业层面的协调发展要求外，由于我国幅员辽阔、人口众多，且城乡之间、地区之间发展不平衡，服务业存在一些发展差距及侧重差异。以此为背景，服务业高质量发展的协调性也要求在发展过程中考虑区域资源配置，不仅做到城乡融合发展，以实现服务区域一体化，还应加快推动试点扩大工作，发挥现有试点示范带动作用，逐步实现服务业改革开放目标。此外，在企业层面，还应从协调性本质出发，在微观层面实现企业资源内部共享，优化和提高各部门间协同工作，节省企业发展成本，进而完成"企业-集群（区域）-产业"的逐级发展推动。

2.3 现代服务业的提出及内涵

20世纪中期以来，伴随着全球经济一体化的迅猛发展，现代经济社会正在由"工业型经济"向"服务型经济"迅速转变。为了更好地了解全球价值链下的产业变革，本书在本章系统地介绍了全球代表性国家及地区服务业的发展与演化，并在此基础上对我国服务业发展历程、政策导向等多个维度进行梳理分析。对于我国而言，从中华人民共和国成立初期所采用的计划经济体制，到改革开放的大胆尝试，七十多年来的发展取得了举世瞩目的伟大成就，但我国在多方面与发达国家仍存在较大差距。尤其是服务业，在步入工业化中期以后，加快服务业发展已成为我国优化调整经济结构的基本途径和必然选择，但现阶段我国服务业发展仍存在诸多问题，严重制约了服务业从高速发展向高质量发展的转变。

2.3.1 我国服务业现阶段的问题短板

结合前文所阐述的我国高质量发展重要内涵，对比我国当前与领先国家及地区的差异，服务业发展现阶段所面临的问题短板主要有以下多个方面。

一是我国服务业整体发展进度落后。改革开放以来，我国前后经历了"三来一补""进料加工""外资加工出口"等多种加工贸易模式，尤其自2001年加入世界贸易组织以来，我国充分发挥了丰富廉价的劳动力优势，承接了大量国际制造外包，逐渐形成了原材料和市场"两头在外"的国际分工模式，树立了世界制造中心的国际形象。纵观全球社会经济发展史，发达国家长期占据全球经济优势地位，掌握国家分工的主动权。在此情境下，"Made in China"（中国制造）或者说这种"为全球制造"的战略对早期发展起步较晚的中国来说，的确是一个从价值链低端加入全球产业链的次优战略，几十年的发展也证明了该战略的有效性，中国自2010年已超过日本成为世界第二大经济体。

在开放的经济体中，尤其是国际分工模式转为产品内分工的当下，一国若仅长期参与特定产品的特定零部件生产，甚至仅局限于某个特定工序，那么这种分工模式实际上会割裂该国制造行业与其服务业间的天然联系，导致总量规模巨大但零散琐碎的制造业发展无法带来其他产业的协调发展[①]。具体来看，一方面"中国制造"可能使得我国产业与国内服务业的联系弱化。我国相对于发达国家的比较优势在于具有大量技术门槛较低的劳动力，这种比较优势使得我国在国际分工中偏向于承接劳动密集的制造环节、装配环节以及消费性服务业，而与其相匹配的产品研发、设计、销售等服务高价值环节却仍旧由国外部门完成。此外，由于部分采用这种分工模式的跨国公司利用其技术、资金等优势形成了对我国本土生产性服务市场的供给垄断，在很大程度上挤出了本土服务业企业，使得国内制造业的发展不仅与我国内部服务产业联系淡化，甚至形成了发展突破的阻碍。另一方面，在"中国制造"战略下，国外委托方为保证制造环节质量，会带来一定程度的设备及技术指导，这种正向溢出能有效提高我国制造业的生产率，但与之相对，我国服务业发展受限，被迫需要从国外进口大量与制造业相关的，或更适配居民个性化需求的高质量服务贸易，继而导致我国服务业生产效率的提高，严重影响了第三产业与第二产业之间生产率的更迭进度，进而拖累了我国经济由工业化向服务化的转变。

二是服务国际竞争力薄弱，对外依赖度大。如前文所述，由于历史发展原因，我国服务业发展综合水平较低、国际竞争力不强，服务贸易长期呈现贸易逆差，服务大量依赖外部进口。如图2.51所示，2008～2018年，我国服务贸易逆差严重且逐年递增。尽管2019年以来我国服务贸易逆差呈现了逐步下降的态势，但究其原因，主要为受疫情冲击旅游业贸易逆差大幅下降及传统服务出口带动。

国家统计局相关数据显示（图2.52及图2.53），2021年我国旅行服务贸易逆差为996.7亿美元，比新冠疫情前的2019年下降了54.0%，成为拉动服务贸易逆差下降的最主要因素。此外运输服务出口保持高位，带动传统服务出口的提升，2021年运输服务出口达到了1271.9亿美元，同比增长124.7%。

值得注意的是，当前我国服务业贸易结构依旧呈现失衡，尤其在进口及出口两方面均有较强的不合理性。如根据图2.54和图2.55中2021年中国服务业进口、出口分类金额占比所示，在服务业分行业进口方面，运输及旅行分别位列第一、第二，合计占比过半，约为57.3%；之后为知识产权使用费，进口占比达11.0%；维护和维修服务，个人、文化和娱乐服务，加工服务占比最小，均未超1%。在服务业分行业出口方面（图2.55），运输占比第一（2021年出口大幅增

---

① 杨文芳，刘海泳. 2015. 产品内国际生产分工与中国服务业发展. 江汉论坛，(8)：17-22.

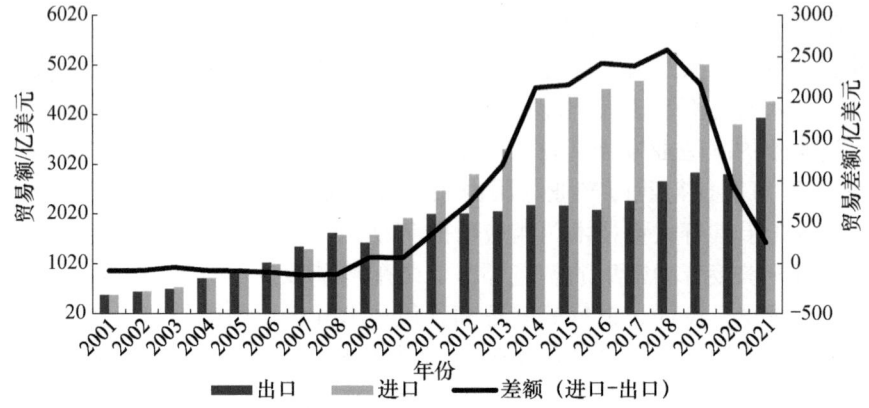

图 2.51　2001～2021 年中国服务进出口总额
资料来源：国家统计局
服务进出口总额包含政府服务

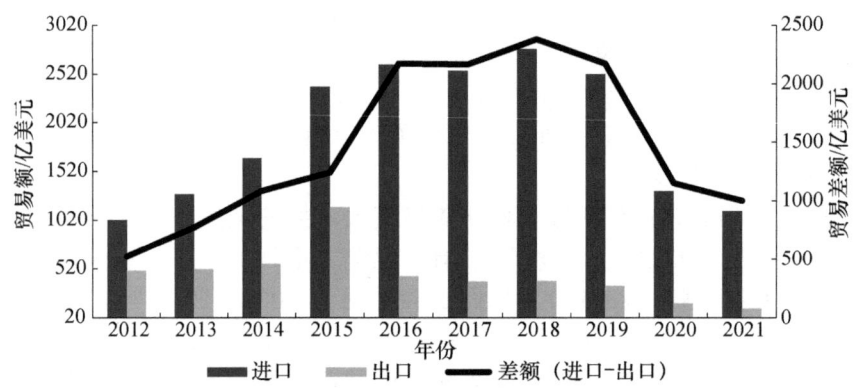

图 2.52　2012～2021 年中国旅行服务进出口总额
资料来源：中国历年统计年鉴

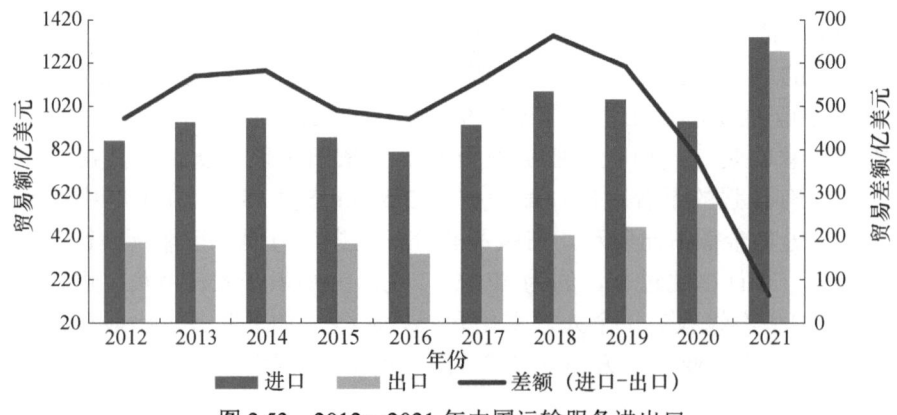

图 2.53　2012～2021 年中国运输服务进出口
资料来源：中国历年统计年鉴

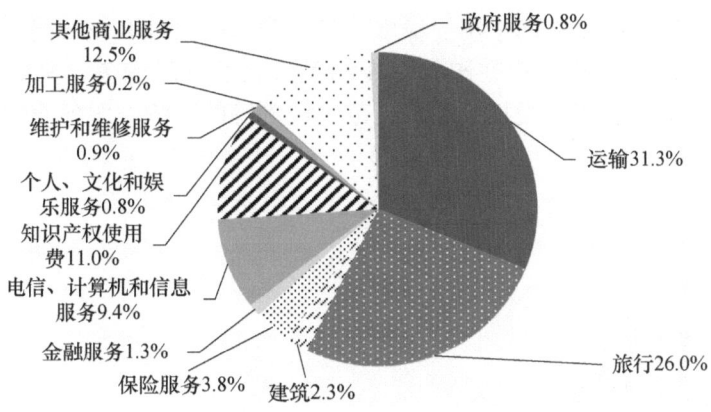

图 2.54　2021 年中国服务业分行业进口占比
资料来源：《中国统计年鉴 2022》

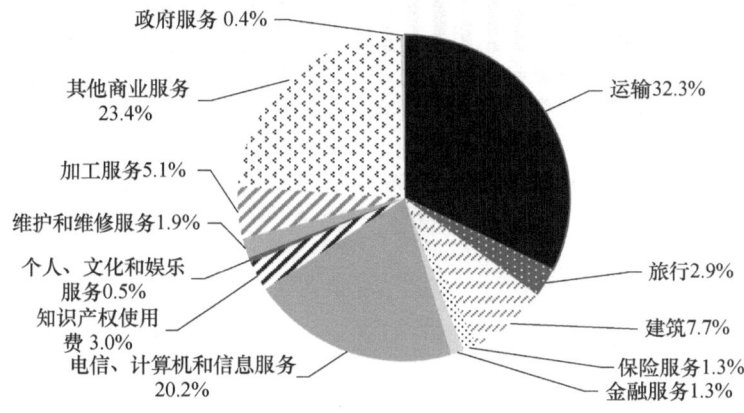

图 2.55　2021 年中国服务业分行业出口占比
资料来源：《中国统计年鉴 2022》

加），知识产权使用费仅为 3.0%，加工服务为 5.1%。可见我国在劳动密集型和资本密集型传统服务部门仍然具有一定的优势，然而在高附加值的新型知识密集型服务部门的优势仍要落后于发达国家。

三是我国服务业发展结构失衡。我国服务业发展除了与发达国家及地区有较大差距，且对外依赖度较高外，内部也存在多种发展不平衡的问题。如图 2.56 所示，2021 年中国各地区第三产业法人单位数差异较大，广东、山东、浙江、上海等沿海地区数量相对较高，西藏、青海、新疆、宁夏等地则处于明显劣势。

进一步分析来看，除了前文所提的附加价值相对较低的传统服务业，信息密集型服务业的陆海地区和东部、西部区域发展不平衡更加严峻。如选取《中国统计年鉴 2022》披露的信息传输、软件和信息技术服务业主要经济指标，2021 年中国软件业务分地区收入如图 2.57 所示，其中北京及广东分列第一、第二，江苏、上海、浙江及山东属于第二梯度,且全国排序出现多点断档。

不平衡的问题同样出现在国有企业和民营企业市场竞争、垄断矿业和非垄断行业开放程度等领域。受规模经济、范围经济等的影响,服务业先天就具备自然垄断的一些特点。

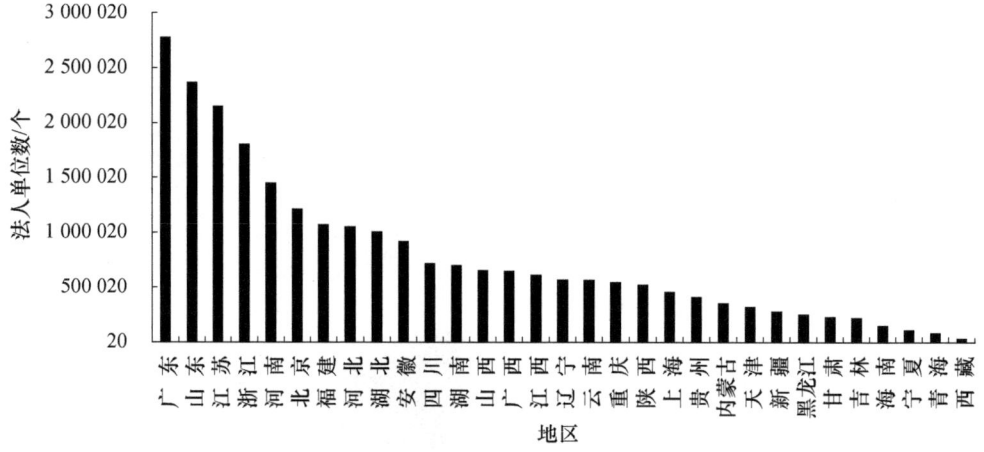

图2.56　2021年中国第三产业分地区法人单位数
资料来源:《中国统计年鉴2022》

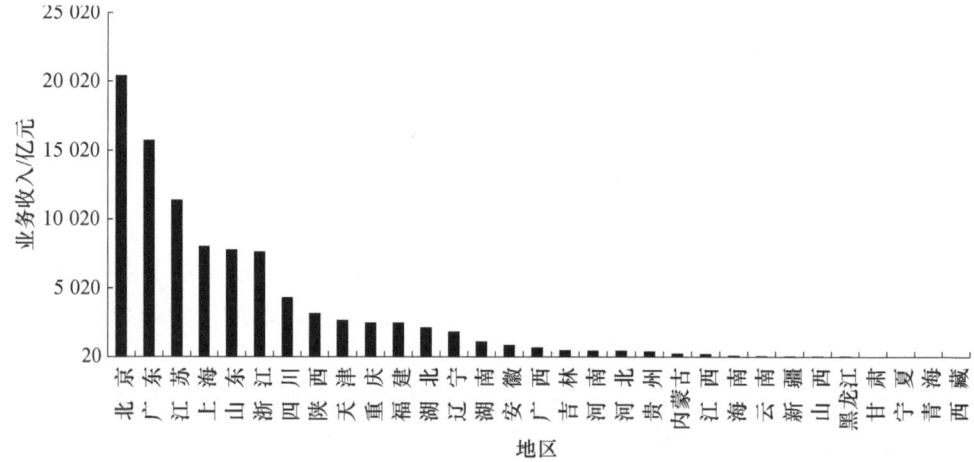

图2.57　2021年中国软件业务分地区收入
资料来源:《中国统计年鉴2022》

首先我国铁路运输、电力系统、供水供气等服务行业均属国有,这部分服务行业由于缺乏市场竞争,其发展更多需要政府把控及推动。目前我国已在电力、油气、铁路等领域推进改革,但改革尚未完成,对自然垄断实行行政干预的措施仍有待完善。诸如人力资源服务行业同时存有国有、民营、外资三种类型,随着行业的逐步市场化，由政策造就的国有人力资源服务机构竞争优势逐渐消失，如何科学合理地调整类型结构，放开市场让国有企业和民营企业等公平竞争是保障此类服务业高质量发展的关键。

其次，我国受过去计划经济思想的影响，在部分服务业行业尤其是新兴行业的起步发展过程中，往往带有强烈的政府干预色彩。如地方政府在GDP考核或受短期发展利益驱动时，往往利用"有形之手"通过投资调整、扶持偏向等方式干预服务业结构演化，造成房地产等服务业市场的过剩及不同地区的产业同构问题。同时，在服务产品市场上，不仅存在一定的地方保护主义，阻拦外地商品服务进入，不同省份之间还限制了服务产品的交流，部分基础设施在不同地区间出现不配套、不匹配、不衔接等问题，致使我国服务业市场出现"碎片化"现象，严重影响我国服务业系统的发展。

再次，服务业吸纳就业潜力未充分发挥。近年来中国经济持续快速发展，服务业不仅成为国民经济的重要组成部分，也是主要就业吸纳的产业，然而我国服务业目前在就业领域的表现未能企及其在经济发展上的成就。具体来看，这主要体现在服务业整体劳动力需求规模仍存在较大上涨空间及就业结构待优化两方面。第三产业目前已被公认为最具劳动力吸纳能力的产业领域，但我国并未表现出明显优势。根据国家统计局数据，2021年我国按年底数划分的第三产业就业人员占比达48%，虽然持续增长，但对比世界银行发布的就业人员产业结构比例（2021年高收入国家服务业占比为74.59%）仍存在较大差距。

最后，我国传统服务业就业模式相对单一，大量依靠人工服务，难以满足效率和个性化要求。但随着数字化、人工智能等在各行业的应用，传统服务业逐步升级，这就造成了一方面在短时间相对恒定的需求市场主导下，供给市场内的低端劳动力溢出；另一方面，完成阶段转型后的服务业变得更为智能化，其对员工就业的技术含量和门槛也相应提高，进一步加剧了我国服务业市场"伪装失业"的问题。事实上，传统服务业升级不一定以大量老员工失业为代价，除去协助员工技能培训外，对升级后的服务业或者新兴服务业进行更为细致的岗位分化、职业分类也能缓解服务业当前劳动力结构短缺的问题，帮助挖掘服务业潜力。而要实行该措施，前置工作就要深入了解劳动力结构及转型后的服务业产业特点，但目前我国对此相对欠缺。

2.3.2 发展现代服务业是高质量发展的必然规律

在高质量发展目标的驱动下，如前文所述，当前我国服务业发展存在诸多问题。同时人口老龄化和生育率的下滑，靠廉价劳动力参与全球产业链、全球产业分工对当前经济水平下的中国已不可取。中国需要离开国际生产分工价值链中的最低点，摆脱"低端锁定"的局面。

如图 2.58 所示，根据第七次人口普查数据，中华人民共和国成立尤其是改革开放以来，在社会经济快速发展、医疗卫生条件不断改善、人口营养结构持续优化以及计划生育政策有效实施的背景下，我国在较短时间内完成了人口转变，开启了快速的人口老龄化进程。根据国家统计局数据，1982~2022 年我国 65 岁及以上人口从 4911 万人上升至 20 978 万人，占总人口比例从 4.9%快速提升至 14.90%。此外，联合国《世界人口展望 2022》的总人口预测结果显示，中国老年抚养比将由 2022 年的 28.92%上升至 2050 年的 78.02%，人口老龄化趋势加剧[①]。值得注意的是，尽管人口快速老龄化会抑制劳动力供给的增加，提高服务业产业发展的劳动力成本，迫使中国从"全球制造"的角色中转型，但其又能为健康产业、养老产业、文化旅游等行业带来了新的发展机遇。

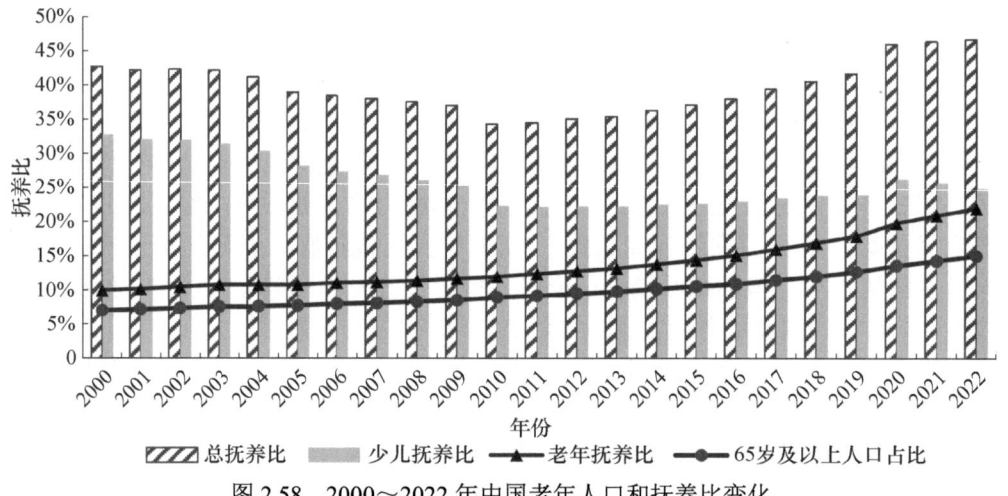

图 2.58　2000~2022 年中国老年人口和抚养比变化
资料来源：国家统计局

具体来看，相比退休前的工作状态，未来或者当下这些大量新退休的低龄老人不仅拥有更多的时间，而且有更充足的收入去追求更为精细化和品质化的生活，如逐渐兴起的"老年大学"以及"三亚养老公寓"等。同时，得益于医疗水平的提升，随着人均寿命的延长，高龄、失能老人数量趋于增加，又带动了国内相关家庭服务和健康养生需求的扩张。总而言之，无论是对中国摆脱低端加工，大力扶持生产性服务业，或者是以养老、家庭服务等为代表的生活性服务业市场的崛起，当前工业 4.0 带来的服务业文明变革就是一个很好的机会。

如果以未来的视角回看现在，我国在服务业发展方面是快速但也是充满挑

---

① 代志新，杜鹏，董隽含. 2023. 中国老年抚养比再估计与人口老龄化趋势再审视. 人口研究，47（3）94-107.

战的，如果延续一贯的产业发展，即逐步发展传统服务业，成熟后逐步将产业升级到"新型服务业"，那么我国还是会被服务业中的低端价值化部分拖累，也就实现不了高质量发展中的"速度及质量双重要求"。尤其我国幅员辽阔，不同地区之间资源禀赋及生产要素天然存在差异，如果"各自为政"，服务业发展只会陷入停滞甚至倒退的局面。服务产业亟须摆脱旧的运营模式，采取区域合作、业态创新等方式，打破天然垄断，寻求更为适宜的现代化发展道路。

基于此，结合前文所进行的国家政策分析，我国创新性提出"现代服务业战略"，主张关注知识密集和科技密集型行业，以技术带动整体服务业发展。更为具体地说，这种战略布局即重点关注新时代下的服务业（为与传统意义下服务业进行区分，国内外对这类服务产业进行了命名，如技术密集型服务业、信息密集型服务业以区分此前劳动密集型服务业，而国内用"现代服务业"描述当下服务业）。在服务业发展过程中，一方面抢先获取新兴服务市场的先入者优势，布局如人工智能、大数据等技术；另一方面通过"二次创新"战略引进国外先进服务业新兴业态及商业模式，结合本土市场需要开展"消化—吸收—再创新"。这样的创新战略大大缩短了中国服务业追赶外国领先国家及地区所需要的时间，也是当前中国服务业发展的重要策略。

第 3 章　现代服务业的发展与特征

现代服务业是相对传统服务业而言的，伴随着世界经济的飞速发展，区域经济与现代服务业不断融合，从根本上实现了服务业升级发展。越来越多的新兴产业应运而生，现代服务相关实体部门也得到了前所未有的发展。目前，云计算、大数据等先进信息技术在服务业得以广泛应用；同时，智能移动社区服务平台、第三方支付安全系统等新型服务模式也在不断涌现，并出现了新零售、智慧物流、智慧医疗等新兴业态，甚至产生了服务业与第一、第二产业跨界融合等的新商业模式等[①]。值得注意的是，现代服务业本身是一个相对动态的概念，无论是传统服务业的升级或者是新兴服务业的诞生，当前它的产业边界是相对开放的，或者说它一直处于第三产业的延伸和发展中。学术界曾有观点认为其在广义角度包括传统服务业的升级和新型服务业，在狭义角度则是指主要依托信息技术、现代化科学技术和技能发展起来的，信息、知识和技能相对密集的服务业。

21 世纪以来，全球产业结构由"工业经济主导"向"服务经济主导"转变，现代服务业也逐渐成为我国的主导产业和支柱产业。我国官方最早提出现代服务业概念的文件是 1997 年的党的十五大报告，十五届五中全会关于"十五"计划建议中又明确提出"要发展现代服务业，改组改造传统服务业"[②]。2012 年《现代服务业科技发展"十二五"专项规划》将现代服务业的定义为以现代科学技术特别是信息网络技术为主要支撑，建立在新的商业模式、服务方式和管理方法基础上的服务产业。它既包括随着技术发展而产生的新兴服务业态，也包括运用现代技术对传统服务业的改造和提升，具体如表 3.1 所示。因此，可以认为现代服务业是传统服务业的升级，其本质没有脱离"非物质产品生产"的特征，其范畴也没有跨出国民经济统计分类中的"第三产业"，但是其质量早已超出了传统服务业的内涵，除了包括升级后的传统服务业以外，还涵盖新经济和新科技所带来的所有新兴的服务业态。

---

① Sui Z C. 2020. Research on the integration construction and operation of regional ecological industry and modern service industry under the background of big data. Journal of Physics: Conference Series, 1621: 012101.
② 《中共中央关于制定国民经济和社会发展第十个五年计划的建议》，https://www.gov.cn/gongbao/content/2000/content_60538.htm，2024 年 11 月 12 日。

表 3.1　我国部分规划文件中现代服务业内涵

文件	内涵	范围	
《现代服务业科技发展"十二五"专项规划》	以现代科学技术特别是信息网络技术为主要支撑，建立在新的商业模式、服务方式和管理方法基础上的服务产业。它既包括随着技术发展而产生的新兴服务业态，也包括运用现代技术对传统服务业的改造和提升	生产性服务业	基于信息网络、直接或间接为生产过程提供配套服务、高度依赖先进科技的服务行业
		新兴服务业	伴随着信息网络技术的发展、社会分工的细化和消费结构的升级而产生的新的服务形态
		科技服务业	基于信息网络、运用现代科技知识、现代技术和分析方法，向社会提供智力服务和支撑的产业
《"十三五"现代服务业科技创新专项规划》	在工业化比较发达的阶段产生的、主要依托信息技术和现代管理理念发展起来的、信息和知识相对密集的服务业，包括传统服务业通过技术改造升级和经营模式更新而形成的服务业，以及伴随信息网络技术发展而产生的新兴服务业	生产性服务业	
		新兴服务业	
		文化与科技融合	
		科技服务业	
《现代服务业统计分类》	伴随信息技术和知识经济的发展而产生，利用现代科学技术和现代管理理念，推动生产性服务业向专业化和价值链高端延伸、推动生活性服务业向高品质和多样化升级、加强公益性基础性服务业发展所形成的具有高技术含量、高人力资本含量、高附加价值等特征的经济活动		

资料来源：国家统计局等

3.1　现代服务业的分类及特征

尽管《中华人民共和国国民经济和社会发展第十四个五年规划和 2035 年远景目标纲要》中明确提出"促进先进制造业和现代服务业深度融合"[①]，服务业在国民经济中占比过半，但是目前我国对现代服务业行业边界、特征及分类尚未有统一标准。国外学者们也对"知识密集型服务业""新兴服务业"等与"现代服务业"相似概念进行了深入研究。为了阐明现代服务业内涵，本节拟主要从现行主流分类方式梳理及产业特征分析两方面完成对概念的搭建。

3.1.1　现代服务业主流分类方式

从行业分工来看，现代服务业是基于体现成本优势和规模效应的目的，由市场需求变化驱动，从企业等其他单位的经济或社会活动中某项局部功能分离出来，进而形成专业服务机构，实行专业化运作。尤其随着社会经济的发展及国民收入水平的提高，服务业越来越为企业承担着不可或缺的基础职能，而企业内部

---

① 《中华人民共和国国民经济和社会发展第十四个五年规划和 2035 年远景目标纲要》，https://www.gov.cn/xinwen/2021-03/13/content_5592681.htm，2024 年 11 月 12 日。

服务的外移则更是加强了这种趋势。具体来看，如市场调研、经营规划、财务管理等原属于企业内部职能，当前多数大企业却选择委托专门的调研咨询公司和理财机构完成，以实现企业精力的聚焦；企业内部物资的储存、调拨、配送也可经第三方物流公司以实现"降本增效"；此外企业的人才招聘、人员培训、产品宣传、售后保障等也可进行拆分和"外包"。

另外，包括我国在内的多数国家及地区长久以来均采用剩余法进行产业划分，原第三产业（服务业）即除第一、第二产业的所有行业合计，其本身覆盖范围广，囊括品类众多。同时随着现代服务业的不断发展，原产业间跨界融合现象频发，新兴行业持续诞生，原三次产业及服务业行业的划分已经不能满足当前现代服务业的发展和统计需要，各国及地区均在尝试寻求更为合理的划分方式。

1. 国外主流分类方式

如前文所述，"现代服务业"多见于中国理论界，是中国提出的有别于传统服务业的新概念，而在服务业发展的研究方面，国外学者则更多地使用知识密集型服务业、新兴服务业等相似概念。Katouzian 根据经济发展阶段理论，提出了服务业的三分法，其将服务业根据不同经济发展阶段特点划分为新兴服务业、补充性服务业与传统服务业[①]。其中新兴服务业指工业产品在大规模消费阶段后出现加速增长的服务业，如教育、医疗、娱乐、文化和公共服务等。补充性服务业则是相对于制造业而言的，属于中间投入服务业，其动力来源工业生产的中间需求，如金融、交通、通信、商业、法律、行政性服务等[②]。而当前新兴服务业更多地指代伴随着信息技术的发展、社会分工的细化和消费结构的升级，利用新理念、新技术和新的商业模式改造提升传统服务业而产生的，向社会提供高附加值、满足社会多元化需求的服务业，其包括直接因现代信息技术及其他新技术产业化应用而催生的服务业形态，如软件服务、移动通信服务、大数据与云计算、互联网信息服务等；也包括依托互联网信息技术，改造提升传统服务业而衍生或创新出的新业态、新商业模式，如电商平台、现代物流、互联网金融、共享经济等[③]。

相较于新兴服务业而言，知识密集型服务业的属性特征更为明显，尽管业界对其称谓存在诸多提法，如知识密集型服务业、知识密集型商业服务业、专业服务业、与技术相关的知识密集型商业服务业等[④]，其内涵定义也存在一定差异，但其核心趋于一致，即有别于过往劳动密集型服务产品，知识等高附加值资源集聚，具体如表3.2 所示。

[①] Katouzian M A. 1970. The development of the service sector: a new approach. Oxford Economic Papers, 22(3), 362-382.
[②] 方远平，毕斗斗. 2008. 国内外服务业分类探讨. 国际经贸探索，24（1）：72-76.
[③] 叶显晶. 2018. 新兴服务业分类及统计监测研究. 统计科学与实践，(1)：54-57.
[④] 张珺. 2014. 全球产业转移下中国知识密集型服务业的开放研究. 广州：暨南大学出版社.

表 3.2 知识密集型服务业定义

学者	原文	定义
Miles 和 Kastrinos[①]	• rely heavily upon professional knowledge（严重依赖专业知识） • either are themselves primary sources of information and knowledge (reports, training consultancy etc.)［它们本身是信息和知识的主要来源（报告、培训咨询等）］ • or use their knowledge to produce intermediary services for their clients' production processes (e.g. communication and computer services)［利用知识为客户生产过程提供中介服务（如通信和计算机服务）］ • are of competitive importance and supplied primarily to business（具有重要竞争力，主要供应给企业）	显著依赖于特定领域的专业性知识，向社会和用户提供以知识为基础的中间产品或服务的公司
Muller 和 Zenker[②]	• may be defined as "consultancy" firms in a broad sense（广义上可定义为"咨询"公司） • can be described as firms performing, mainly for other firms, services encompassing a high intellectual value-added（可以被描述为主要为其他公司提供包含高智力增值的服务的公司）	提供高知识附加价值服务给其他企业的行业，是"顾问性"的公司
Dathe 和 Schmid[③]	measure "knowledge-intensive industries" later on by an above-average share of employees with an academic qualification and/or above-average expenditure on product and process innovation（"知识密集型行业"可以通过以下两个标准来衡量，一是具有高等教育学历的员工比例高于平均水平；二是产品和工艺创新的支出高于平均水平）	测量服务业内员工的教育水平、过程创新和产品创新的平均比率，高于以上三个指标平均比率的产业（至少一个指标在平均比率以上）
Miles[④]	specialised services and occupations, applying high levels of technical and professional knowledge（专业服务和职业，应用高水平的技术和专业知识）	应用高水平技术和专业知识的服务及职业
Miozzo 等[⑤]	• are involved in the continuous creation and transfer of knowledge in collaboration with other organisations, especially with client organisations • are unusually high in terms of the share of graduate and professional employment compared to firms in other sectors of the economy（这些行业涉及与其他组织特别是客户组织的合作，参与知识的持续创造和转移；相比于其他经济部门的企业，其毕业生和专业人员的比例较高）	参与知识的持续创造和转移，且拥有高比例的专业型人才
Siahtiri 等[⑥]	we view KIBS as business-to-business services wherein knowledge is used to develop tailored solutions for customers（将 KIBS 视为企业对企业的服务，利用知识为客户开发量身定制的解决方案）	利用知识为企业客户开放量身定制解决方案的服务企业

除以上述为代表的学界研究外，各机构也开始对知识密集型服务业进行深

[①] Miles I, Kastrinos N, Bilderbeek R, et al. 1995. Knowledge-intensive business services: users, carriers and sources of innovation. European Innovation Monitoring System Reports.

[②] Muller E, Zenker A. 2001. Business services as actors of knowledge transformation: the role of KIBS in regional and national innovation systems. Research Policy, 30(9): 1501-1516.

[③] Dathe D, Schmid G. 2000. Determinants of business and personal services: evidence from West-German regions. https://bibliothek.wzb.eu/pdf/2000/i00-202.pdf [2024-12-20].

[④] Miles I. 2005. Knowledge-Intensive Services. Chichester: John Wiley & Sons, Ltd.

[⑤] Miozzo M, Desyllas P, Lee H F, et al. 2016. Innovation collaboration and appropriability by knowledge-intensive business services firms. Research Policy, 45(7): 1337-1351.

[⑥] Siahtiri V, Heirati N, O'Cass A. 2020. Unlocking solution provision competence in knowledge-intensive business service firms. Industrial Marketing Management, 87: 117-127.

入研究。尤其当前全球正经历着由机器经济向信息经济、工业经济的服务经济转变的产业变革,知识经济到来的同时,知识密集型产业已成为全球经济演变中的主动力,其中知识密集型服务业更是成为推动经济发展的重要因素[①]。根据美国商务部的定义,知识密集型服务业是指企业在提供服务时融入大量科学、工程、技术等专业性知识的服务。2007年,经济合作与发展组织出版的《创新与知识密集型服务活动》一书也提出知识密集型服务业是一种可以为工业和第三产业提供服务,且这种服务能与工业产品高度融合的服务业[②],并依据此定义提出了如表3.3所示的分类。

表3.3 知识密集型服务业分类

机构/作者		分类	说明
Miles 等[③]		传统专业服务业	促销广告;金融服务;会计;法律服务
		以新技术为基础的知识密集型服务业	软件业;技术工程服务业
Windrum 和 Tomlinson[④]		新技术的使用者	通信;计算机服务
		新技术的载体	咨询业;教育培训服务
		新技术的整合生产者	计算机、软件、通信与电信的整合服务
上海统计局	《上海市知识密集型服务业及其核心产业统计分类(2022)》	技术知识密集型服务业	科技研发服务;专业技术服务;信息传输、储存、处理及相关服务;互联网技术服务;软件与集成电路技术服务
		专业知识密集型服务业	专业服务;教育培训服务;健康卫生服务
		其他知识密集型服务业	金融服务;互联网平台服务;科技推广和应用服务;环境保护服务;商务服务;文化创意服务

2. 国内主流分类方式

我国服务业发展起步较晚,且具备有别于国外其他地区的独特社会文化属性。自我国政府文件明确提出发展现代服务业以来,国内学者以《国民经济行业分类与代码》为蓝本,基于其对现代服务业的定义与理解进行现代服务业分类,具体可分为单级分类法和多级分类法,如表3.4所示。

---

① 张珺. 2014. 全球产业转移下中国知识密集型服务业的开放研究. 广州:暨南大学出版社.
② 经济合作与发展组织. 2007. 创新与知识密集型服务活动. 北京:科学技术文献出版社.
③ Miles I, Kastrinos N, Bilderbeek R, et al. 1995. Knowledge-intensive business services: users, carriers and sources of innovation. Brussels: European Commission.
④ Windrum P, Tomlinson M. 1999. Knowledge-intensive services and international competitiveness: a four country comparison. Technology Analysis & Strategic Management, 11(3): 391-408.

表 3.4　我国部分学者的现代服务业分类

方法	学者	划分类别	
单级分类法	朱晴睿[①]	7 部分：信息服务；现代物流；金融；电子商贸服务；文化、教育、体育、娱乐；知识、技术咨询业、创意产业；适应居民生活水平提高所产生的需求或通过信息技术、管理技术或现代理念升级的、附加值较高的服务业	
	潘海岚[②]	11 部分：物流业；信息传输、计算机服务和软件业；电子商务；金融业；房地产业；租赁和商务服务业；会展业；科学研究、技术服务业；教育培训业；卫生、社会保障和社会福利业；文化、体育和娱乐业；旅游业	
	徐国祥和常宁[③]	8 部分：物流与速递业；信息传输、计算机服务和软件业；电子商务；金融保险业；房地产业；租赁和商务服务业；科学研究、技术服务业；远程教育	
多级分类法	黄繁华[④]	生产性服务	现代物流、电子商务、金融保险、信息服务、技术研究与开发等
		现代消费性服务	旅游、房地产、教育、医疗、娱乐、社区服务等
	张赤东[⑤]	现代生产性服务业	金融、物流、批发、电子商务、农业支撑服务部门以及公共管理服务等
		现代生活服务业	教育、医养保健、住宿、餐饮、文化娱乐、旅游、房地产、公共卫生等
		科技创新服务业	通信和信息服务，研发、设计、知识、技术咨询及创意产业、中介专业服务等
	杨韡韡和苗冉[⑥]	高产业关联性产业	贸易经纪与代理、机械设备租赁
		高影响力、开发性产业	运输代理服务、其他寄递服务（物流业）、电信、互联网信息服务、计算机系统服务、数据处理、其他计算机服务、公共软件服务、其他软件服务、咨询与调查、广告业、医学研究与试验发展、其他科技服务、自然保护、环境治理
		行业规模大、高影响力产业	人寿保险、物业管理、企业管理服务、其他商务服务（会展业）、电子商务、其他房地产活动
		高知识性、高技术性产业	自然科学研究与试验发展、工程和技术研究与试验发展、农业科学研究与试验发展、社会人文科学研究与试验发展、地震服务、海洋服务、测绘服务、技术检测、环境监测、工程技术与规划管理、其他专业技术服务、科技中介服务、矿产地质勘查、广播、电影、文艺创作与表演、基础地质勘查、地质勘查技术服务
		开放性、高影响力产业	非人寿保险、保险辅助服务、法律服务、知识产权服务、旅行社、音像制作
		高技术性、高集聚性产业	广播电视传输服务、卫星传输服务、气象服务技术推广服务、新闻业、出版业、电视、其他文化艺术、文化艺术经纪代理
		高知识性、高增值性产业	其他银行、证券市场管理、财务公司
		高素质、高开放性产业	商业银行、经纪与交易、证券投资、证券分析与咨询、金融信托与管理、金融租赁、其他未列明的金融活动、房地产开发经营

[①] 朱晴睿. 2005. 从世界工厂到世界服务商 中国的下一个 25 年：我国现代服务业发展模式浅析. 上海企业，(10)：37-40.
[②] 潘海岚. 2008. 现代服务业部门统计分类的概述与构想. 统计与决策，24 (3)：44-46.
[③] 徐国祥，常宁. 2004. 现代服务业统计标准的设计. 统计研究，21 (12)：10-12.
[④] 黄繁华. 2001. 经济全球化背景下发展南京现代服务业的理论探讨. 南京社会科学，(S2)：43-47.
[⑤] 张赤东. 2020. 发展现代服务业：界定、特征、分类与趋势. 科技中国，(3)：58-61.
[⑥] 杨韡韡，苗冉. 2014. 我国现代服务业分类：基于聚类分析的定量研究. 商业研究，(4)：17-24.

除上述学者外,我国此前现代服务业相关政策文本中也大多采用多级分类法,如科学技术部出台的《现代服务业科技发展"十二五"专项规划》中,将现代服务业分为生产性服务业、新兴服务业和科技服务业;《"十三五"现代服务业科技创新专项规划》提出要打造生产性服务业、新兴服务业、文化与科技融合、科技服务业四大产业链;《中华人民共和国国民经济和社会发展第十四个五年规划和2035年远景目标纲要》则划分为生产性服务业与生活性服务业,同时各级中也根据类别特征进行二次行业划分,具体如表3.5所示。

表3.5 我国政策文件内现代服务业相关分类(部分)

文件	行业划分	文件	行业划分
《生产性服务业统计分类(2019)》	研发设计与其他技术服务	《新产业新业态新商业模式统计分类(2018)》	新型生活性服务活动
	货物运输、通用航空生产、仓储和邮政快递服务		现代生产性服务活动
	信息服务		现代综合管理活动
	金融服务	《生活性服务业统计分类(2019)》	居民和家庭服务
	节能与环保服务		健康服务
	生产性租赁服务		养老服务
	商务服务		旅游游览和娱乐服务
	人力资源管理与职业教育培训服务		体育服务
	批发与贸易经纪代理服务		文化服务
	生产性支持服务		居民零售和互联网销售服务
《高技术产业(服务业)分类(2018)》	信息服务		居民出行服务
	电子商务服务		住宿餐饮服务
	检验检测服务		教育培训服务
	专业技术服务业的高技术服务		居民住房服务
	研发与设计服务		其他生活性服务
	科技成果转化服务	《国家科技服务业统计分类(2018)》	科学研究与试验发展服务
	知识产权及相关法律服务		专业化技术服务
	环境监测及治理服务		科技推广及相关服务
	其他高技术服务		科技信息服务
《新产业新业态新商业模式统计分类(2018)》	现代农林牧渔业		科技金融服务
	新型能源活动		科技普及和宣传教育服务
	互联网与现代信息技术服务		综合科技服务
	先进制造业		新型生活性服务活动
	节能环保活动		现代生产性服务活动
	现代技术服务与创新创业服务		现代综合管理活动

注:《新产业新业态新商业模式统计分类(2018)》中仅部分属于现代服务业

2023年7月28日，为深入贯彻落实党中央关于推进服务业改革发展的决策部署，国家统计局制定并公布了《现代服务业统计分类》，明确现代服务业定义为"指伴随信息技术和知识经济的发展而产生，利用现代科学技术和现代管理理念，推动生产性服务业向专业化和价值链高端延伸、推动生活性服务业向高品质和多样化升级、加强公益性基础性服务业发展所形成的具有高技术含量、高人力资本含量、高附加价值等特征的经济活动"，并进一步将产业范围划分为8个大类，即信息传输、软件和信息技术服务业；科学研究和技术服务业；金融业；现代物流服务业；现代商贸服务业；现代生活服务业；现代公共服务业；融合发展服务业。具体如表3.6所示。

表3.6　我国官方现代服务业统计分类

大类	中类	小类	大类	中类	小类
信息传输、软件和信息技术服务业	电信、广播电视和卫星传输服务	电信	科学研究和技术服务业	研发和试验发展	医学研究和试验发展
		广播电视传输服务			社会人文科学研究
		卫星传输服务		专业技术服务业	气象服务
	互联网及相关服务	互联网接入及相关服务			地震服务
		互联网信息服务			海洋服务
		互联网平台			测绘地理信息服务
		互联网安全服务			质检技术服务
		互联网数据服务			环境与生态监测检测服务
		其他互联网服务			地质勘查
	软件开发	基础软件开发			工程技术与设计服务
		支撑软件开发			工业与专业设计及其他专业技术服务
		应用软件开发		科技推广和应用服务业	技术推广服务
		其他软件开发			知识产权服务
	信息技术服务	集成电路设计			科技中介服务
		信息系统集成和物联网技术服务			创业空间服务
		运行维护服务			其他科技推广服务业
		信息处理和存储支持服务	金融业	货币金融服务	中央货币服务
		信息技术咨询服务			货币银行服务
		数字内容服务			非货币银行服务
		其他信息技术服务业			银行理财服务
科学研究和技术服务业	研发和试验发展	自然科学研究和试验发展			银行监管服务
		工程和技术研究和试验发展		资本市场服务	证券市场服务公开募集证券投资基金
		农业科学研究和试验发展			

续表

大类	中类	小类	大类	中类	小类
金融业	资本市场服务	非公开募集证券投资基金	现代物流服务业	现代管道运输综合服务	现代海底管道运输
		期货市场服务			现代陆地管道运输
		证券期货监管服务		现代多式联运和运输代理服务	现代多式联运
		资本投资服务			现代运输代理服务
		其他资本市场服务		现代装卸搬运和仓储服务	现代装卸搬运
	保险业	人身保险			现代仓储服务
		财产保险		现代邮政服务	现代邮政基本服务
		再保险			现代快递服务
		商业养老金			其他现代邮政服务
		保险中介服务		其他现代物流服务业	供应链管理服务
		保险资产管理			数字化包装服务
		保险监管服务	现代商贸服务业	互联网批发零售	互联网批发
		其他保险活动			互联网零售
	其他金融业	金融信托与管理服务		专业化管理服务	专业化组织管理服务
		控股公司服务			专业化综合管理服务
		非金融机构支付服务		法律服务	—
		金融信息服务		咨询与调查	—
		金融资产管理公司		专业化人力资源和培训服务	专业人才服务
		其他未列明金融业			创业指导服务
现代物流服务业	现代铁路运输综合服务	现代铁路货物运输			高级技能培训
		现代铁路货物运输辅助活动		信用与非融资担保服务	—
	现代道路运输综合服务	现代道路货物运输		其他现代商贸服务业	—
		现代道路货物运输辅助活动	现代生活服务业	健康服务	医疗健康服务
	现代水上运输综合服务	现代水上货物运输			健康体检服务
		现代水上货物运输辅助活动			健康护理服务
	现代航空运输综合服务	航空货物运输			精神康复服务
		通用航空生产服务			其他健康服务
		航空货物运输辅助活动			

续表

大类	中类	小类	大类	中类	小类
现代生活服务业	现代养老服务	—	现代生活服务业	体育服务	数字体育会展服务
	现代育幼服务	—			健身休闲活动
	文化娱乐服务	数字创意文化会展服务		现代居民生活服务	现代家政服务
		数字内容出版和数字广告			外卖闪送服务
		广播、电视、电影和录音制作业			居住服务
		文化艺术服务			居民出行服务
		文化娱乐活动	现代公共服务业	生态保护和环境治理	水资源管理
		电子娱乐活动			生态保护服务
	旅游服务	旅行社及相关服务			环境治理服务
		旅游交通服务			土地整治服务
		旅游住宿服务		公共设施服务	市政设施管理
		旅游景区服务			环境卫生管理
		数字化旅游会展服务			城乡市容管理
		休闲观光活动			绿化管理
	体育服务	体育组织和表演服务			城市公园管理
		体育健康服务		教育培训	普通高等教育
		体育中介代理服务和经纪人			成人高等教育
		体育场馆服务	融合发展服务业		现代农业专业辅助性服务
		体育航空运动服务			先进制造业设备维修服务

资料来源:《现代服务业统计分类》

3.1.2 现代服务业产业特征分析

尽管关于现代服务业的定义学术界存在不同见解,但达成了一定程度的共识,即现代服务业拥有服务业的共同特征,但与传统服务业有所不同,其发展对高科技、专业技能和高度信息化有很大依赖性[①]。

1. 服务业基础特征

对服务业基础特征(或者传统服务业特征)的梳理需要先从服务定义及内涵出发。如表 3.7 所示,有关服务内涵的争论起源于亚当·斯密的生产性和非生产性劳动理论,早期的经济学家著作中也集中体现了服务经济思想。而一直以来,

---

① 黄明凤,姚栋梅,刘翔. 2018. 基于熵权 TOPSIS 法的新疆现代服务业发展潜力评价研究. 西部金融, (10): 8-13.

学界和业界也在以各种方式界定服务的本质。美国市场营销协会 1960 年将服务定义为"为销售产品而提供的，或是与销售产品有关的活动、好处或满意"。这一定义在此后的很多年里一直被学者们广泛采用。但是，该定义中的"产品"意指有形产品，而服务本身即可作为独立的产品进行交易，而不一定与有形产品的销售有关。

表 3.7 服务内涵及定义

学者	定义
里根	服务代表着能够直接产生满足感（如运输、住宿等）的无形物，或是与其他产品或服务一道购买并共同产生满足感（如信用、送货）的无形物
布洛依斯	服务是市场主体主动提供的、能够产生效用和满足感且不改变商品物质形态的可交易活动，这种活动能带来好处和满意，而又不导致商品的物质形式发生改变
科特勒	服务乃是一能向另一方提供的、基本上属于无形的、并不产生对任何事物的所有权的一种活动或好处；服务的生产可能与物质产品相关，也可能不相关
奎恩等	所有产出为非有形产品的全部经济活动，通常在生产时被消费，并以便捷、愉悦、省时、舒适或健康的形式提供附加价值；从纯产品→纯服务，可分为四种类型① 没有附带服务的纯有形产品（牙膏等）；② 附带服务的有形产品，利用服务招揽顾客（彩电）；③ 附带少部分商品的主要服务（维修业）；④ 纯服务（法律咨询）
格隆鲁斯	服务是指或多或少具有无形特征的一种或一系列活动，通常（但并不一定）发生在顾客同服务的提供者及其有形的资源、商品或系统相互作用的过程中，以便解决消费者的有关问题
科特勒等	任何一方可以提供给另一方的"表演"，本质上是无形的，不会导致所有权改变
洛夫洛克等	在特定的时间和地点为客户创造价值和提供利益的经济活动，通过为服务接受者带来期望的变化或代表服务接受者
佩恩	服务是一种涉及某些无形性要素的活动，它包括与顾客或他们拥有财产的相互活动，它不会造成所有权的更换，服务产品产出可能或不可能与物质产品紧密联系
佩里切利	产品可分为两种，以可触知的内容为主的产品称有形产品，以不可触知内容为主的产品称为无形产品，即服务
ISO 9000 系列标准	服务是为满足顾客的需要，在同顾客的接触中，供方的活动和供方活动的结果

资料来源：王小平. 2003. 服务企业竞争力研究. 天津：天津大学. 张晓林. 2006. 基于价值链的服务企业理论与创新研究. 天津：天津大学. Talib F, Rahman Z, Qureshi M N. 2012. Total quality management in service sector: a literature review. International Journal of Business Innovation and Research, 6（3）: 259-301.

综上，无论历年来业界或学界对服务内涵的定义发生了怎样的变化，有一点达成共识的是，服务较一般有形商品的特殊点在于服务既是"产品"生产过程又是"产品"本身。因此与有形商品相比，服务特征表现一般被归纳为：① 服务的无形性、非同质性、产出的易腐性、生产和消费的同时性[1]；② 无形性、异质性、生产与消费同时进行、易逝性[2]。此外从三次产业对比的角度，前文提到

---

[1] Sasser W E, Olsen R P, Wyckoff D D. 1978. Management of Service Operations: Text, Cases, and Readings. Boston: Allyn and Bacon.
[2] Parasuraman A, Zeithaml V A, Berry L L. 1985. A conceptual model of service quality and its implication for future research. Journal of Marketing, 49 (4): 41-50.

的 Fisher、克拉克等都将第三产业视为在无形的非物质生产领域进行加工的产业，其中克拉克大分类法在划分三次产业时认为第三产业（服务业）的特点是产品是不可运输的；与商品生产相关的服务通常是小规模和非资本密集型的；不可直接或间接依赖于自然资源。总体来说，对于大多数服务产品而言，其特征基本可归纳为无形性、生产与消费同步性、异质性，具体来看包括以下方面。

（1）无形性。无形性是服务的最主要特征，它的含义可以从两个不同的层次来理解。一是与有形产品比较，服务的特质及组成的元素大多是无形无质，无法被予以触摸或肉眼感知的；二是部分服务的使用价值或效果在短期内可能不易察觉，往往需要经过一段时间后才能被消费者感知到"利益"存在。因此，普遍观点认为，消费者无法在购买服务前通过品尝、感觉、触、见、听或嗅到"服务"（此处指的是服务产品本身，而非通过其他消费者的评价带来的感知）。值得注意的是，服务的无形性并不代表服务过程完全没有有形产品，有学者认为服务作为服务企业的产出，既包括无形部分，也包括有形部分，为满足顾客需要而提供的无形服务与有形产品的组合才能满足顾客的某种需要，这两部分构成的服务整体称为"完整服务产品"。完整的服务产品由表 3.8 中四项要素构成。

表 3.8 完整服务产品四要素

项目	环境要素	物品要素	显性服务要素	隐性服务要素
说明	提供服务的支持性设施和设备，存在于服务提供地点的物质形态的资源	服务对象要购买、使用、消费的物品和服务对象提供的物品	服务的主体、固有特征，是服务的基本内容	服务的从属、补充特征，服务的非定量性因素
餐饮业	餐馆、装修、布置、氛围	食品、饮料、餐具、包装物	充饥、解渴	整洁、卫生、可口、快捷、方便
酒店业	酒店及相关设施	提供的日用品、食物、寝具	休息、住宿	安全感、舒适感、服务态度、愉悦感
航空业	机场设施、飞机	提供的食品、用具	到达	准时、安全、快捷、舒适、服务态度
零售业	店铺、货架、布置、氛围	商品、购物车、服务	购买所需商品	便利、优惠、结账速度、服务态度

资料来源：刘丽文．2004．服务运营管理．北京：清华大学出版社

（2）生产与消费同步性。该特性是指生产和消费的同时性，服务产品不像有形产品在生产和消费过程存在时间间隔，往往服务产品的生产与消费者消费同时发生。而正是这种不可分割性使得大多数情况下，顾客必须介入生产流程，与生产者发生互动。这种同步性发生的原因是，在任何服务发生之前，客户必须在场，如食

物先生产，然后销售和消费，而大多数服务先销售，然后同时生产和消费①。该特性又派生出了不可储存性（易腐性）、顾客参与性、小服务圈等服务业特征。

（3）异质性。异质性是指所提供的服务很难像有形产品那样实现标准化，服务产品的构成及质量水平并不恒定，每次服务产生的效用和消费者所能感知到的质量也都存在着差异。简单来说，任何服务产品都会受到服务时间、地点、人员等因素的影响，而造成这种影响的根本原因是服务行业"以人为本"的特点。具体来看，服务产品的供需两端都是"人"，即使得服务产品从生产过程到消费过程都在很大程度上受到人自身因素的影响，如服务供给者（服务人员）心理状态、工作态度、个人技能等；服务需求者（顾客）的知识水平、个人偏好、包容程度等；还包括供需两端对象间的社交模式、熟悉程度等。此外，由于人本身并不像机械存在稳定数值，因此即使在固定供需任意一方（同一服务人员/同一消费者），或固定双方（同一服务人员向同一顾客提供服务）的情况下，服务产品也会存在差异。

2. 现代服务业新兴特征

现代服务业中的"现代"主要是指知识含量和技术含量比较高，劳动的附加值较高，而不同于过去以低成本的劳务支出为特征的传统服务业。其与传统服务业相比，更突出了高科技知识与技术密集的特点。现代服务业的发展本质上来自社会进步、经济发展、社会分工的专业化等需求。科学技术特别是信息技术对现代服务业有着重要的推动和保障作用。然而现代服务业很大程度上是传统服务业借由大数据等信息科技的发展演变而来，尽管当前现代高新技术的使用使得服务业出现了新的行业特性与发展趋势，但无论产业进行何种程度的改造和提升，"现代服务业"基于服务本身的特征属性不会发生改变。

如图 3.1 所示，结合本部分此前分析，现代服务业的发展是由科学技术的进步与广泛的应用、产业分工程度的深化和模式的改变共同造就的。但无论是传统服务业或者是现代服务业，服务本身无形性、异质性、生产与消费同步性仍旧是作为产业发展的基础特性。此外如前文所述，现代服务业本身是一个相对动态的概念，无论是传统服务业升级改造或者是新兴服务业诞生发展，当前它的产业边界是相对开放的，或者说它一直处于第三产业的延伸和发展中。因此，特别是对于传统服务业的升级改造而言，很难界定它从哪一时刻或达到哪项标准可被界定为脱离了传统范畴。但对比传统服务业与现代服务业的典型差异，我们还是能提取出一些代表性特征，本部分拟从科学技术及产业分工进行举例阐述，并在此基础上予以进一步概括。

---

① Talib F, Rahman Z, Qureshi M N. 2012. Total quality management in service sector: a literature review. International Journal of Business Innovation and Research, 6 (3): 259-301.

第 3 章 现代服务业的发展与特征

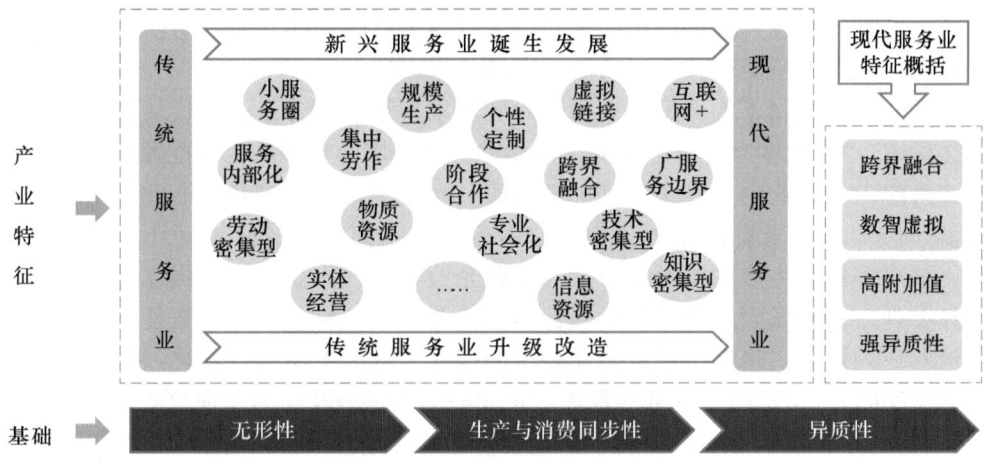

图 3.1 现代服务业特征示意图

科学技术部分最具代表性的是互联网、信息通信、大数据及处于热点的人工智能等技术的发展与广泛应用，它带来的变化繁多，如首先有服务产品主导要素的改变。现代服务业所提供的诸如智慧医疗、电子商务、即时通信等服务，其所主导的要素是信息资源，而这种资源的大量使用就替代了原先服务产品对物质资源的消耗（即物质资源依赖度降低），进而出现了无纸化、数字化、污染少等新时代服务业生产过程或产品特质。

其次，这种产品生产要素结构的改变也促使了服务产品从原先的"劳动密集型"向"技术密集型"及"知识密集型"改变，尤其随着新产业、新业态、新模式的出现，服务企业自身的科技创新能力被予以重视，企业经营范围从微笑曲线中段向两端迁徙，即表现为由生产制造者向生产性服务提供者转变，由低端服务提供商向高端设计及营销转变。这种要素结构改变归根结底都是企业服务生产过程中对于新创造的价值程度的提高（即产品价值增值程度增大）。

最后，技术发展所打破的时间及空间壁垒也使得价值流向发生了变动（即终端进入商品创造过程）。在过去，传统服务业的产品本身与"消费者"要么是在同一个时空维度下的（如餐饮服务），要么是各种限制导致商品服务存在时间或空间上的阻碍（如邮递），从而使传统服务业上产业链终端消费者仅作为受众，无法参与此前服务商品的价值创造过程中（如前文提出的在购买前消费者无法接触产品）。即使存在意见反馈，也往往只能对下一次服务进行改善，即作为初始信息投入参与新一轮的商品创造过程。而现代服务业由于信息技术的出现，打破了原有的时间和空间壁垒，使得各参与方之间的联系更加便捷和密切。终端消费者不仅可以在商品服务创造初期参与进来，全过程地参与商品服务价值创造，同时得益于服务覆盖范围的增大，可以线上消费其他地区甚至国家所提供的服务。同时，服务产品借由技术也可以更好地与有形产品结合，进而实现价值储存或更远距离的空间转移，延长服务产品的生命周期。

产业分工类别下的典型代表则是对应需求市场的细分及业务模块的拆分。如前文所述，"企业本身进行产业分工的驱动力就是出于资源的合理配置和利润最大化的考虑……企业会自发去选择外部资源，而仅保留企业本身核心业务开展日常运营……"具体来看，过去企业往往由自身设立部门完成诸如会计、人力、咨询、战略等辅助生产的服务业务，而当代企业尤其大型企业或规模化企业更多地选择委外，剥离低附加值业务而仅保留核心业务。这种模式的改变使得企业生产及运营更为聚焦，也促进了社会化分工的提高（即改变服务内部化，而产生专业社会化趋向）；同时由于业务的聚焦，企业能集中资源及精力实现核心竞争力的提升及针对性战略布局，如剥离了低端生产业务后，企业可以更好地感知客户需求，以高端定制代替规模化生产下的"薄利多销"，提升服务产品"个性化"。

另外，产业分工带来了生产模式和流通方式的改变。前者如随着资源要素等的流通变得高频迅速，分布在不同产业及行业间的资源要素协作生产具备了可能性。以此为基础，服务产品生产过程被分解为多个阶段，分时空进行，出现了集中化生产到分散化生产的转变；后者具有代表性的有平台运营模式的出现，由于产业分工，过去只能由企业完成的部分功能可以外包给其他专业化组织，进而形成了一个平台上多方参与、多方协作的商品产出或者是价值创造过程。如电商平台，由商家提供产品主体，平台提供售后、监管等配套服务共同组成完整的服务产品。

必须要强调的是，上述分类并不意味着"科学技术"与"产业分工"是彼此独立的，同样也不意味着它带来的改变是独属于对应分类的。实际上科学技术的发展恰恰是产业分工细化的重要驱动力，而产业分工细化带来的资源聚焦也更好地促使了对应领域的技术发展。因此现代服务业发展过程中所有显化的特征都是两者共同作用下产生的，而在特征显化的过程中，社会环境及群体观念也发挥着难以替代的重要作用。进一步凝练"无纸化、数字化、个性化、长生命周期"等特征，现代服务业产业特征可概括为四点，即跨界融合、数智虚拟、高附加值、强异质性，具体内容如下。

一是跨界融合。跨界融合可以被认为是当下现代服务业发展过程中极其鲜明的特征，如《"十三五"现代服务业科技创新专项规划》中明确提到的"信息技术与各个领域交叉融合的速度正在加快，促使第一、二产业与现代服务业更加深度融合，催生云制造、数字医疗等新业态，现代服务业呈现出'跨界融合'的新态势与新特征"。信息科学技术的普及及跨产业的价值网形成，使得产业关联度增加，产业界限变得模糊，出现了一种"无边界生态竞争"的模式。这一类新型企业不再单纯属于传统产业分类，而是同时具备多产业属性，且时刻处于变化当中，也就造成了现代服务业属性的复杂化和动态化；此外，跨界并不只局限于产业间，当前跨界和融合已被视为现代中国企业拓展产品、服务和市场的重要创新战略或方法，其促进跨企业、跨领域、跨行业合作，创新产品、创新服务、创新市场、创新商业模式。事实上，现在很难判断一家公司属于哪个传统行业，如中国巨头阿里巴巴集团在传统意义上被视为一家电子商务公司，但它除了主要的B2B（business to business，企业对企业）和B2C（business to customer，企业对用户）业务外，还涉及信息技术、金融和物流等多种业务[①]。

二是数智虚拟。服务业在由传统服务业向现代服务业的发展过程中，其最大的变化之一即在时间及空间上的限制逐步减少。尤其在服务业发展的早期，得益科技的进步及产业结构的改变，服务业所产出的服务产品与有形产品间的融合程度加深，使得服务产品能经历长距离的运输及长时间的储存，进一步提高了服务产品的覆盖面及其生命周期，打破了原"小服务圈"壁垒。而在现代服务业发展的当下，伴随着数字化和智能化两个过程的有机融合，服务业在数智技术的支持下，从传统垂直分工向新型网状分工的生产方式转变，其"数智虚拟"特征也日益凸显。具体来看，大数据和人工智能技术的发展，为现代服务业适应新情境、开发新场景、创造新体验提供了更加丰富的可能。同时数智虚拟特征相较于原先服务业数字转型或智能制造等更强调的是人与机器的深度对话，即改变单一的工具思想，以"智慧城市""万物互联"为阶段终点目标，进而解决服务业文明发展过程中的优化问题。

三是高附加值。高附加值指的是现代服务产品在生产过程中价值增值程度的扩大，具体表现为对有限的如自然资源等物质资源依赖程度的降低，以及对诸如知识、技术等可持续再生资源依赖程度的增加。此外，从产业集聚要素角度，也表现为从传统服务业到现代服务业发展过程中出现的劳动密集型到技术密集型及知识密集型的转变。同时，对于实行现代服务业战略的国家及地区或处于现代服务业领域的企业而言，高附加值特征也表现为相应主体在价值生成过程中对微笑曲线两端即附加价值程度高环节的偏好。

四是强异质性。如前文所述，异质性主要指的是服务业行业供需两端均"以人为主"的特性所带来的服务产出难以标准化衡量，受人自身影响程度大，每次服务产生的效用和消费者所能感知到的质量均存在着差异的现象。而在现代服务业发展过程中，异质性更进一步得到了强化。具体来看，一方面代替了规模化生产而来的个性化定制加强了消费者作为需求方在一次完整服务提供过程中的输入作用。不同消费者所提出的定制需求各异，叠加消费者本身偏好、知识水平、沟通模式等的影响，甚至消费者与服务供给者所选取的不同交流方式也会带来不同程度的信息损耗，最终导致产出的服务产品本身存在着差异性。另一方面，异质

---

① Wu Z H, Yin J W, Deng S G, et al. 2016. Modern service industry and crossover services: development and trends in China. IEEE Transactions on Services Computing, 9(5): 664-671.

性也表现在对同一商品的价值感知,而这种价值感知不仅取决于产品本身质量,也受到消费者预期感受的影响。而在当前,随着即时通信等技术的进步及电商平台等新兴模式的出现,顾客在消费前获取产品信息的渠道增加了。这种预先获取的庞大数据信息在经不同方式的筛选和呈现后,也造成了消费者对服务产品预期的复杂化和动态化,继而加大了在实际消费后对价值感知的差异性。

3.2 现代服务业的主要场景

在大致了解了什么是现代服务业、其基本分类与主要特征有哪些外,关于现代服务业的主要应用场景成为系统认知和搭建理论框架的良好途径。事实上,如前文所述,服务产品本身具有无形性,其生产和消费过程难以被"触摸或肉眼感知"(此处指的是服务产品的无形性,如电影虽是通过视听感知的,但搭载在画面、声音上的服务本身是虚拟的)。在此过程中,场景可被视为现代服务业具象化的"表现舞台",该词过去常见于戏剧领域,用以代指一定的时间、空间内发生的一定的任务行动或生活画面。而后,其作为营销学等学科的重要词汇,被用以感知产业/行业背后的市场供需逻辑,进而实现用户需求分析、产品交互设计等一系列商业运营行为。

从实际运营出发,场景与需求相伴而生,需求通过场景来实现和激发。尤其是对于服务需求而言,其本身存在异质性,加上现代服务业个性化、定制化需求攀升,不同用户在不同时间、空间和情境(即场景)下将产生更大的差异需求。当前,在我国现代服务业发展过程中,"场景"已成为国家和各地区推动服务业高质量发展的热议话题。如《质量强国建设纲要》中明确指出"加快培育服务业新业态新模式,以质量创新促进服务场景再造、业务再造、管理再造,推动生产性服务业向专业化和价值链高端延伸,推动生活性服务业向高品质和多样化升级";其他各地如沈阳 2022 年发布"五型经济"重磅场景项目清单,其中服务型经济围绕发展文旅融合、品质生活、大健康、休闲康养、体验经济、孵化器等新经济业态推出 143 个场景;南京 2023 年公布"外商投资便利化、生物医药开放创新、跨境金融服务、国际人才服务、科技创新合作、'两业'融合发展"首批六大服务业开放场景,助力服务业高质量发展;此外聚焦单一行业,也涌现了诸多场景创新,如 2023 年重庆渝中就软信服务业发布 33 个应用场景;沈阳市文化和旅游广播电视局对外公布了"你好!沈阳"十大类 100 个文旅场景。

尽管随着现代服务业发展,服务市场规模持续扩大,需求日渐细化,不同视角下的场景创新层出不穷。但在工业 4.0 的驱动下,以云计算、大数据、移动互联网、物联网和新型终端技术等为代表的新一代信息技术为现代服务业发展提供了更好的技术基础和更大的发展空间,加快数字化、智能化成为现代服务业发展的主流模式。《中华人民共和国国民经济和社会发展第十四个五年规划和 2035 年远景目标纲要》第五篇"加快数字化发展 建设数字中国"明确提出要"充分发挥海量数据和丰富应用场景优势，促进数字技术与实体经济深度融合"①。具体到现代服务业应用场景建设，即要求聚焦各市数字化转型的重点领域，结合各自智慧城市建设方案，按照"场景牵引、以点带面"原则，制定现代服务业与数字经济融合应用场景建设规划，分级分类有序推进应用场景开放②。具有代表性的有以 2015 年我国提出的"互联网+"行动计划为基础发展涌现的智慧金融、智慧物流、智慧教育、智慧医疗等；国家信息中心信息化和产业发展部主任单志广在 2022 移动互联网蓝皮书发布会上表示未来互联网发展将从"互联网+"转向"智慧+"，流量驱动、数据驱动、算法驱动、效率驱动、可信驱动将对未来移动创新和整个数字化发展起到重要推动作用。数字经济下的现代服务业应用场景如图 3.2 所示。

值得注意的是，"互联网+/智慧+"概念所强调的并不是互联网本身，而是由互联网与其他应用领域的融合，实现对各类社会资源的整合，最终成为推动社会生产、生活方式深刻变革的重要力量。尤其对于现代服务业而言，互联网、大数据所提供的高效便捷功能促使服务市场从线下向线上线下融合转变，医疗、健康、养老、教育、旅游、社会保障等细分领域依托大数据、人工智能、云计算等金融科技手段，在服务流程优化、服务边界拓展、服务模式升级、服务数据处理等方面得到全面提升，大大提高了民生服务的效率和水平，"智慧民生"效益逐渐显现。

3.3 现代服务业的发展路径

2003 年以来，中国服务业进入了赶超发展阶段，服务消费规模与日俱增。其中，居民消费已经逐步由物质消费为主转向了精神消费为主，部分服务行业发展速度更位居世界前列。如根据国家电影局发布数据，截至 2023 年 8 月 18 日 7 时，初步统计暑期档电影票房达 178 亿元，超过 2019 年暑期档总票房 177.79 亿元，创历史新高；星图数据也显示 2023 年 618 期间综合电商平台、直播平台累计销售额超 7987 亿元；此外，仅 2023 年"五一"期间，全国国内旅游出游合计 2.74 亿人次，实现国内旅游收入 1480.56 亿元。总体来看，中国现代服务产业有着巨大的市场潜力和广阔的时代前景，其发展过程也蕴含着旺盛的生命力。同时，明晰现代服务业发展方向是确保其高质量发展的重要前提。基于此，本节拟从现代服务业宏观发展趋势及行业企业等微观模式创新入手，简要介绍现代服务业未来发展路径，帮助建立现代服务业系统理论框架。

---

① 《中华人民共和国国民经济和社会发展第十四个五年规划和 2035 年远景目标纲要》，https://www.gov.cn/xinwen/2021-03/13/content_5592681.htm，2024 年 11 月 12 日。

② 徐圆，张为付. 2022. 现代服务业与数字经济深度融合的路径. 群众，(4)：23-24.

现代农业	智慧能源	普惠金融	益民服务	高效物流	电子商务	便捷交通
利用互联网提升农业生产、经营、管理和服务水平，培育一批网络化、智能化、精细化的现代"种养加"生态农业新模式，形成示范带动效应，加快完善新型农业生产经营体系，培育多样化农业互联网管理服务模式，逐步建立农资质量安全追溯体系，促进农业提质增效和农民增收，推动农业现代化水平明显提升	通过互联网促进能源系统扁平化，推进能源生产与消费模式革命，提高能源利用效率，推动节能减排。加强分布式能源网络建设，提高可再生能源占比，促进能源利用结构优化。加快设施改造，用电设施智能化改造，推动电网智能化，提高电力系统的安全性、稳定性和可靠性	促进互联网金融健康发展，全面提升互联网金融服务能力和普惠水平，鼓励互联网与银行、证券、保险、基金的融合创新，为大众提供丰富、安全、便捷的金融产品和服务，更好满足不同层次实体经济投融资需求，培育一批具有行业影响力的互联网金融创新型企业	充分发挥互联网的高效、便捷优势，提高资源利用效率，降低服务消费成本。大力发展以互联网为载体、线上线下互动的新兴消费，加快发展基于互联网的医疗、健康、养老、教育、旅游、社会保障等新兴服务，创新政府服务模式，提升政府科学决策能力和管理水平	加快建设跨行业、跨区域的物流信息服务平台，提高物流供需信息对接和使用效率。鼓励大数据、云计算在物流领域的应用，建设智能仓储体系，优化物流运作流程，提升物流仓储的自动化、智能化水平和运转效率，降低物流成本	巩固和增强我国电子商务发展领先优势，大力发展农村电商、行业电商和跨境电商，进一步扩大电子商务发展空间。电子商务与其他产业的融合不断深化，网络化生产、流通、消费更加普及，标准规范、公共服务等支撑环境基本完善	加快互联网与交通运输领域的深度融合，通过基础设施、运输工具、运行信息等互联网化，推进基于互联网平台的便捷化交通运输服务发展，显著提高交通运输资源利用效率和管理精细化水平，全面提升交通运输行业服务品质和科学治理能力

图 3.2 数字经济下的现代服务业应用场景（部分）

资料来源：基于《关于积极推进"互联网+"行动的指导意见》中11个具体行动制作

3.3.1 宏观发展趋势

在进入赶超发展阶段的 20 多年来，中国服务业依旧以其高增速的发展状态稳步迈进。尤其当前随着新技术的不断涌现和应用，从国际经验和中国现实看，现代服务业加快发展和比重上升必将是未来连续多年的"主旨话题"。江小涓等在其《网络时代的服务型经济：中国迈进发展新阶段》一书中也对中国服务业进行了展望，其强调发展速度能有多快？比重能有多高？通常的思路是与其他国家相似发展阶段进行比较，但是，今日信息技术、网络技术的发展，新的服务内容、服务业态的涌现，先行国家在以往相似发展阶段时不可比拟，以往的趋势外推、国际类比等适用于分析渐进式发展的研究思路，在快速变化的环境下作用有限，不足以揭示今后中国服务业的发展趋势[1]。结合江小涓等的研究，本部分拟先通过传统国际比较进行基础性预测，而后以互联网技术的时代优势及中国特色的社会背景为基础，展望今后中国现代服务业整体发展趋势。

1. 国际比较：进入加速发展时期

在过往有关服务业发展的研究中，服务业在 GDP 中的比重与人均收入间的关系一直广受关注，但由于服务业性质结构的复杂性和不同国家经济特征的差异，两者间具体关系节点并没有十分明确的界定。其中，Eichengreen 和 Gupta 通过对 1950 年起的多国服务部门产量份额及人均收入关系截面数据研究，正式提出了服务业发展存在的"两波模式"，即第一波发生于人均收入 1800 美元以下，服务业份额随着收入水平以递减的速率缓慢上升；第二波发生在人均收入 4000 美元左右，服务业比重再一次上升，直至趋于平缓。同时由于信息与通信技术在服务业的应用，第二波增长启动的"门槛"有所降低，即 1990 年后第二波增长趋于发生在更低的收入水平上。此外 Eichengreen 和 Gupta 也发现两波增长的主导行业有所不同，第一波增长驱动主要源于传统服务业，而第二波是利用先进技术突破服务时空制约的现代服务业，如现代金融、计算机等（Eichengreen 在文中描述称通过使用信息技术，这些现代服务业提高了跨境贸易性）[2]。

尽管由于此前提到的历史发展必然性，中国服务业发展一度出现了"逆服务化"的趋势，但相关学者如肖文和樊文静通过对我国 1952～2010 年地区面板数据的深入研究，发现剔除 1978 年前的数据后，我国服务业比重与人均 GDP 的关系基本符合服务业比重随经济发展不断上升的规律，特别是 1978～1992 年收入水平较高阶段和 1993 年之后的走势，与世界范围内 1950～1969 年、1970～1989 年两个阶段的走势基本一致具有明显的"两波模式"特征[3]。

---

[1] 江小涓, 等. 2018. 网络时代的服务型经济：中国迈进发展新阶段. 北京：中国社会科学出版社.
[2] Eichengreen B, Gupta P. 2013. The two waves of service-sector growth. Oxford Economic Papers, 65(1): 96-123.
[3] 肖文, 樊文静. 2012. 中国服务业发展悖论：基于"两波"发展模式的研究. 经济学家, (7): 88-95.

以上述提到的"两波模式"发展理论为基础，如图3.3所示，世界银行数据显示我国人均国民收入自2010年起超4000美元，真正进入了国际公认的"中等收入"发展阶段及服务业"第二波"增长时期。

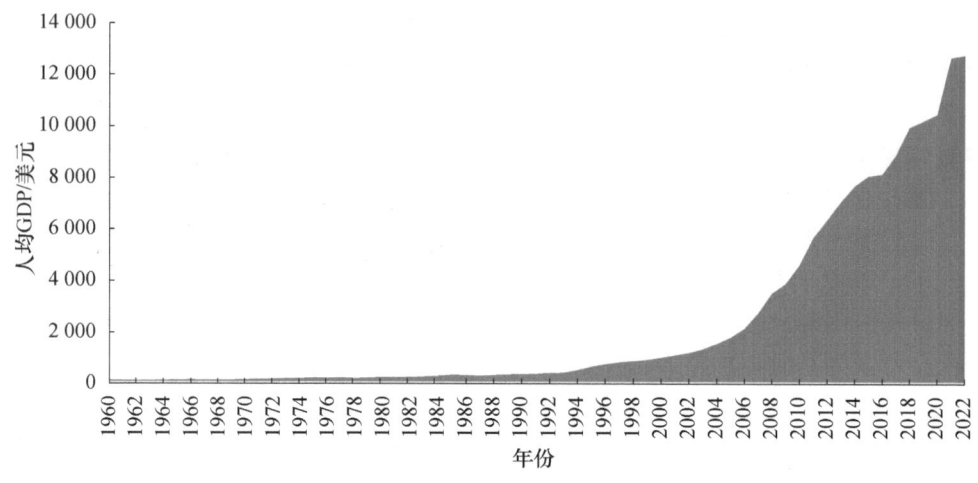

图3.3　1960～2022年中国人均GDP

如表3.9所示，对比全球不同国家组别服务业结构指标，我国服务业增加值占比及服务业就业人数占比均显著低于所属组别（中高等收入国家），即表明我国服务业发展"第二波"增长无疑仍处于上升阶段，我国服务业比重继续提高符合国际规律。

表3.9　2022年不同国家组别服务业指标结构对比

组别	人均GDP/美元	服务业增加值占比	服务业就业人数占比
世界	12 702.94	63.96%*	50.47%
低收入国家	741.24	33.76%	30.47%
中低等收入国家	2 542.20	49.11%	38.65%
中等收入国家	6 462.28	52.47%	46.41%
中高等收入国家	10 953.19	53.37%	52.63%
高等收入国家	49 430.33	69.97%*	74.59%
中国	12 720.22	52.78%	47.35%

资料来源：世界银行

注：表中部分带*数据及服务业就业人数占比均为2021年数值

2. 时代优势：互联网时代下的服务革新

在本书第1章对服务业发展的梳理过程中，不难发现过往三次工业革命的发生均是建立在当时"穿越周期"的技术发展与应用上，而现阶段由计算机、互联网等信息技术发展所引发的社会生产力、经济生活的巨大变革也被部分学者视为工业革命的再现（即工业4.0）。从这个角度来看，互联网技术的诞生及普及恰恰是现代服务业快速发展的重要推动力，其导致了服务业服务理念、服务内容和服务模式的变化，进而重构了服务业的商业模式、市场结构、消费方式乃至思维模式[①]。

具体来看，如前文所述，现代服务业相较传统服务业的显著特征即跨界融合、数智虚拟、强异质性、高附加值，简单来说即突破了过往时间及空间的限制，价值程度更高，服务产品生产和消费环节受"人"影响更大，而这些特征也与互联网息息相关。首先是互联网技术的出现，尤其是信息传输技术的使用，使得许多服务业摆脱了生产和消费"同时同地"，服务双方"面对面"的传统服务业运行模式，也使现代服务业摆脱了原服务业不可储存、不可贸易的衍生特点，如借由网络信息技术，现代服务业中电信运营、信息传输、网络与数字增值业务等可实现错时、长距离提供，其可贸易性甚至远超制造业产品。

其次是互联网技术有助于收集和分析海量信息，降低交易双方的信息不对称程度。服务产品相较于制造产品最大的基础特征就是其的"无形性"，有形产品因为存在一定的标准化，因此消费者在消费前就能获得参考，而服务产品由于其无形性，且生产及消费受人的影响因素大，消费者在实际消费前很难获得对产品的正确认识，而由此带来的服务产品质量信任问题在很长一段时间成为阻碍服务业发展的突出障碍（如在早期，餐饮等良好的服务企业大多靠口口相传，可信度存疑的基础上也并没有准确的信息描述）。但随着互联网技术的普及，用户评论、实时问答、论坛交流等方式的出现使得原先难以把控的服务质量问题在一定程度上变得可观测和可预测，消费者试错成本也得到了极大程度的降低。而对商家来说，同样的信息也可以用于筛选客户群体，提高服务质量和企业运营效率。同时，基于此类大数据挖掘形成的个人信用追踪体系也实现了原先受限于过高交易成本的部分供需市场的诞生，如信用贷产品，通过使用互联网技术高效地实现用户个人信用行为信息的收集及分析，进而助推了小贷微贷行业的快速增长。

最后，互联网信息技术的使用改变了服务产业组织结构，批发商、中间商、代理商等角色日益弱化，生产者和消费者间的直接关联广泛建立。商品和服务消费日益依赖于"平台及渠道"，如电商平台，以及社交媒体和门户网站等。同时，扁平化的网络型生产组织日益发展，构建出高度灵活的数字化智能制造模式，极大提高了制造和服务领域的资源配置效率[①]。

综上，互联网技术的发展与现代服务业的发展相辅相成，其将在很大程度上重塑服务业的发展前提和发展条件，进而催生大量新的服务模式和服务内容，

---

① 江小涓，等. 2018. 网络时代的服务型经济：中国迈进发展新阶段. 北京：中国社会科学出版社.

拓展服务业的发展空间,服务业将面临更广阔的发展机遇。而在中国,根据中国互联网络信息中心发布的第 51 次《中国互联网络发展状况统计报告》数据(图 3.4),截至 2022 年 12 月,我国网民规模达 10.67 亿人,较 2021 年 12 月增长 3549 万人,互联网普及率达 75.6%,高出全球平均水平。

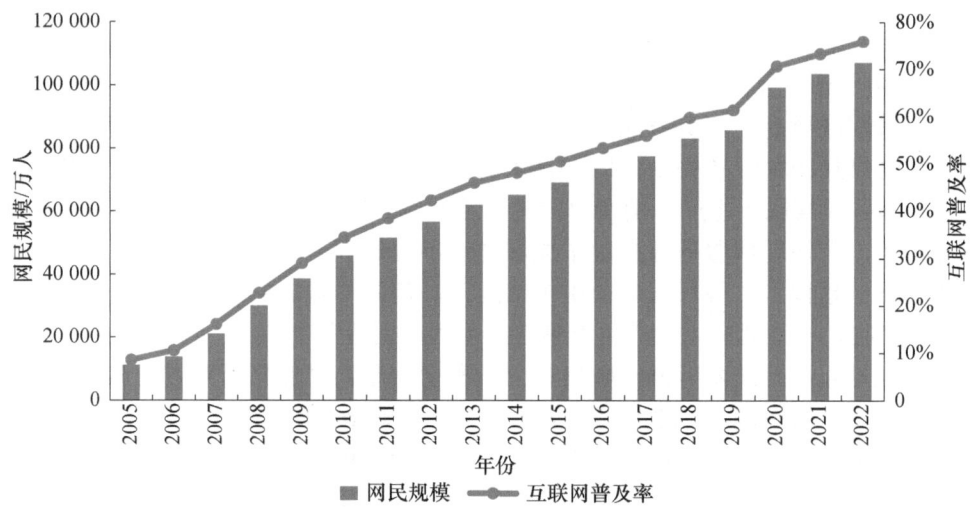

图 3.4　2005～2022 年中国网民规模和互联网普及率

从个人互联网应用发展来看,表 3.10 数据显示个人应用趋于精细化。如对比 2015 年,2021 年新增短视频、网上外卖、线上办公、网约车、线上健身等一系列针对特定需求的新兴应用领域。此外,对比 2021～2022 年,网络购物、网络音乐、网络游戏等发展起步相对较早,市场模式趋于成熟,而互联网医疗、线上健身、短视频等用户需求较为强烈,未来具有较大发展潜力。进一步来看,后者更多的为伴随互联网技术的发展而诞生的新行业及新业态。

表 3.10　中国各类互联网应用用户规模和网民使用率

应用	2015 年		2021 年		2022 年		2021～2022 年
	用户规模/万人	网民使用率	用户规模/万人	网民使用率	用户规模/万人	网民使用率	增长率
即时通信	62 408	90.7%	100 666	97.5%	103 807	97.2%	3.1%
网络视频(含短视频)	50 391	73.2%	97 471	94.5%	103 057	96.5%	5.7%
短视频			93 415	90.5%	101 185	94.8%	8.3%
网络支付	41 618	60.5%	90 363	87.6%	91 144	85.4%	0.9%
网络购物	41 325	60.0%	84 210	81.6%	84 529	79.2%	0.4%

续表

应用	2015 年		2021 年		2022 年		2021~2022 年
	用户规模/万人	网民使用率	用户规模/万人	网民使用率	用户规模/万人	网民使用率	增长率
网络新闻	56 440	82.0%	77 109	74.7%	78 325	73.4%	1.6%
网络音乐	50 137	72.8%	72 946	70.7%	68 420	64.1%	−6.2%
网络直播			70 337	68.2%	75 065	70.3%	6.7%
网络游戏	39 148	56.9%	55 354	53.6%	52 168	48.9%	−5.8%
网络文学	29 674	43.1%	50 159	48.6%	49 233	46.1%	−1.8%
网上外卖			54 416	52.7%	52 116	48.8%	−4.2%
线上办公			46 884	45.4%	53 962	50.6%	15.1%
网约车			45 216	43.9%	43 708	40.9%	−3.4%
在线旅游预订	25 955	37.7%	39 710	38.5%	42 272	39.6%	6.5%
互联网医疗	15 211	22.1%	29 788	28.9%	36 254	34.0%	21.7%
线上健身					37 990	35.6%	

资料来源：《中国互联网络发展状况统计报告》

注：2015 年数据剔除了在 2021 及 2022 年中未予以展示的搜索引擎、电子邮件、团购、论坛、互联网理财、社交应用、在线教育等

综上所述，中国作为互联网技术、生产和消费的先进国家，互联网对社会整体运行渗透度极高，这无疑为以科学技术尤其是互联网技术为支持的现代服务业发展提供了极其有利的条件。而从未来发展来看，大数据、人工智能、虚拟现实等技术又将推动我国现代服务业从"有没有"向"好不好"的高质量发展水平迈进。

3. 社会背景：中国式现代化创新

在论述中国现代服务业宏观发展趋势的过程中，如果说通过国际比较可以预测中国现代服务业增长的发展速度，依托互联网时代优势可预见现代服务业广阔的发展空间，那么孕育中国现代服务业的"中国土壤"则明晰了其独特的发展方向。

如前文所述，现代服务业本身内含的有别于传统服务业的商业模式和产业特征并不独属于中国，事实上全球范围内均出现了服务产业的"升级及变革"。但正如同 1979 年邓小平会见日本首相大平正芳时指出的"我们要实现的四个现代化，是中国式的四个现代化。我们的四个现代化的概念，不是像你们那样的现代化的概念，而是'小康之家'"[①]。邓小平发言的背后正是表达了"中国土壤"上的中国特色社会主义发展模式和要求，即中国的发展（包括服务业的发展）必

---

① 《邓小平与中国式现代化道路》，http://www.china.com.cn/opinion2020/2022-10/08/content_78455553.shtml，2024 年 11 月 12 日。

须从中国基本国情出发，符合中国社会的"质+量"需求。

以此为基础，在中华人民共和国成立特别是改革开放以来长期探索和实践基础上，经过党的十八大以来理论和实践上的创新突破，中国共产党成功推进和拓展了中国式现代化，习近平在党的二十大报告中指出"中国式现代化，是中国共产党领导的社会主义现代化，既有各国现代化的共同特征，更有基于自己国情的中国特色"，同时其强调"高质量发展是全面建设社会主义现代化国家的首要任务……要坚持以推动高质量发展为主题，把实施扩大内需战略同深化供给侧结构性改革有机结合起来，增强国内大循环内生动力和可靠性，提升国际循环质量和水平，加快建设现代化经济体系，着力提高全要素生产率，着力提升产业链供应链韧性和安全水平，着力推进城乡融合和区域协调发展，推动经济实现质的有效提升和量的合理增长"。此外，在建设现代化产业体系方面，其进一步指明"构建优质高效的服务业新体系，推动现代服务业同先进制造业、现代农业深度融合"①。

总体来看，中国式现代化是中国共产党领导的社会主义现代化，既有各国现代化的共同特征，更有基于自己国情的中国特色，即人口规模巨大的现代化、全体人民共同富裕的现代化、物质文明和精神文明相协调的现代化、人与自然和谐共生的现代化、走和平发展道路的现代化。中国式现代化的五个重要特征不仅指明了新时代服务业发展的基本方向，更明确了推进服务业高质量发展的根本要求和基本着力点，即前文所述的现代服务业高质量发展有效性、经济性、创新性和协调性。

3.3.2 微观模式创新

从行业及企业层面来说，现代服务业业态及模式的创新指的是在云计算、大数据、移动互联网、物联网、务联网和新型终端技术等为代表的新一代信息技术革新及广泛应用的背景下，现代服务业内部以及其与传统服务业、第一产业、第二产业间不断分化融合，通过重构企业价值链、行业价值链、产业价值链及产业间价值链，从而实现现代服务业全球运营的新型组织形态。这种新业态、新模式的出现，不仅改变了部分传统服务业低效的运行状态和高昂的交易成本，并通过供需两端生产方式和消费方式的调整，满足了社会及人民群众日益增长的服务需求，进一步推进了现代服务业技术创新、模式创新、市场创新、组织创新等，并以此带动经济社会的整体发展。《"十三五"现代服务业科技创新专项规划》中也明确提出商业模式创新成为现代服务业竞争的核心要素，行业融合、垂直整合、平台经济、特种定

---

① 《习近平：高举中国特色社会主义伟大旗帜 为全面建设社会主义现代化国家而团结奋斗——在中国共产党第二十次全国代表大会上的报告》，https://www.gov.cn/xinwen/2022-10/25/content_5721685.htm，2024 年 11 月 12 日。

制、一站式集成服务将成为未来发挥主导作用的商业模式。

1. 行业融合

行业融合是产业融合的实践形式。具体来看,产业融合是指在时间上先后产生、结构上处于不同层次的农业、工业、服务业、信息业、知识业在同一个产业、产业链、产业网中相互渗透、相互包含、融合发展的产业形态与经济增长方式,是用无形渗透有形、高端统御低端、先进提升落后、纵向带动横向,使低端产业成为高端产业的组成部分,实现产业升级的知识运营增长方式、发展模式与企业经营模式。现阶段全球产业融合往往以第三产业为核心,通过资源优化配置多维度提高产业、产品的附加值,进而形成新的增长点,尤其随着科学技术的不断发展,新兴产业持续涌现,行业边界逐渐模糊。如将信息技术与医疗服务行业相结合诞生的智慧医疗、文化产业/农业等与旅游业相结合诞生的文旅/农旅融合,以及新媒体行业在为客户提供影视娱乐的基础上,通过将原先积累的庞大用户基础与大数据相结合,以实现跨行业经营。

2. 垂直整合

垂直整合这一概念源自商业并购战略,指位于产品价值链上下端企业的合并,或与主营业务有内在关系的业务单元之间的合并,注重通过"互通有无"来实现业务拓展。在20世纪,垂直整合战略被工业企业广泛使用,以增强对上下游产业链的关键资源的把控能力。随着知识经济时代的来临,现代服务业发展趋于个性化、精细化,而单一服务内容覆盖面小,因此在实际运营中功能上不同但存在一定交叉关系的服务业往往选择整合,以提高企业经济性。如为了增加利润并获得更多市场份额,企业代表如阿里巴巴实施了垂直整合,将公司控股深化到电子商务平台以外,并通过逐步收购包括交付和支付在内来自多个行业的互补企业,建立了其商业生态系统。

3. 平台经济

以平台经济、共享经济为代表的新经济平台型企业是21世纪互联网时代及现代服务业发展的商业奇迹,其伴随着数字技术等科学技术的发展、产业行业的融合渗透、全球分工的深化逐步崛起。相互依赖的不同群体通过平台集合在一起,形成低成本高效率的点对点联结。这是一个非常典型的双边市场,平台两侧分别为消费者及供给方(部分观点又分为三方/四方市场,即平台提供者和广告商),平台型企业通过对信息数据的挖掘、聚合及优化实现供给与需求的准确匹配,实现降低经营成本、扩大经营范围、平衡双边用户间关系、提高双边用户交易效率等,从而缓解传统商业模式下企业的产能过剩问题,实现双边用户及平台型企业自身的合作共赢,推进企业层面及产业层面的可持续商业模式设计与创新①。根据《2023中国数字经济前沿：平台与高质量充分就业》的相关数据，据不完全统计，以微信、抖音、快手、京东、淘宝、美团、饿了么等为代表的平台，2021年为中国净创造就业约2.4亿人，为当年约27%的中国适龄劳动人口提供就业机会。此外，伴随现代服务业发展，平台模式不断创新，根据《中国数字经济发展研究报告（2023年）》，我国实体商超、便利店、连锁、品牌门店等多种零售业态依托网络和数字平台，就近为消费者实现1小时乃至30分钟内快速送达服务，正逐步形成以5公里即时零售消费圈为核心、以电商消费为补充的网上零售网络。此外，据中国连锁经营协会的预测，至2025年，国内即时零售开放平台模式市场规模将达到1.2万亿元，年复合增长率保持在50%以上。

4. 特种定制

特种定制实质上是现代服务业个性化定制的服务创新。个性化定制服务的本质是一种定制化的生产模式，其旨在通过给消费者提供更佳的用户体验和更好的服务品质实现社会总剩余最大化。具体来看，如前文所述，一方面随着技术的不断进步及生产要素交换便捷性的提升，社会生产日渐表现出了产品多样化、工艺复杂化、流程烦琐化及社会分工细化等特点，同时随着经济社会的不断发展，国民收入水平持续提高，人们不再满足于过去低层次的物质需要，而转为更高层次的非物质需要，表现出的对商品和服务的需求也越来越具体。另一方面，现代服务业模式下消费者突破产品价值链末端角色定位，实时参与服务产品生产制造环节，进一步增强了服务产品的异质性。

在此背景下，传统的标准化生产模式与消费者的需求不匹配性凸显，个性化定制服务成为越来越多现代服务业企业的竞争点。如服装、旅游、金融储蓄等行业在过去大多预先提供多种产品由客户进行选择，服务交易达成都是基于客户对需求满足的一定让步。但在当前，由于现代服务业的"广时空化"特征，顾客面临着更多甚至跨区享受服务的选择。为了继续保有甚至抢夺原服务圈外的市场资源，部分企业带头推出个性化定制服务，即最大化满足客户需求，以替代"原消费者需求满足让步"，实现服务交易的达成。而在诸如医疗等提供差异服务的行业，通过应用科学技术所完成的个性化定制服务的创新更能满足病人的需要。如医生可通过先进的医疗设备获知病人更为详细的基因组成、疾病史、生活习惯等，进而提供更为适宜的检查方案、治疗方案。

5. 一站式集成服务

一站式集成服务是指以一个服务商或公司为核心，提供一个集中的服务平

---

① 肖红军，阳镇，姜倍宁. 2020. 平台型企业发展："十三五"回顾与"十四五"展望. 中共中央党校（国家行政学院）学报, 24（6）：112-123.

台，为客户提供全方位、多种类的服务和支持，以满足客户不同需求的一种商业模式。其本质就是服务的集成和集合，这种模式依托于高效的信息处理系统和资源共享平台，不仅能节省客户的时间和精力，还能通过优质服务提高客户的满意度和忠诚度，是当前现代服务业的主要发展模式之一。尤其在公共服务领域，如"十三五"规划期间我国着力推进政务服务标准化、信息化、便民化，深入开展"一窗办""一网办""简易办"，不断提升政务服务集成化、便民化水平。此外，随着数字生活技术的攻关克难，诸如养老、教育、交通、社区生活等领域也逐步形成了以对应消费群体为核心的一体化服务模式，如《"十三五"现代服务业科技创新专项规划》中提出建设集家政、物业、购物、社区政务、社区交流等为一体的综合性数字生活运营平台，培育线上线下结合的社区服务新模式。

除模式创新外，现代服务业发展领域也出现一定拓展，诸如平台经济、分享经济、大数据等已从消费领域向生产领域延伸，相关产业及行业依托"工业互联网""互联网+""5G时代"等实现了生产要素资源供给模式、产品营销模式等的改变。此外，出于服务业的集聚效应以及其对周边其他产业及行业的辐射带动作用，我国多数地区以现代服务业为中心，倾力打造具有区域特色的服务业集聚区，实现服务供需数据的汇集、盘活、分享和增值，促进了地区服务供给的多样化和个性化。

第4章 现代服务业企业高质量发展的组态路径研究

高质量发展是全面建设社会主义现代化国家的首要任务。21世纪以来，全球产业结构进入由"工业经济主导"向"服务经济主导"转变。尤其我国自1997年党的十五大报告首次提出现代服务业概念以来，服务业发展持续加速，已成为经济发展的重要引擎。数据显示，2023年上半年我国服务业增加值同比增长6.4%，服务业增长对经济增长贡献率超过60%。更值得关注的是，数字技术的兴起持续推动了数字经济与现代服务业深度融合。这一融合趋势不仅激发了强大的资源集聚效应，进一步提升了服务业的全要素生产率，从而有效推动了产业链、供应链、价值链的优化升级，为服务业的高质量发展注入了新动能；同时加速培育新业态、新模式、新动能，为创造需求、引领消费提供了新思路和新途径。

在高质量发展目标的驱动下，我国现代服务业发展正处于向高端化、专业化、品质化、多样化发展的重要阶段，但仍存在一定短板。如前文所述，从总量看，党的十八大以来我国服务业发展规模和水平不断提高，连续跨越"增加值占GDP比例超二产、超50%"的两大里程碑，服务业的主导产业地位逐步确立，但与发达国家服务业增加值占GDP比例75%左右的水平相比仍存在较大差距。从结构看，国际分工细化下服务领域新业态新模式方兴未艾，零售业、交通运输与仓储业、邮政业等传统服务业加快技术升级，电子商务、现代物流、节能环保等新兴服务业持续壮大，融资租赁、健康养老、互联网金融、文化旅游、科技服务等新兴业态不断兴起，精神消费主导下现代生活性服务业呈现高端化及多样化趋势。但总体结构仍以交通、商贸、餐饮住宿等传统服务业为主。区域发展布局上也存在东部与西部地区、沿海与内地、发达与欠发达地区发展失衡的情况。如何引领现代服务业高质量发展，提高服务业对我国经济增长的带动作用，摆脱我国在国际生产分工价值链中的"低端锁定"，成为我国更高层次地参与国际经济合作、实现经济"换道超车"的关键。

在探讨现代服务业高质量发展的过程中，企业的角色不容忽视。作为经济运行的微观主体，企业不仅是实现现代服务业高质量发展的关键载体，也是推动经济创新和转型的重要力量。提高现代服务业企业的竞争力和发展潜力，已经成为我国各级政府的重要议题，同时是经济管理学界关注的焦点。基于此，结合现有文献，本章拟先通过多维度贡献分析提炼出影响企业发展的主要因素，并运用fsQCA方法对现代服务业上市公司进行复杂组态分析，探讨各要素之间的协同机制以及组态视角下的重要性排序。

4.1 现代服务业企业高质量发展影响因素分析

企业高质量发展是产业及经济高质量发展的重要微观基础。近年来，众多学者从不同维度、不同层面研究了企业高质量发展的内涵及影响因素，但不同文献的研究结论不尽相同，所得出的政策建议更是见仁见智。从逻辑上讲，虽然影响中国企业发展的因素有很多，但是各种影响因素的相对重要性各不相同，其间必然有主次之分。那么究竟哪些因素是影响企业高质量发展的关键因素？进一步地，对于不同类型的企业，关键因素是否有所不同？尤其在现代服务业"换道超车"的当下，准确辨别企业发展关键因素，实现精准定位，并通过资源聚焦扶持，更能推动企业实现优质高效发展的目标。

4.1.1 企业高质量发展影响因素的初选

企业发展作为研究的热点话题，一直是学术界、商业界乃至政策制定者关注的焦点。随着全球化的深入发展和科技的日新月异，企业面临着前所未有的机遇和挑战。研究企业发展不仅可以帮助企业自身制定有效的战略规划，优化资源配置，提高竞争力，而且对理解经济发展趋势、预测市场变化、制定相关政策也具有重要意义。

为了全面研究国内企业高质量发展现状，分析国内学者对企业发展等相关内容的研究概况及取得的成果，本节拟采用文献计量法对相关数据进行定量分析。先通过运用中国知网知识服务平台进行 CSSCI[①] 发文检索分析，以"高质量发展"为检索词，点击计量可视化分析下的全部结果分析，由总体趋势图 4.1 可

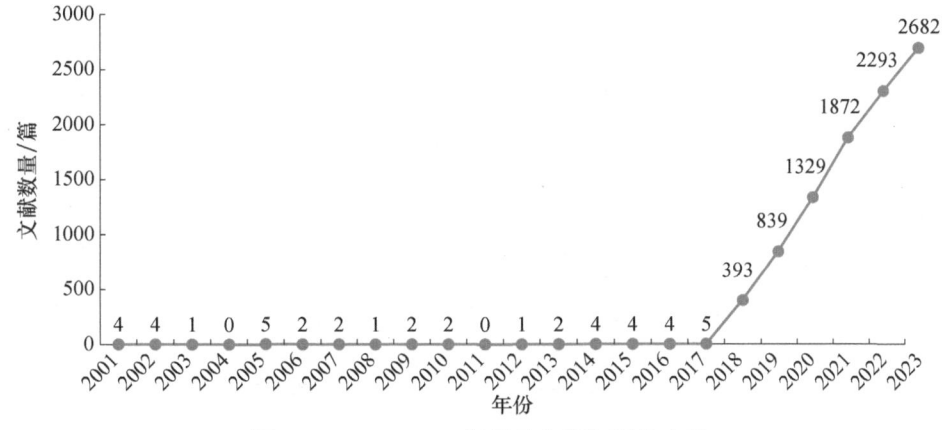

图 4.1 2001~2023 年相关主题知网发文量

---

① 即 Chinese Social Sciences Citation Index，中文社会科学引文索引。

知,对高质量发展的关注自 2018 年起发展持续上升,即表明随着我国经济与产业的发展,关注重心已由"有没有"逐步向"好不好"转变。

尽管相关主题发文量增长显著,但高质量发展影响因素的文献占比相对较小。基于此,为了直观地了解现有文献中企业高质量发展的主要影响因素,本节手工收集了中国经济管理类重要 CSSCI 期刊《管理世界》《经济研究》《管理科学学报》《中国社会科学》《南开管理评论》《系统工程理论与实践》《中国工业经济》《金融研究》《中国管理科学》《会计研究》中 2020~2023 年有关企业高质量发展的相关文献。其中,在选取企业高质量发展实证文献过程中,人工删除了部分不合适的文献,如题目或关键字等涉及企业高质量发展,但所采用的数据以行业或地区进行区分的文献;新增了题目未提及相关字眼,但研究问题涉及企业竞争力提升、综合绩效提升、企业成长等的文献,最终获得 39 篇文献。在此基础上,收集整理了上述文献计量模型中涉及的所有影响因素。考虑到后文分析中不可能将所有的影响因素放入计量模型,本节按照以下标准对涉及的影响因素进行进一步筛选:① 将各影响因素按频次进行排序,其中,部分存在含义重复的变量仅选择其中一个变量;② 考虑到当前数字技术发展及现代化进程的加快,尽管部分诸如城市化水平、数字基础设施(互联网普及率)等涉及频次较低,但仍将其予以保留。同时,为便于从不同维度考察影响企业高质量发展的关键变量,将所选取的影响因素划分为企业层面及地区层面两个维度,具体如表 4.1 所示。

表 4.1 39 篇文献中助力企业发展的主要影响因素统计分析

维度	变量	频次	占比	维度	变量	频次	占比
企业层面影响因素	企业规模	35	89.74%	企业层面影响因素	资本密集度	4	10.26%
	盈利能力	25	64.10%		外部融资能力	2	5.13%
	企业年龄	23	58.97%		资产周转率	1	2.56%
	资产负债率	21	53.85%	地区层面影响因素	市场化水平	8	20.51%
	股权结构	17	43.59%		知识存量	2	5.13%
	成长能力	15	38.46%		城市人口密度	1	2.56%
	独董比例	14	35.90%		老龄化水平	1	2.56%
	数字化转型	7	17.95%		城市化水平	1	2.56%
	研发投入	4	10.26%		互联网普及率	1	2.56%
	创新水平	4	10.26%				

4.1.2 贡献度指标设计与计量设定

1. 贡献度指标设计

已有的贡献度指标从不同角度衡量了变量的经济重要性（标准化系数、夏普值、均值分解和 Q 指标），但是这些指标均忽略了统计上的显著性。考虑到统计显著性和经济重要性很可能产生冲突，且解释变量对被解释变量的贡献不仅体现在解释变量水平值变化会带动被解释变量水平值的变化上，其波动还会传导至被解释变量的波动中。故相比单独考虑水平值贡献或方差值贡献，同时考虑水平值和方差值贡献更能够全面和准确地衡量解释变量对被解释变量的影响。借鉴冯根福等[①]的研究，本节综合考虑变量的水平值和方差值贡献，试图更加精确地刻画解释变量的重要性，考虑如下回归模型：

$$y = \beta_0 + \beta_1 x_1 + \cdots + \beta_k x_k + \varepsilon \tag{4.1}$$

其中，y 表示被解释变量；x_i 表示解释变量；ε 表示误差项；β_i 表示变量 x_i 的回归系数。假定误差项与所有的解释变量不相关，那么，使用最小二乘法可以得到一致估计。下面给出贡献度指标 MQ 需要满足的要求，然后构建具体的指标。

第一，可解释性。所有变量的贡献度之和为 1，即

$$\sum_i \mathrm{MQ}_i = 1 \tag{4.2}$$

其中，MQ_i 表示第 i 个指标的贡献度。这一要求保证了提出的贡献度指标能够用于刻画被解释变量的变化，即被解释变量本身能够被所有的变量解释。需要指出的是，由于模型不可避免地存在遗漏变量，被解释变量的一部分将被误差项解释。

第二，贡献无关性。变量 x_i 对被解释变量的贡献度只取决于其回归系数和变量本身。即

$$\partial \mathrm{MQ}_i / \partial x_j = 0, \quad \partial \mathrm{MQ}_i / \partial \beta_j = 0, \quad i \neq j \tag{4.3}$$

上述式子表明，变量 x_i 的贡献度与其他变量及其回归系数无关。根据这一要求，贡献度指标主要考虑了解释变量本身对被解释变量的直接影响，不考虑其可能存在的间接影响。

第三，排除性。如果变量的回归系数等于零或者统计不显著，那么变量的贡献度为零。变量的回归系数等于零意味着该解释变量对被解释变量不存在影响。类似地，变量在统计上不显著，即在一定的显著性水平下系数与零之间的差异不大，那么也可以认为该变量对被解释变量的影响可以忽略。

第四，包含性。如果解释变量的系数大于零且具有统计显著性，那么解释

[①] 冯根福, 郑明波, 温军, 等. 2021. 究竟哪些因素决定了中国企业的技术创新：基于九大中文经济学权威期刊和 A 股上市公司数据的再实证. 中国工业经济, (1): 17-35.

变量的贡献度应大于零。这一要求与排除性假设相对应。当统计不显著变量的贡献度被归于零时，所有统计显著的解释变量被赋予正的贡献度。

根据上述要求，结合本节主要研究问题，构建方差贡献度视角下变量重要性指标 QV，其表达式为

$$QV(x_i) = \begin{cases} \mathrm{Var}(\beta_i x_i) / \left(\mathrm{Var}(\varepsilon) + \sum_{i \in \Omega} \mathrm{Var}(\beta_i x_i) \right), & p_i \leqslant p_0 \\ 0, & p_i > p_0 \end{cases} \quad (4.4)$$

其中，Ω 表示所有统计显著变量的集合；p_i 表示变量 x_i 的 p 值；p_0 表示统计显著的临界值。若统计显著，则变量 x_i 的贡献度 QV 等于变量 x_i 所引起的被解释变量变化 $\mathrm{Var}(\beta_i x_i)$ 在总变化中所占的比例。变量 x_i 的贡献度可以被解释为变量 x_i 对被解释变量 y 的重要性程度，且所有变量的贡献度之和等于 1。同时，变量 x_i 的贡献度仅与变量自身有关，不受其他变量的影响，因而排除了 x_i 对被解释变量可能产生的间接影响。另外，总变化中考虑了残差项的方差变化 $\mathrm{Var}(\varepsilon)$，一定程度上避免了解释变量增加时变量贡献度减小的问题。当模型中解释变量增加时，由于 QV 指标中包含残差项，解释变量方差和的增加部分被残差项方差的下降部分抵消，意味着总变化基本不变，使得原有解释变量的贡献度不会出现大幅波动。

进一步地，构建水平贡献度视角下的重要性指标 QS，其表达式为

$$QS(x_i) = \begin{cases} \left| \beta_i \overline{x_i} \right| / \sum_{i \in \Omega} \left| \beta_i \overline{x_i} \right|, & p_i \leqslant p_0 \\ 0, & p_i > p_0 \end{cases} \quad (4.5)$$

其中，$\overline{x_i}$ 表示第 i 个变量的均值。式（4.5）中变量 x_i 的经济重要性等于其回归系数与均值乘积的绝对值在所有具有统计显著性变量中的比重。类似地，统计不显著的变量不具有经济重要性。需要指出的是，本节在计算时使用了变量回归系数与均值乘积的绝对值，而不是原始值。原因在于，如果某一个变量产生的影响为负，其效应可能抵消部分变量的正向效应，使得单个变量重要性超过 100%。

综合考虑所构建的水平值贡献和方差值贡献，组合形成的变量贡献度指标 MQ 如下：

$$MQ(x_i) = \begin{cases} 0.5 QV(x_i) + 0.5 QS(x_i), & p_i \leqslant p_0 \\ 0, & p_i > p_0 \end{cases}$$

此时，残差项的贡献为 $MQ(\varepsilon) = \mathrm{Var}(\varepsilon) / 2 \left(\mathrm{Var}(\varepsilon) + \sum_{i \in \Omega} \mathrm{Var}(\beta_i x_i) \right)$，常数项的贡献为 $MQ(\beta_0) = \left| \beta_0 \right| / 2 \sum_{i \in \Omega} \left| \beta_i \overline{x_i} \right|$。基于两者对称性的考虑，这里水平值贡献和方

差值贡献的权数均设定为 0.5。MQ 指标通过 QV 指标纳入残差项的方差，规避了变量贡献度大小与解释变量个数相关的问题。由于水平值贡献中残差项的均值为零和方差值贡献中常数项的方差为零，常数项和残差项的最终贡献均取计算值的一半。从计算形式看，所有变量的 MQ 指标相加之和等于 100%，可解释性条件满足。变量的计算过程中主要受到自身回归系数、均值和方差的影响，贡献无关性条件得到满足。

2. 数据来源

围绕现代服务业"跨界融合""数智虚拟""强异质性""高附加值"的产业特征，为有效探究对企业高质量发展具有重要影响的经济指标，本节依据国家统计局 2023 年 7 月公布的《现代服务业统计分类》（国家统计局令第 36 号）将其与国民经济行业代码进行匹配。同时考虑到现代服务业伴随信息技术和知识经济的发展而产生的特点，进一步筛选至少有 1 项专利的企业，初步确定现代服务业企业整体样本 589 670 家。考虑到样本体量大，且样本内部分非上市企业难以获取详细的经营信息，本节选取 2013～2022 年 A 股主板、创业板、科创板和北京证券交易所（简称北交所）上市企业数据。此外，基于数据可靠度的考虑，本节对企业原始数据做了如下处理：① 匹配 A 股主板、科创板、创业板、北交所上市企业名单，筛选现代服务业上市企业；② 去掉全部金融行业的企业；③ 剔除含有"ST"和"*ST"的上市公司，减少异常值影响；④ 剔除核心变量严重缺失的样本企业；⑤ 对部分缺失值进行线性插值处理。经上述处理，最终样本为 1071 家企业 5981 个企业-年度观测值的非平衡面板数据。

本节使用的企业数据主要来自国泰安上市公司数据库，包括 2013～2022 年全部上市公司的财务数据。其中，企业专利数来自中国研究数据服务平台，市场化指数来自王小鲁等构建的分省份市场化指数，知识存量来自中华人民共和国教育部，城市人口密度以及互联网普及率来自统计年鉴[①]。数字化转型参考吴非等的做法，对人工智能技术、大数据技术、云计算技术、区块链技术、数字技术运用五个维度 76 个数字化相关词频进行统计[②]。

3. 变量定义

为了探寻企业高质量发展的关键影响因素，本节选取全要素生产率用以衡量现代服务业企业高质量发展水平[③]。全要素生产率（total factor productivity，TFP）源于 Solow（索洛）模型中的"索洛残差"，用于阐释产出增长率中不能被资本和劳动解释

[①] 王小鲁，樊纲，余静文. 2017. 中国分省份市场化指数报告（2016）. 北京：社会科学文献出版社.
[②] 吴非，胡慧芷，林慧妍，等. 2021. 企业数字化转型与资本市场表现：来自股票流动性的经验证据. 管理世界，37（7）：130-144，10.
[③] 黄勃，李海彤，刘俊岐，等. 2023. 数字技术创新与中国企业高质量发展：来自企业数字专利的证据. 经济研究，58（3）：97-115.

部分[①]。其通常指生产单位（如企业）在给定时期内，所有生产要素投入量保持不变的情况下，技术进步、管理效率提升、资源配置优化等非要素投入因素导致的生产量的增加。本节参照既有文献采用合适的指标衡量相关变量，具体如下：

$$\ln Y_{it} = \beta_0 + \beta_k \ln K_{it} + \beta_l \ln L_{it} + \sum_m \delta_m \text{year}_m + \sum_n \lambda_n \text{reg}_n + \sum_k \xi_k \text{ind}_k + \varepsilon_{it}$$

其中，Y_{it} 表示企业 i 在 t 年的工业增加值；K 和 L 分别表示企业固定资产和从业人员规模；year、reg 和 ind 分别表示企业年份、地区和行业的虚拟变量；ε_{it} 表示在生产函数中无法体现的随机干扰以及测量误差等因素。由 TFP 的定义可知：$\ln \text{TFP}_{it} = \beta_0 + \varepsilon_{it}$，由此可以得到 TFP 的绝对水平值：

$$\text{TFP}_{it} = \ln Y_{it} - \beta_k \ln K_{it} - \beta_l \ln L_{it}$$

按照 Olley 和 Pakes[②]的基本思路，我们估计了以下模型：

$$\ln Y_{it} = \beta_0 + \beta_k \ln K_{it} + \beta_l \ln L_{it} + \beta_a \text{age}_{it} + \beta_s \text{state}_{it} + \beta_e \text{EX}_{it}$$
$$+ \sum_m \delta_m \text{year}_m + \sum_n \lambda_n \text{reg}_n + \sum_k \xi_k \text{ind}_k + \varepsilon_{it}$$

其中，i 代表企业；j 代表行业；age 表示企业的年龄；state 表示企业是否为国有企业；EX 表示企业是否参与出口活动的虚拟变量。为了解决最小二乘估计过程中存在的同时性偏差和样本选择偏差，采用 Olley-Pakes 的半参数三步估计法。其中，状态变量为 $\ln K$ 和 age；控制变量为 state 和 EX；代理变量为企业的投资（$\ln I$）；其他变量如 year、reg 以及 ind 均为自由变量；而退出变量为 exit，该变量根据企业的生存经营情况生成。

根据确定的中国企业高质量发展（即全要素生产率）的解释变量，本节参照既有文献采用合适的指标衡量相关变量，具体而言，企业规模以企业员工总人数衡量，直接反映了企业规模大小；盈利能力则通过资产回报率来评估，该指标有效地揭示了企业利用总资产创造净利润的效能。企业年龄以成立年限计算，提供了企业历史积淀和经验的视角。

在资本结构方面，资产负债率被用来考察其对企业高质量发展的影响，揭示了企业债务融资的程度和风险水平。股权结构通过前十大股东持股比例来衡量，反映了企业股权的集中度和控制权分布。成长能力以营业收入增长率作为指标，展示了企业未来增长潜力和市场扩张能力。数字化转型的衡量则通过企业年报中的词频分析量化企业在数字化转型方面的努力和进展。外部融资能力通过财务费用与总负债比例来反映，揭示了企业筹集资金的成本和效率。研发投入作为衡量企业创新投入的重要指标，通过研发费用率来量化；而创新水平则通过专利申请数（加 1 后取对数）来衡量，直接体现了企业的创新产出和知识产权保护情况。资本密集度以总资

[①] 刘平峰，张旺. 2021. 数字技术如何赋能制造业全要素生产率？科学学研究，39（8）：1396-1406.

[②] Olley G S, Pakes A. 1996. The dynamics of productivity in the telecommunications equipment industry. econometrica, 64(6): 1263-1297.

产与营业收入的比值来计算,揭示了企业生产经营过程中的资本投入强度及其运营效率。同时进一步采用资产周转率来衡量企业运营效率,该指标反映了企业资产管理的效率和效果。独董比例作为公司治理结构的一部分,通过独立董事占董事会总人数的比值来量化,体现了企业治理的透明度和独立性。

在区域层面,市场化水平通过各地区的市场化指数来衡量,这一指数综合反映了地区内市场机制的完善程度、资源配置效率以及政府与市场的关系。互联网普及率则基于各地区互联网用户数占比来评估,揭示了地区信息技术发展的速度和广度,对区域经济活力和社会互动模式产生深远影响。知识存量作为区域创新能力的基石,通过每个地区普通高等学校本科毕业生人数取对数来衡量,这一指标不仅反映了地区教育资源的丰富程度,也预示着未来人才储备和创新潜力。同时,老龄化水平以 65 岁及以上人口占比来表征,揭示了地区人口结构的变化趋势及其对社会保障、劳动力市场等方面的挑战。城市人口密度和城市化水平则分别从物理空间和社会结构两个维度刻画了地区的城市化进程。前者通过各地区年末人口数除以总面积来计算,反映了城市人口在空间上的集聚程度;后者则以城市人口占比来衡量,揭示了地区人口向城市集中的趋势和城市化发展的阶段。综上,各指标及其说明如表 4.2 所示。

表 4.2 指标设定

分类	指标	指标说明	分类	指标	指标说明
企业层面	企业规模	员工总人数	企业层面	资本密集度	总资产/营业收入
	盈利能力	资产回报率予以衡量,该指标反映了企业利用其总资产获取净利润的能力		资产周转率	营业收入/资产平均总额
	企业年龄	企业成立年限		独董比例	独立董事/董事会人数
	资产负债率	负债总额/资产总额	区域层面	市场化水平	各地区市场化指数
	股权结构	前十大股东占比		知识存量	各地区普通高等学校本科毕业生人数取对数
	成长能力	营业收入增长率		城市人口密度	各地区年末人口数/总面积
	数字化转型	通过企业年报词频分析获得		互联网普及率	各地区互联网用户数占比
	外部融资能力	财务费用/总负债		老龄化水平	65 岁及以上人口占比
	研发投入	研发投入/营业收入		城市化水平	城市人口占比
	创新水平	发明专利申请数+1,取对数			

4.1.3 关键因素识别

1. 基准回归

各指标/变量的均值及标准差如表 4.3 所示。具体来看,被解释变量企业全要素生产率的均值为 6.6251，标准差为 0.8505，说明我国现代服务业上市企业的全要素生产率差异相对较小。在指标方面，数字化转型的标准差高达 60.2547，显著表明现代服务业企业在推进数字化转型的进程中展现出的较大差距，如领军型企业往往凭借其前瞻性战略眼光、雄厚的资金实力以及丰富的转型实践经验构建起较为完备的数字化生态体系，而中小企业多由于资源、技术、人才等方面的约束，面临着更多的挑战与不确定性。此外，成长能力、企业年龄及资本密集度的标准差分别为 5.8305、5.7701 和 4.4773，这些数据不仅反映了现代服务业上市企业发展阶段的多样性，也揭示了不同阶段企业在成长路径和资本运用策略上的根本性差异。具体而言，初创期企业往往受限于资金流、行业认知和市场经验的不足，倾向采取保守的资本投入策略，导致成长能力和资本密集度相对较低。相比之下，成熟期或扩张期的企业凭借丰富的行业经验、稳定的现金流和前瞻性战略规划，更倾向加大资本投入，提高资本密集度，以进一步拓展市场份额，增强市场竞争力。

表 4.3　变量描述性统计

变量	观测值	均值	标准差
全要素生产率	5 981	6.625 1	0.850 5
企业规模	5 981	4 656.503 0	12 763.790 0
盈利能力	5 981	0.029 5	0.096 8
企业年龄	5 981	17.895 5	5.770 1
资产负债率	5 981	0.383 1	0.195 2
股权结构	5 981	56.227 4	15.030 7
成长能力	5 981	0.328 0	5.830 5
数字化转型	5 981	37.313 5	60.254 7
外部融资能力	5 981	−0.001 4	0.052 2
研发投入	5 981	0.080 5	0.111 0
创新水平	5 981	1.962 2	1.606 5
资本密集度	5 981	2.823 1	4.477 3
资产周转率	5 981	0.585 3	0.577 4
独董比例	5 981	0.378 5	0.052 7
市场化水平	5 981	10.241 7	1.445 0
知识存量	5 981	11.951 1	0.461 3
城市人口密度	5 981	1 112.588 0	1 075.037 0
互联网普及率	5 981	0.714 7	0.118 5
老龄化水平	5 981	0.126 4	0.030 6
城市化水平	5 981	0.739 5	0.121 5

以上述样本数据为基础，借鉴冯根福等[①]贡献度指标计算方式，本节使用MQ指标分析企业高质量发展主要决定因素的结果，如表4.4所示。

表4.4 现代服务业上市企业高质量发展主要决定因素检验结果

变量	回归结果	MQ指标
企业规模	0.000** (0.00)	43.880%
盈利能力	0.667*** (0.14)	0.286%
企业年龄	0.006*** (0.00)	0.150%
资产负债率	0.390** (0.13)	0.405%
股权结构	0.002 (0.00)	0
成长能力	0.001** (0.00)	0.004%
数字化转型	0.001*** (0.00)	0.636%
外部融资能力	0.104 (0.19)	0
研发投入	−1.743*** (0.23)	2.577%
创新水平	−0.009 (0.01)	0
资本密集度	−0.010 (0.01)	0
资产周转率	0.589*** (0.03)	8.137%
独董比例	−0.014 (0.13)	0
市场化水平	0.028** (0.01)	0.158%
知识存量	0.117** (0.05)	0.301%
城市人口密度	0.000** (0.00)	5.509%
互联网普及率	−0.056 (0.11)	0

---

① 冯根福，郑明波，温军，等. 2021. 究竟哪些因素决定了中国企业的技术创新：基于九大中文经济学权威期刊和A股上市公司数据的再实证. 中国工业经济，(1)：17-35.

续表

变量	回归结果	MQ 指标
老龄化水平	0.772** (0.33)	0.038%
城市化水平	0.278 (0.17)	0
残差项		28.827%
常数项	3.703*** (0.63)	0.079%
年份	控制	9.012%
N	5971	
r^2	0.5512	

注：括号内为标准误；企业和年份固定效应均已控制；年份变量的贡献度等于其虚拟变量贡献度之和 **和***分别代表 5%和 1%的显著性水平

回归结果显示，盈利能力、企业年龄、资产负债率、成长能力、数字化转型、资产周转率、市场化水平、知识存量和老龄化水平与企业高质量发展显著正相关，表示利润率更高、成立更久、资产负债率较高、数字化转型程度更高、资产周转率更高、市场化水平更高的企业高质量发展水平往往更高（即有更高的全要素生产率）。相反，研发投入与企业高质量发展显著负相关，即意味着研发投入对企业高质量发展造成了负向影响。值得注意的是，尽管面板固定效应模型通过统计显著性表明了变量的重要性，但并没给出变量之间的相对重要性。

2. 指标重要性分析

如表4.4所示，本节进一步根据 MQ 指标评价企业高质量发展的主要决定因素。

从区域层面来看，城市人口密度、知识存量、市场化水平和老龄化水平是影响现代服务业上市企业高质量最重要的区域决定因素，其 MQ 指标分别达5.509%、0.301%、0.158%和 0.038%。其中，城市人口密度作为衡量地区经济活力与社会结构的重要指标，其大小直接映射出经济活动的密集程度与繁荣状况。通常来说，在人口密度高的城市中，各类经济要素和资源得以更加紧密聚集，促进了产业链的完善与市场的细分，进而为现代服务业企业的蓬勃发展提供了肥沃的土壤。同时，现代服务业"以人为本"的特征使得其供需两端对"人"的需求较其他产业更为显著。一方面随着人口数量的增加，服务需求市场的规模及服务产品多样性都不断增加，为现代服务业企业提供了丰富的业务机会和增长潜力。另一方面，人口密度高的城市也往往为现代服务业企业尤其是劳动密集型企业提供了更为充足的劳动力资源。

知识存量尤其是高等教育资源的丰富程度，是衡量一个地区知识资本与创新能力的重要标尺。它不仅反映了地区在科研、教育及知识传播方面的综合实力,还直接决定了该地区的人才储备质量和创新潜力。在现代服务业快速发展的背景下,高等教育资源的丰富意味着源源不断的高素质人才供给,这些人才不仅是推动技术革新和产业升级的核心力量,也是现代服务业企业持续创新和升级的重要支撑。他们带来的新思想、新技术和新方法能够不断激发企业的创新活力,推动服务模式的创新和服务品质的提升,从而满足市场日益多元化和个性化的需求。

市场化水平的高低是衡量一个地区经济运行机制成熟度和资源配置效率的关键指标。在高度市场化的环境中,资源能够按照市场规律自由流动,实现优化配置,这为发展迅速及竞争激励的现代服务业提供了极大的助力。此外,老龄化水平作为社会结构变化的一个重要方面,对现代服务业的发展提出了新的挑战与机遇。随着老年人口比重的增加,养老服务、健康管理等细分领域的需求日益凸显。这不仅要求现代服务业企业在服务设计和商业模式上进行相应的调整与创新,以满足老年人群体的特殊需求;同时为企业提供了新的增长点和发展空间。通过开发适合老年人的服务产品和项目,企业不仅能够满足市场需求,还能够在老龄化社会中实现可持续发展。

从企业层面看,企业规模和资产周转率是影响企业高质量发展最重要的变量,贡献度分别达43.880%和8.137%。其中,大型企业相较于中小企业往往拥有更为丰富的资源储备、更广泛的业务布局和更强的品牌影响力,这使得它们能够在市场竞争中占据有利地位,通过规模效应降低成本、提高效率。同时,大型企业也具备更强的创新能力和抗风险能力,能够不断推出新产品、新技术,满足市场多元化需求,并有效应对市场波动和行业变革。资产周转率则体现了企业资产管理和运营效率的高低。在相同资产规模下,资产周转率越高意味着企业资产利用效率越高,单位资产能够产生更多的收入和利润。这不仅有助于提升企业的经济效益和市场竞争力,还能够促进企业的持续发展和创新。

此外,结果显示年份固定效应的 MQ 指标高达 9.012%,说明宏观经济周期性因素冲击对企业高质量发展十分重要。残差项的 MQ 指标为 28.827%,即表明还有其他影响企业高质量发展的因素没有纳入本节的模型中,未来可进一步进行探索。

3. 异质性讨论

本节进一步将样本企业划分为国有企业和非国有企业两组,各组 MQ 指标如表 4.5 所示。结果直观揭示了国有企业与非国有企业在推动高质量发展上展现出的截然不同的特征。在国有企业组,贡献度排名前五的依次为企业规模、资产周转率、知识存量、股权结构、资产负债率。这揭示了现代服务业国有企业的高质量发展不仅依赖于其庞大的体量和高效的资产运营能力,还显著受到外部区域环境中知识存量的助力,体现了其对区域知识资源和创新氛围的敏感性与依赖性。

同时，国有企业作为国民经济的中流砥柱与社会稳定的基石，其发展过程中享受着天然的资源优势与政策红利，这使其在财政扶持、政策倾斜等方面较非国有企业更具优势，也相应地承担了更多社会责任及服务于国家发展战略的重任。

表 4.5　现代服务业上市企业高质量发展主要决定因素产权性质异质性

变量	国有企业		非国有企业	
	回归结果	MQ 指标	回归结果	MQ 指标
企业规模	0.000*** （0.00）	48.956%	0.000*** （0.00）	6.064%
盈利能力	1.750*** （0.20）	0.923%	0.537*** （0.10）	0.011%
企业年龄	0.003 （0.00）	0	0.428*** （0.10）	61.936%
资产负债率	0.602*** （0.11）	1.070%	0.362*** （0.08）	0.015%
股权结构	0.006*** （0.00）	1.527%	0.002 （0.00）	0
成长能力	0.000 （0.00）	0	0.005 （0.00）	0
数字化转型	0.000 （0.00）	0	0.001*** （0.00）	0.076%
外部融资能力	0.143 （0.27）	0	-0.046 （0.18）	0
研发投入	-1.702*** （0.34）	0.691%	-1.771*** （0.27）	0.154%
创新水平	0.004 （0.01）	0	-0.018 （0.01）	0
资本密集度	-0.040** （0.02）	1.054%	-0.008 （0.00）	0
资产周转率	0.872*** （0.08）	7.108%	0.527*** （0.03）	0.396%
独董比例	-0.133 （0.18）	0	0.026 （0.13）	0
市场化水平	0.033 （0.02）	0	0.027*** （0.01）	0.012%
知识存量	0.409** （0.14）	2.675%	0.003 （0.11）	0
城市人口密度	0.000 （0.00）	0	0.000 （0.00）	0
互联网普及率	-0.330** （0.14）	0.136%	0.059 （0.07）	0

续表

变量	国有企业		非国有企业	
	回归结果	MQ 指标	回归结果	MQ 指标
老龄化水平	3.016*** (0.62)	0.610%	0.729 (0.50)	0
城市化水平	0.067 (0.19)	0	0.218 (0.28)	0
残差项		30.378%		18.400%
常数项	0.093 (1.49)	0.001%	0.000 (.)	0
时间	控制	4.872%	控制	12.937%
N	1 584		4 363	
r^2	0.700		0.554	

注：括号内为标准误；企业和年份固定效应均已控制；年份变量的贡献度等于其虚拟变量贡献度之和；**和***分别代表 5% 和 1% 的显著性水平

反观非国有企业组，其高质量发展的前五大变量依次为企业年龄、企业规模、资产周转率、研发投入与数字化转型，这一系列因素更多聚焦企业自身的成长历程、运营效率、创新能力及战略转型上。对比来看，非国有企业高质量发展更多地依赖于自身状态的优化与提升。在区域影响因素方面，非国有企业则主要受区域市场化水平的制约与促进，这表明它们更加灵活地适应市场变化，寻求在更加开放和竞争的环境中寻找发展机遇。

4.2 现代服务业企业高质量发展组态分析

4.2.1 研究设计

本章第 1 节贡献度分析结果即 MQ 指标成功验证了企业规模[1]、研发投入[2]、数字化转型[3]等企业因素及城市人口密度[4]、市场化水平[5]、老龄化水平[6]等地区因素对企业高质量发展的显著性和重要性，但基于线性视角的单因素重要性分析

---

[1] 谢谦, 刘维刚, 张鹏杨. 2021. 进口中间品内嵌技术与企业生产率. 管理世界, 37（2）: 66-80, 6, 22-23.
[2] 黄先海, 高亚兴. 2023. 数实产业技术融合与企业全要素生产率: 基于中国企业专利信息的研究. 中国工业经济,（11）: 118-136.
[3] 张瑞琛, 杨景涵, 温磊. 2023. 数字化转型能促进企业的高质量发展吗? 基于内部控制和社会责任的双视角. 会计研究,（10）: 129-142.
[4] 谢婷婷, 张辉. 2024. 土地供给约束、工业用地优化配置与企业效率: 来自耕地保护政策的证据. 经济研究, 59（5）: 190-208.
[5] 吕越, 谷玮, 包群. 2020. 人工智能与中国企业参与全球价值链分工. 中国工业经济,（5）: 80-98.
[6] 苑泽明, 范琳, 史方, 等. 2023. 无形资产实力与高质量发展: 来自企业与区域层面的经验证据. 会计研究,（9）: 3-20.

无法对相同环境下不同组织发展结果提供更具说服力的解释[①]，单因素分析中与企业高质量发展相关性不显著的影响因素可能以组态的形式强烈地影响了企业高质量发展。以此为基础，本节基于组态视角，选取 fsQCA 法进一步探索现代服务业上市公司复杂组态，通过多轮分析筛选出对企业高质量发展影响因素最大的核心条件及其组合，并依次回答以下问题，影响现代服务业企业高质量发展的因素及组合有哪些？在组态视角下各影响因素的重要程度如何？

1. 研究方法

fsQCA 法是一种基于集合论的数据分析方法，其能够发现因果关系中的多重并发和因果非对称现象，在管理学诸多领域的研究中得到了广泛的应用[②]。其中，必要条件和充分条件的分析显示了不同因素如何在结果中相互作用，即将各因素并列考虑，而非独立或综合研究。该方法使得区分哪些条件是结果发生的必要条件和/或充分条件成为可能[③]。借鉴王瑞等[①]的研究，本节将组态模型中总体覆盖度作为衡量模型解释力的指标。同时，除去对最终组态结果进行分析外，我们延续判断标准，认为最早被剔除的条件变量对组态结果的重要性最低，以此类推，形成最终的组态重要性排序。

2. 研究样本与数据来源

基于本章第 1 节样本筛选结果，为了揭示不同因素在影响现代服务业企业高质量发展方面的相互作用，我们选取 2022 年现代服务业上市企业作为研究对象，最终保留 1007 家现代服务业上市企业。

在数据来源方面，本节延续本章第 1 节变量设置，组态分析过程中采用企业全要素生产率衡量企业高质量发展的结果，并采用从现有文献中整理出的 19 个影响因素作为条件变量，数据来源如前文所述，此处不再赘述。

4.2.2 变量校准及必要性检验

1. 变量校准

根据 fsQCA 法的操作，有必要对变量进行校准。校准是将变量转化为集合，给案例赋予集合隶属度的过程[④]。这种隶属关系通过理论知识和实际经验设定"完全隶属""交叉点"和"完全不隶属" 3 个临界值，转变后的集合隶属度为 0～1。

[①] 王瑞，綦良群，王莉静. 2024. 中国企业技术创新的影响因素及复杂组态分析. 科研管理, 45（3）：42-52.

[②] de Crescenzo V, Botella-Carrubi D, Rodríguez García M. 2021. Civic crowdfunding: a new opportunity for local governments. Journal of Business Research, 123: 580-587.

[③] Rodrigo L, Ortiz-Marcos I, Palacios M, et al. 2022. Success of organisations developing digital social innovation: analysis of motivational key drivers. Journal of Business Research, 144: 854-862.

[④] 杜运周，贾良定. 2017. 组态视角与定性比较分析（QCA）：管理学研究的一条新道路. 管理世界, 33（6）：155-167.

Ragin 提出了 3 种校准方法：直接赋值法、直接校准法和间接校准法[①]。其中，直接校准法运用了统计模型，更凸显正式化，是最为常用的校准方法。以此为基础，考虑到本节研究所采用的变量没有统一理论标准，因此参考 Fiss[②]的研究，采用案例样本描述性统计的上四分位数（75%）、中位数和下四分位数（25%）分别设置条件变量及结果变量完全隶属、交叉点和完全不隶属的三个校准点。同时，为了避免案例难以归类而不被纳入分析影响结果，本节将除 1 以外的值整体向右平移 0.001 个单位。数据的描述性特征和校准标准如表 4.6 所示。

表 4.6　变量描述性特征

分类	变量	均值	标准差	最小值	最大值	完全隶属	交叉点	完全不隶属
企业层面	企业规模	4 694.430	15 031.220	81.000	280 680.000	3 358.000	1 354.000	652.000
	盈利能力	0.021	0.090	−0.778	0.644	0.064	0.028	0
	企业年龄	19.749	6.012	6.000	43.000	23.000	20.000	15.000
	资产负债率	0.385	0.206	0.019	1.718	0.523	0.359	0.220
	股权结构	54.642	16.151	12.650	94.880	66.020	55.250	43.675
	成长能力	0.109	0.516	−0.724	7.298	0.202	0.041	−0.105
	独董比例	0.380	0.053	0.222	0.625	0.429	0.375	0.333
	数字化转型	39.679	61.552	0	426.000	51.000	14.000	3.000
	研发投入	0.103	0.159	0	3.237	0.127	0.064	0.035
	创新水平	1.759	1.501	0	7.475	2.833	1.792	0
	资本密集度	2.902	2.249	0.158	28.450	3.453	2.298	1.615
	外部融资能力	−0.010	0.054	−0.783	0.242	0.014	0.000	−0.015
	资产周转率	0.549	0.458	0.034	6.132	0.645	0.452	0.292
区域层面	市场化水平	11.283	1.386	1.126	12.864	12.420	11.784	10.444
	知识存量	12.089	0.485	8.752	12.745	12.616	12.052	11.787
	城市人口密度	1 167.691	1 118.497	2.963	3 903.500	1 330.852	704.341	643.635
	老龄化水平	0.152	0.030	0.059	0.200	0.179	0.151	0.149
	互联网普及率	0.808	0.069	0.647	0.898	0.898	0.767	0.757
	城市化水平	0.763	0.104	0.374	0.893	0.876	0.748	0.710
结果变量	高质量发展	6.692	0.872	4.830	10.706	7.199	6.584	6.075

---

① Ragin C C. 2014. The Comparative Method: Moving Beyond Qualitative and Quantitative Strategies. Oakland: University of California Press.

② Fiss P C. 2011. Building better causal theories: a fuzzy set approach to typologies in organization research. Academy of Management Journal, 54(2): 393-420.

2. 必要性检验

在 fsQCA 法中，须对条件变量进行必要性检验。其中必要条件关系考察的是结果相同的案例是否具有一致的前因条件，即关注单个前因条件的约束作用。参考王永贵的《管理研究方法 理论、前沿与操作》一书，通常当必要性关系一致性得分大于 0.9 时，认为条件的必要性关系存在。如表 4.7 所示，在结果变量高及非高的情境下，对于全部条件变量，无论其处于高/低任一状态，一致性均未超过 0.9 的判断标准，即表明本研究选取的条件变量不能独立导致预期结果的发展。通俗地说，在所选取的条件变量中不存在"卡脖子"条件。同时，考虑到所选取的条件变量与结果变量在数量上存在较大差距，仅采用一致性进行判断可能会导致必要性检验失效，因此额外引入覆盖度和 Schneider 和 Wagemann 提出的必要的相关性（relevance of necessity，RoN）两个指标[①]，结果如表 4.7 所示。

表 4.7 现代服务业企业高质量发展单因素必要性检验

变量名称	条件变量高			条件变量非高		
	一致性	RoN	覆盖度	一致性	RoN	覆盖度
企业规模	0.686	0.777	0.698	0.417	0.614	0.403
盈利能力	0.622	0.722	0.616	0.463	0.650	0.460
企业年龄	0.585	0.708	0.584	0.500	0.661	0.493
资产负债率	0.665	0.743	0.656	0.431	0.639	0.429
股权结构	0.554	0.687	0.548	0.532	0.682	0.529
成长能力	0.619	0.716	0.609	0.477	0.659	0.476
独董比例	0.502	0.703	0.527	0.589	0.667	0.553
数字化转型	0.511	0.692	0.524	0.574	0.676	0.551
研发投入	0.399	0.631	0.401	0.704	0.758	0.689
创新水平	0.577	0.68	0.556	0.519	0.692	0.529
资本密集度	0.381	0.628	0.385	0.729	0.768	0.709
外部融资能力	0.594	0.703	0.584	0.502	0.671	0.502
资产周转率	0.726	0.776	0.716	0.381	0.620	0.380
市场化水平	0.502	0.707	0.531	0.572	0.655	0.534
知识存量	0.477	0.696	0.505	0.605	0.669	0.564
城市人口密度	0.575	0.688	0.561	0.516	0.683	0.520
老龄化水平	0.569	0.673	0.546	0.526	0.700	0.540
互联网普及率	0.607	0.685	0.577	0.505	0.695	0.523
城市化水平	0.584	0.697	0.574	0.525	0.682	0.525

---

① Schneider C Q, Wagemann C. 2012. Set-Theoretic Methods for the Social Sciences: A Guide to Qualitative Comparative Analysis. Cambridge: Cambridge University Press.

如表 4.7 所示,首先对于全部条件变量,无论其处于高或者低状态,一致性均未超过 0.9 的判断标准,表明研究所选取的条件变量均不能独立导致结果的产生,即不要求特定条件必须存在结果才会出现。其次,在模糊集中,覆盖度是通过前因条件与结果的交集隶属度总和/前因条件集合隶属度总和予以测算,反映了前因条件在解释结果中的重要性。在本节中,条件变量处于高状态时,除资本密集度及研发投入外指标覆盖率均大于 0.5。当条件变量处于非高状态时,除资产周转率外,指标覆盖率均大于 0.4,近七成指标覆盖度大于 0.5,变量选取具有较好的解释力。最后,RoN 指标均在 0.6 以上,大于 0.5,说明本节所选取的案例有效,条件变量选取质量较高。

4.2.3 简单定性比较分析

1. 简单整体分析

结合样本数量及变量情况,将一致性门槛设定为 0.8,PRI(proportional reduction in inconsistency,不一致性的比例减少)门槛设为 0.7,案例门槛数量设为 2,对全部条件变量进行一次性定性比较分析(qualitative comparative analysis,QCA),共得到 20 种条件组合,具体如表 4.8 所示。

表 4.8 现代服务业企业高质量发展条件组态简单整体分析

	项目	I				II			III						IV				V		VI
	排序	1	2	3	4	5	6	7	8	9	10	11	12	13	14	15	16	17	18	19	20
区域层面	市场化水平	●	●	●	●	●	●	●	⊗	⊗	⊗	⊗	⊗	⊗	●	●	●	●	●	●	⊗
	知识存量	●	●	●	●	⊗	⊗	⊗	●	●	●	●	●	●	●	●	●	●	●	●	●
	城市人口密度	●	●	●	●	●	●	●	●	●	●	●	●	●	●	●	●	●	⊗	⊗	⊗
	老龄化水平	⊗	⊗	⊗	⊗	⊗	⊗	⊗	⊗	⊗	⊗	⊗	⊗	⊗	⊗	⊗	⊗	⊗	⊗	⊗	●
	互联网普及率	●	●	●	●	●	●	●	●	●	●	●	●	●	⊗	⊗	⊗	⊗	●	●	●
	城市化水平	●	●	●	●	●	●	●	●	●	●	●	●	●	●	●	●	●	●	●	●
企业层面	企业规模	●	●	●	●	●	⊗	●	●	⊗	●	⊗	●	⊗	●	●	●	●	●	●	●
	盈利能力	●	⊗	⊗	●	⊗	●	⊗	●	⊗	●	⊗	●	⊗	●	⊗	●	⊗	●	⊗	●
	企业年龄	●	●	●	●	●	●	●	●	●	●	●	●	●	●	●	●	●	●	●	●
	资产负债率	⊗	⊗	⊗	⊗	⊗	⊗	⊗	⊗	⊗	⊗	⊗	⊗	⊗	⊗	⊗	⊗	⊗	⊗	⊗	⊗
	股权结构	●	●	●	●	●	●	●	●	●	●	●	●	●	●	●	●	●	●	●	●
	成长能力	⊗	⊗	⊗	⊗	⊗	⊗	⊗	⊗	⊗	⊗	⊗	⊗	⊗	⊗	⊗	⊗	⊗	⊗	⊗	⊗
	独董比例	⊗	⊗	●	●	●	⊗	●	●	●	⊗	●	⊗	●	●	●	●	●	⊗	●	⊗

续表

项目		I				II			III						IV				V		VI
排序		1	2	3	4	5	6	7	8	9	10	11	12	13	14	15	16	17	18	19	20
企业层面	数字化转型	●	⊗	●	●	⊗	⊗	⊗	●	⊗	⊗	●	⊗	●	●	⊗	⊗	●	⊗	●	⊗
	研发投入	⊗	⊗	⊗	⊗	⊗	⊗	⊗	⊗	⊗	⊗	⊗	●	⊗	⊗	●	⊗	⊗	●	⊗	⊗
	创新水平	●	⊗	●	●	●	●	●	●	●	●	●	⊗	●	⊗	⊗	●	⊗	●	●	●
	资本密集度	⊗	●	⊗	⊗	⊗	⊗	⊗	⊗	⊗	●	⊗	●	⊗	●	●	⊗	●	⊗	⊗	⊗
	外部融资能力	⊗	●	●	●	⊗	⊗	⊗	⊗	●	⊗	⊗	⊗	⊗	●	⊗	⊗	●	●	⊗	●
	资产周转率	●	⊗	●	●	⊗	⊗	⊗	⊗	●	●	⊗	⊗	⊗	●	⊗	⊗	●	⊗	●	⊗

一致性为 0.892；覆盖度为 0.114

注：⊗表示条件缺失；●表示条件存在

在区域层面共识别出了六条不同的条件组态，其中组态Ⅰ和组态Ⅱ中均只有一个条件处于低水平，分别反映了区域在低老龄化水平或低知识存量状态下企业高质量发展的不同组合，同时相比于其他四类，该两组覆盖的案例所处区域在促进企业高质量发展上有较好的表现。组态Ⅲ处于低市场化水平、低知识存量组态Ⅳ处于低互联网普及率、低城市化水平。在企业层面共出现了 10 条不同的路径。组态Ⅴ和Ⅵ在区域层面出现了较多低水平变量表现，共同反映了区域层面保障不足的状态下企业高质量发展的不同路径。同时，聚焦于企业层面变量，并不存在与企业高质量发展结果高度吻合的单因素，也佐证了企业高质量发展的复杂性和多维度特性，即企业的高质量发展并不是单一因素所能驱动，而是多种因素相互作用、共同促进的结果。

2. 重要性指标分析

尽管简单 QCA 分析揭示了不同区域环境下现代服务业企业高质量发展路径，且佐证了企业高质量发展的多因素影响特性，但由多案例和复杂条件变量导致的低覆盖度问题十分明显，仅为 0.114，现有条件组合对结果实现的解释程度有限。结合前文影响因素贡献度分析结果，我们选取被评估为重要的经济指标，其组态结果如表 4.9 所示，其中组态 A、组态 B 与Ⅳ表现出一致性；组态 C、组态 D 与组态Ⅰ表现出一致性；组态 E 与组态Ⅴ表现出一致性；组态 F、组态 G 与组态Ⅱ表现出一致性；组态 H 与组态Ⅲ表现出一致性；组态 I 与组态Ⅵ表现出一致性。可见重要性指标分析所形成的 36 个复杂解与简单整体分析相对应，且组态覆盖度为 0.319，高于简单整体分析，即表明采用重要性指标作为条件变量的质量更高。

第4章　现代服务业企业高质量发展的组态路径研究

表4.9　现代服务业企业高质量发展条件组态重要性指标分析

项目		A			B	C			D		E		F			G			
	排序	1	2	3	4	5	6	7	8	9	10	11	12	13	14	15	16	17	18
区域层面	市场化水平	●	●	●	●	●	●	●	●	●	●	●				●	●	●	●
	知识存量	●	●	●	●	●	●	●			⊗	⊗	⊗	⊗	⊗	⊗	⊗	⊗	⊗
	城市人口密度	●	●	●	●	●	●	●			⊗	⊗	●	●	●	●	●	●	●
	老龄化水平	●	●		⊗	⊗	⊗	⊗	⊗	⊗									
企业层面	企业规模	●	⊗	●	●								●		●				
	盈利能力	⊗	⊗													⊗		⊗	⊗
	企业年龄	●	⊗			⊗		⊗		●				●	●	●		●	
	资产负债率																		
	成长能力	⊗	●	●	⊗	●	●	●								⊗			
	数字化转型		⊗	⊗		⊗		⊗		●		⊗			⊗		⊗		
	研发投入	⊗	⊗	⊗	⊗	⊗	⊗	⊗	⊗	⊗	●		⊗	⊗		⊗			
	资产周转率	●																⊗	

项目		G	H										I				J		
	排序	19	20	21	22	23	24	25	26	27	28	29	30	31	32	33	34	35	36
区域层面	市场化水平	●	⊗	⊗	⊗	⊗	⊗	⊗	⊗	⊗	⊗	⊗	⊗	⊗	⊗	⊗	⊗	⊗	⊗
	知识存量	⊗	⊗	⊗	⊗	⊗	⊗	⊗	⊗	⊗	⊗	⊗	●	●	●	●	●	●	●
	城市人口密度	●	●	●	●	●	●	●	●	●	●	●	⊗	⊗	⊗	⊗	●	●	●
	老龄化水平		●	●	●	●	●	●	●	●	●	●							
企业层面	企业规模	⊗																	
	盈利能力	●		⊗	●	●	●	●	⊗	●	●	●	⊗						
	企业年龄	⊗		⊗		●		●	⊗			●		●			⊗		
	资产负债率		●		●				●		⊗		●						
	成长能力																		⊗
	数字化转型	⊗		●		⊗	●	●					⊗	⊗	⊗	⊗	●	●	●
	研发投入	⊗	⊗	⊗				⊗					⊗	⊗			⊗	⊗	⊗
	资产周转率	●	●		●	●	●	●	●	●	●	●	●	●	●	●	●		●

一致性为0.884；覆盖度为0.319

注：⊗ 表示条件缺失；● 表示条件存在

4.2.4　复杂定性比较分析

进一步分析各变量的重要程度，考虑到单一因素重要性分析的局限性及各影响因素的组合效果，本节借鉴王瑞等①的研究，将 QCA 中总体覆盖度视为衡量模型解释力的指标，对于考察全部条件变量的组态分析模型，减少任意一个条件变量都会促使总体覆盖度的提升，故通过逐轮减少条件变量的方式完成最优组合的筛选。本节以 MQ 指标为筛选标准，从低到高筛选条件变量，同时为了保证结果合理性，进一步采用多轮次筛选（即每一轮剔除覆盖度增加值最大的条件变量），具体内容如下。

1. 贡献度排序筛选

如表 4.10 所示，第一轮为初始轮次，即仅采用被评估为重要的 12 个变量，所形成的组态结果如前文所示，此结果下覆盖度为 0.319。随后，按照本章第 1 节计算出的重要性排序，率先剔除 MQ 处于末尾的变量（成长能力），对剩余的 11 个变量重复 QCA 组态操作，组态结果覆盖度为 0.386。重复操作到剔除市场化水平后覆盖度指标达到最大 0.520，进一步减少条件变量将导致覆盖度降低，根据这一筛选结果，企业层面的企业规模、资产周转率、研发投入、数字化转型、资产负债率、盈利能力及区域层面的城市人口密度、知识存量为贡献度筛选结果下现代服务业高质量发展最重要的条件变量。

表 4.10 基于贡献度排序的现代服务业企业高质量发展条件组态筛选结果

筛选轮次	剔除变量	MQ 指标	覆盖度
第一轮			0.319
第二轮	成长能力	0.004	0.386
第三轮	老龄化水平	0.038	0.414
第四轮	企业年龄	0.150	0.495
第五轮	市场化水平	0.158	0.520
第六轮	盈利能力	0.286	0.479
第七轮	知识存量	0.301	0.450

2. 多轮次筛选

为确保组态最优，进一步进行多轮次筛选。与贡献度排序筛选相一致，将第一轮作为初始轮次，以覆盖率 0.319 作为起始值。在第二轮筛选过程中，随机剔除 12 个变量中的任一变量，分别计算 12 种不同组合下 QCA 组态覆盖度，并选取覆盖度提升最大的组合作为第三轮的"初始轮次"，为方便展示，仅列出第二轮到第四轮筛选详细结果，如表 4.11 所示。当剔除到第五轮时覆盖度达到最大为 0.507，进一步减少条件变量将导致覆盖度降低，即多轮次筛选方法下，企业层面

---

① 王瑞，綦良群，王莉静. 2024. 中国企业技术创新的影响因素及复杂组态分析. 科研管理，45（3）：42-52.

的企业规模、资产周转率、研发投入、资产负债率、盈利能力、成长能力及区域层面的城市人口密度、老龄化水平为现代服务业高质量发展最重要的条件变量。

表 4.11 多轮次筛选方法下现代服务业企业高质量发展条件组态筛选结果

第二轮		第三轮		第四轮	
剔除变量	覆盖度	剔除变量	覆盖度	剔除变量	覆盖度
企业规模	0.385	企业规模	0.405	企业规模	0.456
资产周转率	0.356	资产周转率	0.407	资产周转率	0.407
城市人口密度	0.341	城市人口密度	0.393	城市人口密度	0.454
研发投入	0.353	研发投入	0.387	研发投入	0.393
数字化转型	0.389				
资产负债率	0.373	资产负债率	0.405	资产负债率	0.424
知识存量	0.357	知识存量	0.423	知识存量	0.469
盈利能力	0.359	盈利能力	0.400	盈利能力	0.416
市场化水平	0.355	市场化水平	0.414	市场化水平	0.464
企业年龄	0.386	企业年龄	0.449		
老龄化水平	0.341	老龄化水平	0.401	老龄化水平	0.279
成长能力	0.386	成长能力	0.420	成长能力	0.462

3. 最优组态选取

不同方式下覆盖度变化情况如图 4.2 和表 4.12 所示，其中以贡献度为标准筛选所得结果覆盖度最高，我们将其作为最优条件组合，并绘制不同方式下条件变量重要性排序。其中，企业层面的企业规模、研发投入、资产负债率、盈利能力及区域层面的城市人口密度在不同方式下排名均为 1，数字化转型、知识存量、企业年龄、成长能力等则差距较大。

基于上述分析，本节选取区域层面的人口密度、知识存量及企业层面的企业规模、资产周转率、研发投入、数字化转型、资产负债率、盈利能力作为现代服务业企业高质量发展分析的条件变量。

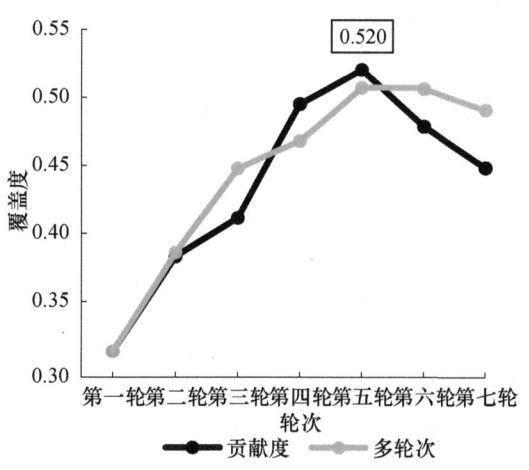

图 4.2 组态模型总体覆盖度优化过程

表 4.12　组态模型变量重要性排序

条件变量	MQ 指标	重要性排序（贡献度）	重要性排序（多轮次）
企业规模	34.996	1	1
城市人口密度	8.137	1	1
资产周转率	5.509	1	7
研发投入	2.577	1	1
数字化转型	0.636	1	12
资产负债率	0.405	1	1
知识存量	0.301	1	10
盈利能力	0.286	1	1
市场化水平	0.158	9	9
企业年龄	0.150	10	11
老龄化水平	0.038	11	1
成长能力	0.004	12	8

从变量隐含信息来看，城市人口密度作为区域层面关键指标之一，不仅体现了地区单位面积内的常住人口规模，还间接反映了服务业市场的潜在需求大小。由于服务产品的即时性特征，即生产与消费往往同步进行，形成了"小服务圈"现象。尽管科技进步与产业结构升级，特别是实时通信与高效物流的发展，已在一定程度上打破了这种地域限制，拓宽了服务产品的覆盖面，并延长了其生命周期，但现代生活服务业、现代商贸服务业及现代公共服务业等领域仍保留着一定的地域服务圈特性。因此，城市人口密度成为衡量企业所在地区市场需求规模的重要指标，同时，高密度的人口也为企业提供了丰富的劳动力资源，满足了现代服务业对高技能劳动力的需求，从而进一步推动了企业的高质量发展。另外，当前现代服务业服务产品逐步向"知识密集型"转变，尤其随着新产业、新业态、新模式的出现，现代服务业企业愈发减少对自然资源等传统物质资源的依赖，转而更加倚重于知识、技术等可持续再生的资源。这一转变不仅体现了现代服务业对创新驱动发展的深刻践行，也凸显了知识在推动产业升级和经济转型中的核心作用。在此背景下，知识存量成为衡量一个区域高素质人才供给能力及知识资源储备的重要指标，它直接关联到现代服务业的创新能力、竞争力和可持续发展潜力。因此，加强知识积累、提升人才素质、促进知识共享与转化对推动现代服务业高质量发展具有重要意义。

聚焦企业层面影响因素，企业高质量发展结果通常与企业自身资源及能力高度相关。其中企业规模常以总资产、员工数量、市场份额或年度收入等指标来衡量，反映了企业在行业中的相对大小和综合实力。大型企业往往具有更强的品牌影响力、更广泛的业务覆盖和更深的行业渗透力。考虑到现代服务业"以人为本"的特点，资产规模大的企业并不必然提供大规模的服务供给，因此我们采用企业员工人数衡量现代服务业企业规模。资产周转率是企业一定时期内的营业收入净额与平均资产总额之比，它反映了企业整体运营效率的高低。高资产周转率意味着企业能够有效地利用其资产进行生产经营活动，快速实现资金的回笼和再投资。尤其在产业加速发展及国际竞争加剧的当下，现代服务业企业高质量发展要求企业不仅应具有充足资源，还应具备高效运营的能力。资产负债率是企业总负债与总资产之比，它揭示了企业资产结构中债务融资所占的比例，是反映企业资产结构的有效指标。财务研究通常认为合理的资产负债率能够帮助企业充分利用财务杠杆效应，提高资金利用效率。但过高的资产负债率也可能增加企业的财务风险，影响企业的稳健经营，此外资产负债率也在一定程度上反映了企业财务资源的储备。企业盈利能力是衡量企业经营成果的重要指标，其不仅直接影响企业的财务健康状况，还对企业的长期发展和市场竞争力起到关键作用。在现代服务业中，企业需要通过优化成本结构、提高服务质量和创新商业模式等方式，提升盈利能力，以支持企业的高质量发展。

另外，当前企业所处的发展环境正经历着前所未有的深刻变革，数据处理能力已从KB级飞跃至PB级乃至更高量级，标志着人类社会正大步迈入一个以"数据"为核心驱动力的全新纪元[①]。在此背景下，党的二十大报告高瞻远瞩地提出了"加快实施创新驱动发展战略"[②]，强调要推动大数据、人工智能、云计算、区块链等前沿数字技术的持续创新与迭代，并促进这些技术与实体经济的深度融合，使其成为构筑我国现代化经济体系不可或缺的强劲动力[③]。其中，数字化转型是促进数字技术创新应用、推动传统产业转型升级不可或缺的一环。尤其对于现代服务业企业而言，在数字化转型过程中，数字技术会改变企业内外部现状（如改变消费者行为和预期、打破竞争格局、提高数据的可用性等），触发企业的战略反应，改变企业价值创造的路径，进而提升企业的运营效率和组织绩效[④]。研发投入是衡量现代服务业企业对创新关注程度的重要指标。通过加大研发投入，企业能够紧跟技术前沿，不断引进吸收新技术、研发新产品、优化服务质量，从而确保在激烈的市场竞争中保持技术领先与竞争优势，为现代服务业企业的高质量发展奠定坚实基础。

[①] 吴非，胡慧芷，林慧妍，等. 2021. 企业数字化转型与资本市场表现：来自股票流动性的经验证据. 管理世界，37（7）：130-144，10.

[②] 《习近平：高举中国特色社会主义伟大旗帜 为全面建设社会主义现代化国家而团结奋斗——在中国共产党第二十次全国代表大会上的报告》，https://www.gov.cn/xinwen/2022-10/25/content_5721685.htm，2024年11月12日.

[③] 黄勃，李海彤，刘俊岐，等. 2023. 数字技术创新与中国企业高质量发展：来自企业数字专利的证据. 经济研究，58（3）：97-115.

[④] Vial G. 2019. Understanding digital transformation: a review and a research agenda. The Journal of Strategic Information Systems, 28(2): 118-144.

4.3 现代服务业企业高质量发展路径分析

4.3.1 高质量发展组态结果分析

进一步分析最优条件组合下组态结果，遵循前文相关设置，本节依据数据特征将原始一致性阈值设置为 0.8，频数阈值设置为 2，同时为了避免矛盾组态情形，将 PRI 一致性阈值设置为 0.7。如表 4.13 所示，总体一致性为 0.858，总体覆盖度为 0.520，显示前因条件组态对高质量发展的结果具有充分的解释力，此外路径一致性分别为 0.886、0.907、0.956、0.870、0.921、0.933、0.923、0.877、0.894、0.913、0.950、0.904，即表明所形成的路径均是实现现代服务业高质量发展的充分条件。

表 4.13 基于复杂 QCA 分析的现代服务业高质量发展组态

配置	S1	S2a	S2b	S3a	S3b	S4a	S4b	S5	S6	S7	S8	S9
城市人口密度		●	●		●	●			●	•	•	•
知识存量		⊗	⊗	•		⊗	⊗	●			⊗	⊗
企业规模	●		•	●	●	●	●		●			●
资产周转率	●	●	●	●	●	•		●	●	●	●	●
资产负债率						•		●	●		●	●
盈利能力		●	●	●				●				
数字化转型					•	⊗	⊗			⊗	•	•
研发投入	⊗	⊗	⊗	⊗	⊗	⊗	⊗			⊗	⊗	
原始覆盖度	0.322	0.139	0.101	0.171	0.150	0.107	0.124	0.163	0.167	0.115	0.090	0.108
唯一覆盖度	0.077	0.018	0.003	0.016	0.005	0.005	0.023	0.016	0.003	0.007	0.008	0.012
一致性	0.886	0.907	0.956	0.870	0.921	0.933	0.923	0.877	0.894	0.913	0.950	0.904
总体一致性	0.858											
总体覆盖度	0.520											

注：⊗ 表示核心条件缺失；⊗ 表示边缘条件缺失；● 表示核心条件存在；• 表示边缘条件存在

结合组态路径结果，本节认为现代服务业企业高质量发展并不是由单一因素推动，而是区域层面及企业层面多种因素所形成的共同作用。具体来看，S1 路径揭示了在企业研发投入相对较低的情况下，现代服务业企业若具备高企业规模、高资产周转率以及高资产负债率的特征，则有望实现高质量发展。这类企业可能通过规模效应和高效的资产管理来弥补研发投入的不足，同时利用较高的资产负债率来扩大经营规模或进行战略投资，从而推动企业的整体发展。代表性企业如新希望乳业股份有限公司、上海钢联电子商务股份有限公司、梦百合家居科技股份有限公司。

相似地，S3 路径的核心条件则表明在研发投入同样处于低水平时，大企业规模、高资产周转率以及高盈利能力可推动企业高质量发展。这类企业相比更加注重盈利能力的提升，通过优化成本结构、提升服务品质或开拓新市场等方式来增加利润，进而支持企业的扩张和升级，代表性企业如美的集团股份有限公司、厦门吉宏科技股份有限公司、圆通速递股份有限公司。与 S1 路径相比，S3 路径中的高盈利能力在一定程度上替代了高资产负债率，表明企业可以通过不同的财务策略和市场策略来实现高质量发展。

S2 路径揭示了在现代服务业中，当企业所处的区域环境具有高城市密度人口但知识存量相对较低的特点时，即便企业的研发投入处于较低水平，通过保持高资产周转率和高盈利能力，依然能够实现高质量发展。这种发展模式表明，在知识资源及高素质人才相对匮乏的区域，企业可以通过高效的资产管理来提升运营效率，快速周转资产以产生更多现金流；同时，通过强化成本控制、提升服务品质或开拓新市场等手段，增强盈利能力，进而有效弥补区域资源保障上的不足。另外，高盈利能力不仅可以为企业提供稳定的资金支持，还有助于吸引外部投资，进一步促进企业的成长和升级。从覆盖案例来看，该路径下代表性企业有上海兰卫医学检验所股份有限公司、上海畅联国际物流股份有限公司。

S4 路径则揭示了现代服务业企业在与 S2 路径相同区域环境下的另一发展路径。当企业所处的区域具有高城市人口密度，但知识存量相对较低，同时面临研发投入不足和数字化转型滞后的双重挑战时，企业要实现高质量发展就必须依赖于其大企业规模的优势。通常情况下，大规模企业意味着拥有更强的资源整合能力和市场影响力，能够通过规模经济效应来降低成本、提高效率，并在市场中占据有利地位。此外，大型企业也更容易吸引和留住高素质人才，尽管区域整体知识存量不高，但它们可以通过内部培养、外部合作等方式来弥补这一不足。因此，对这类企业来说，大企业规模不仅是其应对外部环境挑战的基础，也是推动其高质量发展的关键驱动力。通过充分发挥规模优势，企业可以在激烈的市场竞争中保持竞争力，实现持续稳健的高质量发展。该路径下代表性企业有中石化石油工程技术服务股份有限公司、中农立华生物科技股份有限公司。

最后，S5 与 S6 路径共同揭示了现代服务业企业在达到一定内部条件后，如何借助区域环境的优势实现高质量发展的规律。这两条路径均指出，当企业同时具备大企业规模、高资产周转率、高资产负债率以及高盈利能力的状态时，它们已经构建了坚实的发展基础，能够在多种外部环境下展现出强大实力。其中 S5 路径强调，在区域知识存量较高的环境中，这些内部条件优越的企业能够凭借其强大的综合实力实现高质量发展。高知识存量意味着区域内有更多的高素质人才和创新资源，为企业提供了源源不断的技术支持和智力支持。企业可以通过与高校、科研机构等合作，引进先进技术和管理经验，不断提升自身的创新能力和服务品质，如山东太阳纸业股份有限公司、广东海大集团股份有限公司、固德威技术股份有限公司。S6 路径则指出在区域环境具有高人口密度的条件下，内部条件完善的企业能够充分利用庞大的市场需求，通过高效的资产运作和盈利模式，满足消费者多样化的服务需求，从而实现高质量发展。高城市人口密度不仅为企业提供了广阔的市场空间，还促进了服务产品的快速传播和口碑积累，有助于企业品牌的树立和市场份额的扩大。该路径下代表性企业有创新新材料科技股份有限公司、中科软科技股份有限公司、北京颖泰嘉和生物科技股份有限公司。

4.3.2 现代服务业企业高质量发展总结及思考

现代服务业企业高质量发展是一个多维度、多因素共同作用的复杂过程。为更好地探究现代服务业企业高质量发展组态，本章先结合现有文献，通过多维度贡献分析提炼出影响企业发展的主要因素，并运用 fsQCA 方法设计对现代服务业上市公司进行复杂组态分析，探讨各要素之间的协同机制以及组态视角下的重要性排序。通过对不同组态路径的深入分析，我们可以清晰地看到，无论是企业内部的资源禀赋、战略定位，还是所处的区域环境，都对企业的高质量发展起着至关重要的作用。

一方面，从企业自身来看，首先企业内部的数字化转型、研发投入、企业规模、资产周转率、资产负债率和盈利能力等因素，构成了企业高质量发展的核心动力。尽管研发投入是企业创新的关键，但并非所有企业都必须依赖高额研发投入才能实现高质量发展。例如，在 S1 和 S3 路径中，大企业规模、高资产周转率以及不同侧重点的财务表现（高资产负债率或高盈利能力）同样可以推动企业向前发展。这即表明，当前现代服务业企业应结合自身实际，灵活选择发展路径，充分利用现有资源，实现差异化竞争优势。

其次，区域环境对企业高质量发展的影响不可忽视。在知识存量较低但人口密度较高的区域，企业需要通过高效的资产管理和盈利能力来弥补资源上的不足（如 S2 路径）。而在知识存量较高的区域，企业则能更好地利用外部资源，如高素质人才和创新资源，加速技术创新和服务升级（如 S5 路径）。因此，现代服务业企业在制定发展战略时，应充分考虑区域环境的特点，因地制宜、精准施策。

最后，必须意识到现代服务业企业的高质量发展是一个持续的过程，需要企业不断进行自我调整和优化，如积极拥抱新技术，推动业务流程再造和服务模式创新，以适应市场需求的变化；持续加强内部管理，提高运营效率和服务质量等。

另一方面，从宏观政策引领的视角出发，现代服务业企业高质量发展是一项复杂而系统的工程，需要企业内部因素与区域环境的深度融合与协同发展。自2009年我国出台《关于推进上海加快发展现代服务业和先进制造业建设国际金融中心和国际航运中心的意见》以来，政府已密集出台了多项旨在促进服务业区域发展的政策文件，不断深化现代服务业的开放综合试点，这些试点区域在推动产业发展上取得了显著成效。然而，鉴于试点区域在整体服务业市场中的占比仍显不足，且国内各区域间发展不均衡问题凸显，加速扩大试点范围及深化开放成为当务之急。

从地方政府的具体施策层面看，我国地域辽阔，区域间在地理环境、人文氛围、经济基础等方面存在显著差异，这决定了现代服务业的高质量发展必须紧密结合各区域的独特优势，实施差异化发展战略。在此背景下，"场景"概念逐渐成为国家和地方推动现代服务业高质量发展的核心议题。遵循《质量强国建设纲要》的指导精神，即加快培育服务业新业态新模式，以质量创新促进服务场景再造、业务再造、管理再造，推动生产性服务业向专业化和价值链高端延伸，推动生活性服务业向高品质和多样化升级。沈阳、南京、重庆渝中等地正积极探索服务业场景创新，为现代服务业企业的高质量发展注入新活力，各地区也应借鉴成功经验，开展区域特色化尝试。

此外，鉴于现代服务业企业高质量发展路径的多元化特征，政府应深入细致地进行组态分析，精准识别各类微观机制，并据此制定针对性政策措施。具体而言，政府应充分考虑企业规模、发展阶段等实际情况，对小微企业提供人才引进支持，助力其突破发展瓶颈，实现高质量发展；同时，为大中型企业提供低息贷款等金融支持，增强其资金运作效率，进一步激发其创新活力。

第 5 章　服务创新：从价值链到价值网络

从价值理论视角出发，服务业文明的到来正引领全球经济向以服务经济为核心的时代迈进，这一过程伴随着新型服务价值网络的逐步形成。在这一网络中，价值的基本承载单元、价值创造的多元主体以及价值生成的内在机制均发生了相应变化。从产业实践的维度来看，服务业因其无形性、易逝性等固有特性，曾长期局限于小规模、地域化的运营模式。然而，信息技术的诞生及广泛使用不仅助力了现代服务业打破空间壁垒，更推动了服务贸易的全球化进程，赋予了其跨界融合、数智驱动、高度异质、高附加值的鲜明特征，进而催生了诸如服务型共享经济（通过互联网技术实现资源的高效共享与利用）在内的新兴业态与商业模式，显著增强了现代服务业的网络化趋势。

鉴于上述转变与升级，传统基于有形产品产业特征及价值链创造模式的理论框架已难以全面解析现代服务业的深层次运作逻辑。因此，本章旨在聚焦现代服务业的产业发展特征，围绕新服务消费需求、新服务角色定位，创新性引入价值网络理论视角，旨在构建适配于新环境下的服务价值网络。

首先，本章将回顾价值理论的基础框架及其历史演进，深入剖析价值的本质内涵及价值链理论的演变轨迹，为后续深入分析奠定坚实的理论基础。其次，通过剖析现代服务业情境下服务价值内涵及其价值网络的复杂构成，本章拟揭示现代服务业服务价值生成过程中的多元化、网络化和动态化特征。通过这一系统性分析，本章期望能够为现代服务业的创新实践提供有力的理论支撑，助力企业及整个产业构建起适应新时代需求、高效运转的服务价值体系，从而推动现代服务业的持续繁荣与发展。

5.1　价值理论基础及其发展

价值理论是关于社会事物之间价值关系的运动与变化规律的科学。人对于客观世界的认识分为两大类：一是关于客观世界各种事物的属性与本质及运动规律的认识；二是关于客观世界各种事物对于人类的生存与发展的意义（即价值）的认识。从价值理论发展过程来看，价值理论作为一个动态演进的系统，并随着经济的发展而发展，每一种价值理论都是适应一定的经济发展水平而提出，并推动经济的发展，同时，其随着经济的发展又逐渐会被新的价值理论取代。

价值不是一夜之间形成的，它是逐渐进化而来。统一价值论认为，价值是人类生存与发展的动力源，人的一切活动都可归结为价值的生产与消费过程，所有形式的社会关系在本质上都是一种价值关系，价值运动是一切社会运动的核心内容，因此价值理论是一切社会科学的基础理论[①]。"价值"在不同学科中也具有不同的含义。何霆在其专著《服务互联网环境下的价值链理论、模型与方法》[②]中也对价值理论进行了梳理，并提出整个社会科学中存在争议最多的理论莫过于价值理论，没有任何一种理论像价值理论一样，存在着如此繁多的、莫衷一是的、"各自为政"的观点，不同学科的价值理论（目前的哲学、社会学、经济学、政治经济学、价值工程学等）在价值定义、价值判定标准、价值度量方法、度量单位、价值特性的判定标准和判定方法等方面都存在着巨大的差异……事实上，价值与日常生活密切相关，人的行为、思想、情感都以一定的利益或价值为源动力。基于此，借鉴文献《服务互联网环境下的价值链理论、模型与方法》的梳理过程，本部分将依次从哲学、经济学、管理学视角出发，梳理价值理论的基础及各领域的内涵定义。

5.1.1 价值理论基础

"价值"一词有多种含义。经济学讲的价值是指凝结在商品中的一般的、无差别的人类劳动；伦理学层面的价值是指满足人的美感需要方面的有用性；哲学意义上的价值是从人们对待满足他们需要的外界物的关系中产生的。厘清各学科中价值的内涵及其度量方式，有助于分析价值理论的本质及其发展的需要，更好地了解管理学领域中的价值内涵，为后续服务价值定义的划分提供理论依据。

1. 哲学中的价值理论

在如今的哲学研究中，有一些探讨不同领域的常态价值问题的分支学科，如伦理学、政治哲学和美学，其中三者均是从哲学角度研究相关领域的价值问题，但并不等同于哲学中的价值论本身。从未来发展趋势来看，哲学的价值学科都将会成为哲学的应用学科，甚至成为社会科学。哲学作为一切学科的基础，了解哲学中的价值理论有助于深入理解价值的本质。

价值这个概念被广泛应用于描述人生价值、艺术价值、新闻价值等领域，但就价值本身究竟是什么却往往难以定义，人们尽管身处于价值世界，但对价值的存在与否及度量方式等存在着相异观点。从理论发展来看，虽然中国的文化传统并没有专门研究价值的领域，价值论或价值学直到19世纪末才开始在西方系统地发展起来，而这问题的本质并不在于此前人们对于价值的忽视，而是哲学家们终于明确将存在与价值做了区分。而发展至今现代西方价值论从广义上已包括现代

---

① 仇德辉. 2018. 统一价值论：社会科学通向自然科学的桥梁. 北京：中共中央党校出版社.
② 何霆. 2022. 服务互联网环境下的价值链理论、模型与方法. 北京：知识产权出版社.

西方哲学、伦理学、美学以及其他一些有关学科的各流派关于道德、审美、政治、法律、宗教、文化等领域的价值问题的理论及一般价值和评价的哲学理论，甚至还包括关于经济价值问题的理论。但价值究竟是什么？黄凯锋在2022年发表的《马克思主义价值论》[①]中提到价值本身存在着，但它不能独立自存，需要寄寓在某种东西上，需要携带者。简而言之，价值存在"寄生性"，但价值本身与其所寄寓的对象仍存在本质区别，价值不是事物本身，也不是构成事物的元素，而是主体人的行为与实物初性和次性发生作用过程中产生的一种非实在性质。

进一步，基于价值本质基础上的价值主客观性讨论引出了价值的哲学思考。实物是因为我们对它有欲望才有价值，还是因为有价值才被需要？主观论认为，如果价值存在于人们的评价视野之外，即无法知道价值的存在。客观论认为价值先于评级，价值本身存续与否并不受人主观判断影响。两种观点的争论及相互批判使学者意识到了彼此理论上的不足，进而催生了一种新的思维倾向，即"关系说"。如马克思主义认为主客体之间的价值关系指的是客体对于主体的有用性和效益性。通俗地说主体与客体之间的价值关系，即需要与满足需要或使用与被使用的关系。以此为基础，20世纪80年代中期开展了"价值问题有无阶级性"的讨论，价值认识阶级论提出价值作为主客体之间的特定关系，不但客体状况是构成价值判断的主要因素，主体状况也是构成价值判断的必要因素。价值认识具有以不同阶级的利益和需要为转移的特点，因此价值认识是具有阶级性的。而相反观点将价值认识定位于关系范畴，即价值关系虽涉及主体，以主体的关系为转移，但并不以主体的意志为转移。而后《价值学引论》从价值的创造过程-人对价值的认识过程-价值的实现过程的逻辑展开对价值运动过程的分析，从而对价值阶级性问题给出了更加全面的解答，"价值"作为一个"关系"范畴，人的主观性在"归根结底"的意义上要受到人的主体性制约，而人的主体性则是在社会关系的客观性环境中形成的。

在明晰价值定义后，进一步地，为什么事物之间会普遍存在价值关系？为什么一些事物会对其他事物存在价值，即价值的基础/源泉是什么？价值的基础和生成问题不仅是一个价值的形而上学问题，其作为实践问题也有助于增强人类作为价值主体的自觉性。研究认为，万物的生灭变化过程实质上就是一个事物在与其他事物相互作用的过程中获取价值和贡献价值的过程。人类像宇宙万物一样既需要其他事物提供的价值，又能够给其他事物提供价值，但人类对更多层次事物的依赖使人类价值的基础更为深厚，对同类更强的依赖使同类之间的价值关系成为现实的价值基础，而人类特有的自为性使人类成为价值主体，并因而成为价值源泉，此外能够以需要为尺度衡量价值，并使需要对象化。值得注意的是，事

---

① 黄凯锋. 2022. 马克思主义价值论. 上海：上海社会科学院出版社.

物具有的价值基础是事物具有潜在的价值，但使潜在的价值变为现实的价值需要条件，也需要动力，事物之间的价值关系一旦建立起来，一事物就获得了价值，他事物就贡献了价值，也有可能双方同时既获得价值又贡献价值。这种价值关系形成的过程是一个从潜在价值到现实价值的过程，实际上也就是价值生成的过程[①]。

整体来看，在哲学的价值问题研究中，总体出现了两种思路。第一种是价值问题的认识论解读。这一思路主要集中于对基础概念的澄清和关键问题的梳理，例如，进行价值主体、价值客体、评价、真理等基本概念的界定和关系分析，从而在认识论的领域内构建价值认识和评价的一整套框架。这一解读模式的历史贡献在于，它为价值相关领域的研究提供了一系列的概念前提和问题域。第二种思路可以被称为历史唯物主义的构建方式。它试图在历史唯物主义的已有框架内，勾勒出一个更加强调马克思主义属性的相对独立的价值体系。从总体上看这两种思路都面临着一个共同的挑战：价值问题并不仅仅局限于哲学领域，它广泛涉及其他学科。也就是说，价值问题的研究在马克思主义的立场上，如何真正走出纯理论的范式，更加有效地汲取相关学科的研究成果？

2. 经济学中的价值理论

经济学作为一门社会科学，一直致力解释人类经济行为的根本原理，研究人类资源的有效配置和利用机制。其中，价值理论作为经济学中最基本的理论之一，探讨了商品和服务的价值以及价值决定因素。此外还可以用来解释人类行为，包括购买和销售商品、投资、生产、雇佣劳动力以及销售土地。资产价值理论有多种形式，但它们的核心都是围绕着供求关系、生产成本以及人们对商品的价值判断而展开的。从理论梳理来看，政治经济学价值理论是资本主义经济理论体系的基础，古典政治经济学将经济学的研究从流通领域转向生产领域，包含价值理论的萌芽。随后，价值理论沿着两个不同的方向发展，一是马克思创立的劳动价值论，二是表层次的非本质的研究即均衡价格理论，代表人物马尔萨斯、萨伊、马歇尔。

在经济学领域里，古典学派认为价值是由生产过程创造和决定的，而生产就是商品的供给，因此将生产决定价值的主张称为供给决定理论。由于在生产过程中，商品是资本、土地和劳动三要素共同作用的结果，因此在探索价值创造来源的过程中，这三个要素便成为经济学家研究的主要切入点，并由此产生了劳动价值论和要素价值论，前者的主要代表人物即马克思。马克思在亚当·斯密和李嘉图劳动价值的科学成分基础上，于《资本论》中将其在过去著作（特别是《政治经济学批判》）中关于价值的论述连贯起来，并做了进一步阐述及补充，使其

---

① 黄凯锋. 2021. 杜威实用主义价值理论的洞见与局限. 价值论研究，（2）：31-50.

形成了一套完整、严密、科学的价值理论。其指出"商品首先是一个外界的对象，一个靠自己的属性来满足人的某种需要的物"。这种能满足人的某种需要的属性，即使用价值。此外，"物的有用性使物成为使用价值……商品体的这种性质，同人取得它的使用属性所耗费的劳动的多少没有关系"①。这即表明，商品本身使用价值的大小同生产商品所耗费的劳动并不等同。但由于在我们所要考察的社会形式中，使用价值同时又是交换价值的物质承担者，因此在研究商品经济时，必须联系商品的使用价值问题，但又不是一般地研究使用价值，而是研究作为交换价值的物质承担者的使用价值。正如马克思在《政治经济学批判》中就已经指出的"作为使用价值的使用价值，不属于政治经济学的研究范围。只有当使用价值本身是形式规定的时候，它才属于后者的研究范围，它直接是表现一定的经济关系及交换价值的物质基础"。再者，马克思借由价值的形式（交换价值）分析着手，引出商品价值的内容和实质，即抽象的人类劳动的凝结，为研究无实体的价值本身提供了科学的路径。他指出"交换价值首先表现为一种使用价值同另一种使用价值相交换的量的关系或比例"，而这一论述存在的前提即各种商品之间存在使他们相等的共同东西，即"形成价值实体的劳动是相同的人类劳动，是统一人类劳动力的耗费"。但抽象劳动并不等于价值，也不是任何抽象劳动都将形成价值，事实上，马克思主义价值理论体系认为，社会必要劳动力决定了商品的价值量，同时提出价值是交换价值的基础，交换价值是价值的表现形态，价格则是价值的货币表现。根据该思想，恩格斯在《反杜林论》中提出"如果某个人制造对于他人没有使用价值的物品，那么他的全部力量就不能造成丝毫价值"，进而重申了马克思劳动价值理论的观点。

如果说马克思主义价值理论体系偏向于客观价值论，那么边际效用价值理论的出现则标志着主观价值论的产生。与此前生产决定价值的观点不同，主观价值论认为商品的价值并不来自生产过程，而是来自人们对（需求）满足的主观感受。即价值实体是人们的主观评判，认为价值取决于商品的边际效用，从而颠覆了价值实体的客观性。从研究对象来看，客观价值论从生产视角出发，更注重生产和分配，而主观价值论立足于消费领域，侧重消费和分配问题，两者研究对象的本质差异导致了理论的不同。

新古典经济学的均衡价值理论则有别于上述单一视角，其认为供求决定价值，并将价值问题变成一个人们感觉上的问题或流通领域的问题，通过数理模型来解释市场现象。1890年马歇尔发表《经济学原理》，建立了局部均衡价值链体系，他以供求论为主体，用边际效用和生产费用分别说明需求和供给，认为边际效用决定需

---

① 中共中央马克思恩格斯列宁斯大林著作编译局. 2016. 马克思恩格斯全集：第42卷. 北京：人民出版社.

求,生产费用决定供给。进一步,由边际效用决定的需求和生产费用决定了供给的均衡,从而决定了价值。以该理论思想为指导,商品的边际效用即表现为购买者对一种商品能够满足人们某种欲望程度的主观评价,但它无法直接加以度量。因此,均衡价值论间接地用购买者所愿意支付的货币数量即需求价格加以衡量。

与马克思劳动价值理论及均衡价值理论有所不同,斯拉法虽然采用了相似的价格视角,但本意却打破了西方经济学对商品价值分析的传统方法。斯拉法在《用商品生产商品》一书中表达了价格决定理论,并且创造了一种可以衡量其他商品价值的"标准体系"。斯拉法认为在标准体系中,无论商品的价格如何变动,纯产品与生产资料的比例都可以保持不变。也就是说,商品价格是取决于资本家与劳动力之间所确定的工资和商品利润。从学术来源看,斯拉法价格体系的建立大体源于马克思主义的生产价格理论,但其主要停留在商品的交换价值上,对商品内在价值、市场价值、价格运动规律等领域没有过多的阐述与涉及,仍存在一定的局限性。

综上,每一种价值理论都有其特定哲学方法论基础,价值基础理论构成影响甚至决定着价值理论的性质和具体领域价值问题的结果。经济学概念中的价值理论实质上可以看作经济学中的历史价值观与哲学世界观的有机统一,并将形成的理论服务于社会的统治阶级。尽管出于不同阶级利益及时代背景的价值理论存在着根本区别,但有关价值的论述仍指导了当今价值理论的发展。

5.1.2 价值链及相关理论

价值概念在管理学领域的研究始于财务管理意义上的企业价值,与哲学及经济学中的价值有所不同,管理学中的价值定义在不同的研究中往往具有不同的含义,如市场营销学大多聚焦研究用户感知价值及关系价值,其共同点是从交换的角度看待价值,认同价值的核心是感知利得与感知利失的权衡,是对市场终端产品、服务或最终价值进行交换的一种诠释[1]。此外,价值也被看作企业绩效、企业经济收益等,如价值管理理论把企业投资、经营和决策过程中的价值(通常为股东价值)最大化作为企业目标,并用以指导企业战略规划、管理和决策。同时,价值管理理论明确指出,影响企业价值的因素可以有效地分为企业价值来源和企业价值管理系统两部分,并围绕价值增长率有效地发掘与最大化企业价值。前者主要包括内部机制和外部环境,旨在强调需要通过实现内部机制与外部环境的匹配来有效促进企业价值最大化,后者为基于企业价值来源而建立的一系列系统,用以协调企业内资源。而在此之中,企业如何最大化未来的价值,即如何创造价值是企业战略的重点。对此,最具代表性的理论有波特的价值链理论及由此

---

[1] 何霆. 2022. 服务互联网环境下的价值链理论、模型与方法. 北京:知识产权出版社.

扩展而来的价值星系理论、虚拟价值链理论、全球价值链理论等。

1. 价值链理论

1985 年，波特（Porter）在其著作 *Competitive Advantage: Creating and Sustaining Superior Performance* 中首次提出"价值链"理论[①]。在当时以传统的工业经济为特征的工业化时代，波特的价值链理论主要从企业的战略角度来分析企业产品价值的生产制造过程，进而探究企业竞争优势的来源。如图 5.1 所示他将企业日常行为划分为基本活动（进料后勤、生产、发货后勤、销售和售后服务）和支持性活动（企业基础设施、人力资源管理、研究与开发、采购）两大类，所有这些活动结合在一起形成一条完整的价值链。同时，其进一步指出价值链显示了总价值，包括价值活动和利润。

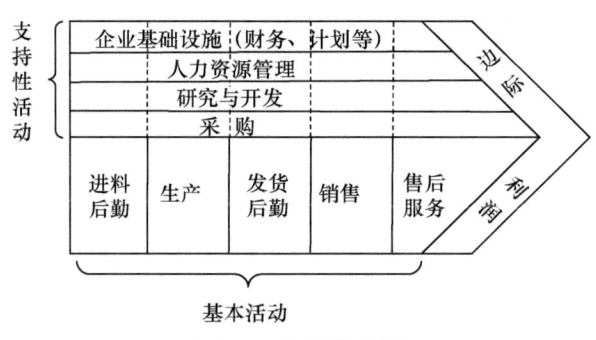

图 5.1　波特价值链

具体来看，波特将价值链视为企业战略分析框架，其将企业各类活动划分为价值活动，并在实际运营中基于活动体现的成本大小和规模增长、活动的成本行为、执行该项活动时的表现与竞争对手的差异三个原则将各类行为分割成个体价值行为。而后进一步将含有不同成本驱动要素的活动分离，并基于成本行为差异及相同点等进行分解或合并，如广告和促销往往被归为不同的价值活动，因为广告成本对于规模比较敏感，而促销成本的变动余地比较大；业务单元和与其他业务单元共享的任何活动都应该被当作单独的价值活动处理，主要是由于其他业务单元的情况会影响这类活动的成本行为等。经过多次迭代后完成企业价值活动的确认，并将价值活动视为企业实现价值创造的单元及关联的节点。

在对价值的论述中，波特将价值定义为从竞争的角度来讲，价值是客户对企业提供的产品或服务愿意支付的费用，其实质上是通过交换价值予以价值的呈现。因此，在经典价值链理论中，度量企业竞争优势的标准即衡量获得的总利润，也就是企业经济上的收益。从这个角度出发，波特认为企业提高竞争优势，

---

① Porter M E. 1985. Competitive Advantage: Creating and Sustaining Superior Performance. New York: Free Press.

要么研发差异化产品、提高产品售价或数量，进而提高收入；要么在保证产品质量前提下，通过压缩生产成本降低总成本。无论采取哪一种战略，其本质都是回归到价值链上各价值活动的分析、管理及优化上。

在价值度量方面，波特提出企业收取的溢价反映了企业为买方实际创造的价值以及买方认同的价值程度。进一步，其采用应用标准及价值信号标准予以衡量，前者为衡量创造买方价值源泉的具体标准，后者主要是指买方用来推断企业创造价值的因素，即衡量买方感知价值存在的方式。值得注意的是，只有应用标准才能代表买方价值的真正源泉，买方不会为价值信号本身买单。从这个角度出发，波特特别强调由于价值信号本身并不创造价值，因此一定要找到高效的价值信号显示方式，而这即从价值理论视角支撑了企业广告、包装等企业行为及企业内外部的关联活动。总体来看，波特所提出的经典价值链理论指出，企业价值活动与企业总利润之间并不只是简单的线性关系，而是包括企业价值链内部及供应商、买家和渠道价值链之间的相互关联、相互作用的系统性复杂关系。

由于价值链理论相较其他聚焦于企业成本、质量等单一或孤立环节的管理理论而言更具备系统性，因此，之后许多学者都对其进行了不同领域的应用及不同方向扩展。尤其波特的价值定义强调了"买方"视角，引起了学界对用户的关注，进而开创了价值创造理论研究的先河。然而波特的经典价值链理论源于并主要适配于当时的时代背景，随着经济全球化的不断深入及新一代科学技术带来的分工调整，波特价值链理论的局限性逐步凸显，如其主要立足于微观层面的单个企业价值活动，且过度关注经济利润这一短视目标，对跨企业的合作、数据等新生产要素概念的解释力度不足。

1993 年，海因斯（Hines）重构和扩展了波特的价值链理论，并将该理论称为"新价值链理论"。与波特经典价值链理论相似，海因斯仍将制造业企业视为研究对象，并认为价值链中的各价值活动间是线性的。在此基础上，其进一步将顾客需求和原材料供应商纳入了传统的价值链中，从而将价值链概念延伸至产业总体范围，并把波特的价值链重新定义为"集成物料价值的运输线"。他认为企业的主要目标应该是顾客需求，而不应该是利润，利润应是在满足顾客需求的前提下产生的一种副产品，同时他还将信息技术纳入企业的辅助活动，不仅推动了传统的价值链理论的发展，也为企业应用价值链提供技术支持。总体来看，海因斯的新价值链理论强调了顾客价值获取和利润获取之间的平衡，诱发了以用户为中心、按需组织生产的价值创造模式，同时通过对不同阶段价值链上成员的关注（如原材料供应商和顾客），突破了经典价值链理论只关注与生产行为直接相关或直接影响生产行为成员的局限性。但新价值链理论并没从根本上突破价值链的线性特征和制造业的单一研究视角，也就难以实现其所强调的平衡。

2. 价值星系理论

如前文所述，无论是波特经典价值链理论还是海因斯的新价值链理论，其所采用的线性特征均忽视了价值链中各形式的相互作用。尤其经典价值链模型所采用的是基于生产供应网络、销售渠道网络、顾客消费者的路线所形成的单向价值活动链条，其中，企业所具有的核心资源和能力是经典价值理论分析的起点，顾客是活动的最终着落点，分析重点为价值链的重新组合及其所代表的资源配置效率的提升。这种分析模型与当时的商业环境较为契合，但随着全球经济/商业网络的联系日趋紧密，顾客已由价值链活动的终点变成了价值链活动的起点，且全球联系趋于复杂化，这就使得企业的价值链在本质上不可能为单向的流动。此外，经典价值链理论相对聚焦单一企业，对同行企业关注较少（主要关注竞争对手的选择，而非企业间的合作），与网络组织及联盟盛行的发展状况相脱节。以此为背景，1993年，Normann和Ramírez创新性提出了价值星系理论，从另一个角度对波特经典价值理论进行了拓展，其指出在如此多变的竞争环境中，战略不再是沿着价值链的一组固定活动，成功的公司不仅仅是增加价值，它们重新创造价值。它们战略分析的重心，不再只界定于特定产业或企业，而是价值创造系统本身。在系统内不同的经济行为主体——供应商、商业伙伴、同盟者、顾客等一起工作，共同创造价值，通过"成员组合"方式进行角色与关系的重塑，经由新的角色，以新的协同关系再创价值[1]。简单来说，以该理论为基础，旧的产业模式发生了改变，价值创造需要构建一个由利益相关者组成的价值生成、分配、转移和使用的关系和结构，并且企业不再只是固定于价值链的某一个系列活动或节点来增加价值，相反，其对价值链进行重新构造，形成包括要素供给者、合作伙伴和顾客在内的系统。

尽管波特在《竞争优势》[2]一书中也涉及了企业外部价值链的概念"企业内部的价值链不仅存在着关联，在企业价值链、供应商价值链和渠道价值链之间也存在着关联"但并没有像价值星系理论一样，根据企业在整个价值创造系统中的不同作用进行角色划分。进一步，价值星系理论认为上下游企业之间不是简单的、有先后顺序的线性关系，实际上，价值星系是一种柔性契约网络，是全社会各行各业的价值链交织在一起的，一种结构更为复杂、包含多个产业的系统。价值星系是介于市场与企业之间的一种中间组织形式。在现实生活中，价值星系不仅仅是商品的供应者与购买者双方讨价还价进行价值交换的场所，更是市场交易主体之间进行多元交流实现知识互换与价值增值的媒介。此外，随着潜在的产品变得精细、多样和复杂化，生产它们所必需的关系也呈现相同的趋势。以此为

---

[1] Normann R, Ramírez R. 1993. From value chain to value constellation: designing interactive strategy. Harvard Business Review, 71(4): 65-77.
[2] 迈克尔·波特. 1997. 竞争优势. 陈小悦, 译. 北京: 华夏出版社.

背景，单一企业已不足以提供社会/顾客所需的所有服务，市场更青睐于基于客户、供应商、盟友和商业伙伴联合的组合形式。

另外，价值星系理论深化了对用户角色的理解，其提出顾客的角色不是消费价值，而是创造价值。或者说，价值星系理论认为价值不是在连续的链条中产生，而是在复杂的星系世界里产生的。企业的目标不是为顾客创造价值，而是动员客户从公司的各种产品中创造自己的价值。沿着这一思路，对价值创造系统的优化不再是通过向用户提供有形的产品/服务而获得用户支付的金钱，而是从用户的时间注意力、金钱等多维度的角度来为用户提供各种有形、无形的"产品"[1]。

3. 虚拟价值链理论

在以传统工业经济为特征的工业化时代，经典价值链理论将信息看作价值增值的支持因素，波特在其《竞争优势》一书中也提出每一种价值活动都会创造并应用信息，而随着第三次工业革命中电子计算机的诞生与广泛运用，其所开辟的"信息时代"进一步推动了全球一体化的进程，跨国公司等主体借由全球市场规模的扩大、通信及交通技术的进步，实现了产品及要素在全球范围的跨时空流通。可以说，信息技术的发展为信息作为独立要素参与价值创造提供了机会。在此背景下，1995 年 Rayport 和 Sviokla 在研究了来自不同行业的数十家企业后，提出了基于互联网的由信息流构成的虚拟价值链概念，他们声称每一家企业都在两个世界中竞争：一个是管理者可以看到和触摸到的资源的物理世界（市场场所），另一个是由信息构成的虚拟世界（市场空间）[2]。此外，两条价值链的经济逻辑并不一致，在市场场所中，企业运用传统的物质资源来为顾客生产、加工有形的产品或提供具体的服务；而在市场空间中，企业可以利用的资源只有信息，企业只能通过对信息的加工和利用来为顾客创造无形的产品或服务。

与经典价值链理论认为管理人员使用他们在库存、生产或物流方面捕获的信息来帮助监视或控制这些过程，而不是利用信息本身的观点不同，虚拟价值链理论认为不仅现实世界的一系列实体活动可以向用户提供产品和服务，以此来实现价值创造，在虚拟世界的一系列信息活动同样也可以为用户实现价值创造，即信息也是价值本身的源泉。如快递公司通过提供在线服务，为客户创造附加价值；虚拟现实技术提升房屋租售企业的用户看房体验；基于大数据的旅行社提供定制化服务等。

值得注意的是，正如 Rayport 和 Sviokla 所述，为了利用信息创造价值，管理者必须着眼于市场空间……公司必须采用的将原始信息转化为新的服务和产品的增值过程是信息世界所独有的，换句话说，增值步骤是虚拟的，因为它们是通过信息并

---

[1] 何霆. 2022. 服务互联网环境下的价值链理论、模型与方法. 北京：知识产权出版社.
[2] Rayport J F, Sviokla J J. 1995. Exploiting the Virtual Value Chain. Boston: Harvard Business School Press.

与信息一起执行的。在虚拟价值链的任何阶段创造价值都涉及五项活动：收集、组织、选择、综合和分发信息。此外，虚拟价值链并未否认物理价值链的价值创造工作，相反，如图 5.2 所示，虚拟价值链理论认为企业可以通过物理和虚拟两种价值链构建价值矩阵来管理价值增值活动，为客户创造新的价值，从而发展新的客户关系。换句话说，价值链中的每一项价值增加活动都可以分为两部分，一部分是在市场场所中基于物质资源的增值活动，另一部分是在市场空间中基于信息资源的增值活动。物质增值活动构成了传统价值链，而与此相对应的信息增值活动则独立出来构成虚拟价值链。企业需要既分开又相互联系地管理这两条价值链。企业在市场空间中的竞争优势体现在比竞争对手更有效地进行信息的增值活动。

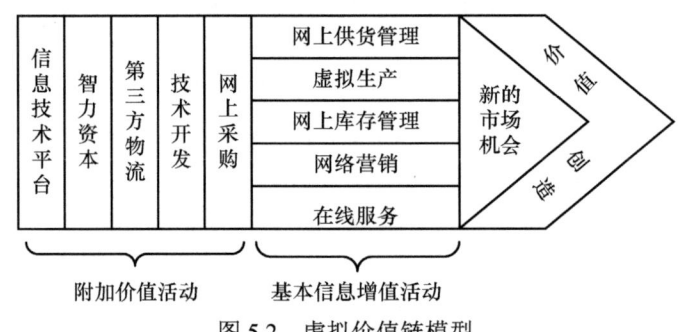

图 5.2　虚拟价值链模型

4. 全球价值链理论

管理学中的价值链理论以及该理论中蕴含的"工序""附加值概念"为之后的全球价值链分工理论演绎奠定了较好的研究基础。具体来看，全球价值链理论源于 20 世纪 80 年代，其中最具代表性的即波特的经典价值链理论。而后多个学者从不同方向完成了理论的拓展，从而推动了全球价值链理论的形成。1985 年，波特首次提出"价值链"概念，认为企业获取竞争优势的途径在于企业价值链中价值活动的分解和整合。然而，与波特强调单个企业的竞争优势不同，Kogut 同年首次使用价值增值链概念分析国际竞争战略，强调的是企业在全球战略谋划过程中价值链各环节的配置功能。他指出增值链是技术与材料和劳动力投入相结合，然后将加工后的投入组装、销售和分销的过程。其中一国或一个企业的竞争优势不可能存在于生产的每一个环节[①]。Kogut 的研究涉及了全球价值链的垂直分工以及在全球产业链中的不同区位配置功能。进一步，Krugman 聚焦价值链的片段化及空间重组问题，探讨了企业将内部各个价值环节在不同地理空间进行配置的能力问题，开拓了全球价值链理论中的治理模式

---

① Kogut B. 1985. Designing global strategies: comparative and competitive value-added chains. Sloan Management Review, 1985, 26(4): 15-28.

与空间产业转移的研究①。Arndt 和 Kierzkowski 则使用"片断化"来描述生产过程的分割现象②，他们认为这种生产过程在全球范围内的空间分离是一种全新现象，这就使得同一价值链条生产过程的各个环节通过跨界生产网络被组织了起来。

20 世纪 90 年代，Gereffi 等将增值链的概念与全球产业组织相结合，指出在价值链中起主导作用的跨国公司，协调整合全球各地处于不同生产阶段的企业至同一条生产链上进而形成全球商品链③。但全球价值链概念直到 2001 年才被正式提出，Gereffi 等在《IDS 研究通讯》(*IDS Bulletin*) 上推出了一期关于全球价值链的特刊《价值链的价值》(*The Value of Value Chains*)，首次系统地从价值链的视角分析了经济全球化过程。他们认为商品和服务贸易是一个治理体系，价值链的形成过程就是企业不断参与到价值链增值活动并获得必要技术能力和服务支持的过程。而后 2000 年 9 月，美国洛克菲勒基金在意大利贝拉吉尔组织的国际研讨会上第一次明确提出使用"全球价值链"这一概念作为共同的研究术语和分析框架。至此，全球价值链概念正式形成④。从全球价值链的定义来看，较具有代表性的有 Sturgeon 和 Lee 从组织规模、地理分布和生产性主体三个方面分析了全球价值链⑤。在组织规模方面，其指出全球价值链包括了参与生产某种产品或服务的全部市场主体；在地理分布方面，全球价值链是全球性、跨越国界的；在生产性主体方面，全球价值链中既包括一体化企业、零售商，也包括领导厂商、零部件供应商等。此外联合国工业发展组织则认为全球价值链包括所有参与者和生产销售等活动的组织及其价值、利润分配，当前散布于全球的处于价值链上的企业进行着从设计、产品开发、生产制造、营销、交货、消费、售后服务、最后循环利用等各种增值活动。

综上，回顾理论发展，全球价值链的发展与全球化过程紧密联系。20 世纪 90 年代以来，经济全球化和全球产业链的发展促进了产业内分工和产品内分工现象的出现，分工开始从经济体之间延伸到产业之间、企业之间乃至产品层面。同时，随着当代国际分工不断深化，产品生产按照技术复杂程度、生产过程所包含的工序和区段差异、资源要素分布的地理特征等被拆分为多个独立的节点在全球范围内布局，形成以工序、环节、资源等为对象的分工体系。以此为背景，企业开始寻求在全球范围内重新分配生产环节，以最大限度地降低成本并实

---

① Krugman P. 2009. The increasing returns revolution in trade and geography. American Economic Review, 99(3): 561-571.
② Arndt S W, Kierzkowski H. 2000. Fragmentation: New Production Patterns in the Global Economy. Oxford and New York: Oxford University Press.
③ Gereffi G, Humphrey J, Sturgeon T. 2005. The governance of global value chains. Review of International Political Economy, 12(1): 78-104.
④ 原小能，等. 2016. 全球服务价值链与中国现代服务业发展战略. 北京：经济科学出版社.
⑤ Sturgeon T, Lee J R. 2001. Industry co-evolution and the rise of a shared supply-base for electronics manufacturing. https://www.files.ethz.ch/isn/29187/2001-003.pdf [2024-12-24].

现利润最大化。例如，大型跨国汽车制造商（如丰田和福特），通过将零部件制造外包到低成本国家（如中国、墨西哥），然后将这些零部件在其他国家的装配厂进行最终组装，实现了成本效益和生产效率的提升。这种全球生产网络使产品能够以更具竞争力的价格进入市场。另外，随着产品层面的分配与集聚，不同国家逐渐形成了自身的产业优势，促使全球产业分工更加精细化，进而细化了全球价值链。

另外，虽同样采用价值维度，经典价值理论及由其发展的各种产业价值理论大多关注企业/产业内上下游的价值创造，而全球价值链理论则关注全球范围内的分工合作。换句话说，全球价值链是一个复杂网络，也是一个流动性网络。在全球价值链贸易网络体系中，任何一国都不可能是"孤岛经济"，事实上，全球价值链理论可以简单认为是产品内分工逻辑下价值链理论的全球化应用，即围绕某种产品的生产所形成的生产网络，附加值各异的各个环节选择在不同的城市进行空间集聚，并在此基础上发展成为全球城市的价值链体系。此外，全球价值链中的各环节虽然属于前后衔接的完整过程，但随着经济日益开放和科学技术带来的交通/通信成本的降低，海外分包网络和海外投资不断发展，完整的价值链条已被逐段分割，即表现为前文所述的全球价值链"片段化"，在空间上离散地分布于全球各地。总体来说，全球价值链理论以微观单个企业的价值链理论为基础，在全球商品链的概念上逐步演化，既可以从中观产业层面解释产业价值活动的结构分工和区段价值增值，也可以从宏观层面分析一国或地区如何通过参与国际分工，提升其竞争优势，实现了价值链理论向宏观层面的拓展。

5.1.3 价值网络

在产业变革及分工细化等全球政治经济环境的冲击下，人们对未来的发展越来越难预测，一个有趣的竞争现象是越来越多的企业采用趋近甚至趋同的方式进行竞争，即企业竞争的相似性增强。尽管一些学者在呼吁企业应当将战略建立在独特的经营活动上，但是企业在其价值链上似乎难以摆脱类似问题的困扰。依靠传统产业经济的假设和模型，企业战略主要是基于价值链理论定位企业角色并匹配合适的战略，如适宜的业务、具有前景的产品或细分市场等，但基于单一链条式的企业分析似乎与现实存在日益凸显的不一致性。事实上，当前不同企业之间的价值链关系已经发生了变革性改变，传统的产业边界不断被打破，价值创造主体从单个企业转向跨产业网络，价值创造系统也逐渐由单链式向多链条和网络结构发展，产业/企业需要更为系统化的分析视角。

以此为背景，Mercer 顾问公司的著名顾问 Slywotzky 等在 *The Profit Zone: How Strategic Business Design will Lead You to Tomorrow's Profits* 一书中首次提出

价值网络概念,他指出随着 Internet 和信息技术的发展,激烈的市场竞争使得企业将传统的供应链转变为价值网,来满足顾客不断增长的需求[1]。根据书中的定义,价值网络是一种新的业务模式,它将顾客日益提高的苛刻要求和灵活以及有效率、低成本的制造相连接,采用数字信息快速配送产品,避开了代理高昂的分销层,将合作的提供商连接在一起,以便交付定制的解决方案,将运价提升到战略水平,以适应不断发生的变化。换句话说,价值网络能潜在地为企业提供获取资源、信息、技术、市场,并且为企业提供在学习中得到范围经济和规模经济的可能性,帮助企业实现其经营战略目标;价值网络本质上是由相互影响的利益相关者之间形成的一种关系和结构,该关系和结构决定价值网的价值转移、使用、分配及生成。

相似地,学者们从不同角度也提出了价值网络思想,具有代表性的如 de Rose 将价值网络理解为价值创造和增值过程的互联网络[2]。在这一内涵中,管理实践是关于网络经济中价值的社会生产,其特征是竞争与合作的复杂且多变的模式。Brandenburger 和 Nalebuff 基于博弈论提出了一个以企业为核心,由供应商、客户、竞争者和互补者组成的价值网络框架,在这个价值网络中存在多条价值创造逻辑同时并行,既包括传统价值链上的价值创造(供应商-企业-顾客),也包括企业与互补者合作的价值创造、企业与竞争者合作的价值创造等[3]。

总体来看,无论是价值链还是价值网络,均是立足于描述价值如何通过多方之间复杂动态交互而被创造出来的。如表 5.1 所示,从价值链到价值网络,其反映出的是伴随产业变革及国际分工细化带来的价值生成机制的改变,即从传统、简单的线性结构逐步发展为复杂、动态的网络化结构。在过去,价值链最初作为一个概念和工具被用来理解和分析行业,尤其在描绘传统工业特别是制造业中现实存在的企业活动联系上,尤为出色。此外,它引发了我们对价值和价值创造的思考,进一步聚焦企业发展战略的提出和竞争优势的培养。然而,随着产品和服务变得非物质化,价值链本身不再具有物理维度(或者不仅为物理维度),价值链概念不再适配探究当前行业内价值来源,尤其在银行、保险、电信、新闻、娱乐、音乐、广告等部门以及公共部门的某些领域。价值链的焦点是最终产品,价值链是围绕生产最终产品所需的活动而设计的,其逻辑是每家公司都在产业链中占有一席之地,上游供应商提供输入,然后将其传递给下游,直至客户[4]。

---

[1] Slywotzky A J, Morrison D J, Andelman B. 1998. The Profit Zone: How Strategic Business Design will Lead You to Tomorrow's Profits. Hoboken: John Wiley & Sons Inc.
[2] de Rose L J. 1994. The Value Network: Integrating the Five Critical Processes That Create Customer Satisfaction. New York: Amacom Books.
[3] Brandenburger A, Nalebuff B. 1998. Co-Opetition. New York: Doubleday.
[4] Peppard J, Rylander A. 2006. From Value Chain to Value Network: Insights for Mobile Operators. European Management Journal, 24(2/3): 128-141.

表 5.1 价值链与价值网络理论对比

对比项目	价值链	价值网络
时代背景与经济特征	诞生于工业经济社会	信息经济/互联网经济
价值内涵	关注用户	以用户价值为中心
价值流向	单向	多边、可逆
信息作用	辅助	网络传导的基础要素
价值创造流程	线性	非线性
行业边界	封闭、相对清晰	开放、跨界融合

价值网络概念则不同，其认为价值是由网络中的各主体组合共同创造的，但价值网络理论源于并由价值链理论发展而来，其依旧继承了价值链理论及后续相关理论中的经典思想，如延续了对顾客/消费者的关注，尤其新价值链理论提出的"用户是价值创造的核心"思想，发展了价值星系理论中成员企业的合作博弈关系，使价值网络行为囊括了聚焦于价值网络内部的多种关联行为，包括基于产业链纵向的合作及横向的博弈关系等。此外以虚拟价值链理论提出的信息要素为基础，以全球价值链"片段化"思想为指导，关注网络节点的价值创造及网络内部要素传导等。具体来看，相对于价值链理论，价值网络理论作为产生于互联网经济背景下的一种新兴战略理论，更多具有一种生态视角。"网络经济"的竞争现实要求我们重新思考分析竞争环境的传统方法，关注旧的线性模型所没有考虑的商业网络中联盟、竞争者、互补者和其他成员的性质。但其本质上仍是一种群体竞争模式，通过网络成员企业之间的能力、信息、知识和技能等资源共享创造用户价值，且伴随内外部环境变化而适时调整。正如 Peppard 和 Rylander 在其文章中所阐述的，从网络的角度来看，关系被视为一个更大的整体的一部分——一个相互依赖的关系网络。这些关系是"相连的"，因为在一种关系中发生的事情会对其他关系产生积极或消极的影响。因此，我们必须从将组织看作孤立个体的角度看待价值创造扩展到探究组织如何在网络环境中创造价值[①]。

价值网络理论研究虽然相对价值链而言是个新兴的研究领域，但随着学界研究的深入，相关研究已经比较完善，也对现实经济发展实践起到了一定的指导作用。然而，在目前的研究中，对于服务业的价值链活动和分配涉足有限，尤其随着服务业文明的兴起，社会经济发展的产业已从"工业经济主导"向"服务经济主导"转变，即使是制造业本身也在探索向服务型制造演化的路径。同时，得益于云计算、物联网、大数据等新一代信息技术的迅猛发展，叠加产业跨界融合的加速，新一代服务业在传统服务业基础上诞生出了产业新特征。正如《服务互

---

① Peppard J, Rylander A. 2006. From Value Chain to Value Network: Insights for Mobile Operators. European Management Journal, 24(2/3): 128-141.

联网环境下的价值链理论、模型与方法》一书中所描述的，价值创造过程的载体不再是实体产品或短暂服务，而是演变成需要用户全程参与的体验式服务业。产品也不再只是线下的实体，更多的可能是线上的虚拟信息。价值创造的核心环节不再是产品的加工制造环节，而变成与用户交互的接触点环节。价值网络相对价值链而言，更要求主体在关注自身价值形成的同时，更加关注价值网络上各节点的联系，冲破价值链各环节的壁垒，提高网络在主体之间交互作用对价值创造的推动作用。在此过程中，信息不再是辅助的监控和决策信息，而变成企业的核心资产。价值创造流程不再是线性的，而是复杂的网络结构，更进一步地，复杂的动态网络结构产生，价值网络中不再只有合作伙伴，更有竞争对手，与竞争对手之间也不是简单的零和博弈，而是合作博弈。综上，为了更好地适配当前服务业主导的产业发展特征，需要基于现有理论，结合当前产业发展现状及趋势，构建服务业价值网络加以探讨。

5.2 现代服务业情境下的价值理论发展需求

2023年7月，基于社会及产业发展新需要，我国将向专业化和价值链高端延伸的生产性服务业、向高品质和多样化升级的生活性服务业，同先进制造业、现代农业深度融合的服务业相关活动界定为现代服务业，并将现代服务业进一步明确为"伴随信息技术和知识经济的发展而产生，利用现代科学技术和现代管理理念，推动生产性服务业向专业化和价值链高端延伸、推动生活性服务业向高品质和多样化升级、加强公益性基础性服务业发展所形成的具有高技术含量、高人力资本含量、高附加价值等特征的经济活动"，正式确立现代服务业概念的同时，也保留了国际上相关概念，如知识密集型服务业、高级生产性服务业、高科技服务业等的共性原则和特征。如本书第3章所述，现代服务业是相对于传统服务业而言的，其发展本质上来自社会进步、经济发展、社会分工的专业化等需求。科学技术特别是信息技术对现代服务业有着重要的推动和保障作用，尤其是在大数据背景下，云计算、物联网等先进信息技术在服务业得以广泛应用。但无论是传统服务业或者是现代服务业，服务本身无形性、异质性、生产与消费同步性仍旧是作为产业发展的基础特性。进一步从产业特征来看，无论进行何种程度的改造和提升，现代服务业基于服务本身的特征属性不会发生改变，相比之下其在科学技术的进步与广泛的应用、产业分工程度的深化和模式的改变共同推动下诞生了跨界融合、数智虚拟、高附加值、强异质性产业特征，进而呈现出服务业许多新兴业态和商业模式。

具体来看，较有代表性的有"通过互联网实现资源共享和使用，进而增加资源利用效率"的服务型共享经济，其模式逻辑为整合闲散服务资源，优化服供给,转变社会消费理念和消费方式,进而撬动新兴服务市场。如充电服务、网约车革命等。这种共享模式所带来的"新式"服务供给满足了人们特定的服务需求,其对传统服务方式的替代效应也逐渐显现,更高的服务效率和更好的消费体验使得许多用户从线下消费向线上消费转移,并向其他领域普及,共享型服务业从出租车到网约出租车,从到店消费到在线外卖,从住酒店到住民宿,群体规模持续扩大,反向催生了规模化的服务市场。另外,得益于互联网技术的发展,在疫情时期被广泛关注的在线教育、远程办公等模式成为现代服务业中的重要领域。前者通过在线教育平台,打破了知识传播及学习的时空限制,在提供更多学习机会的同时降低了教育成本。后者则通过虚拟网络提供办公场所,打消企业录用优秀人才的空间障碍,满足跨地区的信息沟通和贸易合作。此外,由于服务供给效率的提升,在常规需求满足的基础上,还可以针对学生/企业等个性化需求进行定制,也可通过服务模块的搭载,全面提升服务业的智能化、在线化、普惠化水平。

除上述具有代表性的新型商业模式外,当前现代服务业情境下的另一大现象是用户参与创新,即消费者不单单作为服务接受方。相反,得益于服务业的模块化发展,产品和服务的生产不再完全由公司决定,企业通过分离部分工作,将消费者纳入服务生产过程,进而实现优质服务的提供。如自行付费结账的零售系统、产品开发流程的顾客参与等,部分学者也提出,过去的以企业或产品为中心的服务生产模式正在发生改变,企业允许每一名顾客与公司合作,分享经验,实现高质量的交互融合。以宜家为例,在过去乃至当前的大多数家居商城仍旧将消费者视为服务/产品购买者,企业通过专业人员提供更为详细的商品介绍,进而协助客户定位需求,促使交易的达成。但宜家经营者认为,没有人比顾客更了解自己的需求,其将营销的信息全面公开透明,并通过收集顾客建议、倡导顾客自己动手做、采用开放式场景体验等方式,引导顾客扮演非传统角色,鼓励顾客参与购物全过程,推动消费者从服务接受者向参与者转变。"宜家效应"不仅大大节省了企业成本,也激发了消费者的参与热情,进一步增强了以消费者为中心的用户服务体验。再者,社区化服务兴起,产业跨界融合现象频发,现代服务业产业边界持续扩大,消费者服务需求不断细化,服务产业内各行业都在创新和发展,服务化成为行业发展的主要趋势。

从价值理论视角出发,服务业文明的到来推动全球向服务经济主导转变,新的服务价值网络逐步形成,网络中价值基本载体、价值创造参与主体、价值生成机制等都发生了相应的变化,传统的价值理论遭到了挑战。结合上述提及的现代服务业情景下市场特点,主要表现体现如下:

(1)原价值终端进入价值创造过程,价值链非单一流向(图5.3)。波特的线性价值链理论从市场与企业的关系入手,将企业内外经营活动视为价值创造过程，并认为基本活动和支持性活动共同构成价值链。虽然理论关注了用户，但价值是随着价值链单向流动的，此外即使存在跨价值链的关联（渠道价值链、买方价值链等），但价值传递方向并没有改变。同样地，虚拟价值链、价值星系等理论虽然打破了价值流程的"线性"限制，但其仍旧基于以制造业为主的经济环境。部分理论虽尝试将消费者

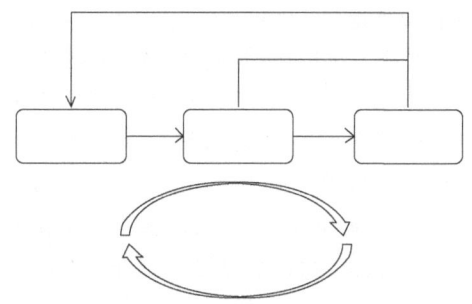

图 5.3　价值链非单一流向

的使用过程融入价值生产过程，但价值创造过程并没跳出企业或供应链的"围墙"，消费者主要角色依旧是价值的耗费者/使用者。从服务产出及消费过程来看，传统服务业的产品本身与"消费者"要么是在同一个时空维度下，要么是各种限制导致商品服务存在时间或空间上的阻碍（如邮递），从而使传统服务业上产业链终端消费者仅作为受众，无法参与此前服务商品的价值创造过程中。即使存在意见反馈，也往往只能对下一次服务进行改善，即作为初始信息投入参与新一轮的商品创造过程。而现代服务业在数字信息技术进步的推动下，相关企业以信息链为支撑，打破了原有的时间和空间壁垒，进而改变了产品生产和销售方式，使得各参与方之间的联系更加便捷和密切，信息流、物流、资金流等得以实现有机融合。终端消费者可以在商品服务创造初期参与进来，与生产者跨越产业链多个中间环节直接接触，全过程地参与商品服务价值创造，企业价值创造路径也由单向线性发生转变，进而优化并改善了覆盖用户需求分析、服务生产准备、服务提供及售后的全流程服务链。

进一步地，这种"消费者是价值的共同创造者"的价值共创思想最早可追溯到 19 世纪早期，von Storch 在研究服务业对经济贡献时提出服务的过程需要提供者和顾客共同参与的观点，此后学界也将消费者视为生产要素，认为在服务的过程中消费者的知识、经验、动机和诚实程度等会对生产效率产生重要的影响[①]。21 世纪初期，管理大师 Prahalad 和 Ramaswamy 提出企业未来竞争将依赖一种新的价值创造方法，即以个体为中心，由消费者和企业共同创造价值。消费者不再是被动的购买者，而是通过积极参与企业的研发、设计和生产，以及在消费领域贡献自己的知识技能创造更好的消费体验等实现价值创造[②]。价值不仅仅来源于生产者，而是建立在消费者参与的基础上，即来源于消费者与企业或其他相关利益者的共同创造，且价值最终是由消费者来决定的。类似此前提及的宜家经营模式，

---

① von Storch H F. 1815. Cours D'économie Politique, Ou, Exposition Des Principes Qui Déterminent La Prospérité Des Nations. St. Petersburg: A. Pluchart.
② Prahalad C K, Ramaswamy V. 2000. Co-opting customer competence. Harvard Business Review, 78(1): 79-90.

当前现代服务业情境下，部分企业已经在实践中尝试与顾客共同创造价值，提升顾客体验。如当前旅游企业对旅游产品的体验深度进行变革，在原有团队的基础上，推出了更多定制化和体验式的参与活动；相似地，赛百味餐饮公司在三明治制作时充分赋予顾客选择权，从各类型的面包、新鲜蔬菜、其他配料到调味品等进行个人偏好选择。

（2）价值创造多主体参与，网络结构趋于系统化及复杂化（图5.4）。如果说第一点主要体现为价值链单线流向的改变及消费者参与的价值共创模式的发展，那么企业与市场交互过程的日渐复杂，尤其是互联网的出现，使得产业链的商业环境变得愈加丰富，出于对核心竞争优势的打造，企业开始将过去只能由自身完成的部分功能外包给其他专业化组织，聚焦企业资源，通过动态的持续演化和迭代过程优化，逐步形成一个多方参与、多方协作的服务产出网络，其中，企业致力于为双边或多边参与者提供连接点并成为整合资源创造价值的核心，多元的需求碰撞激发网络效应，企业价值创造也逐步转变为多层次价值网结构。

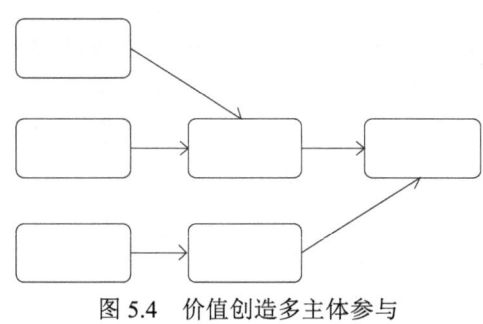

图 5.4　价值创造多主体参与

值得注意的是，在现代服务业情境下，计算机赋能的服务网络化趋势加剧，现有服务产业系统日趋复杂。一方面，网络参与主体不只局限于企业或消费者，实际上网络化情境下个人、企业、政府乃至受统一价值主张驱动的联盟均主动或被动地彼此关联，并借由互联网信息技术及市场交易行为等实现基于信息、资源等要素的价值交换。另一方面，网络系统中各参与主体的关系也日渐复杂，如政府作为基础设施建设者及市场秩序维护者，同样兼具公共服务的提供者及政府采购的消费者等多重身份。此外，以企业为例，相较于早期竞争或合作的单一模式，当前服务企业出现新型竞合关系，众多互联网企业不断通过投资入股、并购、战略合作等方式进行横向业务布局，并以此为基础搭建开放式平台，实现跨业态、跨行业、跨领域的多元经营。其中，部分企业（尤其一些企业初期）也将其服务搭载在腾讯或者阿里系统平台上，形成一种企业"寄居"模式，而其本身商品服务范围又与所寄生的企业经营范围有所重叠。再者，价值网络结构内参与主体所提供服务的对象也不再局限于网络整体意义上的消费者，部分企业将服务供应商视为阶段"顾客"，并通过协助其更好提供服务产品，进而加入价值共创的过程中。综上，现代服务业情境下服务价值呈现网络化趋向，其价值创造过程也出现了系统化、复杂化及动态化等特征。在该系统中，交易协调、信息收集、关系管理等激发资源配置优化，催化各类组织间的组织形态演化，进而突破企业、产业等边界，并进一步从不同方向联结形成网络组织系统。

（3）新服务模块催生，价值分布重心调整。当前，随着产业发展的变化与升级，现代的生产组织模式与传统的生产组织模式相比已经发生迥异的变化，模块化和网络化的产业组织已经逐渐凸显强大的竞争优势。尤其处于网络经济时代，竞争的基点不再是单一组织或线性价值链，而是组织与其协力者所共同营造的价值网的竞争。模块化是与分工经济相联系的经济现象，是分工进一步延伸和深化的结果。模块化最早源于制造业中的生产领域，而后应用至服务业，进而出现服务模块化的概念，并定义为"通过分解和重构专业知识和服务环节，以减少和规范专业知识和服务环节间的依赖关系，将服务分解为在特定服务环节中应用特定专业知识的服务模块的过程"，换句话说，企业利用模块化思想对服务产品及流程进行解构重组，进而改善内外部效率，提升服务能力。从服务价值视角出发，服务模块化即把价值链中垂直一体化的整个服务活动拆解成若干个具有某一价值创造功能的价值节点，通过各价值节点的横向整合，形成多个相对独立运行的服务价值模块的提供部门和提供者，或形成若干个服务价值模块规则设计者与集成者，从而使价值链产生持续动态分化与集成的过程。之后，伴随价值链向价值网络演变，新的分工模式从线性的生产工序、生产工艺的分工发展演变为立体的或平面的网络功能分工，服务模块也出现了相应的变化。

从服务模块的分工来看，此前学者对分工方式、可行性、产生的效益等问题进行了探究，认为服务模块化可以从服务系统及服务流程维度出发，前者可基于不同的功能、属性或过程进行模块划分，如对于提供给顾客的单纯服务行为，可以服务的投入资源为切入点，把服务体系拆解为设备设施、人员、技术、知识、信息等模块；后者则从服务产业、服务供应和服务资源投入的角度进行剖析[1]。在现代服务情境下，服务产业发展迅速、行业竞争激烈，在突破过往各要素交流时空限制后，企业可以利用人工智能、互联网等技术所提供的大量、迅捷的信息资源，准确把握消费者特质，深度挖掘潜在消费需求，进而创新服务模块，提供个性化的服务增值服务。如阿里巴巴、亚马逊等行业巨头通过网民搜索数据信息的积累，构建了相应的消费者行为数据库，并通过大数据信息深度挖掘及多维分析，准确定位用户的地域分布、消费偏好、行为习惯等信息，从而使企业有针对性地拓展新增值业务，对接新需求市场[2]。另外，随着政府推动战略性新兴产业的发展，大力推进专业化整合等举措，为了满足常态化服务外的顾客定制化需要，部分如保险、银行、旅游、教育等行业企业开展服务流程及产品的标准化，并在此基础上进行模块化组合。同时为了提高资

---

[1] 余长春. 2012. 基于价值链的服务模块化价值创造机理研究. 南昌：江西财经大学.
[2] 何霆. 2022. 服务互联网环境下的价值链理论、模型与方法. 北京：知识产权出版社.

源利用率，企业往往聚焦于"高价值环节"，将次要业务外包。尤其在大量企业同时进行相同或相似服务生产时，单个企业的某些模块化服务过程便耦合、嵌入其他企业的流程中。

以上从市场及价值角度出发的种种变化均表明，在现代服务情境下，原基于传统产业特征、价值链创造模式的理论不再适用，我们迫切需要构建适配于新环境下的服务价值网络，探究新形势下服务价值生成机理。

5.2.1 现代服务业企业服务价值内涵

对服务价值的研究一直是学术界和企业界共同关注的热点，但正如前文所述，不同学科及不同领域的价值理论在价值定义、价值判定标准、价值度量方法等方面都存在着巨大的差异。从广义概念来看，一般认为价值可以通过两类方式产生：一是主体之间通过对某类事物的传递/交换行为；二是通过改善主体的某些物理/生理状态。基于上述产生方式，当前研究人员从各个角度对服务质量、价值等进行了相关研究，并进行了定义及分类，如有观点从价值评估角度出发，认为价值代表了消费者对产品或服务功效的总体评价，即相对购买产品或服务付出的成本所带来的感知收益；也有观点聚焦于服务在有形产品上的搭载，认为服务价值是指伴随产品实体出售，企业向顾客提供的各种附加服务，包括产品介绍、送货、安装、调试、维修、技术培训、产品保证等所产生的价值。

随着服务经济主导时代的到来，服务更多地从原有产品"配角"定位上剥离开来，被视为单独的服务产品予以提供。部分甚至发生了角色逆转，有形产品作为"载体"协助服务的供给及使用，考虑到服务产品基于服务本身特性而携带的无形性、异质性、生产与消费同步性，对于服务价值的捕捉及概念化变得更为复杂。针对该现象，有研究以顾客为中心，认为服务价值是指服务提供给顾客所带来的实际效益和满足感，并进一步将其分为物质上的服务价值（如产品质量和功能）及非物质上的服务价值（如服务便利性和个性化定制），部分学者也从价值类型划分为经济价值、产品价值、信息价值、资源使用价值、体验价值、物理价值、享受价值、社会影响价值、知识和技能价值等。

上述相关服务价值概念的研究进一步表明，当前科学的进步已经引发了社会价值系统各生产构成要素权重的转变。尤其在现代服务业情境下，传统的以企业生产产品为中心的价值创造已经转变为以服务生产为基础、网络化为结构的多主体共同参与价值创造系统。值得注意的是，服务价值是企业与顾客之间互动的核心，它决定了顾客是否愿意购买产品或使用服务，对服务价值概念的准确刻画及理解有助于打开现代服务业情境下服务价值生成机理的黑箱，了解以服务价值为中心的价值网络运行机制。

1. 物理价值及精神价值

在 5.1 节中，本书对价值链及价值网相关理论进行了梳理，并明确了以用户价值为中心的服务价值网络。我们认为服务价值是针对消费者需求而定义的，简单来说，服务产品是否有价值取决于其对用户"是否有用"，即只有当用户承认服务的价值时，服务的价值才会变得真实。基于此，本节结合现有价值理论方法及当前学界对服务价值的相关研究，借鉴何霆[①]从服务系统在服务全生命周期过程中实现价值协同共创的流程出发划分的服务价值内涵，认为服务价值主要包含两个部分，即物理价值及精神价值。具体来看，前者主要包含服务作为产品本身所产生的物理效用，如服务产品本身的质量（产品物理性质、功能效用等）、服务提供过程的质量（提供是否及时准确）、服务需求覆盖的质量（规模化需求及定制化需求）等；后者则主要为服务产品使用过程中所附加提供的精神价值，如满足用户基本需求以外的优越感、认同感、公益环保的荣誉感等。两者共同构成了本书所代指的服务价值，即在现代服务情境下，服务价值可视为价值网络中各主体以用户服务价值为中心，通过服务供给客户带来的包含物质及精神层面的效用和满足感。

2. 感知价值及交换价值

用户参与的价值共创是现代服务情境下服务价值网络的特征之一。基于这一观点，服务提供者和用户都是价值的共同创造者，而维系价值网络运行的关键是各主体间的价值交换。简单来说，"买卖双方"的连接、互动，直至达成价值交换，是所有交易的基本模型，而在价值网络结构中，服务价值模块间的关联是通过网络中价值节点间的价值交换形成的，即网络结构中各要素经价值链条传导、交换，进而实现价值的创造和增值。值得注意的是，尽管前文已明确服务价值网络以用户服务价值为中心，但不同的价值视角对价值的定位存有差异。以经典价值链中两大主体为例，消费者视角认为用户所需的价值是由企业提供的。进一步地，价值创造是企业存在的基础，企业的成功取决于它如何向客户提供有价值的产品或服务[②]。但价值由用户定义，因此随着用户预期与用户感知的演变，对于由企业所创造的价值度量也会随之变化。从企业视角出发，企业所需的价值是由用户提供的，即在接受企业提供价值的过程中，顾客也为企业带来了利润、创造了价值。相似地，有学者提出在给定的环境中，消费者使用、组合或整合自己的资源来转换营销人员或供应商的产品，从而为自己创造价值或价值感知。消费者所产生的价值将以经济、质量、便利、体验或实现个人价值等利益的形式出现。这

---

① 何霆. 2022. 服务互联网环境下的价值链理论、模型与方法. 北京：知识产权出版社.
② Thuy P N, Hau L N, Evangelista F. 2016. Service value and switching barriers: a personal values perspective. The Service Industries Journal, 36(3/4): 142-162.

些利益或价值是消费者在服务发生时给予资源的回报[①]。

值得注意的是，企业或者说价值网络所提供的价值和用户所承认的价值可能存在差异。服务价值是虚拟且难以估量的，用户购买服务产品的关键是其对服务产品的价值感知，可以说感知价值与隐性信念有关，而正是这些信念指导着交易行为。具体来看，感知价值一词的出现是为了强调用户/顾客只能对他们感知到的东西进行估价[②]。早在1985年波特在其《竞争优势》一书中就指出了企业收取的溢价反映了企业为买方实际创造的价值以及买方认同的价值程度，即企业为买方创造的价值必须让买方察觉。而后Zeithaml提出，感知价值即顾客在获取产品或服务的过程中所能感知所得的利益与其所付出的成本进行权衡后，对产品或服务效用的综合评价，包括便宜的价格、顾客在产品或服务中的需求、顾客付出所能获得的质量，以及顾客所有付出可以得到的所有价值[③]。虽然感知价值是由顾客决定而不是企业决定，但企业对感知价值的形成有重大影响，对此，波特提出了价值信号的概念，认为买方用来推断企业创造价值的因素可以被称为价值信号，其中有些价值信号要求企业不断付出（例如包装和广告），而有些价值信号反映了企业长期的商誉或者名声的积累。同理有些价值信号并不是由企业控制的（如口碑）……由于价值信号本身并不创造价值，因此一定要找到高效的价值信号显示方式。

综上，本部分认为顾客所感知到的服务或商品的质量、外部特点和内部属性等有关的概念构成了感知价值，同时多种"价值信号"可以影响顾客对服务价值的感知过程及结果。此外感知价值并不恒定，会随着时间、地点、对象等因素的变化而变化。

5.2.2 现代服务业企业价值网络构成

信息技术的发展和市场环境的变化推动了价值组织形态的演进。随着当前服务业的发展所呈现的覆盖广、联系密切、复杂度高等特点，服务价值网络视角下服务价值的载体、协作关系等都发生了相应的改变，原有企业分析视角并不完全适配快速发展的现代服务业企业。基于此，为了更好地对产业及企业进行深入研究，本部分尝试以价值网络理论为工具，从服务企业价值网络管理视角出发，明确企业价值网络形成的驱动因素、网络核心价值主张，以及企业与其他企业、政府、社会组织等之间的关系，进而建立服务企业价值网络，为服务业企业的战略、发展等方向的研究提供新的视角。

[①] Babin B J, James K W. 2010. A brief retrospective and introspective on value. European Business Review, 22(5): 471-478.

[②] Bowman C, Ambrosini V. 2000. Value creation versus value capture: towards a coherent definition of value in strategy. British Journal of Management, 11(1): 1-15.

[③] Zeithaml V A. 1988. Consumer perceptions of price, quality, and value: a means-end model and synthesis of evidence. Journal of Marketing, 52(3): 2-22.

1. 价值网络形成的驱动力

企业价值网络是指企业以其产品、服务、技术、资源、客户、供应商、合作伙伴等为核心,以及与其他企业、政府、社会组织等相关的价值关系网络。克雷默在其 *Value Nets*(《价值网》)一书中提出企业的价值网络从本质上而言,应是一个基于用户价值和产业网络高效合作所形成的网络成员资源共享、价值共创、利润共享的群体性产业网络模式。从理论及实践发展历程来看,价值网络理论根植用户的需求,是核心企业与上下游产业链的利益相关者共同构成的动态资源网络体系。更准确地说,企业价值网络的形成是网络内参与主体围绕同一目标,彼此分工协作,进而触发网络效应,实现互联互通与利润最大化的实践结果。其中,网络目标即价值网络所内含的价值主张,价值主张的统一是保障网络内资源要素合理配置、实现多主体价值共创的关键。另外,网络内分工协作的基础是分工的细化,在专业化分工的生产模式下,处于产业链不同阶段和相对固化的彼此拥有某种专用资产的企业及相关利益体组合,进而联结成一个整体"价值网络",共同为顾客创造价值。成员创造的价值都是最终价值的不可分割的一部分。产品或服务的价值是由每个价值网络的成员创造,并由价值网络整合而成的。

2. 价值网络构成及运行

一个价值网络反映着一个特定的价值创造的基本属性,而构成价值网络的基本要素及其结构关系决定着价值网络的功能和特征。当前,企业战略及产业价值中心不再是价值链上环节的简单定位,而是价值创造系统本身,与企业相关的经济行为主体(供应商、商业伙伴、同盟者、竞争者、顾客等)共同创造价值、获取利润。同时,价值网络内各企业也不完全具有实体,主体间合作的实现形式已经拓展到了"外包""代工""虚拟企业""战略联盟"等方式。尤其在价值网络中的每一个虚拟企业本身蕴含着小型网络的概念,它由所有的成员企业(包括合资、附属子公司)和合作伙伴组成。此外由于主体间互动关系的复杂性和边界模糊性,往往难以划分出微观企业层面和中观产业层面的网络界限,但可大致理解为企业价值网络是产业价值网络的子价值网络,且该子价值网络包含了过往研究价值链的所有元素。

在价值网络形成的相关研究中,有学者从企业主体价值体系出发,认为特定的价值创造过程涉及不同组织的工作,价值的实现是以主体的价值体系及偏好的识别为基础,因此价值网络的构成不同于组织的构成和价值链的构成,而是由效用体系、资源选择、制度与规则、信息联系、市场格局和价值活动等六个基本要素构成[1]。也有提出价值网络构成要素包含软要素及硬要素两大类,前者包含

---

[1] 李垣,刘益. 2001. 基于价值创造的价值网络管理(Ⅰ):特点与形成. 管理工程学报, 15(4):38-41, 2.

贡献、亲密、愿景以及企业文化、设计规则和系统信息，后者为包含节点企业和网络组织在内的物理网络[①]。考虑到现代服务业情境下服务价值网络边界拓展外延，主体协同关系复杂，跨产业、跨行业现象频发，信息、数据等要素在产业中占比继续提升，本节结合此前网络构成相关研究，从网络主体、要素、环境三部分出发构建服务企业价值网络，并围绕服务企业价值网络中供需双方对价值协作网络的利用实现价值共创。简单来说，价值网络参与主体可初步划分为企业、政府、顾客等利益相关主体；价值网络要素囊括网络中需要交换、转化等的生产要素和支撑网络运行的基础性资源保障；环境则可从网络系统内的运行机制、生态环境及系统外的政策和市场环境出发，进行梳理构建。

---

① 奥瑞克，琼克，威伦. 2003. 企业基因重组：释放公司的价值潜力. 高远洋，等译. 北京：电子工业出版社.

第6章 现代服务业服务价值生成机制

近年来，随着信息数字技术的发展与产业变革浪潮下企业生态的演进，价值创造的范式发生了从价值链到价值网的转变，其中以顾客为代表的个体借助互联网、实时通信、新型交通等广泛社会互动形式成为价值创造的重要参与者，价值创造的方式逐渐由生产者独导转变为多主体共创。正如第5章所阐述的，科学的进步已经引发了社会价值系统各生产构成要素权重的转变，尤其在现代服务业情境下，传统的以企业生产产品为中心的价值创造已经转变为以服务生产为基础、网络化为结构的多主体共同参与价值创造系统。以此为基础，本章尝试从服务价值网络视角出发，梳理企业、顾客、政府等网络参与主体价值共创过程，探讨多主体的互动特征及价值生成结果，进而解答现代服务业情境下，如何处理网络中多个主体间的利益关系？如何通过价值交换的方式连接共同价值创造的利益主体？

从过往研究结果来看，部分观点认为价值网络是指不同利益相关者之间因某种共同的利益诉求而相互影响，从而在这一过程中形成的价值的生成、分配、交换以及使用的关系网络[1]，价值网络本质上就是一种多主体之间的价值交换系统，在该价值交换系统中，价值的创造与传递过程是一个或者多个企业、供应商、合作伙伴、支持单位以及客户等多种异质性主体之间复杂的动态化交易过程[2]。事实上，价值网络相对于价值链而言，在关注自身价值形成的同时更强调关注价值网络上各节点的联系，进而冲破价值链各环节的壁垒以提高网络在主体之间交互作用对价值创造的推动作用。基于此，借鉴吴晓波等所构建的基于价值网络的商业模式分析框架[3]及国内外有关"价值共创""价值生态系统"等运行机制的研究成果，本节尝试采取"价值主张-价值创造-价值传递-价值获取"的服务价值生成分析框架，旨在系统性揭示现代服务业在创造、传递和实现价值过程中的关键环节和作用机制。

如图6.1所示，随着科技进步及分工精细化，在社会发展需求驱动下，价值链不断分拆、延展、模块化和重组，进而构成价值网络。其中，价值主张是网络的"发动机"，其不仅影响着现代服务企业价值网络的构成，同时是协调网络内

---

[1] 李垣，刘益. 2001. 基于价值创造的价值网络管理（I）：特点与形成. 管理工程学报，15（4）：38-41，2.
[2] 陈占夺，齐丽云，牟莉莉. 2013. 价值网络视角的复杂产品系统企业竞争优势研究：一个双案例的探索性研究. 管理世界，（10）：156-169.
[3] 吴晓波，姚明明，吴朝晖，等. 2014. 基于价值网络视角的商业模式分类研究：以现代服务业为例. 浙江大学学报（人文社会科学版），44（2）：64-77.

资源分配、统一生产行为的关键。如前文所述，尽管服务价值网络以用户服务价值为中心，但不同的价值视角对价值的定位存有差异。具体来看，在多主体参与的现代服务业价值网络中，各主体均有符合自身定位、清晰的价值诉求，但网络内企业存在复杂的竞合关系，"买卖双方"对价值的感知和度量也存在差异。过往研究表明，参与价值创造的企业所依赖的重要价值基础即各个企业之间必须有进行协同价值创造的利益驱动，以实现企业间资源的共享和优化配置。换句话说，目标的统一是主体合作的基础，企业价值网络的形成正是网络内参与主体围绕同一目标、彼此分工协作，进而触发网络效应、实现互联互通与利润最大化的实践结果。其中，网络目标即价值网络所内含的价值主张，其是促进网络内价值共创行为得以产生的关键因素。进一步地，价值主张的精准与否直接关系到网络能否准确识别并有效满足消费者的需求，从而在瞬息万变的市场中指导企业获得竞争优势。此外，由于资源可得性的差异，如何合理配置资源也是产业及企业发展所需要解决的关键问题。尤其在服务业的语境下，价值主张是服务设计的原点，指导着企业如何整合和运用网络内外的资源和机遇，进而提供高质量的服务产品。从价值生成机制来看，价值主张是现代服务业价值生成过程的起点，也是服务企业持续竞争优势的来源，研究价值主张有助于深入理解服务业如何通过创新和差异化战略吸引消费者。

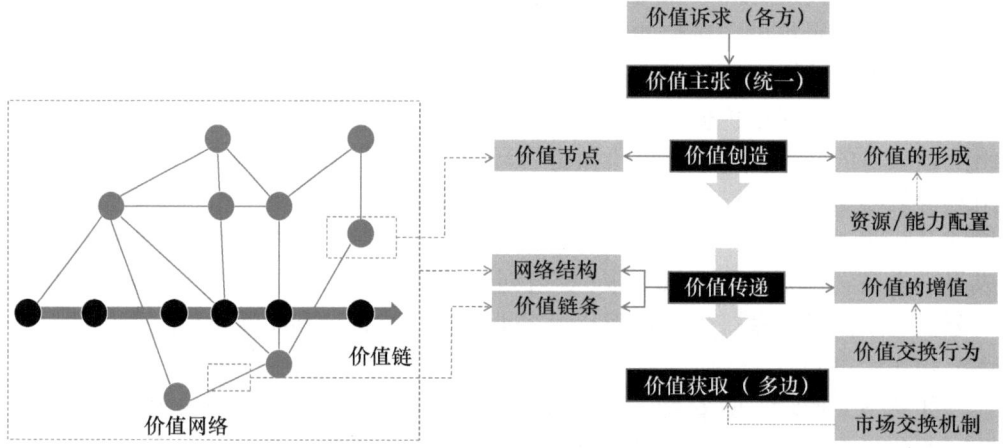

图 6.1 服务价值生成机制分析框架

经济活动的最终目标是创造价值，价值创造是探讨价值网络中价值生成的核心议题。有研究将价值创造定义为行为者增加价值的尝试，提出价值是通过发明、开发、生产和交付创造营业额的新市场产品的过程来创造的[①]。也有观点认

[①] Chesbrough H, Lettl C, Ritter T. 2018. Value creation and value capture in open innovation. Journal of Product Innovation Management, 35(6): 930-938.

为价值创造是指企业生产、供应满足目标客户需要的产品或服务的一系列业务活动及其成本结构。本章延续此前学术观点，认为价值创造是一个过程，是网络参与主体为创造潜在价值而开展的活动，体现为网络结构中的节点。进一步地，网络所拥有的资源本身并不具有价值，企业等行为者通过一系列活动促进资源整合，实现了价值创造。同时，价值网络以用户价值为中心，在价值创造环节则表现为价值创造决定者，即"决定价值是否被创造的是顾客（通过感知行为），而不是供应商所提供的产品"[1]。在过去的研究中，已经发展了多种价值创造类型及框架，但大多基于制造业或有形产品，对服务适配性较低。基于此，有必要梳理现代服务业情境下主要价值创造活动，打开服务价值形成的黑箱。

网络中另一重要组成部分是网络链条，其描述了要素在网络结构中的传递和转移过程，也作为价值传递的通道。其中，价值传递是价值网络赋能给各节点的互动效应，有研究将其进一步分为顾客搜寻、定价机制和价值提供渠道三个方面，认为价值在价值网络中实现有效传递是企业通过开发和创造价值，并经过营销将其传递给消费者的过程[2]。从理论视角来看，价值网络理论是由价值链理论发展而来，根据波特的价值链理论，可以把价值链描述为某一行业从最初原材料到初步加工、再从精加工到最终产品以及到达消费者手中的整个过程中价值的分布和关联。相似地，在价值网络结构中也存在着大量上下游关系和相互的价值交换，如上游环节向下游环节输送产品或服务，下游环节向上游环节反馈信息等。尤其基于服务模块化重组后，服务的生产由多个主体共同完成，价值网络中的横向及纵向关联更为复杂。从价值属性来看，服务价值模块间的关联是通过网络中价值节点间的价值交换形成的，即网络结构中各节点实现价值创造，而后经价值链条传导、交换，进而实现价值的增值。具体地，从价值传递的过程来看，价值传递是由一系列打破价值创造边界的价值活动所构成的，包含企业整合资源、消费者利用资源进行服务交付和产品体验等多个方面，也包括影响感知价值形成的相关价值信号的传导。同时，有别于链式中资源信息的价值增值辅助，在网络中资源及信息等本身就能通过迭代产生价值，而现代服务业借由这种多链条组成的网络结构实现的要素集聚和信息迭代，可进一步产生服务的规模效应，从而实现服务价值的大幅增值。

价值获取隐含了顾客价值获取和企业价值获取的平衡，是价值生成的最终表现。随着互联网的广泛普及，销售和广告的去中介化趋势促使众多自媒体和自我营销的兴起，这导致了供应商、制造商和消费者之间的传统角色界限变得模

---

[1] Chesbrough H, Lettl C, Ritter T. 2018. Value creation and value capture in open innovation. Journal of Product Innovation Management, 35(6): 930-938.
[2] 吴晓波，姚明明，吴朝晖，等. 2014. 基于价值网络视角的商业模式分类研究：以现代服务业为例. 浙江大学学报（人文社会科学版），44（2）：64-77.

糊。尤其在现代服务业领域，服务生产者和消费者身份可能在同一个人身上不停转换，因此，进行价值分配以实现价值获取时过往议价博弈不再适配，而需要立足于价值网络，从价值共创的参与者出发。价值获取是一个涉及多环节和主体的复杂过程，其通过提供商品或服务，满足多方参与者的需求，从而实现价值分配及转移。在这个过程中，供需双方通过市场交换行为实现彼此价值的获取。有学者提出，价值获取的过程是现有能力的增强或者形成新的能力[①]，如消费者根据自己的需求和偏好，选择合适的产品或服务，并愿意为其支付相应的价格，实现个人的价值获取。而从企业视角来看，价值获取即从价值创造中获得财务或非财务回报的过程[②]。在这个过程中，企业通过销售产品或提供服务，获取收入和利润，或者通过提供有益于社会和环境的产品或服务，来实现社会责任和可持续发展，从而实现价值的获取。

结合现有文献，本章采取以上服务价值生成分析框架有如下优势。首先，基于价值网络的系统视角打破了过往价值创造的各种边界，尤其是消费者和企业之间的角色壁垒，避免了现代服务业边界外延持续拓展带来的边界不清晰的问题。其次，聚焦于服务价值生成的动态过程，通过将服务生产过程中资源、产品和环境等有形载体与互动、经验等无形载体相结合，完成了多主体参与的价值共创过程的解析，有助于全面分析服务业的运作机制。同时其不仅关注静态的价值创造，还强调了价值在市场中的流动和实现。最后，以用户价值为中心，实现了网络中主体间服务价值的统一，由价值创造和传递实现了价值产生和增值，并通过用户的服务消费行为实现了各方的价值获取。

6.1 现代服务业服务价值主张

6.1.1 价值主张理论概述

1. 理论基础及其发展

近年来，"价值主张"作为一个术语越来越频繁地出现在营销管理、战略管理和商业模式等不同学科文献中，成为管理学中应用最为广泛的概念术语之一，同时被认为是服务主导逻辑的基本假设之一。事实上，在不同学科及情境下，价值主张也有其不同的概念内涵。如从概念发展来看，价值主张作为一个术语最早出现在广告公司的企业实践中，由于企业需要通过广告将自身产品特性有效地传达给消费者，这要求企业在广告中确立一个独特的价值主张。进一步地，市场营销领域学者

---

① Sirmon D G, Hitt M A, Ireland R D. 2007. Managing firm resources in dynamic environments to create value: looking inside the black box. Academy of Management Review, 32(1): 273-292.

② Chesbrough H, Lettl C, Ritter T. 2018. Value creation and value capture in open innovation. Journal of Product Innovation Management, 35(6): 930-938.

总结提出了价值主张的概念，认为其是一个用来向目标客户传递产品功能性、情感性、自我利益等方面价值的陈述[1]。此外，价值主张作为一种营销工具，也是企业与消费者互动的核心，它清晰地表达了企业如何通过消费者认为有价值的属性来分析和定位消费群体，并将所创造的价值传递给消费者[2]，不仅可以帮助企业更好地理解消费者需求，实现产品或服务的市场定位，也可通过对消费者需求的深入分析，为消费者提供针对性产品或服务，从而激发消费者的购买意愿。

随着消费者视角的兴起，营销学者开始尝试用"顾客价值"来解释产品属性如何转化为个人或家庭消费者的特定价值或效用，其中，价值主张被理解为顾客的感知承诺。企业所提供的每一项业务都是由其价值主张塑造而成的，而价值主张即企业希望以何种价格提供给顾客何种利益，这种利益可解释为帮助顾客解决需求、顾客认为生活因此好转的产品或服务[3]。值得注意的是，价值主张必须精确地定义企业拟向顾客提供的内容，它与顾客息息相关，但目前却是为了公司内部使用的[4]。2004年，与传统营销学产品主导逻辑相反的服务主导逻辑的提出将价值主张视为基本假设之一，指出企业不能创造价值，只能提供价值主张，价值也不是从企业到顾客的线性机制，而是在使用过程中由所有参与者共同创造，而价值主张设定了对使用价值的期望[5]。以此为基础，也有观点指出价值主张从"以企业为中心，企业提出价值主张，顾客在使用中评价价值主张"向"以互惠为中心，企业和顾客都可以互换地提出、评价彼此的价值主张"转变[6]，价值主张的形成既不能被描绘，也不能被理解为企业和顾客间的知识交易，而是依赖于不同的理解、规程和约定的资源整合者集群间的互惠知识交换的共同创造实践[7]。

前文提出价值主张最早用以阐述企业如何通过消费者认为有价值的属性去分析消费群体，并将所创造的价值传递给消费者。而后学者主张对价值主张的作用采取更具互动性的观点，在将价值星系描述为各种参与者的复杂价值创造系统时，价值主张被视为"产品"，即调动资产，并将其连接在一起，以利用价值创造过程的"工具"[8]。产品是关系的表现，因为公司创造它们是为了匹配客户的价值创造过程。至此，价值主张仍然被视为静态产品，因为仍被定义为"冻结"价

---

[1] Aaker D A, Leadership B. Brand Leadership: Building Assets in an Information Economy. New York: The Free Press.
[2] Lanning M J, Michaels E G. 1988. A business is a value delivery system. McKinsey Staff Paper, 41(41): 53-57.
[3] Gouillart F J, Kelly J N. 1995. Transforming the Organization. New York: The McGraw-Hill Companies.
[4] Lanning M J. 1998. Delivering Profitable Value: A Revolutionary Framework to Accelerate Growth, Generate Wealth, and Rediscover the Heart of Business. New York: Basic Books.
[5] Vargo S L, Lusch R F. 2004. Evolving to a new dominant logic for marketing. Journal of Marketing, 68(1): 1-17.
[6] Ballantyne D, Varey R J. 2006. Creating value-in-use through marketing interaction: the exchange logic of relating, communicating and knowing. Marketing Theory, 6(3): 335-348.
[7] Kowalkowski C. 2011. Dynamics of value propositions: insights from service-dominant logic. European Journal of Marketing, 45(1/2): 277-294.
[8] Normann R, Ramírez R. 1998. Designing Interactive Strategy: From Value Chain to Value Constellation. Hoboken: John Wiley and Sons.

值。在这之后，理论界对价值主张的内涵进行了拓展，Anderson 等的观点得到了理论界的广泛认同，他们认为价值主张是企业对顾客从产品或服务中获得的体验进行价值量化后的清晰表达，也被视为一种战略工具，其最终目标是通过与众不同的产品为顾客提供针对性服务，从而帮助目标顾客解决问题[1]。近年来，价值主张的动态本质得到了强调[2]，认为价值是共同创造的，价值主张可以作为各方价值诉求的统一，并将其描述为公司与其参与者网络之间动态且不断变化的连接器。

2. 价值主张的维度划分

价值主张维度的划分被认为是其准确定位及测度的关键，然而目前学界尚无统一标准来划分价值主张的维度，其中，较有代表性的有 Sheth 等构建的消费者感知价值模型，认为消费者进行商品选择所产生的感知效用是基于感知价值五个维度的函数，并据此将价值主张划分为功能、社会、情感、认知和条件价值五个维度，这些维度之间体现出由客观性到主观性、具体到抽象、功利主义到享乐主义、以交易为主到以交互为主的特征[3]。Rintamäki 等提出经济型、功能型、情感型以及符号型四个维度，并指出虽然顾客可能不会有意识地将价值进行分层，但从零售商/企业角度进行不同维度的分析可能会更有助于将客户的价值需求与公司的资源和能力相联系[4]。虽然当前学者们对价值主张的维度划分存在差异，但普遍认为企业可通过明确的价值主张，更好地与消费者建立信任和共鸣，以实现市场定位和竞争策略的制定，此外在实际应用中，企业也需要根据目标市场和消费者的特点，灵活运用不同的价值主张维度，以实现与消费者的有效沟通。

从现代服务业的发展历程及行业特征来看，服务业行业在供需两端均"以人为主"的特性主导下带来的强异质性使得价值主张在现代服务价值网络中的重要性进一步提升。它不仅体现了服务业企业的市场定位和核心竞争力，同时是包括消费者在内的网络内各主体合作的基础。基于此，本节将探讨现代服务业服务价值主张的内涵，并试图解析其如何实现各方价值诉求的统一与对服务价值生成的指导。

6.1.2 服务价值网络中的价值主张

1. 价值主张的网络化应用

如本书第 3 章中所描述的，现代服务业拥有服务业的特征，但与传统服务业有所不同，其发展对高科技、专业技能和高度信息化有很大依赖性，而消费者对

---

[1] Anderson J C, Narus J A, van Rossum W. 2006. Customer value propositions in business markets. Harvard Business Review, 84(3): 1-8.
[2] Kowalkowski C. 2011. Dynamics of value propositions: insights from service-dominant logic. European Journal of Marketing, 45(1/2): 277-294.
[3] Sheth J N, Newman B I, Gross B L. 1991. Why we buy what we buy: a theory of consumption values. Journal of Business Research, 22(2): 159-170.
[4] Rintamäki T, Kuusela H, Mitronen L. 2007. Identifying competitive customer value propositions in retailing. Managing Service Quality, 17(6): 621-634.

现代服务业的价值获取在可访问性、互动性和个性化程度也有着更高的期待。进一步地，四大产业特征所体现的跨企业、跨领域、跨行业合作的服务生产模式，搭载大量新型数据资源要素的服务产品供给，高频率的用企服务交互和聚焦用户需求的更为精细化的私人订制等的出现，要求企业不断改进服务的方式和手段，利用现代科技和信息技术，提供更加便捷、个性化和互动的服务。在此背景下，服务价值网络的出现解决了现代服务业互动性与个性化的动态需求。服务价值网络被定义为"由共享的制度逻辑和通过服务共同创造价值的资源整合参与者组成的相对独立、自我调整的网络"①。由于网络中交换的发生是因为没有一个参与者拥有独立运作的所有资源，因此即使面对有时存在竞争和冲突的优先事项和偏好，也需要参与资源整合实践。因此，服务价值网络被视为一个"价值创造系统"②，参与者之间彼此相互依赖，这种基于复杂关系所构成的网络在统一目标指导下得以运行。参与者的重点是寻找有用的资源，开发可以持续的学习过程，并通过经济和社会交流维持有意义的关系，而价值主张恰恰源于参与者所拥有资源固有的价值潜力③。在价值网络的微观层面，可以观察到个人之间的交换实践，当他们寻求改善自己的需求时，他们会用自己的专业化服务交换他人的服务。

价值主张的这种网络化应用在现代服务业的背景下体现了一种价值共创的网络化逻辑，即企业实现与顾客、供应商、合作伙伴等多方利益相关者的深度连接和协同合作。这种网络化的价值主张不仅仅是一种市场策略，更是一种全新的商业模式和理论架构。在价值网络中，价值主张的内涵和外延得到了极大的拓展。它不再是单一的产品或服务特性，而是一个包含了品牌理念、顾客体验、社会影响等多维度的综合性动态概念。通过网络化的应用，企业能够将其价值主张传递到每一个互动触点中，使得这一主张在顾客心中形成强烈的共鸣。同时，网络的互动性和参与性使得网络中的其他主体能够更加主动地参与到价值创造的过程中，从而实现价值主张的共同构建。

在价值主张的网络化理论框架中，服务产品的竞争不仅仅是局限于单一企业，而是转向了企业所处价值网络的整体效能竞争。网络内参与主体有着差异化的价值诉求，但其联系和合作的基础势必搭载在"统一共识"之上。对于不同的参与主体而言，如网络中各企业需要通过优化网络结构、增强网络连接的紧密度和多样性，以及提升网络中信息流、资源流和知识流的效率等提升自身价值创造能力。对于网络整体而言，也需要从系统和整体的视角进行资源合理调配，实现高效的服务价值生产。

---

① Vargo S L, Lusch R F. 2011. It's all B2B...and beyond: toward a systems perspective of the market. Industrial Marketing Management, 40(2): 181-187.
② Normann R. 2001. Reframing Business: When the Map Changes the Landscape. Hoboken: John Wiley and Sons.
③ Hilton T, Hughes T, Chalcraft D. 2012. Service co-creation and value realisation. Journal of Marketing Management, 28(13/14): 1504-1519.

综上，现代服务业中价值主张的网络化应用是一种全新的商业思维和价值创造模式，要求企业在内的各参与主体在网络化的环境下，重新思考价值主张的本质。企业通过多元化的网络互动和协同合作，统一各方价值诉求，实现价值主张的深度嵌入和广泛传播，进而在激烈的市场竞争中脱颖而出。

2. 现代服务业情境下价值主张的内涵

从服务价值网络角度出发，Lanning 指出，企业必须确定自己在与链条中其他参与者合作中的角色，以提供适当的价值主张，成为链条中的主要参与者[1]。因此，为了说明这一点，借鉴 Frow 等的观点，表 6.1 概述了不同参与者提供的各种价值、各自寻求的价值以及在塑造价值网络时共享的价值主张[2]。

表 6.1 提供价值、寻求价值和共享价值

参与者	企业提供的价值	企业寻求的价值	价值网络共享价值主张
员工	• 薪酬 • 企业股权 • 就业保障 • 培训和职业道路 • 工作与生活的平衡 • 对工作/社区地位的自豪感 • 健康和安全	• 员工忠诚度 • 改进的想法 • 参与与承诺 • 生产力	• 共同目标 • 共同愿景 • 共享身份 • 灵活性 • 共享图像
顾客	• 产品/服务性能 • 选择 • 方便 • 售后服务 • 安全感	• 留住现有客户 • 扩大/加深关系 • 对潜在客户的建议 • 扩大客户群 • 改善服务的想法	• 获取生态系统参与者的商品和服务 • 降低成本 • 更牢固的关系纽带
供应商	• 数量保证 • 价格 • 付款条件/合同期限 • 信息共享 • 推荐情况	• 供应保障 • 供应优先顺序 • 节省成本 • 信息共享	• 共享知识 • 与生态系统参与者集成供应链 • 降低风险、时间、成本，并提升灵活性 • 稳定的关系
股东	• 风险状况 • 回报概况 • 利润增长 • 经济附加值	• 股东忠诚度 • 支持进一步筹款 • 溢价估值 • 推荐/介绍	• 共担风险 • 共享知识 • 共同信任 • 分享利润
社会	• 道德行为 • 可持续发展投资 • 减少碳排放 • 合规性 • 慈善支持 • 员工发展	• 提高声誉 • 降低监管调查风险 • 节省强制调查费用 • 政府的支持 • 监管优势	• 共同目标 • 共享幸福感 • 减少被动反应，增加主动行为

---

[1] Lanning M. 2003. An introduction to the market-focused philosophy, framework and methodology called delivering profitable value. http://www.dpvgroup.com/wp-content/uploads/2015/02/2015-Intro-DPV-White-Paper.pdf [2024-11-12].

[2] Frow P, McColl-Kennedy J R, Hilton T, et al. 2014. Value propositions: a service ecosystems perspective. Marketing Theory, 14(3): 327-351.

服务科学领域的新兴文献表明，价值主张是共同创造、互惠和动态的，而不是从公司与客户的单一角度来看待的。例如，供应商可以获得原材料来源的信息[①]。因此，价值主张确定了个体客户、焦点企业和其他供应商之间共同创造价值的机会。基于此，我们认为现代服务业服务价值网络中的价值主张是网络内各方价值诉求的统一，是消费者、企业等网络参与主体在动态及复杂环境中的保持紧密联系的关键，其指导了以网络为单位的服务生产，也是各方实现价值获取的基础。

6.1.3 价值主张在现代服务业情境下的应用与实践

价值网络反映着特定价值创造的基本属性，而其价值主张则决定了价值网络的发展方向和运行机制。当前，企业战略及产业价值中心不再是价值链上某个环节的简单定位，而是价值创造系统本身，与企业相关的经济行为主体（供应商、商业伙伴、同盟者、竞争者、顾客等）共同创造价值、获取利润。如前文所述，对于服务企业而言，服务价值是企业与顾客之间互动的核心，它决定了顾客是否愿意购买产品或使用服务。换句话说，服务价值的本质在于其能否满足消费者的需求和期望，提供实际和感知的利益，它不仅仅体现在服务的价格上，而更多地体现在消费者对服务的感知和体验上。服务价值的界定是从最终服务商品的消费者出发的，因此对价值主张的讨论也应从消费者出发，并考虑企业与客户和其他直接利益相关者的关系，以及他们在服务价值网络中的角色。基于此，本节将讨论现代服务业服务价值生成过程中服务价值和价值主张的统一、价值网络中的角色协调与价值主张的统一，期望能有助于对现代服务业服务价值网络中价值主张的理解。

1. 服务价值与价值主张的统一

在现代服务业情境下，传统的以企业生产产品为中心的价值创造已经转变为以服务生产为基础、网络化为结构的多主体共同参与价值创造系统，其中，服务价值是指系统提供的服务所创造的价值，而价值主张则是对其服务所承诺的独特价值，两者的统一不仅是从网络整体实现资源优质高效配置的基础，也是网络内各企业实现竞争优势和可持续发展的关键。基于此，为了确保服务价值与所传达的核心价值主张相一致，在搭建/加入服务价值网络的过程中，应深入挖掘顾客需求，梳理并有效整合各方价值诉求，不断优化服务供给方式，进而保持主体间的和谐与价值生产的连贯性，以保障在复杂的产业动态环境中，各主体可通过一致的行动和策略，实现价值的有效创造和传递。

2012 年科技部出台的《现代服务业科技发展"十二五"专项规划》中强调，现代服务业是指以现代科学技术特别是信息网络技术为主要支撑，建立在新的商

---

① Normann R, Ramírez R. 1993.From value chain to value constellation: designing interactive strategy. Harvard Business Review,71(4): 65-77.

业模式、服务方式和管理方法基础上的服务产业。它既包括随着技术发展而产生的新兴服务业态，也包括运用现代技术对传统服务业的改造和提升。由此可知，现代服务业的发展与互联网技术息息相关，此外互联网技术的发展不仅带来外界环境动态变化，也给现代服务业企业发展带来了机会和挑战。以往在传统的产品主导逻辑①下，企业创新多以企业内部资源为主，但在现代服务业的价值创造过程中，随着信息技术的发展、市场化程度加深，顾客需求越来越趋于多样化和差异化，传统的企业创新模式显然不能满足顾客需求，在这种背景下，服务主导逻辑②认为企业不能单独地创造价值，需要同顾客一起创造价值。企业不再只是价值创造者，在现代服务业背景下，顾客也不再只是价值的接受者，企业与顾客的角色发生着变化。现代服务业服务价值的创造已成为一个涉及多个参与者的复杂过程，其中服务价值网络起着关键作用，价值主张的作用从参与者之间提供资源的建议转变为系统内参与者之间资源整合的共识。价值主张在确定哪些参与者在价值网络中互动以及他们之间如何共享资源方面发挥着重要作用，其描述了资源共享的潜在好处，促使网络参与者主动寻求并填补资源缺口，响应提供有价值资源的价值主张，进而促进了资源整合过程。在此过程中每个参与者提供的资源都会影响其他参与者的资源提供。例如，一个供应商提供的价值主张的变化会影响企业从另一供应商寻求的资源以及企业向客户提供的整体产品等。

2. 价值网络中的角色协调与价值主张的统一

服务价值网络体系强调企业与客户及其他利益相关者在价值创造过程中的互动和合作。本节认为现代服务业服务价值网络是一个由客户、供应商、企业以及社会等多个参与者构成的动态网络，它们相互作用、共同创造和交付价值，即价值并不仅仅由企业单方面创造，而是通过与用企互动以及与各方合作共同实现的。在这一过程中，需要识别并整合各方的资源、能力和知识，以共同创造出更大的价值。因此，要实现价值主张的统一，必须理解并尊重各方的价值观念和期望，通过有效的沟通和协作，确保价值创造的方向和目标的一致性。

具体来看，一方面，客户是服务价值创造的核心。客户的需求和期望是服务设计的起点，也是服务价值评估的终点。客户对服务的满意度和忠诚度是衡量服务价值的重要指标。为了创造价值，必须需要深入了解客户的需求，提供符合客户期望的服务。在此基础上所统一的价值主张才能精准指导价值网络的服务价值生产。另一方面，各企业是服务产品生产的主体。随着科技的进步及分工的细化，当前服务产品的提供需要通过价值网络内多企业的合作得以实现。如传统意义上的供应商提供服务生产所需的各种资源，包括原材料、技术、人力等，新兴

---

① Ng I, Parry G, Smith L, et al. 2012. Transitioning from a goods-dominant to a service-dominant logic: visualising the value proposition of Rolls-Royce. Journal of Service Management, 23(3): 416-439.

② Vargo S L, Lusch R F. 2004. Evolving to a new dominant logic for marketing. Journal of Marketing, 68: 1-17.

平台企业提供用企交流、交易场所等。通过各方资源的互补和整合，不仅能在价值网络中形成协同效应，促使网络整体能够更有效地实现其价值主张，而且通过主体间高频的公平和互惠的交换行为，有助于推动价值网络中成员彼此建立信任和合作关系。这种信任和合作是实现角色协调与价值主张统一的基础，在相互信任的基础上，各成员更能够共同遵循网络的价值主张，并主动为之付出努力。

6.2 价值创造——各网络节点的价值生成

价值创造的逻辑起点是价值，即企业应该创造什么样的价值。在本章第 1 节我们围绕该核心，就现代服务业服务价值主张进行了简要阐述，在第 2 节我们将着重围绕什么是价值创造、如何进行价值创造等进行进一步探讨。

6.2.1 现代服务业企业的价值创造

价值作为一个多元且广泛的概念，在不同领域和应用场景中展现出丰富的内涵，这自然导致了价值创造概念及其应用领域的碎片化现象。在实物界人们普遍认同一个简单的衡量标准——顾客是否自愿为所获得的服务付费，这成为判断价值创造是否实现的关键指标[①]。然而，在学术界围绕价值创造这一主题，涌现出了诸如"价值创造""共同创造""价值共创""共同生产"等一系列既相似又各具特色的概念。

从本质上看，价值创造是一个整合多种资源以创造出满足特定需求（价值主张）的新价值的过程。如汽车制造商全球采购发动机、轮胎、电子设备等零部件，并经过精心设计和组装，最终生产出符合市场需求的汽车。在这个过程中，每一个零部件都具备其固有的价值，但只有当它们围绕一个明确的价值主张被整合起来时，才能共同实现汽车这一产品的整体价值创造。相较于有形产品，现代服务业的价值创造过程呈现出更为独有的特征。其服务对象多为无形产品，如咨询、金融、教育等，这使得价值创造的要素对象、创造过程及参与主体都发生了显著变化。

1. 要素对象

从价值创造所涉及的生产要素来看，有别于传统产业更多依赖于劳动、土地等要素，当前随着经济和社会的不断发展，现代服务业的价值创造更多向知识、信息、技术等生产要素转移。这一转变不仅重塑了产业格局，也极大地提升了服务业的附加值与竞争力。1890 年，马歇尔发表了《经济学原理》一书，肯

---

① 秦睿. 2022. 基于服务主导逻辑的价值创造过程机制研究. 广州：华南理工大学. (部分素材源自 2021 年广东非正式企业家研讨会会议纪要)

定并扩充了萨伊（Say）所提出的生产要素三元论。萨伊指出，劳动、资本、土地是一切社会生产所不可缺少的三个要素。生产不是创造物质，而是创造效用（物品满足需要的内在力量）。他不仅将这三个生产要素看作创造商品使用价值的要素，也肯定了其在创造商品价值上的作用。在沿袭这一思想的基础上，结合当时企业家地位及作用的显现，马歇尔进一步拓展了生产要素，认为资本所包含的"组织（企业家才能）"应作为一个单独的生产要素进行区分，即后续所称的马歇尔生产四要素论。① 土地（又称自然资源）涵盖了自然界赋予的一切可用于生产活动的资源，如土地、森林、矿产、水资源等，它们被认为是生产活动的物质基础。② 劳动，既包含了体力劳动，也涵盖了脑力劳动。尤其随着科技与教育的发展，脑力劳动在价值创造中的比重日益上升，成为推动现代服务业发展的关键力量。③ 资本，指人类生产出来的且用于生产其他产品所需的一切工具、机器设备、厂房等的总称，也涵盖了金融资本、知识资本等非物质形态的资本。④ 组织（企业家才能），这是马歇尔对生产要素理论的重大贡献。他强调，企业家通过其独特的组织能力、经营智慧、创新精神以及风险承担能力，能够有效地整合和优化各类生产要素，从而创造出超出单一要素简单相加的价值。

伴随现代服务业的发展，其价值创造过程对知识、信息和技术等要素的需求也日益提升。这些要素的融合和应用，不仅标志着经济活动从传统的物质生产向知识密集和技术密集的高质量生产的转变，而且反映了经济全球化和信息技术革命对产业形态的深刻重塑。

具体来看，国外学者倾向以知识密集型服务业为视角，深入剖析现代服务业的运作机制。其中，知识等要素的内涵不仅仅是信息或数据的简单积累，而且延伸到了专业技能、经验、理解力和创造力等多个维度，共同构成了服务企业核心竞争力的基石。在服务型企业中，知识要素通常体现为员工的专业技能、企业的专利技术和市场洞察力，并通过创新思维、问题解决和决策支持等方式，直接或间接地参与到价值创造的过程中。例如，在金融服务、咨询顾问、软件开发等领域，企业的产品或服务本质上是知识的输出，其价值体现在提供专业知识、解决方案和创新思维上。

一方面，信息技术也被认为是新型关键要素之一。过去受限于"小服务圈"特征的传统服务业在实时通信、极速物流等的支持下迸发了新的产业活力。如基于大数据分析，服务企业可以更好地理解客户需求，预测市场趋势，优化服务流程，从而实现价值创造，同时所积累及作为副产品产生的个体数据对新市场挖掘及新产品创造也起到很大作用。另一方面，信息技术作为现代服务业的另一关键要素，正以前所未有的速度改变着传统服务业的面貌。在实时通信、极速物流等技术的赋能下，传统服务业的"小服务圈"壁垒被打破，产业生态焕发出新的生机与活力。通过大数据分析等先进技术手段，服务企业能够更精准地把握客户需求、预测市场走向,进而优化服务流程、提升服务品质,实现价值的最大化创造。同时,受益于数据的深度挖掘与利用,获取及产生的个体数据成为挖掘新市场、创造新产品的宝贵资源,进一步拓宽了服务企业的发展空间与潜力。

总体来看,价值创造所涉及的要素在现代服务业中呈现出更为多元化和复杂化的特征,其超越了简单的物质交换,更侧重知识、信息、技术的深度融合与应用。这些要素共同塑造了现代服务业的核心竞争力,推动其从传统的服务生产向高知识密集、高技术密集的服务供给转型,并促进了全球服务网络的构建与市场的无限拓展。

2. 创造过程

随着近代产业革命的兴起,业界及学界逐渐出现了价值创造的概念,人们开始倾向从静态及动态两个方面考察价值创造。其中,静态视角强调从企业组织的供需两端设计价值创造模式,如范围经济和规模经济;而动态视角则提出价值创造并不仅仅是生产要素的简单累加,而是一个更为复杂和动态的过程,它涉及对各生产要素的有机结合与深度整合。这一过程在价值链、虚拟价值链和价值网络等相关理论中得以发展和深化,为理解现代服务业的价值创造提供了独特的视角和丰富的内涵。

1985年,波特提出的价值链理论从企业战略的高度分析了企业产品价值的生产制造过程。我们将其划分为强调不同的价值创造"活动"理论,他将企业的日常行为划分为基本活动和支持性活动两大类,所有这些活动结合在一起形成了一条完整的价值链。这一理论通过活动的过程视角,生动地反映了各要素如何集成并实现价值创造的全过程。而后随着第三次工业革命中电子计算机的诞生与广泛运用,虚拟价值链理论应运而生。它指出,在虚拟世界中的一系列信息活动同样可以实现价值创造,即信息本身也是价值的源泉。这一理论突破了传统价值链的物理界限,认为企业可以通过物理和虚拟两种价值链构建价值矩阵来管理价值增值活动,从而实现更广泛的价值创造。如果说虚拟价值链理论实现了将价值创造所蕴含的要素组合过程由现实拓展到虚拟世界,价值网理论所聚焦的片段化和重组问题则突破了企业壁垒,其将价值创造视为一个网络化的过程。现代服务业企业在价值创造过程中呈现有别于制造业等产业特征,其价值链的构成不仅包含了传统的物质生产和服务提供环节,还涵盖了知识、信息和技术等高级生产要素的融入和应用,这使得价值创造的过程更加多元化和复杂化。特别是虚拟价值链的作用尤为显著,企业通过数字化、网络化和智能化的手段,将服务过程与信息技术深度融合,创造了全新的服务模式和价值增长点。此外,现代服务业企业逐渐摆脱孤立的状态,积极成为一个开放、协同的价值创造网络中的一员,它们通过与其他企业、顾客、供应商等合作伙伴的紧密合作,共同构建了一个价值生态系统,实现了价值的共创和共享。

值得注意的是,价值创造过程的基础观点始终是资源/要素本身并不具有价值(非广义价值概念),只有实现不同资源的整合才能创造价值。这一整合过程通常依赖企业的组织能力和资源配置能力。在现代服务业中,这种整合能力尤为重要。企业需要具备灵活的组织结构和高效的资源配置机制,以便快速响应市场变化和技术演进,将不同参与主体的各种生产要素有机地结合在一起,创造出独特的服务产品和价值体验。遵循这一逻辑,资源基础观强调,应当将企业视为一个资源或能力的集合体[①]。企业所拥有的稀有、独特且不可模仿与移动的异质性资源使得企业可以创造出独特的产品或服务,进而为顾客创造价值[②]。此外,卡普兰(Kaplan)和诺顿(Norton)提出的战略地图概念也呼应了组织资源与价值创造间的关系。另外,研究进一步指出,资源是企业价值创造的基本要素,也是价值流传递投入项,其中顾客资产理论[③]强调了顾客资产对价值创造的重要性,而组织间关系视角又将价值创造的研究推向了更为宏观的层次,认为企业间的互动关系同样可视为用于价值创造的异质性资源[④]。与产业价值链上下游交易关系不同,组织间关系不仅限于产业链上下游企业,任何可能与企业产生联系的对象都可作为构建关系,并创造关系租金的价值来源[⑤]。

相对地,企业运用、转化与整合资源的能力是保障价值创造过程得以顺利实施的关键[⑥]。其中包括作业能力和动态能力,前者涵盖于公司日常作业活动中,后者则是由企业的资源基础观点所激发的,强调企业整合、构建和重新配置资源和能力的能力。在现代服务业中,动态能力尤为重要。企业需要不断适应环境的变化和技术的演进,通过创新、学习和重构来持续创造价值。这种动态能力使得企业能够在竞争激烈的市场环境中保持领先地位,实现可持续发展。

综上所述,现代服务业企业的价值创造是一个复杂而动态的过程,它涉及对各生产要素的有机结合与深度整合。这一过程在价值链、虚拟价值链和价值网等相关理论中得以发展和深化,为理解现代服务业的价值创造提供了独特的视角和丰富的内涵。同时,企业也需要不断提升其动态能力和组织能力,以适应环境的变化和技术的演进,实现持续的价值创造和竞争优势的提升。

---

① Kor Y Y, Mahoney J T, Siemsen E, et al.2016. Penrose's the theory of the growth of the firm: an exemplar of engaged scholarship. Production and Operations Management, 25(10): 1727-1744.

② Kelliher F, Reinl L. 2009. A resource-based view of micro-firm management practice. Journal of Small Business and Enterprise Development, 16(3): 521-532.

③ Rust R T, Lemon K N, Zeithaml V A. 2004.Return on marketing: using customer equity to focus marketing strategy. Journal of Marketing, 68(1): 109-127.

④ Dyer J H. 1997. Effective interim collaboration: how firms minimize transaction costs and maximise transaction value. Strategic Management Journal, 18(7): 535-556.

⑤ Dyer J H, Singh H. 1998. The relational view: cooperative strategy and sources of interorganizational competitive advantage. Academy of Management Review, 23(4): 660-679.

⑥ Helfat C E, Raubitschek R S. 2000. Product sequencing: co-evolution of knowledge, capabilities and products. Strategic Management Journal, 21(10/11): 961-979.

3. 参与主体

从参与者角度来看，现代服务业企业的价值创造是以顾客为导向的个性化定制生产，是一种以顾客为中心的共创活动。更为具体地说，随着全球分工的不断细化和实时通信的便捷，当前价值创造越来越多地呈现多主体共创的模式。在该情境下，我们所强调的价值是从最终服务商品的消费者出发的。在服务商品交易的过程中，企业收取的溢价反映了企业为买方实际创造的价值以及买方认同的价值程度；在价值创造的过程中，真正决定价值是否被创造的是客户，而不是提供产品的供应商。但消费是一个连续的过程，价值创造持续贯穿了整个流程。以此为基础，我们提出价值产生过程也就是用户和企业一起创造价值的过程，其中企业并不是单一个体，而是参与"服务生产"的企业群。由于顾客已经成为甚至作为和企业一起创造商品服务价值的重要主体和决定要素，因此在价值创造过程中并不应该忽视顾客所扮演的角色及起到的作用。

现有研究将价值分为顾客感知价值和顾客体验价值[①]。顾客感知价值指顾客对产品和服务的总体评价，它是顾客在购买和使用产品或服务时，所感受到的利益与所付出的成本之间的权衡。在现代服务业中，企业通过提供定制化的服务，可以更精准地满足顾客的特定需求，从而提升顾客的感知价值。这种价值的提升不仅来自服务本身的质量和性能，还来自服务过程中的个性化体验和情感满足。顾客体验价值[②]则更加关注顾客在使用服务过程中的整体体验。它包括了顾客在使用服务前、中、后的所有感受和认知。在现代服务业中，企业通过提供高度个性化的服务，可以创造独特的顾客体验，从而提升顾客的体验价值。这种体验价值的提升有助于增强顾客的满意度和忠诚度，促使顾客产生重复购买和口碑推荐的行为。除此之外，基于消费者体验的价值共创理论则认为企业并不向消费者出售服务，只是创造能够让他们使用的服务环境，由消费者自身创造对自己而言有着特殊经济价值的服务。在此过程中，交互被认为是企业和消费者一起创造价值的途径，共创价值的产生源自企业和市场价值系统中各节点公司之间的异质性相互作用。

现代服务业的价值创造是一个多主体参与、以顾客为中心的共创过程。在这个过程中，顾客不再仅仅是服务的被动接受者，而变成了价值创造的积极参与者和决定者。企业通过提供个性化和高质量的服务，满足顾客的特定需求，从而提升顾客的感知价值和体验价值。顾客的支付意愿和满意度成为衡量价值创造成功与否的关键指标。同时，服务的个性化体验和情感满足在提升顾客体验价值方面发挥着重要作用。价值创造的过程强调了企业与消费者之间的互动，以及不同

[①] Zeithaml V A. 1988. Consumer perceptions of price, quality, and value: a means-end model and synthesis of evidence. Journal of Marketing, 52(3): 2-22.

[②] Woodruff R B. 1997. Customer value: the next source for competitive advantage. Journal of the Academy of Marketing Science, 25(2): 139-153.

市场主体间的异质性相互作用,这不仅为顾客创造了独特的价值,也为企业带来了持续的竞争优势。总之,现代服务业企业的价值创造是一个动态的、互动的、以顾客体验为核心的共创活动,它要求企业深刻理解顾客需求,不断创新服务模式,以实现与顾客的共同成长和价值最大化。

6.2.2 现代服务业价值创造的核心条件

服务企业的价值生成被视为一个立体的网络化结构,其中每个节点代表一个或多个服务生产的基本活动。这些基本活动是现代服务业服务价值产生的单元,每个环节都依赖一系列核心要素来实现价值创造。在当今高度竞争的市场环境中,企业必须深入了解每个环节所需的核心要素,并采取相应的策略来进行优化。本节将深入探讨服务生产基本活动中所需的核心要素。

1. 资源条件

价值创造是企业改变资源组合的产物,同时赋予了资源创造财务的新能力[①]。资源基础理论、动态能力理论等认为,资源是指企业(此处为现代服务业企业)拥有或控制的资源及能力,包括原始资源、生产性资源、知识资源、关系资源和社会资源等。其中,原始资源是指自然界赋予的资源,如土地、矿产等;生产性资源是指企业用于生产和提供服务的资源,如设备、资金等;知识资源是指企业内部和外部的知识、技术和知识产权等;关系资源是指企业与供应商、客户、竞争对手等建立的良好关系;社会资源是指企业所拥有的社会声誉、品牌形象等。本节将从基于不同理论探讨资源的构成。

资源基础观深化了我们对企业价值创造活动的理解,将企业的资源细分为资产和能力两个层面[②]。资产指的是企业实际拥有或控制的有形要素和无形要素,例如,企业的物理设施、资金、专利权等有形资产,以及品牌、商誉、技术等无形资产。这些资产是企业运营的基础,为企业提供了进入市场和创造价值的物质前提。而能力是指企业在组织结构、管理流程、企业文化等方面所体现出来的综合能力,它包括了企业对资源的获取、配置、保护和应用的能力,这些能力往往决定了企业能否有效地将资产转化为经济价值。资源基础观强调,产品和服务是资源整合的产物,而新产品开发可视为资源组合的过程[③]。

以此为基础,能力视角认为企业的价值创造不仅取决于其拥有的资源,更在于其运用这些资源的能力。这种能力使企业能够在市场中发现并把握机会,通过创新和改进,提供满足消费者需求的产品和服务。能力视角的提出强调了企业内部管理、组织学习和战略决策在价值创造中的重要性。马克思的劳动价值论为

---

① Drucker P F. 1985. Innovation and entrepreneurship: practice and principles. Social Science Electronic Publishing, 4(1): 85-86.
② Wernerfelt B. 1984. A resource-based view of the firm. Strategic Management Journal, 5(2): 171-180.
③ Amit R, Zott C. 2001. Value creation in e-business. Strategic Management Journal, 22(6/7): 493-520.

我们提供了一个理解价值创造过程的独特视角。在《资本论》中，马克思提出从表象上看投入要素创造价值，但实质上劳动才是创造价值的唯一源泉，因为劳动（而非劳动力）是将投入要素转化为产出（即创造价值）的唯一能动因素。该理论区分了使用价值和交换价值，并指出劳动通过具体劳动和抽象劳动的双重性质，实现了从投入要素到产出的转化。这一理论强调了劳动在价值形成过程中的核心地位，为理解企业如何通过劳动过程创造价值提供了深刻的洞见。现代的动态能力理论在马克思劳动价值论的基础上进一步发展，认为企业可以通过动态能力来整合、协调和配置资源，以响应快速变化的市场环境[1]。动态能力被视为企业在不断变化的环境中保持竞争优势的关键，从动态能力的内涵来看，当前动态能力主要存在四种理解：动态能力是一种层次能力[2]；动态能力是组织学习的过程[3]；动态能力是渐进与监控的过程[4]；动态能力是一种整合能力[5]。无论从哪种角度解读，理论均强调灵活运用动态能力识别市场导向、配置网络资源和通过学习提升价值创造能力的过程，动态能力创造价值的关键不仅在于能力的构建，还在于能力的灵活运用。

除了动态理论，组织间关系视角作为资源基础观的"变形"，将企业之间的互动关系看作一种特殊的异质性资源，并认为组织间长期关系是有效实现价值创造的异质性资源，长期的信任、互惠和承诺可有效降低多主体价值共创的成本，提升价值创造效率。

以往的研究比较多地集中在组织不断地自我检验、探索组织内部的资源禀赋以及重新组合现有资源中[6]。然而，当前资源的来源并不局限企业内部，相反，当前企业创造价值的诸多资源来自利益相关者群体，如顾客、供应商、政府部门等，如何保障多主体交互成为价值创造又一关键问题。从社会结构视角看，更大的社会环境对企业行动的约束和影响作用，对于企业而言不仅是实现投入产出的单纯技术系统，而且是社会结构中一个特定的社会角色。而社会环境对企业的规制，通过制度要素起作用。制度是人为设计且经多方参与者博弈而形成的动态协调机制。该动态协调机制主要包括治理机制与耦合机制。

---

[1] Fainshmidt S, Pezeshkan A, Lance Frazier M, et al. 2016. Dynamic capabilities and organizational performance: a meta-analytic evaluation and extension. Journal of Management Studies, 53(8): 1348-1380.
[2] Ambrosini V, Bowman C. 2009. What are dynamic capabilities and are they a useful construct in strategic management? International Journal of Management Reviews, 11(1): 29-49.
[3] Zahra S A, Sapienza H J, Davidsson P. 2006. Entrepreneurship and dynamic capabilities: a review, model and research agenda. Journal of Management Studies, 43(4): 917-955.
[4] Schreyögg G, Kliesch-Eberl M. 2007. How dynamic can organizational capabilities be? Towards a dual-process model of capability dynamization. Strategic Management Journal, 28(9): 913-933.
[5] Li T, Chan Y E. 2019. Dynamic information technology capability: concept definition and framework development. The Journal of Strategic Information Systems, 28(4): 101575.
[6] Dougherty D. 1992. A practice-centered model of organizational renewal through product innovation. Strategic Management Journal, 13(S1): 77-92.

Scott 对制度做了如下定义，制度包括为社会生活提供稳定性和意义的规制性要素、规范性要素和文化-认知性要素，以及相关的活动与资源。制度是由符号性要素、社会活动和物质资源构成的持久性社会结构。该定义反映出制度的三大基础要素：规制性要素、规范性要素、文化-认知性要素。制度学家认为，社会系统及其组织都存在于一个制度环境中，这个环境通过规范和共同认知来定义并制约社会实体的行为。企业作为社会实体的一部分，其经营活动不仅要依靠生产性资源和技术信息，还需要获得社会的接受、认可和信任[1]，而制度环境则不仅为企业提供了资源支持，同时对企业行为施加了控制和约束。特定的制度环境通常呈现网络形态，制度网络中的成员通过相互认同和资源共享，促进彼此的发展。在这种网络中，只有具有合法性身份的行动者才能实现合作[2]，而外部行动者需要通过网络内的行动者进行桥接，以获得信任并获取资源。从这个角度来看，制度可以被视为一种特殊的资源，它对企业的价值创造具有重要影响。

以此为视角，价值网络是由共同的制度安排和服务交换联系起来的参与者组成的系统，这些参与者在相对独立、资源共享的自我调节系统中共同创造价值。价值创造本质上是关系型的，参与者需要维护与其他参与者之间的良好关系。尤其是现代服务业服务价值创造更为强调服务交换和价值创造过程的复杂性和多维性，这需要通过共有的制度和制度安排来协调。具体来看，在服务价值网络中，价值的创造和传递需要通过资源整合和服务交换来实现，这要求服务生态系统中的各方参与者避免或协调冲突。一个稳定的制度环境为服务生态系统中日益复杂和相互关联的资源整合和服务交换活动提供了基础。这种环境有助于促进各方参与者之间的合作，实现价值的共同创造[3]。

2. 网络关系

经济行为并不是孤立发生，而是深深嵌入在社会结构，通过社会网络的互动过程来实现决策[4]。这种嵌入性揭示了信息和资源的流动与获取方式，体现了一种交换逻辑，有助于实现经济行为的时间效率、成本效益、资源分配的优化。学者们对嵌入性的理解进一步细分为结构嵌入性和关系嵌入性，前者关注的是公司之间的联结构成以及公司在更广泛社会结构中的位置，反映了企业所处的网络结构对其经济行为的影响，而后者则侧重于公司间关系联结的质量，强调的是关系的性质而不仅仅是联结的形式或模式[5]。

---

[1] Scott W R. 2008. Approaching adulthood: the maturing of institutional theory. Theory and Society, 37(5): 427-442.
[2] Burt R S. 2000. The network structure of social capital. Research in Organizational Behavior, 22: 345-423.
[3] Vargo S L, Lusch R F. 2016. Institutions and axioms: an extension and update of service-dominant logic. Journal of the Academy of Marketing Science, 44(1): 5-23.
[4] Granovetter M. 1985. Economic action and social structure: the problem of embeddedness. American Journal of Sociology, 91(3): 481-510.
[5] Gulati R. 1998. Alliances and networks. Strategic Management Journal, 19(4): 293-317.

广义的社会结构体现出经济交换和社会交换的关系以及关系网络,就资源而言,关系网络的结构表达出资源流通的途径、资源的流向以及资源汇集的状态(节点特征),即将公司间关系的内容归纳为信息传输、资源交换、权力关系、边界渗透以及情感附属等多种形式。然而,企业能否从其在社会结构中的位置获得优势,取决于其关系联结的性质,包括关系的质量、强度和深度。这些关系的性质构成了关系逻辑的两个重要维度:关系结构和关系性质。对企业关系的分析需要借助对网络位置的深入分析,以理解企业如何通过其网络位置来获取信息和资源。

网络位置是指服务企业在服务价值网络中的位置和角色。网络位置对服务企业的价值创造能力具有重要影响,因为它决定了企业与其他节点之间的连接方式和互动程度。网络位置可以分为中心位置、边缘位置和中介位置。中心位置是指服务企业在网络中处于核心地位,与其他节点有广泛连接和互动。处于中心位置的服务企业可以更容易地获取资源和信息,与其他节点进行合作和协调,提高其价值创造能力。处于中心位置的服务企业通常具有较高的影响力和控制力,能够引领整个服务价值网络的发展和创新。处于边缘位置的企业与其他节点的连接和互动较少,可能面临资源获取困难、信息传递不畅等问题,限制了其价值创造能力。然而,边缘位置也可能带来一些机会,如避免过度竞争、专注于特定细分市场等,从而在某些情况下提高其价值创造能力。中介位置是指服务企业在服务价值网络中扮演中介角色,连接不同节点并促进资源的流动和信息的传递。处于中介位置的服务企业可以发挥协调和整合的作用,促进整个服务价值网络的高效运作。处于中介位置的服务企业通常具有较高的网络权力和影响力,能够通过控制和调节资源的流动来提高其价值创造能力。

具体而言,现代服务业企业可根据所处的网络位置,与其他价值创造参与主体建立广泛连接和互动,以促进资源的流动和信息的传递,实现有效分工和合作。此外,考虑到新经济时代的资源极度分散性、快速流动性以及顾客价值的形成点、迸发点的不断转移,发挥互补与协同效应已经成为企业更加弹性的价值创造战略选择。遵循这一逻辑,互补性是指网络中不同服务或服务提供者之间的相互补充和依赖关系。在现代服务业服务价值网络中,各个节点之间的互补性可以促进资源的有效整合和协同利用,从而提高服务企业的价值创造能力。互补性可以表现为不同服务之间的功能互补、服务提供者之间的能力互补以及服务与产品之间的互补。协同效应是指不同服务或服务提供者之间的合作和协调所产生的效应。在现代服务业服务价值网络中,协同效应可以促进资源的共享、知识的传递和价值创造的实现。例如,一家物流服务公司可以与运输公司、仓储公司和配送公司等合作伙伴进行协同合作,共同提供高效的物流解决方案。

6.3 价值传递——网络系统中的价值整合

在 6.2 节中，我们探讨了价值创造的机理，并揭示了服务价值网络内各参与主体如何通过资源整合实现价值量从 0 到 1 的突破性增长。然而，企业的最终目标是将所创造的价值传递给终端消费者，并在此过程中与所有参与者共同为整个价值网络或合作方实现价值增值。从价值属性的角度来看，如前文所述，服务价值模块间的关联是通过网络中价值节点间的价值交换形成的，即网络结构中各节点实现价值创造后，经由价值链条的传导和交换，进而实现价值的增值。具体来说，价值创造环节所生成的价值是净价值。而在整个经济组织的生产活动中，各个环节（包括供应环节、生产环节、销售环节）中的经济组织利用自身优势，通过增加效用价值或降低耗费价值来实现价值增值。这种价值增值与净价值共同构成了服务价值网络中生成的服务价值。其中，效用价值既包括以生产需要为目的而形成的效用价值，也包括顾客（消费者）购买产品以满足某种欲望和需求而形成的效用价值。耗费价值则指的是企业在生产经营活动中所耗费的各种投入以及顾客在获得产品时的各种耗费。因此，如何在价值网络体系中实现价值的有效传递以及价值增值，将是本节探讨的核心主题。

6.3.1 价值传递的内涵

从价值理论的角度来看，价值传递是一个涉及价值概念和度量的复杂过程。价值作为人们对商品和服务评价与需求程度的体现，是经济活动中的重要度量标准。而价值的传递则是指价值在不同经济主体之间的转移和实现过程。在古典经济学中，价值常被视为商品所包含的劳动时间的度量，体现了劳动的价值论观点。而在边际效用理论中，价值则被看作消费者对商品的主观评价和需求，凸显了需求侧对价值的影响。无论是劳动价值论还是边际效用论，价值的传递都涉及价值的度量和实现过程，这是价值理论中的核心议题。

1. 服务市场机制

从市场经济的角度来看，价值传递涉及市场的运作和机制，是价值网络赋能给各节点的互动效应，有研究将其进一步分为顾客搜寻、定价机制和价值提供渠道三个方面，认为价值在价值网络中实现有效传递是企业通过开发和创造价值，并经过营销将其传递给消费者的过程[1]。具体来看，市场是价值传递的重要场所，生产者通过出售商品和服务获得收入，消费者通过购买商品和服务满足需求，从而实现价值的传递。相似地，在价值网络结构中也存在着大量上下游关系

---

[1] 吴晓波，姚明明，吴朝晖，等. 2014. 基于价值网络视角的商业模式分类研究：以现代服务业为例. 浙江大学学报（人文社会科学版），44（2）：64-77.

和相互的价值交换,如上游环节向下游环节输送产品或服务,下游环节向上游环节反馈信息等。因此,价值传递又可简单认为是商品和服务在物理意义上的流通交换环节。在此过程中,价值网络中参与者各自发挥比较优势、相互赋能,从而实现各自的价值。值得注意的是,参与者之间能够发生交换的前提是各方均存在潜在比较价值利益,否则参与者之间很难发生交换,即使偶然发生交换,也不会持续进行下去,即各方始终存在可获得的潜在价值是促使各方参与者之间持续发生交换的前提保证。

在市场交易中价值传递的机制是价格机制,生产者将商品和服务出售给消费者,消费者支付相应的价格。这个价格既反映了商品和服务的价值,也实现了价值的传递。波特认为价值是客户对企业提供给它们的产品或服务所愿意支付的价格,价值由总收入来度量[①]。根据波特的价值链理论,可以把价值链描述为某一行业从最初原材料到初步加工、再从精加工到最终产品以及到达消费者手中的整个过程中价值的分布和关联。以此为基础,在前文所建构的现代服务业价值网络体系中,市场交易中的流通交换环节本是指一种量的变化即增量变化,其实质是价值的增值。也就是说,这种价值的增量是一种相较于变化前的价值在量上的改变,导致这种量的改变可以是新的价值来源,也可以是同一价值来源的量的变化,还可以是投入价值的变化。同时,价格机制作为市场交易中的关键调节器,可通过供求关系的调节,形成和调整商品和服务的价格,引导资源的配置和价值的传递。当市场上某种商品或服务的供给量超过需求量时,价格自然下降,促使供给量减少或需求量增加;反之,当供给量小于需求量时,价格会上升,促使供给量增加或需求量减少。

总体来看,在服务价值网络情境下,可以持续自主发生的服务交换每发生一次就实现一次价值传递。从另一个角度说,在价值网络中参与者之间发生交互的过程为价值增值的过程,物理意义上商品流通交换中的价值传递不仅仅是商品的空间位移,更是一个经济价值在时间和空间上转移与增值的过程。

2. 服务模块化协作

服务价值的传递可视为在高度分工协作环境下,服务价值模块间紧密联系与信息深度交换的生动体现。这种传递机制不仅构建了服务网络的骨架,还赋予了网络动态生长与持续创新的活力。

价值传递的基础是社会分工和合作。在全球化和技术发展的推动下,市场竞争加剧,市场变得更加成熟和透明。这导致价值资源在全球范围内更加分散,并且为传递提供了更广阔的空间。价值传递不仅仅体现于经济主体之间的交换行为,更是资源的配置和利用过程的显化。尤其是在科技进步、分工细化的当下,

---

① 波特 M E. 1997. 竞争优势. 陈小悦, 译. 北京: 华夏出版社.

服务商品生产呈现模块化趋势，有效的价值传递可以引导资源配置高效化和专业化。从服务价值网络整体来看，每个服务价值模块都是价值创造的节点，它们各自承担独特功能，又通过网络链条紧密联系。而搭载在链条上的传递过程不仅促进了服务价值的流通与累积，更激发了新的价值创造点，打破了传统价值创造的单一路径，使得服务价值在多元主体的协作中得以深化与拓展。

在此视角下，我们认为价值传递的实质在于服务价值模块间信息的无缝对接与高效流转。在现代服务业中，信息不仅是价值的载体，更是价值创造的催化剂。通过先进的信息技术平台，服务价值模块能够实时共享市场动态、客户需求、资源分布等关键信息，从而精准匹配供需、优化资源配置、提升服务效率与质量。这种信息交换的广度与深度直接决定了服务价值传递的效率与效果。同时，服务价值的传递通过不断为服务价值网络注入新的活力而推动价值的不断增值，并借由价值链条的传导与扩散，惠及整个服务网络，实现了服务价值的最大化与可持续增长。

综上所述，服务价值的价值传递是服务经济中不可或缺的重要环节。它不仅是服务价值模块间联系与信息交换的桥梁，更是推动服务经济持续创新与发展的重要动力。在未来，随着信息技术的不断进步和服务模式的不断创新，服务价值的传递机制将更加完善与高效，为服务经济的繁荣发展注入更加强劲的动力。

6.3.2 价值传递的方式

价值传递不仅仅是价值的转移和增值的过程，更是经济活动中资源配置、财富创造和社会福利改善的重要机制。基于此，我们认为价值传递是由一系列跨越价值创造边界的价值活动构成的，这些活动包括企业整合资源、消费者利用资源进行服务交付和产品体验等多个方面，同时涵盖了影响感知价值形成的相关价值信号的传导。其中，有别于链式中资源信息的价值增值辅助，在网络中资源及信息等本身就能通过迭代产生价值，而现代服务业借由这种多链条组成的网络结构实现的要素集聚和信息迭代，可进一步产生服务的规模效应，从而实现服务价值的大幅增值。

1. 服务交换

参考有形产品的流通，我们将物理意义上通过产业链供应链交互所产生的价值量传递视为第一种类别，其中服务商品交换本身并不会产生服务价值增值，而是通过改善服务质量、扩大服务范围等方式提高产品附加值即增加产品的使用价值。商品是企业提供给消费者使用或消费的东西，包括实物形态和商品附带的服务。换句话说，商品实质上是顾客接受的有形属性和无形属性的统一体，其功能、质量、包装、色彩、品牌和服务都是商品的一部分。商品一般是由商品核心层、商品有形特征层和商品附加利益层三个层次构成[①]。商品核心层是指商品所具有的核心功能和商品质量，反映顾客需求的关键部分，是区别于其他商品的根本，也是商品其他层次的基础。商品有形特征层是指能观察到的商品的基本形式，反映商品外部特征的部分，包括包装、式样、特色等。具有相同核心层的商品存在不同的有形特征层，表现出不同的商品形式，能够满足偏好不同的顾客需求。商品附加利益层是商品的附加部分或附加商品，是指商品供应时伴随的各种服务，如送货、安装、维护、指导等。商品附加利益层能够更好地满足顾客的需求，通常也是形成商品差别的部分。在服务经济和体验经济的背景下，价值传递的不仅仅是物质形态的商品，还包括无形的服务商品，在这里我们把服务认为是抽象的商品。由于服务商品借由数字信息技术可以轻松跨越物理空间的限制，在不同地点和时间进行提供和消费。例如，在线教育、远程医疗和数字娱乐等服务通过互联网等技术手段，使得服务提供者可以与消费者进行实时互动，提供个性化的服务，满足消费者的需求。

参考商品的层次分类，服务商品核心层主要是指消费者所需求的服务本身，而服务商品有形特征层则体现在服务过程中的可见元素和交互界面上。这包括但不限于服务的品牌形象、用户界面的友好度、服务流程的顺畅性，以及任何能够直接感知到的服务包装（如虚拟环境的设计、服务平台的易用性等）。这些有形特征层的设计旨在提升服务的整体体验，增强消费者的满意度和忠诚度，进而促使服务价值的感知与提升。此外服务商品附加利益层则涵盖了服务提供过程中额外给予消费者的所有增值服务或福利，这些往往超越了基本服务需求本身。例如，在线教育领域附加利益可能包括学习社群的参与机会、一对一的辅导服务、证书认证或就业推荐等；远程医疗中则可能是提供健康咨询、病后随访、定制化康复计划等增值服务。这些附加利益层不仅丰富了服务的内涵，还通过增强服务的个性化和差异化，进一步提升了服务商品的整体价值。值得注意的是，与有形商品相比，服务无论是供给方还是需求方都涉及较高的"人"属性，这种高水平的主观性使得企业等主体更加注重消费者的个性化需求，并尝试借由信息技术实现基于消费者个性化需求的定制化提供。

2. 价值信号

价值信号作为信息传递的主要内容之一，对价值增值的过程有着显著的影响。根据信号传递理论，各参与主体之间（并不局限于消费者与企业）存在一个信息不对称的情境。比如，在企业和终端消费者间，企业往往拥有关于服务质量的更多信息，而消费者对于价值有着更为主观的判断。在这种情况下，企业必须通过有效的信号传递来减少信息不对称，从而降低消费者的感知风险，增加购买

---

① Stabell C B, Fjeldstad Ø D.1998. Configuring value for competitive advantage: on chains, shops, and networks. Strategic Management Journal, 19(5): 413-437.

意愿，我们将其归纳为价值信号。波特曾提出企业收取的溢价反映了企业为买方实际创造的价值以及买方认同的价值程度，后者主要通过价值信号予以衡量，即衡量买方感知价值存在的方式。基于此，波特归纳指出买方用来推断企业创造价值的因素可以被称为价值信号，其中有些价值信号要求企业不断付出（如包装和广告），而有些价值信号反映了企业长期的商誉或者名声的积累。同理，有些价值信号并不是由企业控制的（如口碑）……由于价值信号本身并不创造价值，因此一定要找到高效的价值信号显示方式。这即从价值理论视角支撑了企业广告、包装等企业行为及企业内外部的关联活动。

具体来看，在市场交易中，信号发送者通过提供有价值的信息，为接收者创造认知价值。例如，在网络直播带货的场景中，主播通过视频互动传递商品的价值信号，包括产品特性、专利技术、使用效果等。这种互动不仅向消费者披露商品信息，而且通过主播的信誉和影响力，增强了信号的可信度。消费者在接收到这些信号后，会根据自己的偏好和信任水平对商品价值进行评估，并决定是否购买。有效的价值信号传递有助于建立消费者对企业的信任，降低购买时的感知风险，减少搜索成本和评估成本，从而提高交易效率。此外，当前商品核心属性不再是交易成功与否的唯一决定因素，而是越来越多地被赋予独特的文化等元素。以迪士尼为例，其不仅仅是游乐场所，它代表了迪士尼独特的文化和梦想，为游客提供了一种独特的体验和情感价值。近来，迪士尼通过其丰富的 IP（intellectual property，知识产权）储备，结合科技手段，形成了"IP+科技+内容"的模式，成功地将产品与消费者建立情感联系，其利用高科技手段，如虚拟现实、增强现实等，为游客提供沉浸式的娱乐体验，并与当地文化相融合，以更好地满足不同地区消费者的需求和偏好。而这一系列措施又进一步塑造了 IP 本身，增大了所传递的价值信号强度，故而消费者更愿意为此类蕴含独特文化价值的商品支付更高的价格。

对于企业而言，价值网络结构中存在着大量上下游关系，企业间的价值信号传递是企业间合作与竞争的关键因素[①]。在全球化和服务化的经济环境中，企业往往依赖供应链伙伴和其他利益相关者来实现价值共创。在这种情况下，企业需要通过传递自己的价值信号来吸引合作伙伴，建立长期的合作关系，如企业的财务状况、市场声誉、创新能力、质量管理水平等。这些信号的传递有助于构建企业间的互信机制，降低交易成本，促进服务价值的生成。

交易成本经济学解释了企业间合作的动因，强调市场运行及资源配置的有效性取决于交易的自由度和交易成本的高低。交易成本经济学强调，企业间的合作是基于对未来不确定性的管理，在这种情况下企业有关信誉质量、形象水

---

① Bastos R, Pindado J. 2007. An agency model to explain trade credit policy and empirical evidence. Applied Economics, 39(20): 2631-2642.

平等的信号可以有效降低合作伙伴的不确定性，避免支付更高的成本来维持合作关系，例如，提供更高的价格保证、更多的法律合同或其他形式的保障措施。在实际操作中，企业可以通过多种高效的价值信号显示方式，例如，通过认证、奖项、合作伙伴关系、品牌建设、透明度提升、社会责任报告等。这些措施不仅有助于建立企业的市场声誉，还有助于吸引和保留客户和合作伙伴。

综上，价值传递是一个多维度、跨边界的复杂过程，涉及商品与服务的创造、交换和体验，以及价值信号的有效传导。企业必须深入理解并有效管理这一过程，以促进价值的最大化和企业的持续发展。通过创新和信息技术的应用，企业能够在价值网络中实现资源的最优配置，实现更大的服务价值增值，同时，通过构建基于信任的合作关系和传递高效的价值信号，降低交易成本、提高市场竞争力。

6.4　价值获取——服务业企业的价值获利

无论以何种方式创造价值，价值获取都是价值运动的最终指向。价值获取隐含了顾客价值获取和企业价值获取的平衡，是价值生成的最终表现。在本章此前部分，我们探讨了各参与主体如何围绕统一价值主张实现价值获取和价值传递，聚焦服务价值生成的"结果"，本节则关注其如何"分配"的问题。

当前研究将价值获取定义为"从价值创造中获得财务或非财务回报的过程"[1]，该定义中的价值创造既包括了本章所划分的价值创造环节中的净价值，也包括了价值传递环节实现的价值增值。从内涵来看，价值获取包括两层含义，① 价值分配，强调经由创造和传递环节后实现的服务价值总量在利益相关者群体之间的划分方式和依据[2]。② 价值专属，突出某一利益相关者个体为获取更大份额的独占价值，通过积极采取行动策略影响最终的价值分配比例。但无论是前者还是后者，价值获取都是对价值总量划分比例的考虑，因此不同于以"合作"为主导的价值创造和价值传递，价值获取往往出于竞争导向，即关注企业如何在参与价值生成的过程中确保自己获取更大的利益。从不同的价值内涵出发，从使用价值的角度来看，价值获取是一个在资源利用时获得另一个参与者创造的价值份额的过程。因此，这种配置中的价值获取与参与另一个参与者的价值创造/价值传递有关。相反，从交换价值的角度来看，价值获取意味着接收资源以换取提供给另一个参与者的资源。这里价值获取则是在交换时协商互惠资源交换的过程。

---

[1] Chesbrough H, Lettl C, Ritter T. 2018. Value creation and value capture in open innovation. Journal of Product Innovation Management, 35(6): 930-938.
[2] Gans J, Ryall M D. 2017. Value capture theory: a strategic management review. Strategic Management Journal, 38(1): 17-41.

综上，本节将进一步探讨现代服务业企业的价值获取机制，旨在阐明消费者价值实现与企业价值获取的互动关系，并聚焦服务价值，探讨服务价值网络内部的价值分配问题。

6.4.1 消费者价值实现与企业价值获取

消费者价值实现与企业价值获取是一个基于市场交易行为的动态过程。其中，消费者价值实现涉及消费者在购买和使用商品或服务时，通过满足个人需求和欲望获得的效用。而企业价值获取指企业在生产和销售过程中，通过市场交易实现利润并获取经济价值的行为。在市场经济的框架内，交易行为的发生是基于双方对所交换资源的价值评估，即如果企业认为消费者支付的货币价值高于其提供的商品或服务的成本，消费者认为商品或服务的价值高于支付的货币，则交易可以顺利进行。因此，研究认为价值获取取决于作为价值创造焦点的目标用户（或购买者）主观实现的相对价值量，并且这种价值实现必须转化为用户用货币金额换取所收到的价值的意愿[①]。

如前文所述，"价值由客户决定，并被概念化为客户支付意愿""决定价值是否被创造的是顾客，而不是提供产品的供应商"等，即表明企业是在与客户最终的交换过程中获取用以分配的"实际价值"，如在服务产品整个价值生成的过程中，网络内各企业的目标一直是生产符合消费者所需的服务产品，并最大化消费者购买服务的意愿。当消费者消费时，他们会支付与服务价值"等价"的货币等，而这部分货币实际上是服务企业最终真正得到和需要分配的"价值"。

基于这一互动逻辑，从理论视角来看，消费者价值实现是企业价值获取的基础。依据消费者行为理论，消费者需求和购买决策是推动企业生产和销售活动的核心力量。企业价值的获取始于消费者对产品或服务的购买。而消费者价值实现是购买行为发生的前提。另外，企业对价值获取的追求是消费者价值实现的重要保障。例如，服务价值参与者通过对产品与服务的持续改进提升价值总量，或在竞争逻辑驱使下企业在质量、效率和成本控制方面的优化等，都能通过提供更具竞争力的价格和更优质的产品服务满足消费者需求，即价值实现。值得注意的是，在这一互动过程中，尽管双方存在一定程度的共识（即促进市场交易的实现，使双方在交易过程中共赢），但企业（服务提供者）与消费者的价值实现也存在相异乃至矛盾的部分，消费者在购买服务时，往往追求的是服务的质量和效果，而服务提供者追求的是利润最大化[②]。因此，在价值交换过程中，消费者更注重服务的效用和质量，而服务提供者则更注重服务的成本和收益。这种差异可能

[①] Lepak D P, Smith K G, Taylor M S. 2007. Value creation and value capture: a multilevel perspective. Academy of Management Review, 32(1): 180-194.

[②] Mizik N, Jacobson R. 2003. Trading off between value creation and value appropriation: the financial implications of shifts in strategic emphasis. Journal of Marketing, 67(1): 63-76.

会导致双方在价值交换过程中出现利益冲突，需要通过有效的服务管理和营销策略来协调和解决。

6.4.2 服务价值网络中的利益分配

对于服务价值各参与主体（如企业）而言，价值获取被定义为从价值生成活动中获得财务或非财务回报的过程。其中，财务回报主要是指企业在市场交易中实现的利润，即销售收入减去成本后的净收益。这一部分被认为是企业生存和发展的基础，也是传统经济学中关注的重点。非财务回报则是指品牌声誉的提升、客户忠诚度的增加、市场占有率的扩大、技术能力的增强等。当前伴随服务业原"小服务圈"属性的改变，企业对非财务回报的关注逐渐提升，如何提升企业"议价能力"成为单体企业价值获取的关键。提升企业价值获取的绝对值必须建立在两个基本战略性思考上，一是生成更大的服务价值，二是获得更大的分配比例。前者需要企业与其他参与主体积极合作，努力促成消费者对自身参与的服务产品交易活动，或降低消费者与竞争对手产品的交易意愿，多集中在价值创造和传递环节。后者则需要企业选取适当的战略，确保自身顺利获取利益。

从价值网络的视角来看，当网络完成了价值创造、价值传递后，价值将流向网络中的各参与者（即各参与者进行价值获取）以形成完整的闭环。据前文对价值网络的阐述，不难发现服务价值网络中的每个节点以及节点之间的互动都对最终服务价值的生成有所贡献。理想状态下价值的分配应该基于每个环节的附加值和各参与主体的贡献程度。但现实情境下，网络内竞争程度、供求关系、参与者之间的议价能力等因素都会影响价值的分配，甚至在价值创造和价值获取的过程中，贡献最大的参与者并不总是获利最多一方[①]。"依赖优势"成为影响价值分配比例的重要因素，如资源基础理论聚焦核心异质性资源，认为企业可以依靠占有和控制核心资源形成企业对合作伙伴的依赖优势，进而获取更大的分配比例。但这一视角相对忽视了价值获取及价值传递过程中主体的能动作用，并没能充分揭示企业价值获取的内在逻辑。另外，当前价值获取或价值传递都基于多主体的跨网络合作，强调了不同组织和个体间的互联互通，以及他们在价值链中协同工作的能力。然而，现有主张"价值专属"思路的研究则认为，尽管并非所有"交易伙伴"都会采取投机行为，但并不能否认机会主义事实的存在。以此为基础，组织间关系治理成为维护服务价值网络、保障共创行为的必要内容，即通过必要的隔离机制和控制措施，促使企业获取更多的利益。

服务价值在网络内部的分配，即现代服务业服务价值获取是一个复杂的过程，涉及网络结构、企业定位、投入要素、网络关系、战略活动等多个关键因

---

① Teece D J. 1986. Profiting from technological innovation: implications for integration, collaboration, licensing and public policy. Research Policy, 15(6): 285-305.

素，然而具体涉及哪些维度，价值分配的内在逻辑如何，要素如何影响单一企业的获利等问题，仍缺乏经验或实证支撑，未来研究应进一步探索这些维度，为现代服务业企业的价值获取提供更加深入和系统的理论支持与实践指导。

第7章 价值生成视角下现代服务业企业竞争力评价

从中华人民共和国成立初期采用的计划经济体制到改革开放的大胆尝试，七十多年来，我国发展取得了举世瞩目的伟大成就。服务业的发展迅速，其在推动增长、吸纳就业、促进投资、激发消费、扩大开放中的作用日渐凸显，已成为我国经济发展的主动力。然而，随着全球第四次产业革命驱动的人工智能、平台经济、工业互联网、新零售等产业概念不断兴起，全球新一轮科技革命和产业变革加速发展，叠加人口老龄化和生育率的下滑，靠廉价劳动力参与全球产业链或全球产业分工的模式对当前发展阶段的中国已不可取。我国服务产业亟须摆脱旧的运营模式，采取区域合作、业态创新等方式，打破天然垄断，寻求更为适宜的现代化发展道路。以此为背景，党的十五大报告、《"十三五"现代服务业科技创新专项规划》《现代服务业科技发展"十二五"专项规划》《服务业创新发展大纲（2017—2025年）》《关于新时代服务业高质量发展的指导意见》等政策文件提出了对现代服务业明确的政策导向和支持措施，高度重视现代服务业的科学管理与创新发展。如何引领现代服务业高质量发展，加快产业升级及现代化体系建设，摆脱我国在国际生产分工价值链中的"低端锁定"，成为我国更高层次地参与国际经济合作、实现经济"换道超车"的关键。

在此背景下，现代服务业企业作为微观经济活动的主体，是市场经济中的基本单位。关注现代服务业竞争力塑造与提升，不仅关乎企业自身的生存，还是我国促进服务业现代化、实现产业体系高质量发展的基本途径和必然选择。考虑到现代服务业有别于传统服务业及其他产业的产业发展特征，急需更契合当前发展状态及未来发展需求的理论视角。前文所构建的现代服务业价值生成机制提供了一个相对全面的竞争力分析框架，强调企业作为网络参与者不仅要贡献于服务价值生成的"结果"（即关注价值创造及价值传递阶段），还应致力于提高企业个体在网络中价值"分配"的问题。进一步地，基于价值生成框架评价服务业企业的竞争力，即意味着要考察企业如何识别并满足市场需求、如何通过创新提升服务质量、如何构建和维护有效的合作网络以及如何在激烈的市场竞争中实现价值的最大化。

综上，本章拟综合考察企业在价值创造、价值传递和价值获取过程中的表现，聚焦企业市场定位、核心能力、客户关系管理、创新能力、风险控制、合作网络构建等方面的策略和效果，构建适配于当前所需的现代服务业企业竞争力评价指标体系。通过这一评价过程，我们旨在为企业管理者、政策制定者和学术研究者提供一个多维度的分析工具，帮助他们更好地理解服务业企业如何在复杂多变的市场环境中构建和维持竞争优势，实现可持续发展。

7.1 现代服务业企业竞争力

7.1.1 竞争力及竞争优势

竞争力和竞争优势的概念源于竞争这一普遍现象。早在达尔文的进化论中，竞争就被强调为物种演化的主要驱动力。在自然界，物种通过竞争获取生存所需的资源，而那些拥有优势的物种更有可能得以生存。这一概念随后被引入社会学、经济学和管理学等学科中，用以描述两个以上的个人或集团为了自身的利益，在一定的范围内夺取他们所共同需要的对象展开的较量。竞争通常包含四个基本要素：竞争主体、不同的利益、竞争场所和竞争目标。此外，竞争力是竞争优势概念的延伸，两者在内涵上具有相似之处。竞争力的研究可以从不同层面进行，包括企业竞争力、产业竞争力和国家竞争力等。在这些层面中，企业竞争力作为微观层面的研究，是理解和分析中观的产业竞争力和宏观的国家竞争力的基础。

1985年，世界经济论坛发布的《关于竞争力的报告》中指出，企业竞争力指企业在目前和未来，在各自环境中以比它们国内外竞争者更有价格和质量优势来进行设计、生产并销售货物以及提供服务的能力和机会。著名的战略管理学家、美国哈佛大学的波特则提出，竞争优势归根结底来源于企业为客户愿意创造的超过其成本的价值。价值是客户愿意支付的价钱，而超额价值产生于以低于对手的价格提供同等的效益，或者所提供的独特效益足以支撑其高昂的定价[1]。从能力视角出发，藤本隆宏将企业竞争力归结为企业能力，并进一步分为静态能力（企业实际上已经达到的竞争力水平）、改善的能力（企业维持和不断提高其竞争力的能力）、进化的能力考察（企业建立前两种能力的能力）三类[2]。

整体来看，对于企业竞争力的定义逐步由最初单聚焦经营结果逐步转向了市场表现，并出现了多种理论视角。波特从企业外部环境的角度出发，认为企业的竞争力来源于其所在的产业结构优势，企业可以通过实施低成本、差异化或集中化战略来获得竞争优势。而另一些学者从企业内部资源和能力出发，基于资源基础观提出，企业的竞争优势源于其拥有的VRIN[3]资源，即具有价值的、稀缺的、不可模仿的和不可替代的专有资源，或是源于企业独特的技术和技能形成的核心能力。此外，承接竞争成本分析的思路，有学者提出了企业价值链的观点，分析

---

[1] Porter M E. 1985. Competitive Advantage: Creating and Sustaining Superior Performance. New York: Free Press.
[2] 藤本隆宏. 2007. 能力构筑竞争. 许经明, 李兆华, 译. 北京: 中信出版社.
[3] VRIN 指具有价值的（valuable）、稀缺的（rare）、不可模仿的（inimitable）和不可替代的（non-substitutable）。

企业内部活动如何决定其竞争地位①。价值链分析将企业的活动分解为一系列创造价值的过程，包括主要活动和支持活动，通过优化这些活动来降低成本、提高效率和增强差异化，从而提升企业的竞争力。

综合来看，企业竞争力是一个多维度的概念，它不仅涉及企业如何通过外部战略定位来获得优势，也涉及企业如何管理和利用内部资源、流程和能力来建立竞争优势。在现代服务业快速发展的背景下，深入理解企业竞争力的来源和构建机制，对企业实现可持续发展、提升产业竞争力和促进国家经济的整体发展具有重要意义。

7.1.2 企业竞争力评价指标

企业竞争力是一个复杂系统，其因素间的互动性、不可分离性和隐含性特点，使得我们几乎不能对企业未来竞争力的状况做出实质性评价。管理学家多兹（Doz）认为，竞争力不可以触知，也不能度量，并且最具价值的竞争力也最难管理。以此为基础，诸多学者致力构建科学合理的企业竞争力评价体系，并认为随着企业竞争环境的变化，企业战略目标的调整，企业竞争领域的转换以及企业产品、技术和管理的升级等，企业竞争力不断地发生动态变化，因此竞争力评价应该是一个系统的追踪过程，评价的指标体系应具有一定的拓展和适应能力；同时，出于不同的评价目的，设定不同的评价范围，基于特定的数据基础，评估所采用的指标数量应该有所不同，即评估指标体系应具有全面性和实用性特征。

如图 7.1 所示，我国早在 20 世纪就逐步开展企业竞争力相关研究，也形成了系列的理论与方法，但由于企业间的异质性，特别是不同行业之间的企业无法直接进行竞争力比较，中国生产力学会以构建一套科学的企业竞争力评价指标体系为目的，牵头联合中国标准化研究院等机构起草了标准，即当前由国家市场监督管理总局、国家标准化管理委员会批准发布的 GB/T 40957—2021 号文件《企业竞争力评价规范》。该评价指标由"基础能力、经营能力、财务能力、创新能力、可持续能力和企业文化"六大类指标构成，主要用于政府或受委托的第三方及企业自身某一部门的竞争力评价。

相类似的，世界经济论坛从 1979 年开始对每个国家的竞争力进行评判，是目前国际上从事竞争力评价最著名的机构之一。其一年一度的《全球竞争力报告》覆盖了全球多个经济体，评价指标包括创新能力、市场规模、金融市场状况、

---

① 陈佳贵，吴俊. 2004. 中国地区中小企业竞争力评价：对2003年规模以上工业中小企业的实证研究. 中国工业经济，(8)：5-11.

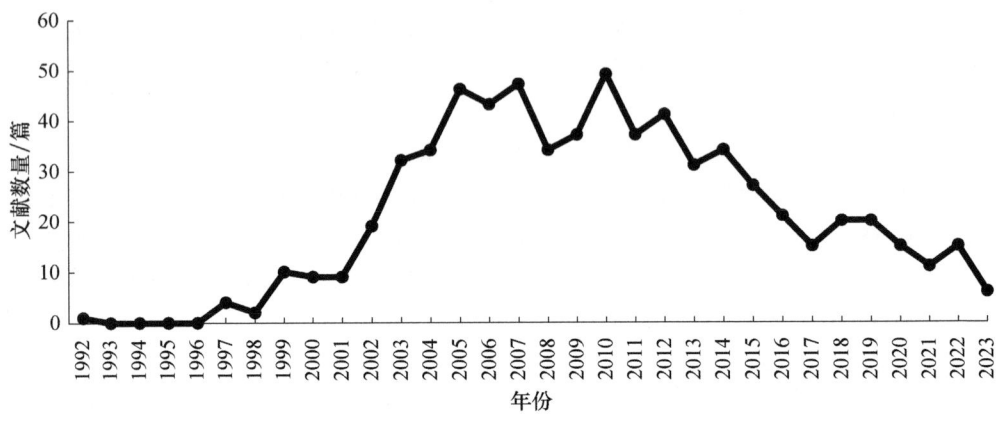

图 7.1　企业竞争力发文量

基础设施、技术水平、教育水平等。此外现行企业竞争力评价机构中《财富》《福布斯》等的 500 强名单使用较为广泛，前者主要依据企业会计年度的营业收入从高到低进行排序，并辅以利润、资产、股东权益、雇佣人数等作为参考。后者则收录了根据营收、利润、资产和市值这四大指标评出的全球规模最大、最有实力的上市公司，并基于综合评价予以排序。

整体来看，当前有关企业竞争力评价的体系构建和研究已经相对全面和系统，但研究的深度及针对具体行业中企业的研究仍需进一步深入和完善。市场经济的本质是竞争，企业作为市场经济的核心主体，竞争贯穿其生命周期的全过程。尤其随着我国市场经济体制的确立和逐步完善，以及世界经济一体化的发展趋势，我国企业已完全从国内竞争转向国际竞争，竞争力更成为日益激烈的竞争中企业赢得成功的唯一武器。此外，当前竞争力评价体系多以制造业或实体企业等为评价对象，部分聚焦服务产业的也多以单一行业为主，如物流业、金融业。随着现代服务业发展速度的加快及竞争态势的加剧，覆盖现代服务业全行业及彰显现代服务业独特产业特征的评价指标成为助力现代服务业企业高质量发展的关键推动力。通过对企业竞争力的评价，企业可清楚地定位自身的优势和劣势，全面了解企业的现状，从而可以提高企业的运行效率。同时，政府也可以利用企业竞争力的评价结果，从宏观上把握企业的竞争状况，实现对资源的合理配置及政策的有效引导。

7.2　现代服务业企业竞争力评价指标构建

2023 年，国家统计局制定并公布了《现代服务业统计分类》，将现代服务业明确定义为"伴随信息技术和知识经济的发展而产生，利用现代科学技术和现代管理理念，推动生产性服务业向专业化和价值链高端延伸、推动生活性服务业向高品质和多样化升级、加强公益性基础性服务业发展所形成的具有高技术含量、高人力资本含量、高附加价值等特征的经济活动"。对服务业发展现状的分析也明确指出，我国自改革开放以来，在全球价值链分工中的地位一直较低且国内产业链发展不全面，高价值增值环节缺失。尤其随着全球第四次产业革命驱动的人工智能、平台经济、工业互联网、新零售等产业概念不断兴起，全球新一轮科技革命和产业变革加速发展，叠加人口老龄化和生育率的下滑，中国人口红利逐渐消失，靠廉价劳动力参与全球产业链、全球产业分工对当前经济水平下的中国已不可取，我国现代服务业发展需要聚焦对微笑曲线中高附加值环节的控制（如研发设计、销售管理），将自身从生产制造者转变为生产性服务提供者，实现价值功能聚焦和收益提升。基于此，结合现代服务业情境下传统的以企业生产产品为中心的价值创造已经转变为以服务生产为基础、网络化为结构的多主体共同参与价值创造系统，基于现代服务业服务价值生成机制，构建现代服务业企业竞争力评价体系，对揭示服务经济主导下现代服务业企业如何围绕服务驱动，实现要素交换及价值共创具有重要意义。评价模型如图7.2所示。

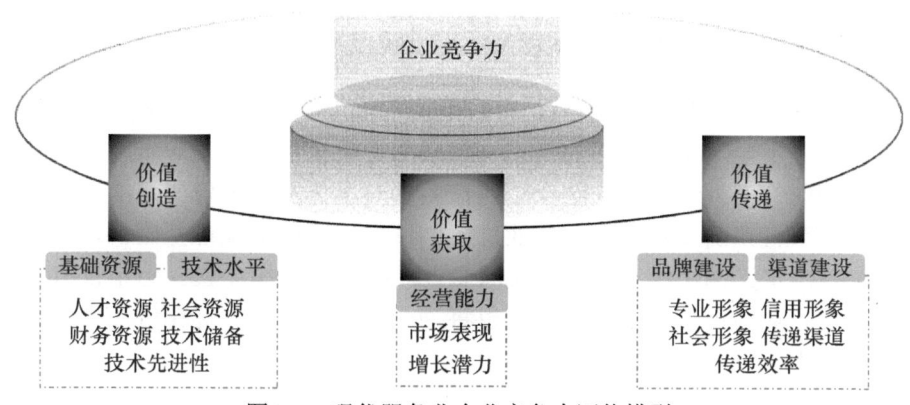

图 7.2　现代服务业企业竞争力评价模型

7.2.1　价值创造——基础性服务资源及能力

经济活动的最终目标是价值创造，价值创造是探讨价值网络中价值生成的核心议题。本节延续此前学术观点，认为价值创造是一个过程，是网络参与主体（如企业）为创造潜在价值而开展的活动，并进一步分析指出资源/要素本身并不具有（服务）价值，但其是服务价值构成的必要要素之一，只有实现不同资源的有效整合才能创造价值。值得注意的是，这一整合过程通常依赖于企业的组织能力和资源配置能力。

当前价值创造的研究思路可大致分为"合作"及"竞争"两大类，前者强调网络参与方取长补短，围绕统一价值主张发挥各自优势，共同做大市场[①]。后者关注资源、能力或策略高于竞争对手，实现服务价值最大化。资源基础观贡献了有利的研究视角，其认为企业是资源和能力的集合体。进一步地，价值理论的相关学者指出价值创造是通过组织能力和配置实现的，公共和私人组织都为合作贡献了资源，这些资源通过协调、协商和妥协的价值共同创造过程重新组合，共同创造创新、知识和相关成果。具体来看，Wernerfelt认为企业的竞争优势源于企业内部拥有的无形资源、有形资源和所积累的知识的差异，异质性、稀缺性、难以被模仿和替代的资源会促进价值的创造[②]。与此同时，企业在控制其资源和能力方面也有所不同。Barney指出企业要获得竞争优势需要与竞争对手相比更有效地利用难以被模仿和替代的资源或提高资源的质量，企业竞争力来源于其拥有并能够有效利用的独特资源和能力[③]。动态能力观在资源基础上进一步拓展，将不断变化的市场环境纳入企业战略研究框架，探索企业维持竞争优势的要素[④]，其根植于公司的管理和组织流程，影响着包括协调、整合、重新配置、学习等企业重要的价值创造过程[⑤][⑥][⑦]。

综上，企业资源和能力的有效组合对形成独特的服务或产品、提供市场价值，并获取竞争优势至关重要。而相较于有形产品，价值创造所涉及的要素在现代服务业中呈现出更为多元化和复杂化的特征，其超越了简单的物质交换，更侧重于知识、信息、技术的深度融合与应用。核心的资源和能力共同塑造了现代服务业的竞争力，推动其从传统的服务生产向高知识密集、高技术密集的服务供给转型，并促进了全球服务网络的构建与市场的无限拓展。为进一步度量及管理现代服务业企业价值创造过程，结合企业作为参与主体在服务价值网络内的价值生成表现，本节将在前文对现代服务业价值创造核心条件的梳理基础上，从企业资源基础和技术水平两个维度，综合反映企业所拥有的关键要素。这不仅有助于我们全面理解企业的价值创造的来源，也将为企业制定战略、优化资源配置和提升服务创新能力提供理论支持和实践指导。

1. 基础资源

基础资源反映的是企业持续进行价值创造和生成的基础储备，通常分为研

---

① Hansen M H, Hoskisson R E, Barney J B. 2008. Competitive advantage in alliance governance: resolving the opportunism minimization: gain maximization paradox. Managerial and Decision Economics, 29(2/3): 191-208.
② Wernerfelt B. 1984. A resource-based view of the firm. Strategic Management Journal, 5(2): 171-180.
③ Barney J B. 1991. Firm resources and sustained competitive advantage. Journal of Management, 17(1): 99-120.
④ Teece D J. 1986. Profiting from technological innovation: implications for integration, collaboration, licensing and public policy. Research Policy, 15(6): 285-305.
⑤ Teece D J, Pisano G, Shuen A. 1997. Dynamic capabilities and strategic management. Strategic Management Journal,18(7): 509-533.
⑥ Eisenhardt K M, Martin J A. 2000. Dynamic capabilities: what are they? Strategic Management Journal, 21(10/11): 1105-1121.
⑦ Lei D, Hitt M A, Bettis R. 1996. Dynamic core competences through meta-learning and strategic context. Journal of Management, 22(4): 549-569.

发、生产和销售产品时所需的人力、财力、组织以及为客户提供服务的资源[1]，这些资源被认为是企业运营的基础，为企业提供了进入市场和创造价值的物质前提。尤其对于现代服务业企业而言，其价值创造所需资源更多地依赖于知识、信息等，这些资源通常并不产生或局限于企业内部，相反，其更多地来自利益相关者群体，如顾客、供应商、政府部门等。基于此，为了全面考量现代服务企业的基本资源储备，本节将企业的基础资源细分为三个主要方面：人才资源、财务资源和社会资源。这种划分有助于我们更清晰地识别和评估企业在不同维度上的资源状况，从而为企业的战略规划和资源优化提供依据。

（1）人才资源。服务产品有别于有形产品的异质性主要来自服务业行业供需两端的"人本"属性。尤其对于企业（即供给端）而言，无论是劳动密集型或者是知识密集型服务业，服务产品从生产过程到消费过程都在很大程度上受到人自身因素的影响，如服务供给者（服务人员）心理状态、工作态度、个人技能等。此外，现代服务业中代替规模化生成而来的个性化定制加强了服务供给者对服务价值生成的影响，诸如咨询、金融等的专业服务公司[2]中的"专家"几乎成为创造服务价值的决定性因素。另外，企业所拥有的人才资源一直被认为是企业竞争及发展要素，其重要性不言而喻。优质的人才资源不仅能帮助企业更快速地应对市场变化、提供高质量的服务以满足客户需求、在竞争激烈的市场中占据领先地位，还能通过不断地学习和研究，带来新的想法、技术和解决方案，推动企业产品和服务的持续改进，提升市场竞争力。同时，高素质的人才能够做出精准高效的决策，降低企业运营风险，促进企业的健康稳定发展，并在多元化的工作环境中展现出强大的适应性和协作精神，优化企业内部的信息流通、知识共享及项目执行效率。而合理且有竞争力的报酬体系则是吸引和保留这些关键人才的关键，它能有效激发员工的工作激情和积极性，将个人目标与企业目标紧密结合，共同推动企业的持续发展和价值创造，对提升企业竞争力具有至关重要的作用。

（2）财务资源。财务资源是指企业拥有的资本以及企业在筹集和使用资本过程中所形成的财务专用性资产，它不仅包括企业所拥有或控制的能够以货币计量的各种有形资源和无形资源，而且包括企业各种可以利用的科技资源等，是转化企业竞争力的基础。鉴于企业围绕价值创造的各项活动都需要大量的前置投入，企业是否有足够的财力资源支持成为企业持续运营的基础，同时叠加当前复杂多变的市场环境，企业面临的各种潜在风险和挑战也加大了对基于财务资源的风险抵抗能力的需求。

---

[1] Barney J. 1991. Firm resources and sustained competitive advantage. Journal of Management, 17(1): 99-120.
[2] Pemer F, Werr A. 2023. Defusing digital disruption through creative accumulation: technology-induced innovation in professional service firms. https://onlinelibrary.wiley.com/doi/full/10.1111/joms.12972 [2024-11-12].

首先，企业资本规模直接反映了企业所拥有的包括现金、房产、设备、知识产权等多种形式在内的总资产和总资金量，这些资产和资金构成了企业运营的基石，决定了企业在市场中的经济能力。对于现代服务业而言，打破"小服务圈"向外进行市场拓展的同时，大规模的资本通常意味着更强的市场渗透能力、更广泛的服务延伸能力和更卓越的价值生成能力。其次，合理的企业财务风险管控是衡量企业经营状况和财务状况稳健性的重要指标。它反映了企业在面临各种不确定因素时，对经营活动和财务责任的应对能力。例如，企业流动性风险管理水平主要反映在企业短期内偿还债务的能力上。强健的偿债能力可以增强企业的信誉和市场信任度，有利于企业获取更多的资金资源，提高资金使用效率。

（3）社会资源。随着全球分工的不断细化和实时通信的便捷，当前价值创造越来越多地呈现多主体共创的模式。以往的研究较多地集中在探索组织内部的资源禀赋、重新组合既有资源上[1]。然而，当前资源的来源并不局限企业内部，现代服务企业的价值生成还受到包括客户、合作伙伴、政府、社会组织等相关主体的共同作用。结合现代服务业企业运营实践，随着产业行业跨界融合程度的加深及技术更新带来的服务供给模式改变，当前现代服务业企业发展面临着较高的不确定性。在此情境下，行业的多样化有助于企业跨越不同领域，整合丰富的经验和知识，从而在市场中构建独特的竞争优势。通过实施适应性管理策略，企业能够充分利用对外投资的多样化特点，灵活应对市场变化，拓宽战略选择范围，并抓住新的发展机遇，从而增强抗风险能力，提升其整体竞争力。

企业与合作伙伴、客户等网络的建立也极大地扩大了价值创造的组织边界[2]，促进了学习、价值共创与风险共担的深入发展。对于现代服务业企业而言，基于跨行业或同行业的研发合作不仅是资源整合的捷径，更是创新驱动的源泉。通过合作，企业能够打破自身局限，汇聚不同公司的知识、技术和能力，形成优势互补，从而推动企业核心能力的不断延伸和强化。同时，与客户良好互动关系的建立以及客户参与重复交易的程度也影响着现代服务企业价值创造的潜力[3]。Lusch 和 Vargo 提出的服务主导逻辑要求企业与客户建立紧密的联系，深入了解客户需求，共同参与产品设计、生产和交付等环节[4]。网络理论也进一步指出了网络参与者之间互补性的作用，稳固且持续的客户关系能够增加交易频次，降低客户流失率，进而提升企业的市场占有率和盈利能力，实现服务价值创造。

另外，政府作为社会公共资源的主要管理者，其政策制定、项目扶持、资

---

[1] Dougherty D. 1992. A practice-centered model of organizational renewal through product innovation. Strategic Management Journal, 13(S1): 77-92.
[2] Gulati R. 1998. Alliances and networks. Strategic Management Journal, 19(4): 293-317.
[3] Amit R, Zott C. 2001. Value creation in e-business. Strategic Management Journal, 22(6/7): 493-520.
[4] Lusch R F, Vargo S L. 2006. Service-dominant logic: reactions, reflections and refinements. Marketing Theory, 6(3): 281-288.

金投入等多方面的决策也会对企业的生存和发展产生重大影响。企业积极参与政府合作项目，可以获取政策上的优惠，引导企业向更有利的方向发展，同时能建立良好的社会形象，增强公众对企业的认可度和信任度。同时，政府作为用户也有利于通过反馈机制，促进企业更好地以客户为中心，为客户创造更多的价值，尤其促进价值共创。

2. 技术水平

技术水平是衡量企业将科学理念转化为面向用户的产品，并通过生产、制造与供应流程，最终满足消费者需求，同时实现财务回报的关键能力。Schumpeter 和 Opie（1934）开创了通过技术变革和创新过程实现经济发展和新价值创造的理论[①]，充分强调技术的重要性，并将资源（及其提供的服务）的新颖组合视为新产品和生产方法的基础。当前随着新产业、新业态、新模式的出现，现代服务企业本身的科技创新能力重要性不断增加。相较于传统服务业，现代服务业更加依赖信息与数字技术资源，以及这些资源所赋予的先进能力。因此，在现代服务企业的价值创造过程中，必须高度重视企业的技术储备和技术先进性表现，它们不仅是企业竞争力的核心体现，也是持续推动服务升级、满足市场需求变化、实现可持续发展的关键驱动力。

（1）技术储备。知识和技术是企业核心服务能力形成和得以持续的关键来源。企业技术水平根植于组织内部长期以来的积累性学习。这种学习不仅涉及对新技术、新知识的吸收和掌握，更包括在实践中不断试错、调整和优化，从而逐步构建起企业独特的技术体系和能力。因此对现代服务企业技术能力的审视，首要任务便是评估其过往的技术积累即技术储备，用以反映企业技术产出能力的高低。考虑到现代服务业与先进信息技术的紧密联系，评价体系在该维度下选取现代服务业创新产出作为企业技术储备的落脚点，并进一步从企业数字创新及企业技术创新予以考察。

一方面，随着数字化转型的加速推进，数字创新已成为现代服务企业重要战略之一。数字创新涵盖了数据采集、处理、分析及利用的全过程，借助人工智能、区块链等前沿技术，企业能够更深入地洞察市场需求和消费者行为，进而提供更加个性化、精准化的服务。这种服务模式不仅提升了用户满意度和忠诚度，更为企业开辟了全新的增长空间。同时，数字创新还促使企业不断探索新的业务模式和组织结构，以适应快速变化的市场环境。另一方面，技术创新被视为现代服务企业持续发展的关键驱动力。通过不断探索和应用新技术，企业能够优化服务流程、提升产品性能，从而为用户带来更加高效、便捷、优质的服务体验。具备优秀技术创新能力的企业，能够敏锐地捕捉到行业变革的先机，灵活调整发展

---

① Schumpeter J A, Opie R, 1934. The Theory of Economic Development: An Inquiry into Profits, Capital, Credit, Interest, and the Business Cycle. Cambridge: Harvard University Press.

战略，确保自身在行业竞争中处于领先地位。

从技术储备整体来看，技术创新与数字创新的密切结合能够有效赋能服务业传统业务，提高服务业企业竞争力。通过将新技术融入传统服务业务之中，现代服务业企业能够实现服务流程的重构和服务质量的飞跃，从而提升整体服务水平。同时，数字创新为企业提供了强大的数据支持和分析能力，帮助企业精准把握市场趋势和消费者需求，为创新决策提供有力依据。

（2）技术先进性。技术先进性作为服务质量提升的关键要素，已成为企业核心竞争力构建的重要维度。其不仅反映了企业在技术领域的探索深度与广度，还体现了其知识整合能力、技术引领地位以及技术可持续发展的潜力。具体来看，在现代服务业产业发展中，技术先进性表现为企业在技术前沿领域的活跃程度，涵盖了企业在新兴技术领域的研发投入、技术成果的转化效率，以及技术创新的持续性。因此，对技术先进性的衡量应综合考虑创新质量及持续创新能力。

高质量创新是现代服务业企业竞争力提升的驱动力。尤其对于现代服务业企业而言，优质创新是其提升市场竞争力、优化服务水平的重要途径。高质量创新成果往往具备高度的市场交换价值，且易于转化为具有吸引力的服务产品或解决方案，这主要源于其独特的竞争优势与技术创新深度。持续创新能力则是现代服务企业保持竞争优势的关键维度。面对变化迅速的现代服务业市场，现代服务企业竞争力的建立需要具有持续向前的力量。只有拥有持续创新能力的企业，才能在竞争中始终保持领先地位，应对各种突发变化。

7.2.2 价值传递——所处网络价值增值能力

企业的最终目标是将所创造的价值传递给终端消费者，并在此过程中与所有参与者共同为整个价值网络或合作方实现价值增值。由前文分析可知，从市场经济的角度来看，价值传递涉及市场的运作和机制[1][2]，是价值网络赋能给各节点的互动效应。进一步地，价值传递是由一系列跨越价值创造边界的价值活动构成的，这些活动包括企业整合资源、消费者利用资源进行服务交付和产品体验等多个方面，同时涵盖了影响感知价值形成的相关价值信号的传导。聚焦于现代服务业企业，我们认为价值传递的实质在于以企业为活动单位的服务价值模块间信息的无缝对接与高效流转。例如，"消费者-企业"等参与主体间往往存在信息不对称，因此高效的价值信号显现方式成为各现代服务业企业吸引合作伙伴，降低消费者风险感知、促进价值共创和终端交易，进而提升企业竞争力的有效路径。围绕"价值信号"，评价体系分别从信号（即品牌建设）及其传递质量（渠道建

---

[1] Lemmink J, de Ruyter K, Wetzels M. 1998. The role of value in the delivery process of hospitality services. Journal of Economic Psychology, 19(2): 159-177.
[2] Priem R L. 2007. A consumer perspective on value creation. Academy of Management Review, 32(1): 219-235.

设）两个角度构建评价指标。

1. 品牌建设

在现代服务企业的运营中，价值传递过程的核心在于如何通过有效的策略消除交易/传递过程中的不确定性，进而提升消费者购买意愿及维系网络内多方合作关系。市场营销及传媒等领域的研究认为独特的品牌对企业竞争力尤为重要，其不仅有助于将企业与竞争对手区分开来[1]，它所隐含的市场情感定位[2]、角色互动[3]等也能在嵌入网络的制度环境内反映利益相关者共同创造的价值实践[4]。基于 Sheth 等提出的五类价值理论，评价体系拟从专业形象、信用形象和社会形象三个维度来深入探讨现代服务企业如何打造企业专属"品牌"[5]。

（1）专业形象。现代服务业企业专业形象的核心在于行业话语权和专业影响力的提升。这两者不仅体现了企业在行业内的权威性和专业性，还有助于企业赢得客户的信任和尊重。具体来看，由于现代服务业服务产品的异质性和虚拟性，其服务价值多基于消费者的个人感知，而专业形象的塑造可以促进消费者以更少的资源进行有效识别和选择，为消费者提供价值指导[6]。简单来说，客户更愿意选择那些他们认为专业、可靠的服务提供商，并更有意向去支付较高的费用。此外，当企业在专业领域具有较好的口碑和权威地位时，作为企业对外展示的重要名片，专业形象可以帮助实现现代服务企业对行业资源的吸引和整合，有助于企业的跨界融合和上下游资源流程交互，进而更好地为网络多主体合作的形成和维系提供助力。

（2）信用形象。企业信用是建立和维护各种合作关系的重要基础。在现代服务业中，企业与供应商、经销商、客户以及政府等利益相关者的关系错综复杂且至关重要。良好的信用形象能够增强这些关系的稳定性和可靠性，为价值传递提供坚实的支撑。首先，基于信用的合作关系不仅能够促进资源的有效配置和整合，还能够降低交易成本和风险，提高企业的运营效率和竞争力。其次，在信息不对称的市场环境中，良好的信用能够传递出企业值得信赖、产品可靠的信息，从而增强消费者的购买信心和满意度。这种信任关系一旦建立，就会形成良性循环，促进企业与消费者之间的价值交换。

---

[1] Ottosson M, Kindström D. 2016. Exploring proactive niche market strategies in the steel industry: activities and implications. Industrial Marketing Management, 55: 119-130.

[2] Masiello B, Bonetti E, Izzo F. 2020. Multiple identities of a festival. International Journal of Contemporary Hospitality Management, 32(2): 749-768.

[3] Iglesias O, Landgraf P, Ind N, et al. 2020. Corporate brand identity co-creation in business-to-business contexts. Industrial Marketing Management, 85: 32-43.

[4] Kovalchuk M, Gabrielsson M, Rollins M. 2023. Industrial BRAND-personality formation in a B2B stakeholder network: a service-dominant logic approach. Industrial Marketing Management, 114: 313-330.

[5] Sheth J N, Newman B I, Gross B L. 1991. Why we buy what we buy: a theory of consumption values. Journal of Business Research, 22(2): 159-170.

[6] Wijnberg N M, Gemser G. 2000. Adding value to innovation: impressionism and the transformation of the selection system in visual arts. Organization Science, 11(3): 323-329.

另外,企业美誉度作为信用形象的重要组成部分,对现代服务业长期发展具有重要意义。美誉度背后所反映的优质的产品质量、周到的客户服务和愉悦的客户体验等是企业赢得消费者青睐的关键。当企业在这些方面表现出色时,消费者会自发地传播正面口碑,为企业吸引更多潜在客户,从而进一步巩固和扩大企业的市场份额。这种基于美誉度的价值传递方式不仅高效,而且持久,能够为企业带来长期的竞争优势和品牌价值。

(3)社会形象。除专业及信用形象外,企业与社会事务相关的信号特别是基于公共利益及环境保护的社会形象,愈来愈被认为是影响企业的社会价值传递,进而塑造企业的整体形象和市场竞争力的关键之一。公共利益作为企业品牌建设的重要考量因素,具有显著的双重属性:它既是企业实现经济价值的基础,也是企业展现社会价值的舞台。当企业积极参与并维护公共利益时,其正面形象和社会责任感会显著提升,进而增强品牌影响力,提高市场竞争力。例如,通过"电商助农""数字减贫"等项目,企业不仅帮助落后地区改善经济状况,还向外界展示了其积极履行社会责任的形象,无疑会吸引更多消费者的关注,进而转化为实际的市场竞争力。

此外,随着"绿色"概念在各行各业的不断渗透,环境保护已成为衡量企业可持续发展能力的重要指标。现代服务业虽然不像传统制造业那样直接产生较大的工业污染,但其运营过程中也会消耗大量资源并可能产生间接的环境影响。通过采取绿色、生态、可持续的运营方式,企业可以减少对环境的负面影响,同时向外界传递出积极、负责的企业形象。这种形象不仅有助于赢得消费者和政府的认可与支持,还能在行业中树立标杆,引领整个行业向更加环保、可持续的方向发展。此外,随着绿色消费理念的普及,越来越多的消费者开始倾向于选择那些注重环保的企业和产品,这也为企业提供了巨大的市场机遇。

2. 渠道建设

企业向外部进行价值传递的有效性,即上述价值信号的"传递质量"对现代服务企业竞争力的提高同样重要。现代服务业企业在价值传递过程中为市场或客户提供服务的传递能力和效率可以通过企业渠道建设的情况体现,包括企业向外部进行价值传递的有效性以及渠道的传递效率。

(1)传递渠道。传递渠道是现代服务业企业与利益相关者沟通的核心桥梁,深刻影响着价值传递的效率与质量。结合渠道类型,本节主要考虑现代服务业市场渠道建设和数字渠道建设两个方面在现代服务企业价值传递过程的重要作用。其中,市场渠道作为传统且核心的方式,其建设为企业的产品和服务提供了广泛的推广平台,不仅优化了产品管理流程,还提高了交易处理速度,降低了成本,使得企业能够以更低的成本消耗覆盖更广泛的目标客户群体。这种高效的市场渠道不仅提升了产品或服务的曝光度和知名度,还为企业带来了更多的销售机会，从而实现了价值传递的优质高效。与此同时，信息技术的飞速发展使得数字渠道建设得以普及。借由网站、移动应用和社交媒体等数字渠道，企业可以实现广告精准投放及需求匹配，通过提供个性化、全面的服务体验，降低消费者特定购买的时间、交通和信息的收集成本和协调的成本[1][2]。此外，数字渠道的建设又可作为辅助手段强化原有市场渠道，实现线上线下的无缝融合。

（2）传递效率。作为衡量现代服务企业价值传递过程成功与否的关键指标，传递效率直接关联到企业价值信号提供的有效性和及时性。服务效率和营运效率作为传递效率的两大核心要素，对企业的竞争力和市场地位具有深远影响。其中，服务效率的提升是现代服务业在快速变化的市场环境中保持竞争力的关键。有别于传统服务业，现代服务业更为关注企业和客户的主体交互。高水平的服务效率不仅意味着更快的响应速度和更短的交付周期，还体现在对客户需求变化的敏锐捕捉和精准满足上。通过优化服务流程、引入先进技术工具、提升员工专业素养等措施，企业能够显著提高服务效率，从而在市场上获得更多的竞争优势。另外，营运效率的提升被认为是企业实现内部资源优化配置、降低成本、提高生产效率的重要途径。通过优化内部流程、强化管理决策、提高资源利用效率等手段，企业能够显著提升营运效率，进而增强市场竞争力。

7.2.3 价值获取——网络内部企业获利能力

无论以何种方式参与服务价值创造，价值获取都是企业价值运动的最终目标。更确切地说，企业需要确保其价值创造和传递活动最终能够转化为可持续的收益和市场份额。Porter 在他的经典著作中指出，相对于竞争对手的能力，竞争力源于提供更高的价值或以更低的成本来实现持续的利润增长，是企业在市场中取得持续优势的关键[3]。现行的企业竞争力评价体系往往仅侧重于直接反映企业市场表现和经济收益的指标，如市场份额、利润率、销售额等。考虑到企业运营所处的环境具有较高的动态性和不确定性，因此，本节所构造的评价体系在考察当前企业获利水平即当前经济市场表现的基础上，将企业所形成的风险控制能力及长期盈利的战略导向纳入考量。其中，市场表现用于评估现代服务业企业价值获取的规模水平和经营效益；增长潜力用于评估现代服务业企业价值获取的可持续发展水平及风险控制能力，考察其在营业收入和利润方面的增长能力。

1. 市场表现

市场表现作为现代服务企业价值获取能力的直接体现，是评估企业在市场上经营效益和竞争地位的关键指标。其中，企业盈利作为企业在市场上获利的直接结

---

[1] Clemons E K, Row M C.1992. Information technology and industrial cooperation: the changing economics of coordination and ownership. Journal of Management Information Systems, 9(2): 9-28.
[2] Amit R, Zott C. 2001. Value creation in e-business. Strategic Management Journal, 22(6/7): 493-520.
[3] Porter M E. 1985. Competitive Advantage: Creating and Sustaining Superior Performance. New York: Free Press.

果,其水平往往直接反映了企业在市场上的经营成果和综合实力,可有效体现当前企业有关服务价值的分配比例。当企业能够持续提供高质量的服务、满足客户需求时,其盈利水平会逐渐增加,不仅是对企业产品或服务市场认可度的直接体现,更是企业经营策略和市场竞争力的有力证明。此外,企业市值作为上市企业在股票市场上的总价值,它直接反映了企业的资产规模和市场影响力。市值越高的企业通常意味着其资产规模越大,市场认可度越高,进而表明企业的内在实力越强。

2. 增长潜力

增长潜力反映了企业在未来发展中能够实现的业务扩张和利润增长的能力,是企业在市场上保持竞争力和持续发展的关键。本节聚焦于企业成长性与持续盈利能力这两大关键领域,以此作为评估现代服务企业价值获取与可持续发展水平的重要视角。企业成长性作为企业增长潜力的直观体现,是现代服务企业衡量市场渗透力与服务深化程度的重要指标。它不仅反映了企业客户基础的稳固扩张与市场份额的积极增长,还预示着企业服务覆盖范围的拓展与服务价值的提升。同时,持续盈利能力则进一步构成了企业增长潜力的内在支撑。相较于营业收入对市场增长的关注,持续盈利能力则聚焦于获利本身。两者相辅相成,不仅辅助体现了企业当前的市场表现与财务状况,更预示着企业在未来一段时间内可能实现的价值获利与竞争力提升。

7.3 现代服务业企业竞争力评价方法研究

7.3.1 竞争力评价框架

本评价体系引入价值网络视角,结合现代服务业企业特征及非上市企业难以获取详细的运营信息等现实情况,以普适性和创新性为出发点,围绕所构建的价值生成框架,坚持系统性、科学性和可操作性指标体系构建原则,从"价值创造、价值传递、价值获取"三个维度衡量服务企业竞争力水平,进而构建由"基础资源、技术水平、品牌建设、渠道建设、经营能力"5个一级指标、12个二级指标和24个三级指标组成现代服务业企业竞争力评价指标体系。评价指标体系框架如表7.1所示。

表 7.1 价值网络视角下现代服务业企业竞争力评价框架

维度	一级指标	二级指标	指标名称
价值创造	基础资源	人才资源	人才结构
			人力成本

第 7 章　价值生成视角下现代服务业企业竞争力评价

续表

维度	一级指标	二级指标	指标名称
价值创造	基础资源	财务资源	资本规模
			偿债能力
		社会资源	创新协同
			政府合作
	技术水平	技术储备	技术创新产出
			数字创新产出
		技术先进性	创新质量
			持续创新能力
价值传递	品牌建设	专业形象	行业话语权
			专业影响力
		信用形象	企业美誉度
			企业信用
		社会形象	公共利益
			环境保护
	渠道建设	传递渠道	市场渠道建设
			数字渠道建设
		传递效率	服务效率
			营运效率
价值获取	经营能力	市场表现	企业盈利
			企业市值
		增长潜力	企业成长性
			持续盈利能力

7.3.2　评价指标测算

1. 价值创造

价值创造是创造或生成价值主张提出的价值组合的过程，是企业的核心功能和主要构成部分。在现代服务企业在实际服务运营过程中，有效的资源和能力的合理配置有助于推进服务商品原始要素的整合，实现服务产品的价值创造过程。本指标体系主要通过基础资源与技术水平两项指标进行评估，具体如表 7.2 所示。

表 7.2 价值创造维度评价指标

一级指标	二级指标	指标名称	指标项说明	采集方式
基础资源	人才资源	人才结构	企业当年招聘中学历要求为本科以上的岗位占比	专业大数据服务提供商
		人力成本	企业当年招聘岗位平均薪酬	专业大数据服务提供商
	财务资源	资本规模	企业当年的资产总额	公开数据
		偿债能力	企业当年的总资产负债率,具体计算公式为(负债总额/资产总额)×100%	公开数据
	社会资源	创新协同	企业近3年合作开展创新情况,具体计算公式为申请专利数/当年申请专利总数	incoPat
		政府合作	企业近3年政府合作情况,具体计算公式为参与政府招标次数	公开数据
技术水平	技术储备	技术创新产出	企业近3年申请软件著作总数	公开数据
		数字创新产出	企业近3年发明专利申请数	incoPat
	技术先进性	创新质量	企业近3年专利价值评分均值	公开数据
		持续创新能力	企业近3年专利增长率,具体计算公式为[本年(T年)专利申请总数-(T-2)年专利申请总数]/(T-2)年专利申请总数×100%	公开数据

注:incoPat 为合享智慧

(1)基础资源反映的是企业持续性价值创造和生成的基础储备。本指标主要从人力资源、财务资源和社会资源三方面评价企业基本资源储备。其中,人才资源用于评估现代服务业企业价值创造的人才基础,考察现代服务业企业在人才素质与能力及报酬方面的结构情况;财务资源用于评估现代服务业企业价值创造的财务基础,考察企业在财务管理方面的财务风险和资金结构合理性;社会资源用于评估现代服务业企业在价值创造过程中与外部利益相关者联结的强度,考察企业合作研发强度和政府合作等方面积累的资源。

(2)技术水平反映企业将科学的理念转化为用户开发的产品,并且生产、制造和提供给消费者,并获得一定的财务回报的能力。本指标主要从技术储备和技术先进性两方面评价企业创新能力。其中,技术储备用于评估现代服务业企业价值创造的技术基础,考察现代服务业企业在运营中积累的技术创新能力和数字创新能力,通过企业技术创新产出和数字创新产出进行评估;技术先进性主要考察现代服务业企业在技术领域的前沿发展情况,代表企业在知识整合、技术引领以及技术可持续发展方面的竞争力,主要通过创新质量、持续创新能力两项指标进行评估。

2. 价值传递

从价值理论的角度来看,价值传递是一个涉及价值概念和度量的复杂过程。聚焦于价值信号的有效传递，本指标体系分别从现代服务业企业品牌建设和渠道建设两项指标进行评估，具体如表 7.3 所示。

表 7.3 价值传递维度评价指标

一级指标	二级指标	指标名称	指标项说明	采集方式
品牌建设	专业形象	行业话语权	企业近 3 年参与标准制定数量（国标×1/2，行标×1/3，团标×1/6）	公开数据
		专业影响力	企业近 3 年获得市级以上科技成果奖励数量	公开数据
	信用形象	企业美誉度	企业近 3 年获得的企业荣誉数量	公开数据
		企业信用	企业近 3 年是否失信被执行	公开数据
	社会形象	公共利益	企业当年纳税总额	公开数据
		环境保护	企业近 3 年是否受到环保处罚	公开数据
渠道建设	传递渠道	市场渠道建设	企业当年销售费用占营业收入的比例	公开数据
		数字渠道建设	企业截至当年 ICP 申请备案情况	专业大数据服务提供商
	传递效率	服务效率	企业当年全员劳动生产率	专业大数据服务提供商
		营运效率	企业当年销售收入占总资产的比例	公开数据

注：ICP（internet content provider）为互联网内容提供者

（1）品牌建设主要用于评估有助于买方及利益相关者推断现代服务企业价值的因素，考察专业形象、信用形象和社会形象三个方面信号的情况。其中，专业形象用于评估现代服务业企业的行业话语权和专业影响力，考察其在标准、科技成果奖励等创新产出中传递的专业性和权威性价值信号；信用形象考察现代服务业企业价值传递的认可度和可靠性，如企业长期的商誉度、名声和口碑的积累，评估企业在美誉度和信用方面的形象；社会形象主要评估企业与社会事务相关的信号，包括企业公共利益领域和环境保护方面传递的信号内容。

（2）渠道建设主要体现现代服务业企业在价值传递过程中为市场/客户提供服务的传递能力和传递效率，本指标从传递渠道、传递效率两个方面评价。其中，传递渠道考察现代服务企业传递渠道的建设完备情况，包括企业向外的市场渠道建设和数字渠道建设；传递效率用于评估渠道传递的效果，考察企业价值传递过程中价值的转化效率，包括服务效率和营运效率。

3. 价值获取

价值获取是现代服务业企业价值活动的最终指向。在本指标体系中，现代服务业企业的价值获取过程主要关注企业的经营能力，对应市场表现和增长潜力两项评估指标，具体如表 7.4 所示。其中，市场表现用于评估现代服务业企业价值获取的规模水平和经营效益，具体包括企业的市值水平和盈利能力；增长潜力用于评估现代服务业企业价值获取的可持续发展水平，具体体现在企业的成长性和持续盈利能力。

表 7.4 价值获取维度评价指标

一级指标	二级指标	指标名称	指标项说明	采集方式
经营能力	市场表现	企业盈利	企业当年净利润	公开数据
		企业市值	企业当年市值	公开数据
	增长潜力	企业成长性	企业当年营业收入增长率	公开数据
		持续盈利能力	企业近 3 年利润总额平均增长率	公开数据

7.3.3 指标赋权方法

在综合评价的学术领域，赋权工作被广泛认为是整个评价过程中至关重要的一环。它直接影响着评价结果的准确性和实用性。首先，评价指标的多样性和复杂性要求我们通过赋权来确保对评价目标更为关键的指标能够获得相应的重视。这一过程不仅确保了评价结果能够真实反映各指标的重要性，而且增强了评价结果在实际应用中的指导价值。其次，面对大样本和多指标的评价任务，赋权工作能够有效地解决指标间的相关性问题，避免权重分配不合理而导致评价结果的偏差。这有助于提高评价的客观性和科学性。最后，尽管评价结果强调弱化主观性，但指标选择及数据过程中往往隐含了高度的不确定性和随机性，通过合理的赋权工作，能保证评价人员及基于结果的决策者关注到最重要的因素，提高评价的可靠性和有效性。

进一步来说，赋权方法的选择和应用是评价科学性的体现。学界根据信息来源和计算方式的不同，将赋权方法主要分为不同的类别。① 主观赋权法，具有代表性的有层次分析法、序关系分析法、专家调研法等。主观赋权法依赖于专家的知识和经验，具有较高的灵活性，能够有效适配难以定量化的影响因素，并可根据实际问题合理确定各属性权重的排序，避免权重与实际重要程度相悖的情况。然而，这种方法也可能因为过度依赖主观判断而受到决策者理性局限的影响。② 客观赋权法，如熵值法、CRITIC（criteria importance through intercriteria correlation，基于标准间相关性的标准重要性）法、变异系数法、信息量权重等。客观赋权法基于数据本身的波动性、相关性、信息量等统计特性确定权重，减少了主观判断对决策结果的影响，尤其对历史数据丰富且因素之间关系较为明确的样本数据具有良好的权重分配效果。然而，单个的赋权方法往往有其侧重，例如，变异系数法侧重反映差异档次，熵值法聚焦反映指标信息量多寡等，所得到的结果也较为片面。③ 组合赋权法，其作为一种创新的赋权方式，通过融合不同赋权方法的优势，旨在提高评价的准确性和科学性。这种赋权方法通常包括主客观组合赋权和客观组合赋权两种形式,能够平衡单一赋权方法的局限性,更好地适应多变的评价需求。组合赋权法的广泛应用体现了评价方法的发展趋势,即在确保评价结果科学性的同时,也要考虑到实际操作的灵活性和适应性。通过这种综合考虑,赋权工作不仅提升了评价的质量和有效性,而且为决策者提供了更为全面和深入的决策支持。

当前现代服务业作为经济发展中日益重要的组成部分,正处于快速成长和变革的阶段。对其未来发展方向和政策制定的探索,需要依赖科学的分析和合理的引导。考虑到在主观赋权法中,不同专家往往得到的排序或打分差距较大,相对难以得到稳定及唯一的结果。因此,本节拟采用客观组合赋权的形式,基于数据样本信息进行权重分配,以期能够更准确地反映各个指标在现代服务业发展中的作用和重要性。其中,CRITIC 法有效考虑了指标数据间的相关性(冲突性)和对比强度(波动性),通过减少指标之间信息上的重叠,该方法有利于得到可信的评价结果,但其并未考虑数据间的离散程度,因此,需要进一步改进以充分反映数据特征。熵值法作为一种基于信息熵理论的客观赋权方法,它通过计算各评价指标的信息熵来确定权重,能够反映指标的离散程度和信息量的大小。鉴于此,将两种赋权方法组合能够有效且全面地反映样本数据属性,弥补彼此在单一赋权情境下的短板。

综上,本节拟采用 CRITIC 法和熵值法两种客观赋权方法,并对两种赋权法进行线性组合,以期构建一个更为均衡、更少偏差的评价体系,为现代服务业的科学决策提供坚实的数据支持和理论基础。

1. CRITIC 法

CRITIC 法最早由 Diakoulaki 等[①]于 1995 年提出,其充分考虑了指标数据间的相关性(冲突性)和对比强度(波动性)。其中,冲突性采用指标间的相关系数衡量,相关系数越大,则冲突性越小,其权重也就越低。对比强度则通过指标数据的标准差予以衡量,即数据波动性的大小,标准差越大,则表明指标各评价对象之间取值差距越大,权重也就越高。而后,通过将对比强度与冲突性指标相乘,并且进行归一化处理,即可得到最终的权重。CRITIC 法的具体计算步骤如下。

1)数据标准化

由于不同的指标有不同的量纲和数量级,因此在测算前各指标的原始数据需要先经过无量纲化处理,其中:

正向指标: $x_{ij}^* = \dfrac{x_{ij} - \min(x_{ij})}{\max(x_{ij}) - \min(x_{ij})}$

[①] Diakoulaki D, Mavrotas G, Papayannakis L. 1995. Determining objective weights in multiple criteria problems: the critic method. Computers & Operations Research, 22(7): 763-770.

负向指标：$x_{ij}^* = \dfrac{\max(x_{ij}) - x_{ij}}{\max(x_{ij}) - \min(x_{ij})}$

其中，x_{ij} 表示第 i 个企业第 j 个指标的原始统计数据（$i=1,2,\cdots,n$；$j=1,2,\cdots,m$）；$\max(x_{ij})$ 和 $\min(x_{ij})$ 分别表示第 i 年第 j 个指标在全部企业中的最大值和最小值。

2）计算数据波动性（基于样本标准差）

$$\begin{cases} \bar{x}_j = \dfrac{\sum_{i=1}^{n} x_{ij}^*}{n} \\ \sigma_j = \sqrt{\dfrac{\sum_{i=1}^{n}(x_{ij}^* - \bar{x}_j)}{n-1}} \end{cases}$$

其中，σ_j 表示第 j 个指标的标准差。

3）计算指标冲突性（基于样本相关系数）

$$\begin{cases} r_{jh} = \dfrac{\sum_{j=1}^{n}(x_{ij}^* - \bar{x}_j)(x_{ih}^* - \bar{x}_h)}{\sqrt{\sum_{j=1}^{n}(x_{ij}^* - \bar{x}_j)^2 \sum_{j=1}^{n}(x_{ih}^* - \bar{x}_h)^2}} \\ \beta_j = \sum_{i=1}^{n}(1 - r_{jh}) \end{cases}$$

其中，$\bar{x}_j$ 表示第 j 个指标的平均值；x_{ih}^* 表示第 i 个企业第 h 个指标的标准化后的统计数据；$\bar{x}_h$ 表示第 h 个指标的平均值；r_{jh} 表示第 j 个指标和第 h 个指标的相关系数；β_j 表示第 j 个指标与其他指标的冲突性。

4）计算第 j 个指标的信息量及客观权重

$$\begin{cases} d_j = \sigma_j \times \beta_j \\ w_j = \dfrac{d_j}{\sum_{j=1}^{m} d_j} \end{cases}$$

其中，d_j 表示第 j 个指标所包含的信息量；w_j 表示第 j 个指标的 CRITIC 法权重。

2. 熵值法

熵值法最早被应用于信息论，是一种依据各指标值所包含的信息量的多少确定指标权重的客观赋权法。某个指标的熵越小，说明该指标值的变异程度越大，提供的信息量也越多，在综合评价中起的作用越大，则该指标的权重也应越大。熵值法的具体计算步骤如下。

1）数据标准化

由于不同的指标有不同的量纲和数量级，因此在测算前各指标的原始数据需要先经过无量纲化处理，其中：

正向指标：$x_{ij}^* = \dfrac{x_{ij} - \min(x_{ij})}{\max(x_{ij}) - \min(x_{ij})} + t$

负向指标：$x_{ij}^* = \dfrac{\max(x_{ij}) - x_{ij}}{\max(x_{ij}) - \min(x_{ij})} + t$

其中，x_{ij} 表示第 i 个企业第 j 个指标的原始统计数据（$i=1,2,\cdots,n$；$j=1,2,\cdots,m$）；$\max(x_{ij})$ 和 $\min(x_{ij})$ 分别表示第 i 年第 j 个指标在全部企业中的最大值和最小值。此外，t 为平移值，取 0.0001，旨在确保所得数据不为 0。

2）计算第 j 个指标的信息熵

$$\begin{cases} p_{ij} = \dfrac{x_{ij}^*}{\sum_{i=1}^{n} x_{ij}^*} \\ e_j = -\dfrac{1}{\ln n} \sum_{i=1}^{n} p_{ij} \ln p_{ij} \end{cases}$$

其中，p_{ij} 表示第 j 个指标下第 i 个样本值占该指标所有样本值之和的比重，即第 j 项指标第 i 年的特征占比；e_j 表示第 j 个指标的信息熵。

3）计算第 j 个指标的信息熵冗余度及客观权重

$$\begin{cases} d_j = 1 - e_j \\ w_j = \dfrac{d_j}{\sum_{j=1}^{m} d_j} \end{cases}$$

其中，d_j 表示第 j 个指标信息熵冗余度，数值越大，表明所携带信息含量越多；w_j 表示第 j 个指标的熵值法权重。

3. 组合赋权

本节采用了一种组合赋权模型将上述两种方法所得到的权重进行组合，以达到最优的组合权重。使用求解线性规划的方法来求解组合权重，具体计算步骤如下。

设 CRITIC 法得到的客观权重 $w_1 = (w_{11}, w_{12}, w_{13}, \cdots, w_{1m})$，熵值法得到的客观权重为 $w_2 = (w_{21}, w_{22}, w_{23}, \cdots, w_{2m})$，则组合权重 w 为

$$w = \alpha w_1 + \beta w_2 = \begin{pmatrix} w_{11} & w_{21} \\ \vdots & \vdots \\ w_{1m} & w_{2m} \end{pmatrix} \begin{bmatrix} \alpha \\ \beta \end{bmatrix}$$

其中，α 和 β 表示线性组合系数。随后建立目标函数，以组合权重 w 与 w_1 及 w_2 的离差之和最小为目标，则目标函数与约束条件如下：

$$\begin{cases} \min(\|w-w_1\|^2 + \|w-w_2\|^2) \\ \text{s.t. } \alpha + \beta = 1, \quad \alpha, \beta > 0 \end{cases}$$

通过将目标函数关于 α 求导，解方程可得 $\alpha = 0.5$，权重计算公式为

$$w = 0.5w_1 + 0.5w_2$$

综上，经过计算得到各三级指标的权重之后，将每个二级指标下的所有三级指标权重相加，即可得到该二级指标的权重；相类似地，将每个一级指标下的所有二级指标权重相加，即可得到该一级指标的权重。

7.3.4 综合得分计算

线性加权模型是一种常用的综合评价方法，其通过为每个评价指标赋予相对应的权重，而后将这些权重与其对应的指标值相乘，最后将乘积求和得到综合评价值。这种方法简便易行，效果通常也比较理想，具体步骤如下。

1）计算第 i 个企业的评价综合得分

$$F_i = \sum_{j=1}^{m} w_j x_{ij}^*$$

2）计算一级指标/二级指标得分

$$\begin{cases} F_{ij}^1 = \sum_{j=S_1}^{a} w_j x_{ij}^* \\ F_{ij}^2 = \sum_{j=S_2}^{b} w_j x_{ij}^* \end{cases}$$

其中，x_{ij}^* 表示标准后所得数据；F_{ij}^1 表示一级指标中第 i 个企业 j 指标的得分；F_{ij}^2 表示二级指标中第 i 个企业 j 指标的得分；相类似地，S_1 与 a 表示一级指标 s 所覆盖的具体指标；S_2 与 b 表示二级指标 s 所覆盖的具体指标。

7.4 现代服务业企业竞争力评价实证分析

7.4.1 研究样本与数据来源

1. 样本选取

本节依据国家统计局 2023 年 7 月发布的《现代服务业统计分类》（国家统计局令第 36 号），该分类将现代服务业范围确定为：01 信息传输、软件和信息技术服务业，02 科学研究和技术服务业，03 金融业，04 现代物流服务业，05 现代商贸服务业，06 现代生活服务业，07 现代公共服务业，08 融合发展服务业等 8 个大类。并根据现代服务业相关的国民经济行业代码，结合互联网企业信息采集与机器学习进行匹配。随后考虑到现代服务业"伴随信息技术和知识经济的发

展而产生"的特点,进一步筛选至少有 1 项专利的企业,共得到 589 670 家现代服务业企业。

考虑到样本体量大,且样本内部分非上市企业难以获取详细的经营信息,本部分围绕所搭建的企业竞争力评价框架,选取 2014~2022 年上市企业作为研究对象,并依次按照如下标准进行样本匹配及数据筛选:①匹配主板、科创板、创业板、北交所上市企业名单,筛选现代服务业上市企业;②剔除含有"ST"和"*ST"的上市公司,减少异常值影响;③剔除核心变量缺失的数据。经上述处理,最终保留 791 家现代服务业上市企业,共计获得 3218 条观测数据。本节主要以上市企业数据为基础,以期全面了解现代服务业企业竞争发展趋势。

2. 数据来源

本节数据主要来源上市企业年报、Incopat 专利数据库、全国标准信息公共服务平台以及国泰安数据库。其中,各项指标原始数据主要来源于国泰安数据库及上市企业年报;企业技术水平维度下各项专利信息数据主要源于 Incopat 专利数据库。此外考虑到企业标准数据的特殊性,进一步通过全国标准信息公共服务平台进行企业参与制定的行业标准数和国家标准数的检索。最后使用国泰安数据库获取公司员工结构组成与员工薪酬水平数据。

7.4.2 指标权重结果分析

1. 单一赋权及组合赋权对比

以 3218 条观测数据为基础,本节对数据进行标准化处理以消除量纲影响,而后依次采用 CRITIC 法及熵值法进行权重分配,各赋权方法结果如表 7.5 所示。

表 7.5 不同赋权方法下权重结果及重要性排序

三级指标	CRITIC 法权重				熵值法权重		
	波动性	冲突性	权重	排序	信息熵	权重	排序
人才结构	0.2346	19.8790	0.0602	5	7.6501	0.0460	6
人力成本	0.1343	20.0150	0.0347	10	7.6581	0.0461	5
创新协同	0.2913	20.1892	0.0759	3	6.4668	0.0379	20
政府合作	0.1051	20.4088	0.0277	15	6.1100	0.0354	23
资本规模	0.0976	18.8333	0.0237	20	6.3681	0.0372	21
偿债能力	0.1915	19.4536	0.0481	7	7.7573	0.0468	2
技术创新产出	0.1283	19.8468	0.0329	11	6.5858	0.0387	16
数字创新产出	0.0614	19.6799	0.0156	23	5.7809	0.0331	24
创新质量	0.2586	20.8492	0.0696	4	7.7120	0.0465	3
持续创新能力	0.0838	21.4128	0.0232	21	6.9876	0.0415	12

续表

三级指标	CRITIC 法权重				熵值法权重		
	波动性	冲突性	权重	排序	信息熵	权重	排序
行业话语权	0.1099	20.7914	0.0295	12	6.5595	0.0385	17
专业影响力	0.0989	20.4477	0.0261	16	6.5163	0.0382	18
企业美誉度	0.1061	18.7623	0.0257	17	6.9100	0.0409	13
企业信用	0.4628	19.1091	0.1142	2	6.8132	0.0403	14
公共利益	0.0900	21.2466	0.0247	18	6.2160	0.0361	22
环境保护	0	0	0	24	7.7975	0.0471	1
市场渠道建设	0.1499	20.6643	0.0400	9	7.3872	0.0442	11
数字渠道建设	0.4607	20.6827	0.1230	1	6.7985	0.0401	15
服务效率	0.2138	20.4039	0.0563	6	7.6821	0.0463	4
营运效率	0.1106	20.5106	0.0293	13	7.4997	0.0450	9
企业盈利	0.1878	19.5408	0.0474	8	7.5965	0.0457	7
企业市值	0.0826	18.5913	0.0198	22	6.4919	0.0380	19
企业成长性	0.0923	20.4920	0.0244	19	7.5883	0.0456	8
持续盈利能力	0.1087	20.0859	0.0282	14	7.4893	0.0449	10

如图 7.3 所示，进一步对不同赋权方法下三级指标的重要程度排序。对比可知采用 CRITIC 法及熵值法赋权结果并不一致，甚至有少数相差较大，这是单一评价方法各自的方法特点所导致的，也是单一评价方法无法避免的。例如，由于样本数据中环境保护指标取值一致，因此采用 CRITIC 法赋权时数据样本波动性及冲突性均为 0。但从理论视角出发，随着绿色、可持续理念的普及，消费者和投资者对企业的环保表现有了更高期待，尽管环保在当前或许不是服务业企业提高服务价值生成，进而获得竞争优势的直接手段，但从长远来看，持续的环保实践有助于企业建立积极的品牌形象，能够有效帮助企业在市场中建立竞争优势。因此，采用熵值法与 CRITIC 法的组合赋权能够更科学合理地反映各指标的实际重要程度。

2. 三级指标赋权结果分析

如表 7.6 所示，从 24 项三级指标权重排名情况来看，前 3 名分别为数字渠道建设、企业信用及创新质量，权重之和约为 0.2153；末尾则为企业市值、数字创新产出及环境保护，权重之和约为 0.0778，两者差距较大。此外指标内 9 项三级指标超平均值（0.0417），11 项指标权重集中在 0.030~0.040 内。综上，可知评价体系内各指标与前文分析相一致，内部重要性存在较大差异，同时揭示了现代服务业企业在发展过程中存在需要关注的重点领域。

第 7 章 价值生成视角下现代服务业企业竞争力评价 ·229·

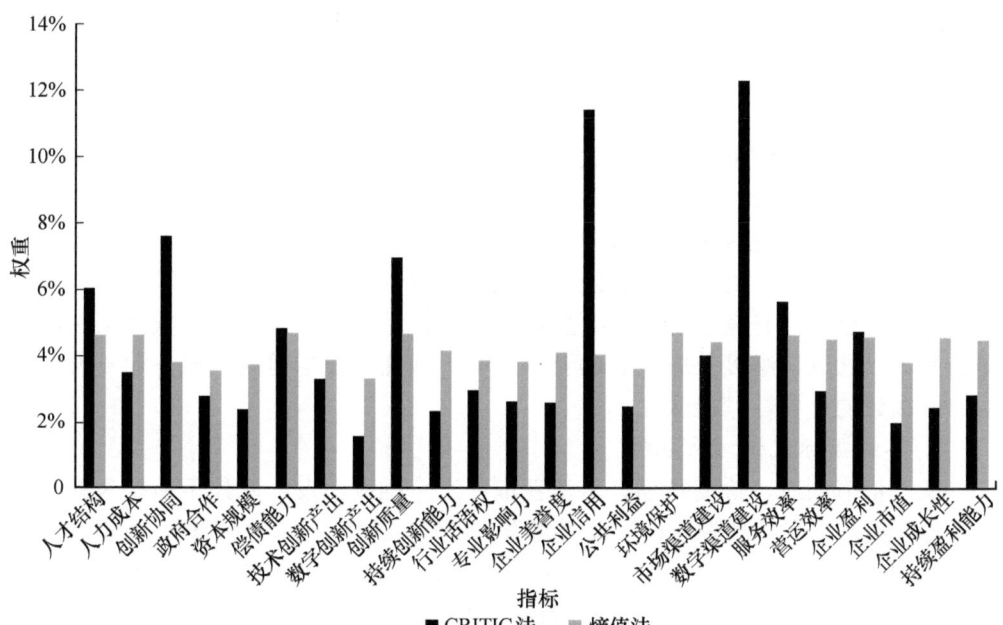

图 7.3 不同赋权方法权重对比

表 7.6 三级指标权重排名

排名	指标名称	组合权重	排名	指标名称	组合权重
1	数字渠道建设	0.0809	13	技术创新产出	0.0359
2	企业信用	0.0766	14	企业成长性	0.0351
3	创新质量	0.0578	15	行业话语权	0.0341
4	创新协同	0.0566	16	企业美誉度	0.0335
5	人才结构	0.0529	17	持续创新能力	0.0325
6	服务效率	0.0511	18	专业影响力	0.0323
7	偿债能力	0.0473	19	政府合作	0.0317
8	企业盈利	0.0464	20	资本规模	0.0306
9	市场渠道建设	0.0421	21	公共利益	0.0306
10	人力成本	0.0404	22	企业市值	0.0292
11	营运效率	0.0372	23	数字创新产出	0.0247
12	持续盈利能力	0.0366	24	环境保护	0.0239

结合现代服务业产业特征及发展现状来看，服务产品的无形性、异质性、生产与消费同步性的基础特征及现代信息技术支撑下跨界融合、数智虚拟、强异质性、高附加值的产业特征均强调了服务产品有别于有形产品的价值判断，即服

务价值取决于消费者的感知承诺及支付意愿。尤其对于现代服务业企业而言，替代规模化的定制化虽然有效地拓展了服务市场，通过聚焦消费者差异需求进一步提升了服务价值，但"生产与消费同步性"的特征使得服务产品难以被提前判断，与实时或事后的消费反馈相比，交易前的价值传递过程重要性与日俱增。在此过程中，选取高效的价值信号显示方式，减少信息不对称及主观判断带来的价值偏差等能够有效促成基于服务业产品的价值交换。这与数字渠道建设及企业信用的高权重相一致。另外，尽管随着"绿色"概念在各行各业的不断渗透，环境保护已成为企业提升竞争力的重要途径，但现代服务业本身具有的低污染性质使得企业难以通过该维度获取显著的竞争优势，因此，在当前现代服务业发展过程中，该领域的重要性稍显弱化。

3. 各级指标赋权结果分析

从"价值创造、价值传递、价值获取"三个维度出发，聚焦于所构建的"基础资源、技术水平、品牌建设、渠道建设、经营能力"5个一级指标，由组合赋权结果可知，价值创造（0.4104）、价值传递（0.4422）当前仍是现代服务业企业关键领域（图7.4）。相比之下价值获取维度重要性稍弱，仅为0.1474。由进一步分析可知，当前现代服务业产业仍处在飞速发展阶段，尤其对于我国现代服务业企业而言，提高服务业对我国经济增长的带动作用、摆脱我国在国际分工价值链中"低端锁定"的关键在于发挥多主体协同模式，聚焦于最大化服务价值生成的"结果"，即充分发挥企业在服务价值网络中的价值创造及价值传递过程中的角色。换句话说，从提升现代服务业企业竞争力视角出发，当前企业相较于关注有限价值下把"蛋糕"分好的能力，更应该关注如何发挥企业主观能动性，共同把"蛋糕"做大、做优。

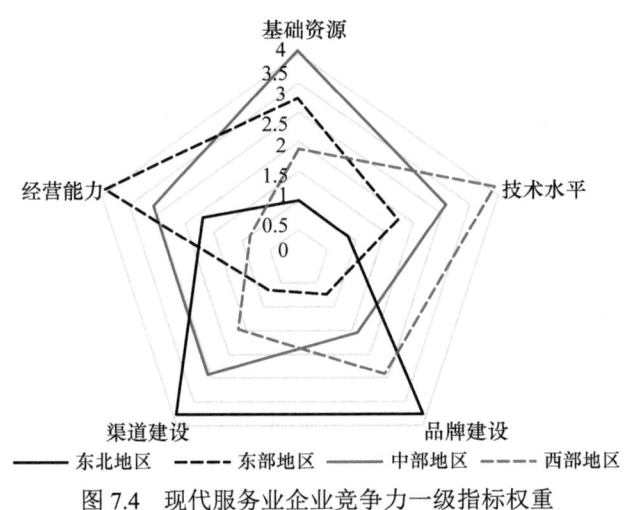

图7.4 现代服务业企业竞争力一级指标权重

对二级指标进行横向对比,如图 7.5 所示,首先,在价值创造维度下基础资源和技术水平表现相对均衡。前文指出,企业资源和能力的有效组合对形成独特的服务或产品、提供市场价值,并获取竞争优势至关重要,即现代服务业企业需要实现不同资源的有效整合才能创造价值。其中,不同于过往仅局限于对财务资源和人才资源的关注,我们研究发现基于各利益相关者群体之上的网络关系即社会资源同样应予以关注。其次,技术水平下技术先进性权重达到 9.02%,技术储备则相对较弱,仅为 6.05%。由国家统计局发布的《现代服务业统计分类》定义可知,现代服务业是伴随信息技术和知识经济的发展而产生,利用现代科学技术和现代管理理念的经济活动,其与先进信息技术的应用和发展密不可分。技术是现代服务业发展和创新的核心动力之一,现代服务业企业正逐渐将关注点从企业过往的技术储备转移到以持续创新能力建设和高创新质量为代表的技术先进性上,这一转变符合当前现代服务业发展的趋势。

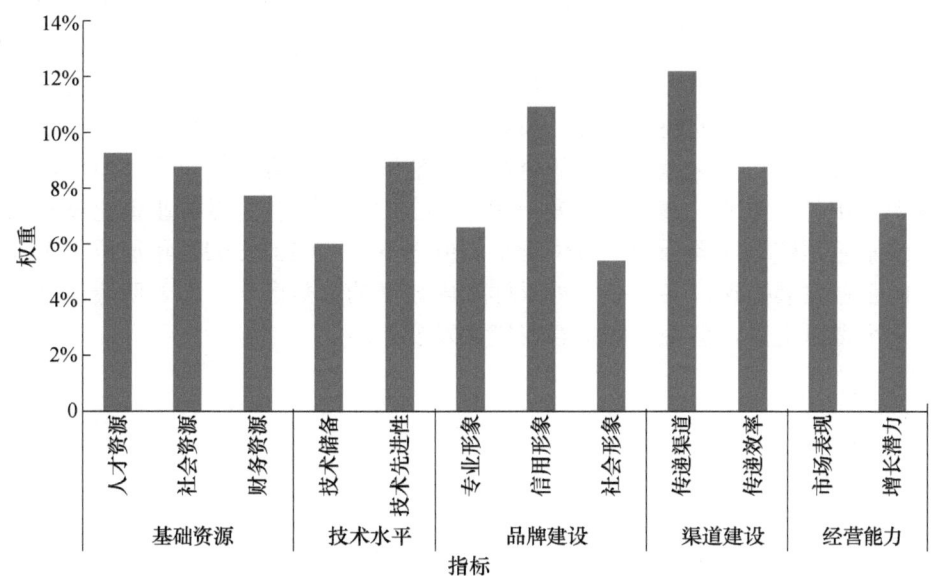

图 7.5 现代服务业企业竞争力二级指标权重

企业的最终目标是将所创造的价值传递给终端消费者,并在此过程中与所有参与者共同为整个价值网络或合作方实现价值增值。而服务产品是无法被予以触摸或肉眼感知的,因此以企业为活动单位的服务价值模块间信息的无缝对接与高效流转对现代服务业企业竞争力尤为重要。围绕"价值信号"从信号(即品牌建设)及其传递质量(渠道建设)来看,现阶段企业信用形象对企业竞争力贡献较大,具有良好信用形象的企业能够传递出企业值得信赖、产品可靠的信息,进而助力多方资源的有效配置,促成与消费者之间的良性循环。而在渠道建设方面，鉴于当前现代服务业企业多处于发展起步阶段，其竞争力的对比主要集中在先行的渠道完备情况建设上，而渠道基础之上的传递效率重要程度略弱。

最后在价值获取维度中，对于现代服务业企业竞争力而言，当前的获利能力与长期获利能力重要程度相差不大，也反映了在价值分配环节，企业不应聚焦于短期利益，而应将企业所形成的风险控制能力（组织韧性）及长期盈利的战略导向（增长潜力）纳入考量，关注企业可持续发展。

7.4.3 竞争力评价结果分析

1. 现代服务业发展趋势分析

基于所获得的组合赋权，采用线性加权测算综合评价值，2014～2022年企业综合得分如图7.6所示。首先，从整体来看，我国现代服务业企业竞争力呈现上升趋势，尤其2017年以来现代服务业发展速度加快，呈现逐年攀升态势。但产业内企业竞争力仍处于低端，得分未过半数，这与当前我国现代服务业处于价值链低端的现状相吻合。其次，现代服务业上市企业得分逐步分散，即表明产业内部企业竞争力差距扩大，这或与行业特征、政策环境变化及数字技术的应用等因素有关。随着科技的快速发展，那些能够快速适应并采用新技术、提供个性化服务、有效管理和优化运营流程的企业往往能够获得更强的竞争力。最后，进一步从得分中位数来看，相比于早期（2017～2019年）现代服务业企业彼此间竞争力水平差距较大（得分中位数位于平均值之下），2020～2022年原位于平均值之下的企业发展提速，多数企业处于样本内较高的分数区段，即表明企业整体竞争力水平得以提升，但企业间仍存在较大发展差距。

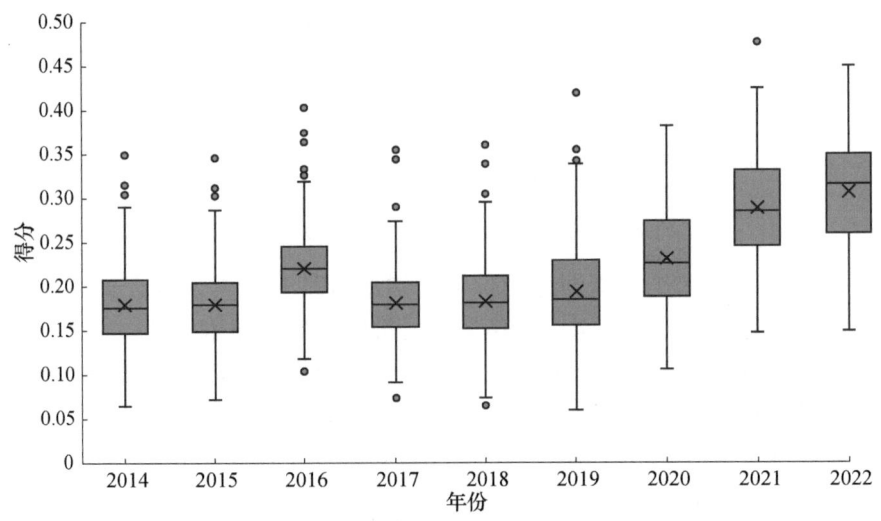

图7.6　现代服务业企业竞争力发展趋势

考虑到现代服务业企业各行业企业数量差距较大，为了解现代服务业发展趋势，本节参考国家统计局的分类，将 791 家现代服务业上市企业分为信息传输、软件和信息技术服务业，科学研究和技术服务业，金融业，现代物流服务业，现代商贸服务业，现代生活服务业，现代公共服务业，融合发展服务业等 8 个大类，依次从行业横纵向对比以及各子行业维度得分等角度观察企业竞争力发展趋势及阶段特点变化。我们将各年度企业求取平均值，粗略代表各年度现代服务业发展整体状况，并采用同样方式求得行业年度均值，如图 7.7 所示。我国现代服务业各行业发展水平有所差异，但整体呈现向好态势。信息传输、软件和信息技术服务业竞争力发展水平稳定处于产业领先地位，但现代物流服务业、现代生活服务业及融合发展服务业大多处于产业发展平均值以下，尤其融合发展服务业多处于产业行业末端，需引起重视。

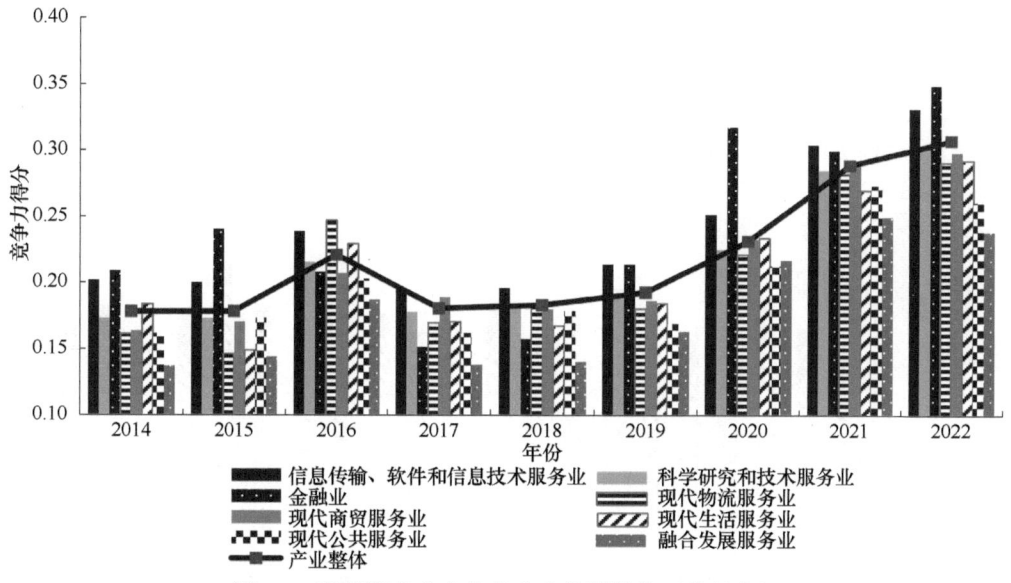

图 7.7　现代服务业企业竞争力发展趋势（分行业）

从图 7.8 各行业企业竞争力一级指标得分分布情况来看，2014~2016 年现代服务业 8 个子行业得分多集中于价值创造维度下的基础资源和技术水平上，对作为有效价值信号的品牌建设关注相对较少。整体来看，该阶段现代服务业各企业仍多关注传统服务企业竞争力的提升。

2017~2019 年，如图 7.9 所示，各一级指标得分与上一阶段大致趋同，基础资源、技术水平及渠道建设得分较高，此外或受外部经济环境及行业发展影响，各行业经营能力表现相对较差，尤其进入 2019 年，疫情压力导致服务业市场景气度下行，企业获利表现不佳。

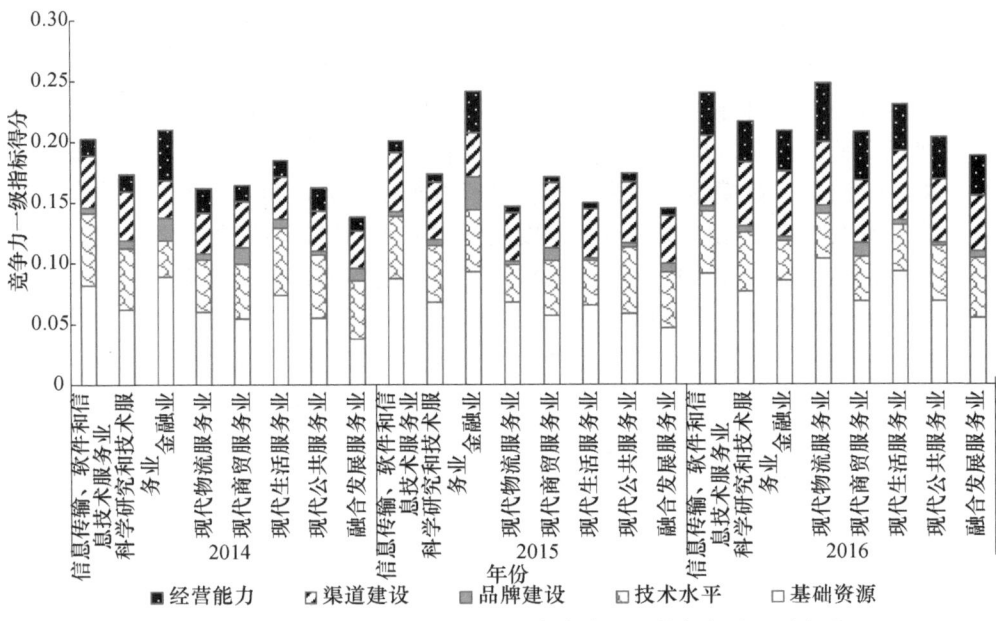

图 7.8 2014～2016 年现代服务业企业竞争力一级指标得分（分行业）

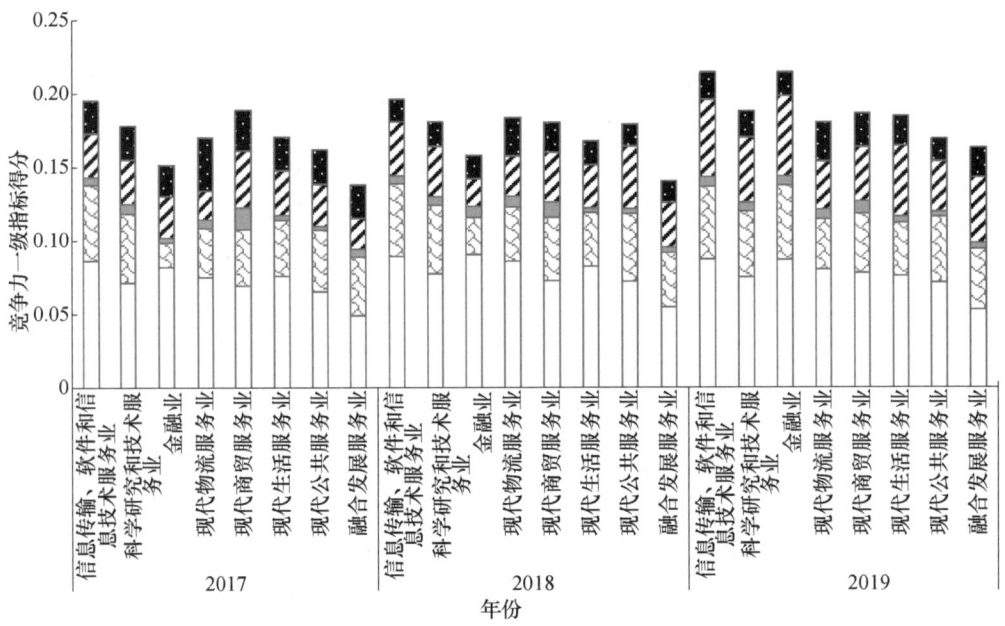

图 7.9 2017～2019 年现代服务业企业竞争力一级指标得分（分行业）

进入 2020 年以来，伴随信息通信技术的不断发展，叠加疫情带来的影响，许多服务型企业不得不转向线上服务，这加速了企业数字化转型的步伐，消费者开始接受并逐步依赖于在线购物、远程服务和无接触式服务业，这使得作为主体间尤其"消费者-企业"间信息不对称的影响加剧，企业开始加大对价值传递过程的关注，尤其是作为优质价值信号的品牌建设。此外横向对比图7.10来看，各子行业企业竞争力虽逐步摆脱"长短板"向均衡发展转变，但各维度综合表现仍有较大上涨空间。

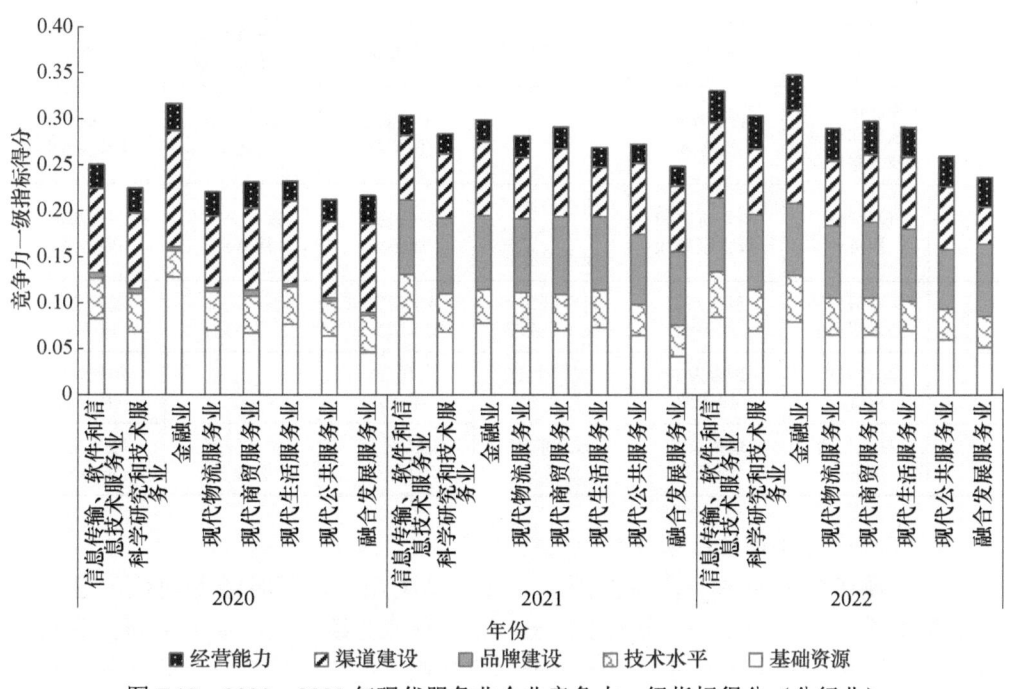

图 7.10　2020～2022 年现代服务业企业竞争力一级指标得分（分行业）

以 2022 年为例，现代服务业各行业多维度排名如表 7.7 所示。尽管整体趋势显示出各行业正朝着更加均衡的方向发展，但细观之下，各行业内部的不同维度发展仍呈现出显著的差异性。以金融业为例，作为综合排名榜首的行业，它在基础资源、技术水平以及渠道建设等方面均展现出卓越的实力，充分体现了其行业领先地位。然而，在经营能力这一具体维度上，金融业的得分却仅排在第 7 位，揭示了即便是优势行业，也存在发展短板需加强。另外，融合发展服务业在前文分析中常位于服务业末尾，但从维度得分来看，其在品牌建设维度上仅次于现代物流服务业，排名靠前。总体来看，行业维度表现的差异可能深植于各行业独特的属性与初始发展的条件之中，但也表明，各行业可通过相互借鉴与融合创新实现更加全面和均衡的发展。

表 7.7　2022 年现代服务业企业竞争力各维度行业排名

排名	基础资源	技术水平	品牌建设	渠道建设	经营能力	综合得分
1	金融业	金融业	现代物流服务业	金融业	科学研究和技术服务业	金融业
2	现代物流服务业	信息传输、软件和信息技术服务业	融合发展服务业	信息传输、软件和信息技术服务业	现代商贸服务业	信息传输、软件和信息技术服务业
3	现代公共服务业	现代物流服务业	现代公共服务业	现代生活服务业	信息传输、软件和信息技术服务业	现代物流服务业
4	信息传输、软件和信息技术服务业	现代生活服务业	金融业	现代商贸服务业	现代生活服务业	科学研究和技术服务业
5	现代商贸服务业	科学研究和技术服务业	信息传输、软件和信息技术服务业	现代物流服务业	现代公共服务业	现代商贸服务业
6	科学研究和技术服务业	现代商贸服务业	科学研究和技术服务业	科学研究和技术服务业	现代物流服务业	现代公共服务业
7	融合发展服务业	融合发展服务业	现代生活服务业	现代公共服务业	金融业	现代生活服务业
8	现代生活服务业	现代公共服务业	现代商贸服务业	融合发展服务业	融合发展服务业	融合发展服务业

2. 不同子行业评价结果分析

由于现代服务业本身覆盖范围广、囊括品类众多，同时随着现代信息技术的不断发展，产业间跨界融合现象频发，新兴行业持续诞生，加上不同行业间发展态势不均衡，因此我们进一步聚焦于单体行业，旨在分析行业企业竞争力发展趋势、现状及不足。

1）信息传输、软件和信息技术服务业

信息传输、软件和信息技术服务业作为现代经济中发展迅速的领域，是推动其他服务行业数字化转型的关键力量，通过提供必要的软件、平台和解决方案，能够帮助传统服务业升级和优化业务流程。根据《现代服务业统计分类》，该行业内主要包括电信、广播电视和卫星传输服务，互联网及相关服务，软件开发及信息技术服务。从图 7.11 各二级指标得分分布来看，价值创造分类下基础资源得分表现相对恒定，其中人才资源和财务资源表现较优。此外技术储备得分较低表明技术产出能力相对较弱，但创新质量和持续创新能力为代表的技术先进性表现较为稳定。值得注意的是信用形象及传递渠道较前期增幅显著，表明行业内企业对价值传递的重视度有所提升，并取得了一定成效。

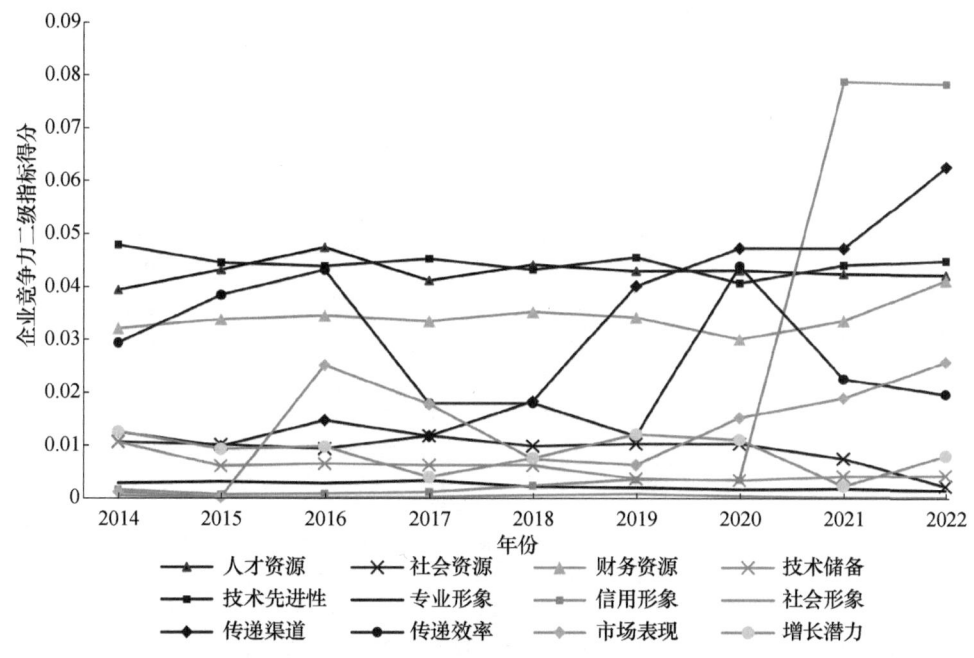

图 7.11　2014～2022 年信息传输、软件和信息技术服务业企业竞争力二级指标得分分布

2）科学研究和技术服务业

科学研究和技术服务业内下设研发和试验发展、专业技术服务业、科技推广和应用服务业，具有典型的知识密集和技术密集型特征。与信息传输、软件和信息技术服务业相类似，行业在人才资源、财务资源及技术先进性方面表现较优，但技术储备稍显不足。此外，如图 7.12 所示，2022 年社会资源方面得分较过往有所下降，专业形象及社会形象方面的建设工作也显著弱于信用形象。鉴于科学研究和技术服务业的知识密集型特征，应进一步加强对专业形象的建设工作，以提升企业竞争力。

3）金融业

金融业主要包括货币金融服务、资本市场服务、保险业及其他金融业。该行业主要聚焦于资金流动管理、风险评估与控制，以及为客户提供多元化的金融产品和服务。金融服务业的一个显著特征是对信息技术的高度依赖，这不仅提高了交易的效率和安全性，也推动了数字支付、区块链技术、自动化理财顾问等创新服务的发展。鉴于金融服务业直接关系到广大民众的财产安全，它通常面临着更为严苛的监管环境，以确保行业的稳定性和透明度。再者，金融业的专业化程度高，通常要求从业人员具备深厚的专业知识和分析能力，以进行精准的风险评估和控制。由于上市企业样本数据较少，我们仅选取国网英大股份有限公司，拟借由单体企业发展了解行业趋势。如图 7.13 所示，国网英大股份有限公司（金

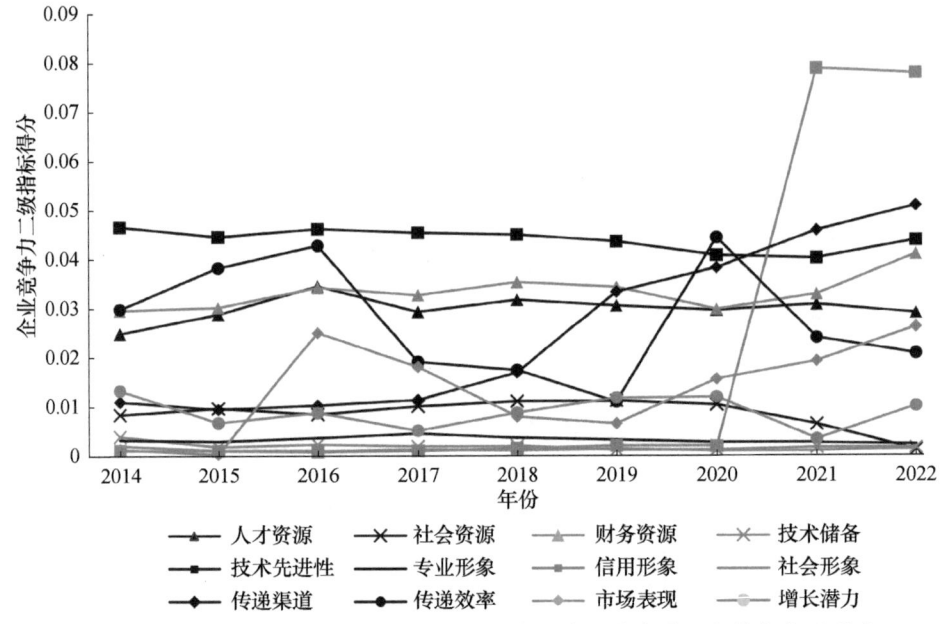

图 7.12 2014～2022 年科学研究和技术服务业企业竞争力二级指标得分分布

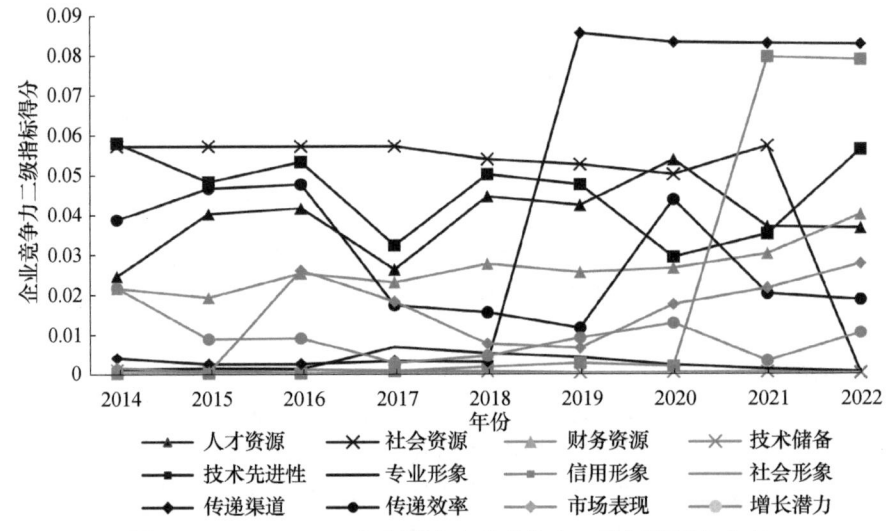

图 7.13 2014～2022 年金融业企业竞争力二级指标得分分布

融业）在社会资源方面表现相对较优，与其和政府之间较为紧密的关系密切相关，同时 2019 年起传递渠道得分跳跃式增长，并延续该维度表现。值得注意的是，因为金融业选取了单体企业，因此我们仅关注各年度的共同特征，后续也将从大样本分析中进一步提炼行业发展特征。

4）现代物流服务业

2022年，国务院办公厅出台了《"十四五"现代物流发展规划》，指出现代物流一头连着生产，一头连着消费，高度集成并融合运输、仓储、分拨、配送、信息等服务功能，是延伸产业链、提升价值链、打造供应链的重要支撑，在构建现代流通体系、促进形成强大国内市场、推动高质量发展、建设现代化经济体系中发挥着先导性、基础性、战略性作用。结合前文分析，现代服务业打破传统"小服务圈"壁垒的关键在于信息技术的时空延展性和物流的高效运输能力。伴随移动互联网、大数据、云计算、物联网等新技术在物流领域广泛应用，网络货运、数字仓库、无接触配送等"互联网+"高效物流新模式新业态不断涌现，现代物流服务业企业竞争力逐步提升（图7.14）。

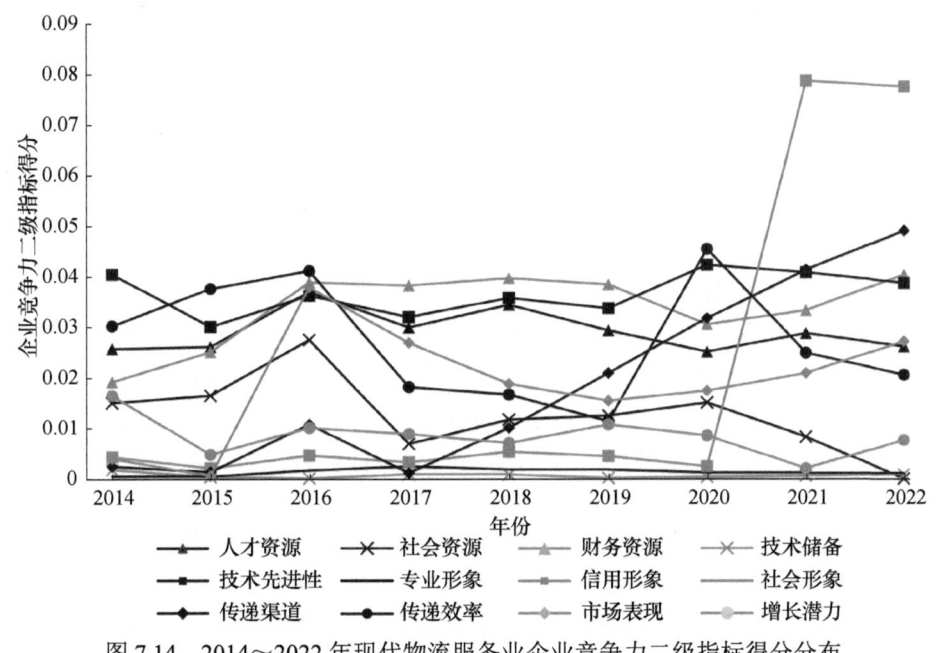

图7.14 2014~2022年现代物流服务业企业竞争力二级指标得分分布

5）现代商贸服务业

如图7.15所示，现代商贸服务业主要涉及互联网批发零售、专业化管理服务、法律服务、咨询与调查、专业化人力资源和培训服务、信用与非融资担保服务、其他现代商贸服务业。当前，数字技术广泛渗入生产、流通、消费环节，推动服务供给端数字化创新和需求端数字化消费，大幅提高服务的可贸易性，现代商贸服务业成为诸多城市及试点区域发展现代服务业的有力抓手。尤其借助直播电商的发展，粮油、食品、日用品、电器、汽车、石油、药品、家居建材等行业连锁化经营不断拓展延伸，进一步实现区域辐射，推动商贸新业态新模式发展加速。

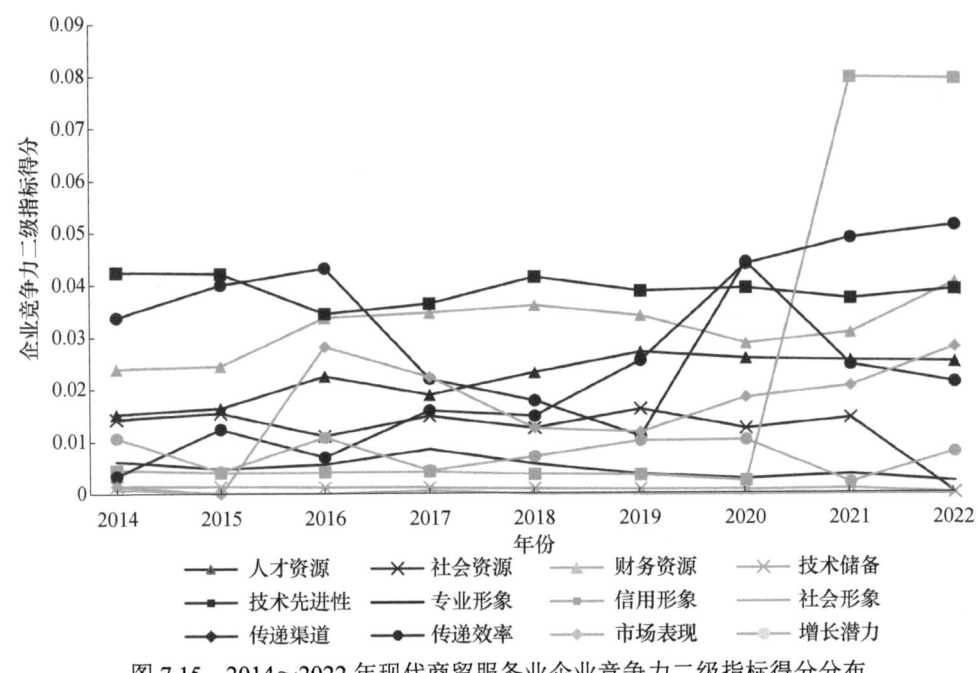

图 7.15　2014~2022 年现代商贸服务业企业竞争力二级指标得分分布

6）现代生活服务业

生活性服务业是满足居民最终消费需求的服务活动，涉及文化、旅游、体育、健康、养老、教育等诸多领域，具有多元互动性的服务形态和融合传导面广、价值增值链长等特征，是践行新发展理念、培育新业态和引领新模式的重要力量。近年来，推动生活性服务业向高品质和多样化升级成为我国现代服务业发展的主要目标之一。与现代生产性服务业不同，生活性服务业顶层设计和发展多从适应人民群众消费升级需求等角度出发，《关于推动生活性服务业补短板上水平提高人民生活品质的若干意见》将服务供给和场地设施补短板放在首要位置，涵盖土地、人才、资本、数据、价格等要素，涉及服务主体、人群、空间和机制，全面回应了民生所需。结合政策引领及图 7.16 行业竞争发展趋势，现代生活服务业相对呈现劳动密集型特征，因此人才资源方面得分处于指标前列，但与往年相比并未得到提升。同时，传递渠道得分大体呈现上涨趋势，或许主要得益于线上服务提供带动的数字渠道建设。再者市场表现自 2018 年起稳步提升，与现代生活服务业产业发展相吻合。

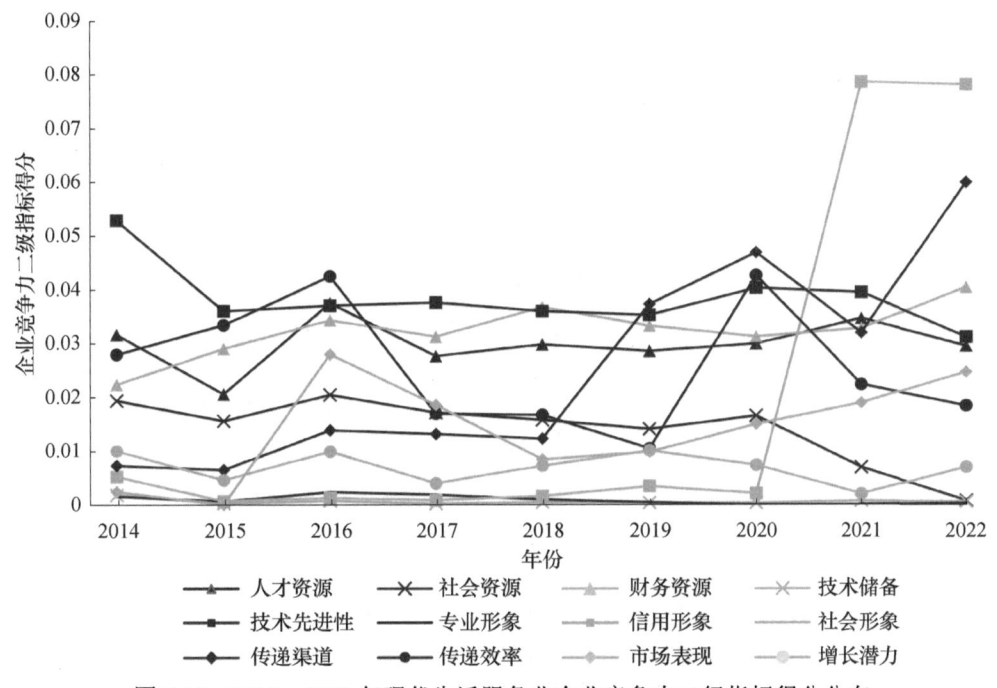

图 7.16　2014~2022 年现代生活服务业企业竞争力二级指标得分分布

7）现代公共服务业

如图 7.17 所示，现代公共服务业面向广泛的公众群体，又涉及关键的公共资源，是需要兼顾经济效益和社会效益的产业，主要包括生态保护和环境治理、公共设施服务及教育培训。早期由于需求推动，行业技术先进性得分处于指标前列，但后继乏力，逐年下降。此外虽上涨趋势有所不同，但传递渠道、信用形象等增长显著，财务资源自 2020 年起也有所增长。

8）融合发展服务业

党的二十大报告指出，"构建优质高效的服务业新体系，推动现代服务业同先进制造业、现代农业深度融合"①。由此可知，促进现代服务业创新提效、培育融合发展的新业态、推动产业交叉的价值提升已成为顺应新一轮科技革命和产业变革的必然趋势，也是我国促进服务业现代化、实现产业体系高质量发展的基本途径和必然选择。《现代服务业统计分类》具有指导性地将融合发展服务业列为第 8 类，包括了对现代农业提供的有关专业及辅助性生产活动，即现代农业专业辅助性服务；对航空设备、智能机器设备、轨道运输设备、城市轨道交通设

---

① 《习近平：高举中国特色社会主义伟大旗帜　为全面建设社会主义现代化国家而团结奋斗——在中国共产党第二十次全国代表大会上的报告》，https://www.gov.cn/xinwen/2022-10/25/content_5721685.htm，2024 年 11 月 12 日。

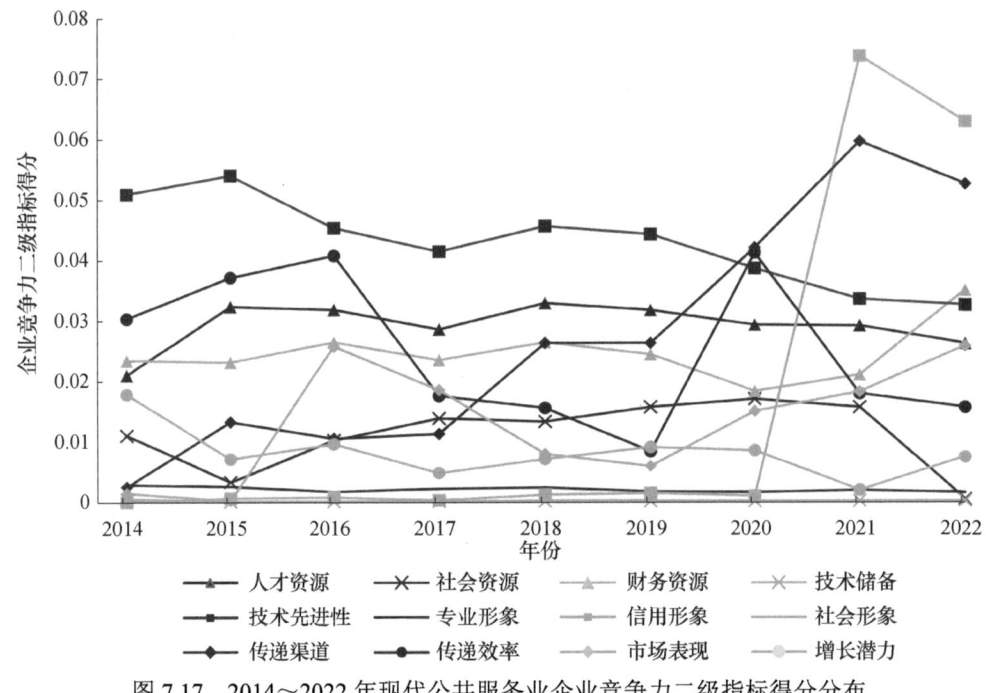

图 7.17　2014～2022 年现代公共服务业企业竞争力二级指标得分分布

备、电子设备及精密仪器、新能源设备等先进制造业设备提供的维修服务，即先进制造业设备维修服务。如图 7.18 所示，相比于其他现代服务业行业，融合发展服务业中人才资源得分处于低位，传递渠道、信用形象等与现代服务业整体发展节点趋近。

3. 代表性企业分析

由现代服务业发展整体趋势及不同子行业评价结果分析可知，当前现代服务业专业形象、社会形象等得分持续处于低位，信用形象、传递渠道在相近的节点出现多行业同频增长现象。但尽管细分到了 8 类子行业，但行业内仍存在一定差距，如现代物流服务业内道路、航空、管道等运输具有其独特的服务供给特征。为验证评价体系的合理性，我们随机选取样本内上市企业，从企业微观视角进一步分析竞争力评价结果。如图 7.19 所示，随机选取 6 家代表性服务业企业，其竞争力各年发展虽有所波动，但整体处于增长状态，且增长速度有所提升。同时通过查阅对应企业相关年报及第三方公开信息，企业竞争力评价结果与企业实际发展状态相一致。

第 7 章 价值生成视角下现代服务业企业竞争力评价 · 243 ·

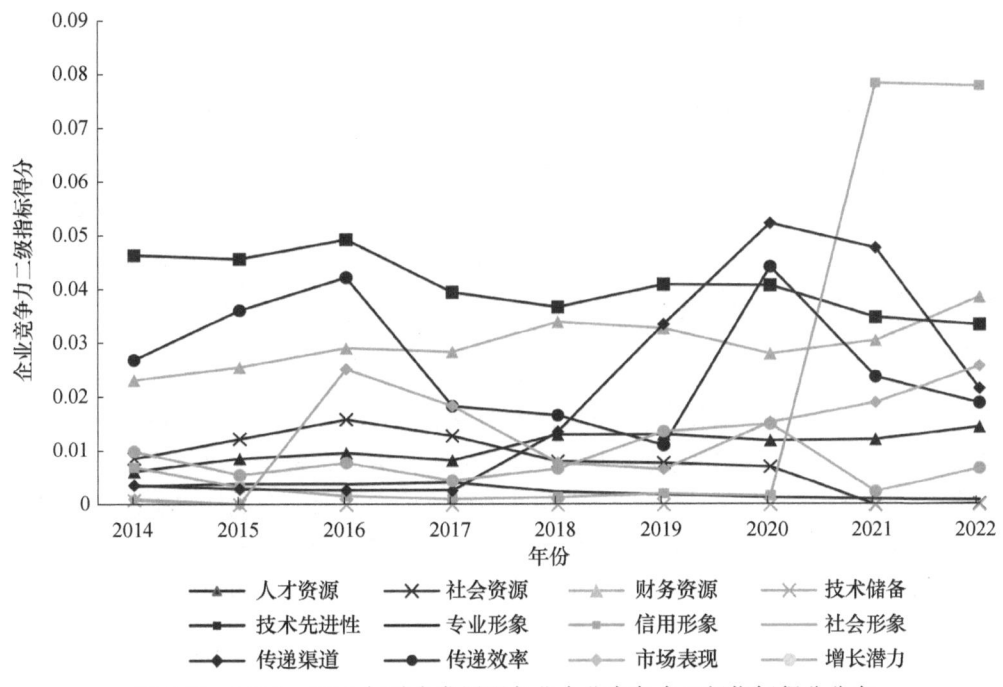

图 7.18 2014~2022 年融合发展服务业企业竞争力二级指标得分分布

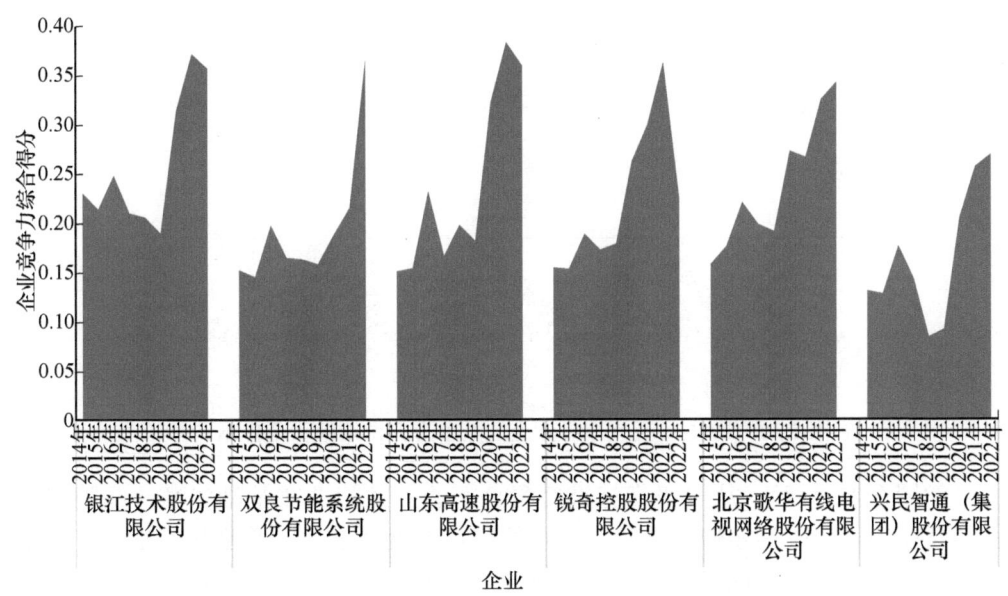

图 7.19 2014~2022 年代表性现代服务业企业竞争力评价结果

7.4.4 现代服务业全样本竞争力评价

1. 现代服务业全行业评价

本章前文通过应用上市企业数据,对现代服务业企业发展现状、趋势及不足进行了梳理及分析,同时为评价指标的有效性提供了实际依据,但受限于数据可得性等,我们样本所包含企业仅为791家,远不足以覆盖现代服务业整体企业。基于此,我们以上市企业数据所搭建的企业竞争力评价体系及赋权结果为基础,将其应用于初次配对的58万家现代服务业企业中,并采用2021~2022年数据分析当前现代服务业竞争力发展水平。

如图7.20及图7.21所示,2021年及2022年现代服务业企业竞争力整体发展水平与上市企业大致趋同,且由于大样本情况下多数非上市现代服务业处于发展早期,整体企业竞争力得分表现较上市企业更低。其中,金融业相对较优,但行业内部多数处于中位数之下,发展水平结构性失衡。再者,上市企业样本中信息传输、软件和信息技术服务业竞争力得分位列第一,而全样本结果内该行业名次有所下滑,或由于行业内非上市企业与上市企业存在较其他行业更为明显的差距。

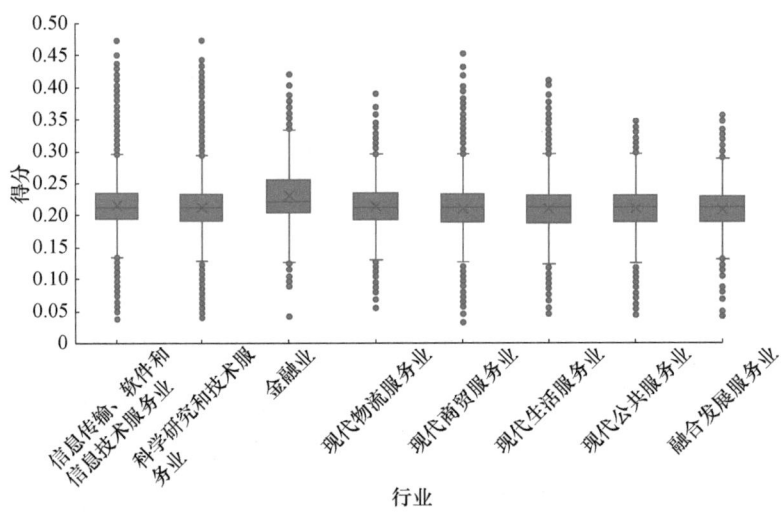

图7.20 2021年现代服务业企业竞争力评价结果(全样本)

如图7.22所示,从一级指标维度得分来看,各行业在基础资源、品牌建设及经营能力得分较为相似。同时金融业凭借其高度信息化、数字化的基础,在渠道建设上展现出明显优势,不仅在传统线下渠道上持续优化布局,还充分利用互联网、大数据、人工智能等技术,构建了多元化的线上服务渠道,如移动银行APP、智能客服、区块链交易系统等,极大地提升了客户体验和服务效率,但整体仍处于初期发展阶段,竞争力绝对值不高。此外,对比来看,2022年全行业

第 7 章　价值生成视角下现代服务业企业竞争力评价　•245•

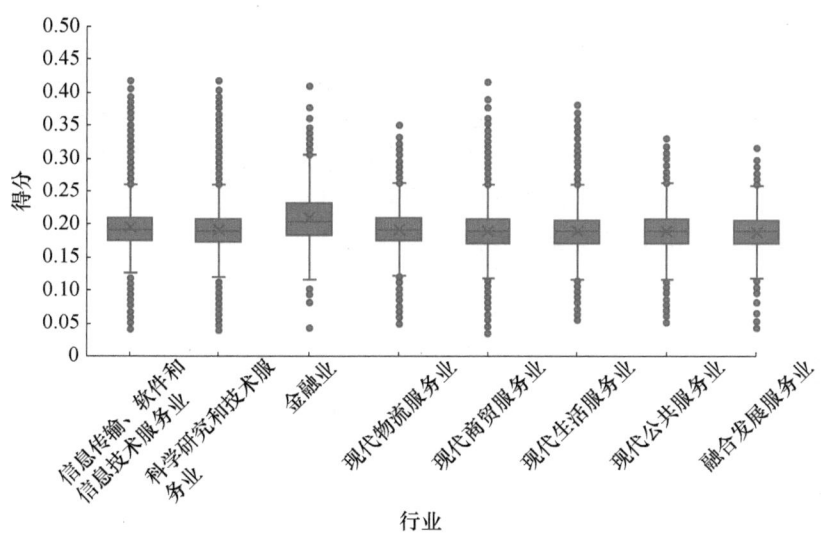

图 7.21　2022 年现代服务业企业竞争力评价结果（全样本）

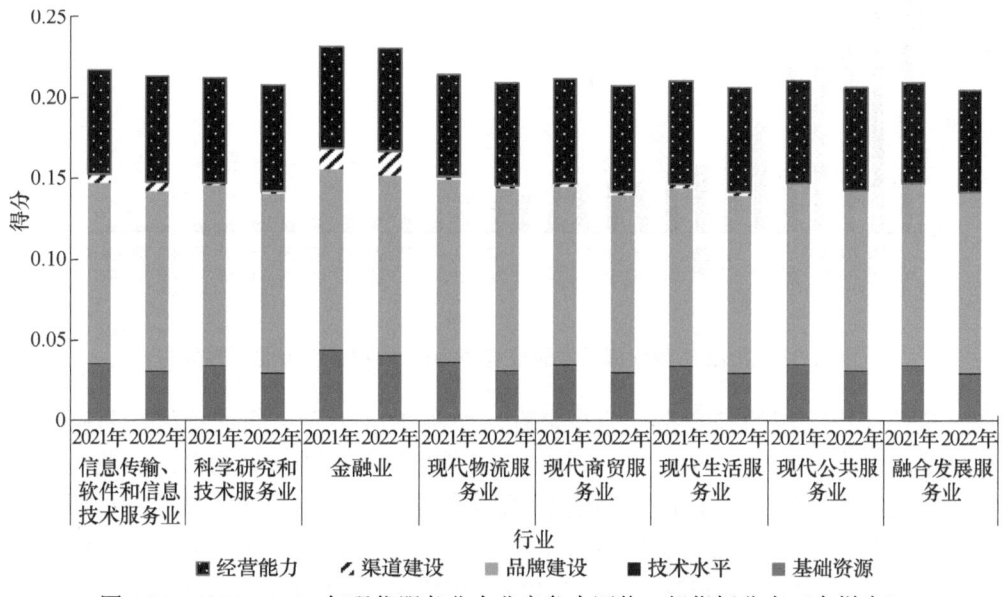

图 7.22　2021～2022 年现代服务业企业竞争力评价一级指标分布（全样本）

渠道建设普遍较 2021 年有所提升，这与现代服务业积极推动数字化转型，致力于采用数字化作业应用建设、构建全渠道平台，以提升现代服务业企业在价值传递过程中为市场或客户提供服务的传递能力和传递效率相一致。另外，对比上市企业分析结果，现代服务业内非上市企业技术水平得分处于指标末位，从具体数值来看，虽然涨幅较小，但呈现与渠道建设相类似的增长。

2. 区域分布分析

从现代服务业企业竞争力前 10 000 名企业区域分布情况来看（图 7.23），北京占比高达 23.43%，处于绝对领先地位，江苏、上海、广东占比相对接近。此外，近半数区域占比低于 1%，即表明我国现代服务业企业竞争力发展呈现显著的区域不平衡。另外，占比领先区域与服务业试点区域重合度较高，说明政策对现代服务业企业竞争力发展有良好的推动作用。

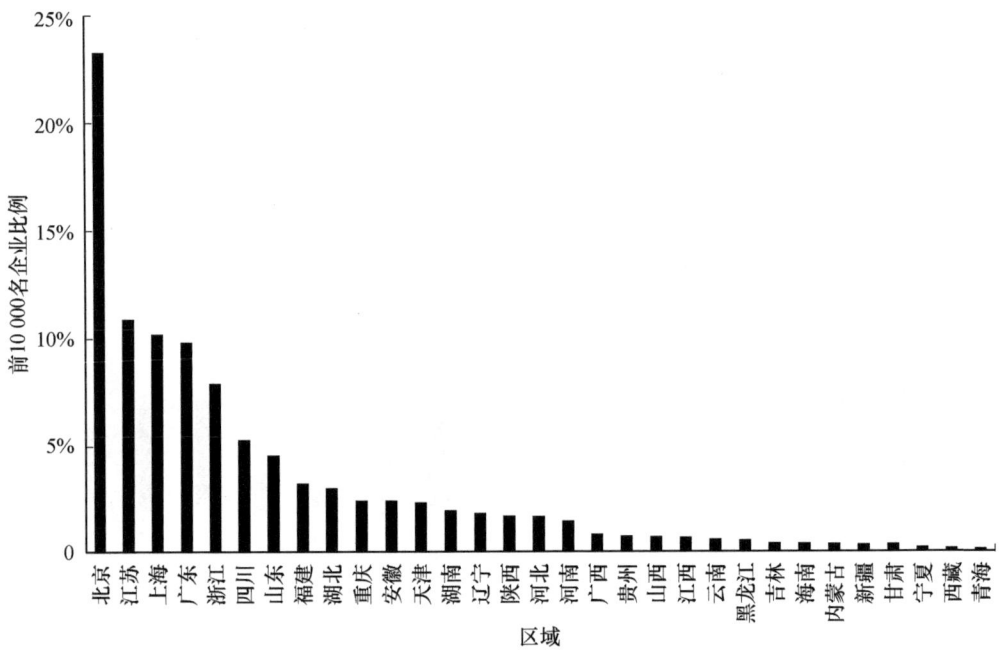

图 7.23　2022 年现代服务业企业竞争力前 10 000 名企业区域分布

从各经济区域的综合指标分布来看，如图 7.24 所示，东北地区在基础资源和技术水平维度上表现出色。一方面，东北地区所拥有的丰富自然及农业资源为地区现代服务业企业高质量发展提供了坚实的基础。另一方面，在此前长期的工业发展过程中，东北地区积累了大量的技术力量和人才储备，特别是在装备制造、重型机械、化工等领域，技术水平处于国内领先地位，这为地区产业升级和技术创新提供了有力支撑，有效助力传统服务业向现代服务业转变。然而，东北地区在渠道建设及品牌建设维度上则相对滞后，限制了地区现代服务业产品的市场竞争力和附加值提升。从均衡发展视角来看，尽管东北地区在资源和技术方面具备优势，但要实现经济的均衡发展，还需加强多元创新，积极拓展产业结构，特别是在渠道建设和品牌建设方面加大投入与努力，以全面提升区域现代服务业企业的综合竞争力。

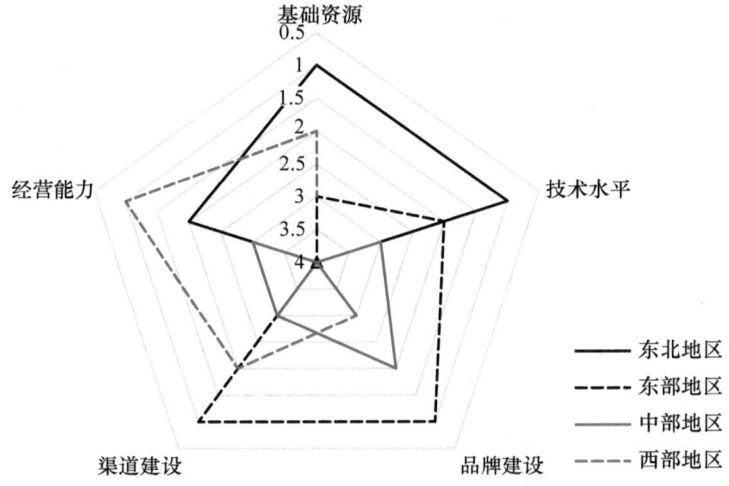

图 7.24　2022 年现代服务业企业竞争力前 10 000 企业区域分布

东部地区常以其雄厚的经济基础、高度发育的市场体系以及得天独厚的地理位置而著称。一方面，东部地区长期积累的财富和繁荣的商业环境为现代服务业的蓬勃发展奠定了坚实基础，其市场活跃度高、产业链完善，为区域内现代服务业企业提供了广阔的市场空间和高效的资源配置机会。另一方面，凭借其沿海及交通枢纽的地理优势，东部地区在国际贸易、物流运输及信息交流方面展现出强大的竞争力，加速了经济要素的流动与融合。然而，东部地区相较其他区域具有更高的成本压力，即使其在经营能力方面表现欠佳，尤其随着全球经济格局的变化和市场竞争的加剧，东部地区需进一步优化成本结构、提升运营效率，以应对成本上升带来的压力。此外，在未来发展过程中，东部地区应积极寻求新的市场增长点，不仅要巩固和深化传统服务市场优势，更要勇于开拓国际服务市场及新兴服务领域，通过多元化战略增强经济发展的韧性和可持续性。此外，还应注重创新驱动发展，加强科技研发与人才培养，推动传统服务业转型升级，培育新的经济增长点，为区域现代服务业的全面发展注入新的活力。

西部地区在经营能力、基础资源及渠道建设维度表现较佳，但品牌建设及技术水平维度有所欠缺。具体来看，西部地区具有丰富的资源禀赋，同时其广袤的地域和独特的地理环境也为旅游业、生态农业等新兴服务业的发展提供了广阔的空间。然而，要充分发挥该维度优势，并助力区域现代服务业企业实现高质量发展，西部地区还需在技术创新和市场潜力提升方面加大力度，即提升技术水平及品牌建设维度得分，如积极引进和培养高科技人才，加强产学研合作，推动科技成果的转化与应用；深入挖掘和培育市场需求，优化市场环境，完善品牌建设，激发市场活力等。

相较于其他地区，一方面，尽管中部地区在生态环境保护上面临一定的挑战，但其丰富的自然资源和相对稳定的生态环境为现代服务业企业高质量发展提供了坚实基础。同时，与东部沿海地区的激烈竞争相比，中部市场的竞争环境相对宽松，且劳动力、土地等要素成本较低，有利于吸引投资和促进现代服务业产业发展。另一方面，从发展前景来看，随着区域经济的不断发展和居民收入水平的提高，中部地区的消费市场潜力巨大，展现出强劲的增长动力。值得注意的是，渠道建设是连接生产与消费的关键环节，中部地区应积极拓展"线上线下"多渠道，提升物流效率，优化销售网络，更好地满足市场需求。

3. 前10名企业分析

从企业微观视角来看，我们选取样本内得分前10名企业，具体如表7.8所示。其中，前10名企业中超半数位于北京，4家为科学研究和技术服务业，4家为信息传输、软件和信息技术服务业，即表明地区要素对现代服务业企业竞争力具有重要影响，此外信息传输、软件和信息技术服务业及科学研究和技术服务业虽在前文整体及行业分析中位于第二名及第四名，但其内部领先企业竞争力发展相对优异。

表 7.8　2022 年现代服务业企业综合竞争力得分前 10 名

排名	企业名称	所在省（市）	行业分类	基础资源	技术水平	品牌建设	渠道建设	经营能力	综合得分
1	中讯邮电咨询设计院有限公司	北京市	科学研究和技术服务业	0.138 975	0.007 775	0.139 251	0.080 877	0.105 471	0.472 348
2	中国移动通信集团辽宁有限公司	辽宁省	信息传输、软件和信息技术服务业	0.147 963	0.000 360	0.135 111	0.080 877	0.107 998	0.472 309
3	宁波爱信诺航天信息有限公司	浙江省	信息传输、软件和信息技术服务业	0.145 003	0.001 613	0.134 243	0.080 877	0.108 997	0.470 734
4	浙江吉利控股集团有限公司	浙江省	现代商贸服务业	0.116 342	0.008 074	0.154 157	0.080 877	0.110 038	0.469 488
5	泰康保险集团股份有限公司	北京市	金融业	0.136 015	0.004 187	0.144 442	0.080 877	0.097 495	0.463 016
6	中国联合网络通信集团有限公司	北京市	信息传输、软件和信息技术服务业	0.098 926	0.009 410	0.165 167	0.080 877	0.107 660	0.462 037
7	北京金水永利科技有限公司	北京市	科学研究和技术服务业	0.141 643	0.001 254	0.131 981	0.080 877	0.104 686	0.460 440
8	北京中宏立达科技发展有限公司	北京市	科学研究和技术服务业	0.134 562	0.001 498	0.136 000	0.080 877	0.106 355	0.459 724
9	中国电力科学研究院有限公司	北京市	科学研究和技术服务业	0.136 282	0.035 214	0.199 198	0	0.087 184	0.457 876
10	中汽数据有限公司	北京市	信息传输、软件和信息技术服务业	0.137 140	0.001 042	0.134 071	0.080 877	0.104 187	0.457 317

再者，如图 7.25 所示，对比前 10 名企业的战略布局，可以发现前十企业在经营能力、基础资源以及品牌建设等核心维度上均有较强的表现，形成了各自的竞争优势。然而，在技术水平这一关键维度，整体表现普遍存在不足，仅中国电力科学研究院有限公司以 0.035 214 的得分位列第一，显示出其在技术研发上的相对优势。不过，值得注意的是，尽管中国电力科学研究院有限公司在技术上领先，但其渠道建设能力却明显滞后于榜单上的其他九家企业，现代服务业企业在全面发展战略中需要平衡价值创造与价值传递的迫切需求。

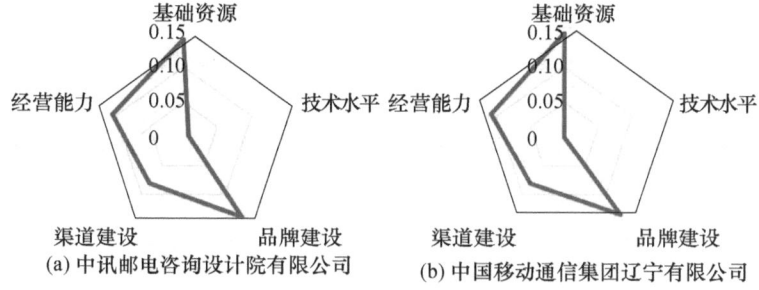

(a) 中讯邮电咨询设计院有限公司　　(b) 中国移动通信集团辽宁有限公司

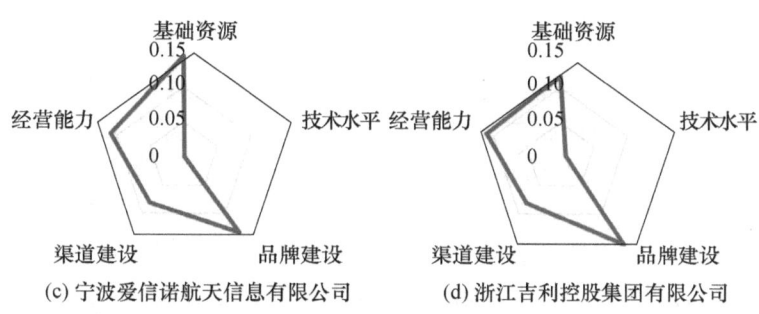

(c) 宁波爱信诺航天信息有限公司　　(d) 浙江吉利控股集团有限公司

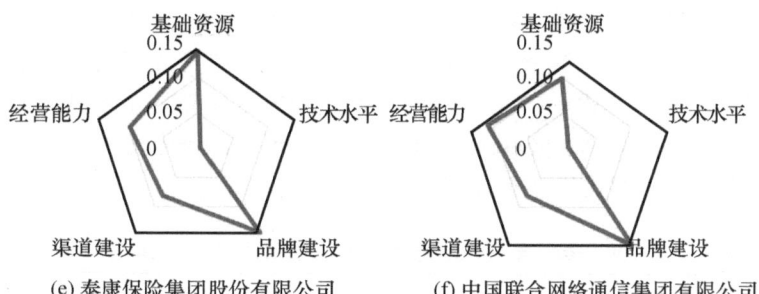

(e) 泰康保险集团股份有限公司　　(f) 中国联合网络通信集团有限公司

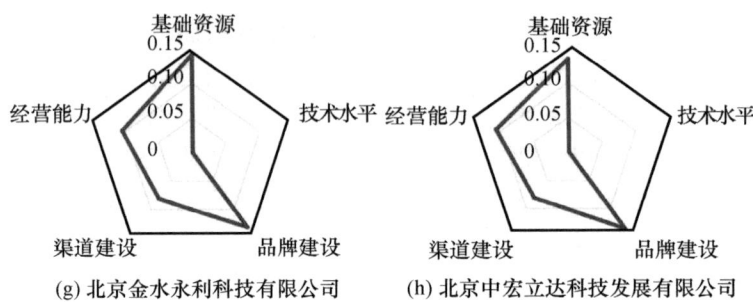

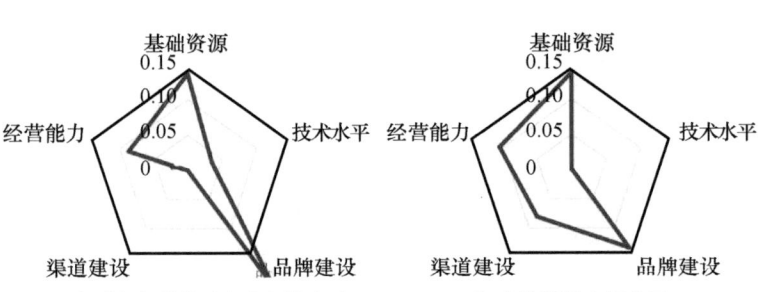

图 7.25　2022 年现代服务业综合竞争力前 10 名企业战略布局

进一步深入分析各维度表现，价值创造维度作为衡量企业核心竞争力的关键指标，它通过综合评估企业的资源基础与技术水平，直观展现了企业所掌握的关键要素及其转化为市场价值的能力。根据 2022 年竞争力评价结果，筛选出现代服务业企业在价值创造维度上表现突出的前 10 名企业，包括中国电力科学研究院有限公司、中国联合网络通信有限公司河北省分公司、北京百度网讯科技有限公司等，具体如表 7.9 所示。结合原始数据，前 10 名企业 2022 年专利总数超 1 万，且近三年专利价值评分远高于样本总体平均质量，即表明企业不仅具备持续的技术创新能力，且其创新成果的质量也处于产业领先地位。此外，聚焦基础资源维度，这些企业拥有稳定且高素质的人才队伍，为企业的持续发展提供了坚实的人才保障。同时，资本规模的持续增长也为企业的技术创新、市场开拓等提供了强有力的资金支持。诸多因素的共同作用使得这些现代服务业企业在激烈的市场竞争中保持领先地位，实现高质量发展。

表 7.9　2022 年现代服务业企业价值创造得分前 10 名

排名	企业名称	基础资源	技术水平	价值创造
1	中国电力科学研究院有限公司	0.136 281	0.035 214	0.171 495
2	中国联合网络通信有限公司河北省分公司	0.158 339	0.001 151	0.159 490

续表

排名	企业名称	基础资源	技术水平	价值创造
3	北京百度网讯科技有限公司	0.080 701	0.078 108	0.158 808
4	中国铁道科学研究院集团有限公司节能环保劳卫研究所	0.157 276	0.001 001	0.158 276
5	浙江华东工程数字技术有限公司	0.150 506	0.006 756	0.157 262
6	中煤(西安)航测遥感研究院有限公司	0.154 255	0.001 215	0.155 470
7	联通数字科技有限公司	0.137 838	0.017 083	0.154 921
8	中油国际管道有限公司	0.154 505	0.000 212	0.154 717
9	思博特集成科技(珠海)有限公司	0.153 858	0.000 779	0.154 637
10	华诚博远工程技术集团有限公司	0.154 162	0.000 101	0.154 264

价值传递的实质在于以企业为活动单位的服务价值模块间信息的无缝对接与高效流转，其通过一系列跨越价值创造边界的价值活动构成，如企业整合资源、消费者利用资源进行服务交付和产品体验等多个方面，同时涵盖了影响感知价值形成的相关价值信号的传导。具体来看，该维度通过品牌建设与渠道建设反映企业价值传递能力。根据 2022 年竞争力评价结果，筛选出现代服务业企业在价值传递维度上表现突出的前 10 名企业，包括中国电信集团有限公司、美的集团股份有限公司、中国联合网络通信集团有限公司等，具体如表 7.10 所示。这些企业的成功，不仅在于它们能够有效地创造价值，更在于它们能够将这些价值较为准确无误地传递给市场，赢得消费者的认可与信赖。结合原始数据，前 10 家企业在多个方面均展现出了强大的价值传递能力，如近三年参与标准制定的数量平均达到 34 项，这充分说明了这些企业在行业内的领导地位和话语权，它们通过参与制定标准，不仅推动了行业的规范化发展，也进一步巩固了自身的市场地位。

表 7.10　2022 年现代服务业企业价值传递得分前 10 名

排名	企业名称	品牌建设	渠道建设	价值传递
1	中国电信集团有限公司	0.177 514	0.080 877	0.258 391
2	美的集团股份有限公司	0.166 932	0.080 877	0.247 809
3	中国联合网络通信集团有限公司	0.165 168	0.080 877	0.246 045
4	浙江大华技术股份有限公司	0.159 483	0.080 877	0.240 360
5	中国建设银行股份有限公司	0.156 774	0.080 877	0.237 651
6	中国工商银行股份有限公司	0.155 023	0.080 877	0.235 900
7	浙江吉利控股集团有限公司	0.154 156	0.080 877	0.235 033
8	深圳市爱施德股份有限公司	0.154 078	0.080 877	0.234 955

续表

排名	企业名称	品牌建设	渠道建设	价值传递
9	中国银行股份有限公司	0.153 467	0.080 877	0.234 344
10	招商银行股份有限公司	0.153 135	0.080 877	0.234 013

价值获取维度旨在测度现代服务业价值网络内部企业获利能力，本书所构建的评价体系在当前经济市场表现的基础上，将企业所形成的风险控制能力及长期盈利的战略导向纳入考量。如表 7.11 所示，根据 2022 年竞争力评价结果，现代服务业企业价值获取维度排名前 10 名的企业为长春市同联科技有限责任公司、锐新昌科技（常熟）有限公司、安徽梦成智能科技有限公司等。

表 7.11 2022 年现代服务业企业价值获取得分前 10 名

排名	企业名称	市场表现	增长潜力	价值获取
1	长春市同联科技有限责任公司	0.046 432	0.071 763	0.118 195
2	锐新昌科技（常熟）有限公司	0.046 433	0.071 748	0.118 180
3	安徽梦成智能科技有限公司	0.046 429	0.071 749	0.118 178
4	郑州富龙新材料科技有限公司	0.046 437	0.071 736	0.118 174
5	南京盈和防雷检测科技有限公司	0.046 423	0.071 74	0.118 163
6	大连市市政设计研究院有限责任公司	0.046 433	0.071 726	0.118 159
7	东莞市滴碳节能科技有限公司	0.046 415	0.071 742	0.118 157
8	重庆迪数享腾科技有限公司	0.046 415	0.071 734	0.118 149
9	湖南慈辉医疗科技有限公司	0.046 431	0.071 710	0.118 141
10	甘肃文锐电子交易网络有限公司	0.046 428	0.071 708	0.118 136

7.4.5 总结及思考

高质量发展是全面建设社会主义现代化国家的首要任务。21 世纪以来，全球产业结构由"工业经济主导"向"服务经济主导"转变，尤其我国自 1997 年党的十五大报告首次提出现代服务业概念以来，服务业发展持续加速，逐渐成为我国的主导产业和支柱产业。尽管在高质量发展目标的驱动下，我国现代服务业正积极迈向高端化、专业化、品质化、多样化的关键发展阶段，但与发达国家相比仍面临诸多挑战与问题，严重制约了行业的进一步升级与跨越。因此，如何有效引领现代服务业实现高质量发展，成为当前及未来一段时间内产业发展的核心议题。

鉴于当前我国现代服务业发展的重点在于实现价值功能聚焦和收益提升，即实现对微笑曲线中高附加值环节的控制，逐步将自身从生产制造者转变为生产性服务提供者。我们围绕现代服务业服务价值生成全过程，将现代服务业企业高质量发展的需求视为对服务价值提升的持续关注，并进一步指出这种关注不仅体现在服务内容的创新、服务质量的提升上，更体现在企业如何通过优化服务流程、提升服务效率、增强服务创新能力等手段，来增强自身的市场竞争力。

遵循这一逻辑，本章以前文所建立的现代服务业服务价值生成机制为基础，从企业价值创造、价值传递及价值获取过程的角色及作用出发，聚焦于企业市场定位、核心能力、客户关系管理、创新能力、风险控制、合作网络构建等方面的策略和效果，构建了适配于当前所需的现代服务业企业竞争力评价指标体系，以期为企业管理者、政策制定者和学术研究者提供一个多维度的分析工具，帮助他们更好地理解服务业企业如何在复杂多变的市场环境中构建和维持竞争优势，实现可持续发展。

具体来看，评价体系引入价值网络视角，结合现代服务业企业特征，以普适性和创新性为出发点，围绕所构建的价值生成框架，坚持系统性、科学性和可操作性指标体系构建原则，从"价值创造、价值传递、价值获取"三个维度衡量服务企业竞争力水平，进而构建由"基础资源、技术水平、品牌建设、渠道建设、经营能力"5个一级指标、12个二级指标和24个三级指标组成的现代服务业企业竞争力评价指标体系。同时，为验证评价体系有效性及加强对现代服务业企业竞争力的了解，我们依据国家统计局2023年7月发布的《现代服务业统计分类》与企业国民经济行业代码匹配结果，筛选了58万家现代服务业企业，实现了现代服务业企业的科学辨别和定位。此外，由对现代服务业上市企业及58万家全样本企业的竞争力评价结果分析，我们指出当前现代服务业企业竞争力水平处于低位，产业竞争力均值仅为0.21。尽管纵向数据显示产业及内部子行业均呈现上涨趋势，但行业间、行业内及不同评价指标发展仍存在较为明显的失衡现象。

现代服务业企业本身覆盖范围广、囊括品类众多，加上现代信息技术发展带动的产业跨界融合现象及新业态新模式的涌现，我们认为现代服务业发展不能一概而论，应充分考虑不同行业的特点和需求，如知识密集型、技术密集型及劳动密集型等，实现资源的合理配置和差异化引导。同时，明确技术创新作为现代服务业发展的核心驱动力作用，助力企业从"寄生"向"共生"转变，鼓励企业加强自主创新，加大对技术研发的投入力度，提升服务产品的附加值和市场竞争力。此外，考虑到我国服务业发展与发达国家的历史差距，在竞争力提升过程中应积极引进和消化吸收国际先进技术和管理经验，推动行业竞争力的整体提升。

第 8 章 现代服务业的未来

在全球经济格局深度调整和技术革新日新月异的背景下，新一代信息技术正加速向前发展。它在重塑传统产业的同时，也在不断催生新的产业、新的业态、新的经济。其中，现代服务业以其有别于传统服务业的跨界融合、数智虚拟、强异质性、高附加值特征成为当前活跃的产业创新引擎和经济增长的重要动力，同时其作为产业间的黏合剂、经济社会发展的助推器，正迎来前所未有的发展机遇。本书正是关注了伴随服务业文明到来而逐步形成的新服务价值网络及其内含的价值创造范式转变，在重新释义服务价值概念及内涵的基础上，创新性采用价值网络视角探究现代服务业跨组织边界下"组织内"和"组织间"的服务价值生成机理，构建了一个全新的现代服务业系统理论框架。具体来看，本书前 7 章对现代服务业产业的起源、发展、特征、路径及价值生成机制进行了深入探讨，并从企业竞争力入手对现代服务业企业完成自我定位及水平提升提供了思路，为我们理解现代服务业的现状提供了全面而深刻的视角。本章将对现代服务业的未来进行展望，以期对未来的发展趋势和可能面临的挑战进行前瞻性思考。

8.1 现代服务业总体发展趋势

随着全球经济格局的深度调整与信息技术的迅猛发展，现代服务业正逐步成为推动经济增长、优化产业结构的重要引擎。现代服务业作为一类高附加值、高技术含量、高知识密集度的服务产业，其发展总体趋势日益明显，不仅将深刻影响传统服务业的转型升级，更将引领未来经济社会发展的新方向。结合前文从现代服务业宏观发展趋势及行业企业等微观层面模式创新完成的现代服务业发展路径探讨，本节将进一步从数字化、融合化、绿色化及全球化四个方面简要介绍现代服务业发展总体趋势。

一是数字化转型引领现代服务业产业升级。随着数字经济的作用和地位持续提升，全面数字化转型升级将成为我国经济发展的新动能，也将为服务业数字化转型释放巨大的产业红利。2020 年以来，新冠疫情严重影响了全球经济发展和社会正常运行，在抗击疫情过程中，以电子商务为主要代表的数字经济开启了数字化生活和生产新方式，重塑了消费场景和零售渠道，为稳定畅通供应链、产业链，助力经济复苏发挥了积极作用。商务部等部门印发的《"十四五"电子商务发展规划》中也提出到 2025 年，我国电子商务高质量发展取得显著成效。电子商务新业态新模式蓬勃发展，企业核心竞争力大幅增强，网络零售持续引领消费增长，高品质的数字化生活方式基本形成。具体来看，数字经济形态下，数据资源及数字技术成为新的生产要素贯穿于社会经济发展的全流程中，并与劳动、资本、土地等其他生产要素进行融合、重组、迭代和优化，带来全新的价值创造方式，驱动服务业全面数字化迈入新阶段。一方面，数字化技术的应用不仅可以丰富服务业新场景，使得个性化、定制化服务成为可能，进而满足消费者日益多样化的需求，更能通过互联网平台、移动应用等方式，实现线上线下的深度融合，全面挖掘服务新需求。另一方面，数字化转型通过引入自动化、智能化的技术工具，极大地提升了现代服务业的运作效率，降低了服务企业运营成本，如通过智能客服实现多客户提供 24 小时自助服务，此外也可通过大数据精准预测市场趋势，优化资源配置，实现更高效的服务提供。

二是融合化催生现代服务业新业态新模式。当前现代服务业的发展不再局限于单一领域，而是呈现出跨界融合的趋势。随着产业链、价值链的深度整合，现代服务业正与其他产业深度融合，形成全新的业态和模式。如《"十三五"现代服务业科技创新专项规划》中明确提到的，信息技术与各个领域交叉融合的速度正在加快，促使第一、二产业与现代服务业更加深度融合，催生云制造、数字医疗等新业态，现代服务业呈现出"跨界融合"的新态势与新特征。融合化不仅拓展了现代服务业产业的发展空间，也被视为现代中国企业拓展产品、服务和市场的重要创新战略或方法，其在促进跨企业、跨领域、跨行业合作，创新产品、创新服务、创新市场、创新商业模式等方面有突出表现。此外，从我国产业结构整体布局来看，积极发展现代服务业，促进现代服务业创新提效，推动现代服务业同先进制造业、现代农业深度融合，进而实现产业交叉的价值提升已成为顺应新一轮科技革命和产业变革的必然趋势，也是我国促进服务业现代化、实现产业体系高质量发展的基本途径和必然选择。

三是绿色化保障现代服务业可持续发展方向。可持续发展理念倡导经济增长与环境保护的和谐共生，致力于实现社会、环境和经济的协同进步。在这一理念的指引下，以环境友好和可持续发展为核心的绿色服务产品与服务理念正日益受到人们的青睐。以我国为例，国务院此前出台的《关于加快建立健全绿色低碳循环发展经济体系的指导意见》中明确提出"坚持重点突破。以节能环保、清洁生产、清洁能源等为重点率先突破，做好与农业、制造业、服务业和信息技术的融合发展，全面带动一二三产业和基础设施绿色升级"。在全球范围内，各国也在积极推动包括服务业在内的企业绿色转型，通过现代服务业绿色化发展，引导消费者选择绿色产品和服务，进而推动形成绿色消费的新风尚。综上所述，服务业绿色化发展是一个涵盖了可持续发展理念推广、科技创新驱动、消费者需求变迁以及国际合作等多个层面的综合性过程。在全球日益重视环保和可持续发展的背景下，现代服务业的绿色化发展无疑将成为未来的主流趋势。

四是全球化拓展现代服务业发展空间。随着科技的飞速进步和产业结构的深刻调整，服务业所产出的服务产品与有形产品间的融合程度加深，使得服务产品能够跨越长距离运输和长时间储存的障碍，显著提升了服务产品的覆盖范围和生命周期。这一变革打破了传统"小服务圈"的壁垒，为现代服务业的发展注入了新的活力。而在现代服务业发展的当下，数字化和智能化的有机融合成为推动行业进步的关键力量。在数智技术的支持下，服务业的生产方式正由传统的垂直分工向新型网状分工转变，这种转变使得现代服务业通过重构企业价值链、行业价值链、产业价值链及产业间价值链，逐步实现了全球运营的新型组织形态。从产业整体表现来看，得益于经济全球化促进的现代服务业的标准化和规范化，服务商品流通性得以优化。叠加信息技术的快速发展和广泛应用所降低的交易成本，远程医疗、在线教育、数字支付等新兴服务业态不断涌现，服务圈借由数字通道实现全球覆盖。从产业内企业表现来看，许多服务型企业通过跨国投资、并购等方式，在全球范围内整合资源、拓展业务，极大拓展了现代服务业的发展空间。

综上，数字化转型、融合化创新、绿色化发展和全球化拓展共同构成了现代服务业发展的四大趋势。其中，数字化推动服务业全面升级，提升效率并满足多样化需求；融合化催生新业态新模式，促进跨领域合作与价值提升；绿色化保障可持续发展，引领绿色消费风尚；全球化拓展了服务业的发展空间，推动服务产品全球覆盖。

8.2 现代服务业发展战略思考及建议

现代服务业的发展在当前复杂多变的社会背景下，无疑是一个充满动态与活力的进程。随着全球化和信息化的加速推进，现代服务业正逐步成为推动经济增长、优化产业结构、提升生活质量的重要力量。然而，如今市场竞争的加剧、技术创新的快速迭代、消费者需求的多样化以及国际环境的不确定性等因素，也给现代服务业的发展带来了不小的压力和挑战。我国在服务业发展方面仍然需要与时俱进，若是延续一贯的产业发展思路，即逐步发展传统服务业并在其成熟后逐步实现产业升级到"新型服务业"，那么我国仍会被服务业中的低端价值化部分拖累，也就实现不了高质量发展中的"速度及质量双重要求"。尤其我国幅员辽阔，不同地区之间资源禀赋及生产要素存在显著差异，如果"各自为政"，服务业发展只会陷入停滞甚至倒退的局面。因此，服务产业亟须摆脱旧的运营模式，采取区域合作、业态创新等方式，打破天然垄断，寻求更为适宜的现代化发展道路，而这需要企业、政府和社会各界的共同努力。

1. 产业层面

现代服务业的发展先强调应与其他产业实现深度融合，形成产业链上下游的紧密合作。三大产业结构是一个紧密联系、相互依赖的系统综合体，其中服务业伴随着产业变革逐渐从辅助者成为当期经济社会发展的主力军，但与其他产业也始终存续着互利共生的关系。但正如前文所述，社会发展趋向为"服务经济主导"而不是"服务经济独导"。现代服务业的兴起并不意味着其他产业就此衰退，相反，原有其他产业也借由现代服务业发展注入新的活力以适应社会供需的调整，并推动现代服务业的不断发展。事实上，当前现代服务业的飞速发展是需求市场拉动及技术进步共同作用的结果，而第一产业、第二产业为现代服务业发展提供了大量的市场空间及需求，如贯穿农业生产全过程的农业生产性服务业涵盖了耕种、防收、技术咨询、市场营销等多个细分领域；制造业分工细化也对各种信息咨询、金融服务、物流运输等专业服务提出了更高的要求。部分发达国家的历史发展经验也已经证明，过分忽视第一产业、第二产业的发展可能会导致国内物质与非物质生产之间的比例关系出现失衡，进而面临产业空心化带来的负面影响。总之，从系统观的角度出发，三大产业的深度融合不仅可以实现资源共享、优势互补，更能推动产业结构的优化和升级。

再者现代服务业发展应关注技术创新与升级。根据国家统计局2023年发布的《现代服务业统计分类》，现代服务业是指伴随信息技术和知识经济的发展而产生，利用现代科学技术和现代管理理念，推动生产性服务业向专业化和价值链高端延伸、推动生活性服务业向高品质和多样化升级、加强公益性基础性服务业发展所形成的具有高技术含量、高人力资本含量、高附加价值等特征的经济活动。换言之，信息技术是现代服务业发展的核心驱动力之一，因此必须大力推动大数据、云计算、人工智能等现代信息技术发展，提升现代服务业的智能化、数字化水平，并通过技术创新提高服务效率和质量，为整个经济体系注入新的活力。

2. 企业层面

从企业层面来看，现代服务业企业应采用服务价值生成逻辑指导其完成企业定位及战略实施。企业是助力实现中国式现代化的重要力量，也是呈现中国式现代化的载体之一，中国式现代化的鲜明特征和本质要求无疑为当下现代服务业企业发展提供了参考。当前，随着全球第四次产业革命驱动的人工智能、平台经济、工业互联网、新零售等产业概念不断兴起，新一轮科技革命和产业变革加速发展，叠加人口老龄化和生育率的下滑，中国人口红利逐渐消失，依靠廉价劳动力参与全球产业链或全球产业分工的方式对当前发展阶段的中国已不可取。我国服务产业亟须摆脱旧的运营模式，采取区域合作、业态创新等方式，打破天然垄断，实现价值环节的跃迁。

简单来说，根据第6章所构建的现代服务业服务价值生成机制，随着信息数字技术的发展与产业变革浪潮下企业生态的演进，价值创造的范式发生了从价值链到价值网的转变，其中以顾客为代表的个体借助互联网、实时通信、新型交通等广泛社会互动形式成为价值创造的重要参与者，价值创造的方式逐渐由生产者独导转变为多主体共创。但经济活动的最终目标仍是服务价值的创造，因此企业首先仍应寻求价值主张的统一，深度参与服务价值生成活动，通过识别价值网络机会、构建多主体合作关系、整合组织内外部资源、创新服务模式等方式，提升网络最终提供的服务价值总量。其次，价值获取隐含了顾客价值获取和企业价值获取的平衡，是价值生成的最终表现。价值获取是一个涉及多环节和主体的复杂过程，其通过提供商品或服务，满足多方参与者的需求，从而实现价值分配及转移。当前我国服务业所面临的低端锁定正是价值分配过程中处于弱势的表现。因此，企业应通过调整价值网络中的角色及功能定位，从价值生成过程的相关影响因素入手，提升企业竞争力。值得注意的是，企业深度参与服务价值网络机制的生成过程是一个动态的过程，需要企业根据实际情况灵活调整策略，以适应不断变化的市场环境。

展望未来，现代服务业的发展将是一个长期而复杂的过程。我们需要政府、企业和社会各界的共同努力，贯彻落实党的二十大做出的战略部署，完善发展服务业体制机制，通过加强政策引导、资金支持、人才培养等方面的合作，共同推动现代服务业实现高质量发展。